高等院校『十四五』MBA规划教材

MBA 会计学

牟文　王灿　李子扬◎主编

MBA
ACCOUNTING

经济管理出版社
ECONOMY & MANAGEMENT PUBLISHING HOUSE

图书在版编目（CIP）数据

MBA 会计学／牟文，王灿，李子扬著. —北京：经济管理出版社，2021.3（2024.8 重印）

ISBN 978-7-5096-7875-6

Ⅰ. ①M…　Ⅱ. ①牟…　②王…　③李…　Ⅲ. ①会计学　Ⅳ. ①F230

中国版本图书馆 CIP 数据核字（2021）第 054945 号

组稿编辑：王光艳

责任编辑：魏晨红

责任印制：黄章平

责任校对：董杉珊

出版发行：经济管理出版社

　　　　　（北京市海淀区北蜂窝 8 号中雅大厦 A 座 11 层　100038）

网　　　址：www. E-mp. com. cn

电　　　话：（010）51915602

印　　　刷：北京市海淀区唐家岭福利印刷厂

经　　　销：新华书店

开　　　本：787mm×1092mm /16

印　　　张：19.75

字　　　数：500 千字

版　　　次：2021 年 7 月第 1 版　　2024 年 8 月第 2 次印刷

书　　　号：ISBN 978-7-5096-7875-6

定　　　价：88.00 元

前 言/Preface

"会计是一种商业语言。"鉴于此，作为 21 世纪企业会计信息核心用户的职业经理人必须理解和掌握会计这种商业语言，而会计报表是这种商业语言的重要载体。MBA 以培养职业经理人为目标，一直以来，会计学都是 MBA 课程体系中的一门核心课程，是 MBA 学生的必修课。笔者自担任 MBA 课程的教学工作以来，便一直思考如何编写一本 MBA 会计学教材，以符合在 MBA 培养中对会计学教学的特殊需求，以期MBA 学员通过对教材的学习，能看懂会计报表、听懂商业语言、理解会计信息，能运用会计思维进行管理决策。因此，编写本书的总体指导思想是针对经理人的职业特征，以熟练运用会计报表，成为合格的会计信息用户为主线，让经理人熟练掌握"如何运用会计信息"。

在内容设计上，本书以会计信息的生成原理、会计报表项目的理解与运用、会计报表分析为主线，在系统介绍会计报表生成原理的基础上，对资产负债表、利润表和现金流量表三大报表的主要项目进行了解读和分析，并在报表项目分析中，打破并重构了报表项目，形成了全新的结构化分析框架。区别于其他教材的案例分析，本书将A 股上市公司全样本作为分析数据进行结构化分析，以期让学生能够充分理解财务报表项目的分析要点以及企业与行业分析的方法。本书在理论阐述的基础上，通过上市公司的综合案例将理论与实践有机地结合起来，以便学生对教材内容有更直观的理解。

本书作为会计产品——企业会计报表用户的企业职业经理人了解企业会计报表从生成原理到指标解读再到报表分析全过程的实用教材，主要包括四部分内容：会计报表生成原理、会计报表与项目分析、企业战略与财务分析、财务分析案例。本书前三部分全面介绍了企业会计报表的相关内容；第四部分是以上市公司为分析对象的会计报表分析案例，是运用本书的分析方法对前三部分知识的应用。

本书试图体现以下特色：

（1）实用性强。本书立足于财政部发布的最新企业会计报表，力求理论联系实际，注重实际操作，是一本企业中高层管理者系统学习如何使用企业会计报表的实用教科书。

（2）通俗易懂。本书用通俗易懂的语言阐述专业的会计问题，力求将复杂的问题简单化、理论性强的问题通俗化。

（3）逻辑新颖。作为 MBA 教材，本书根据 MBA 学员对专业性和实用性的平衡需求，不使用传统《会计学》教材强调会计核算的思路，尝试使用结构化思维方式，在财务会计报表项目中采用"重分类"的分析逻辑，突出企业运营分析特点，通过横向和纵向分析，以及上市公司案例分析，让 MBA 学员掌握会计作为企业管理工具在企业运营分析中的应用。

本书共四篇十章，由牟文、王灿、李子扬负责拟订编写大纲并提出编写要求。各部分编写分工如下：第一章由牟文、刘梦编写；第二章由牟文、戴魏、施厚雪、周悦填编写；第三章、第五章由王灿、熊俊铭编写；第四章、第六章由王灿、徐晓丹编写；第七章由李子扬、张梦薇编写；第八章由李子扬、程曦、王凯编写；第九章由李子扬、张梦薇、张滢悦编写；第十章由李子扬、张梦薇、黄原源编写。第四篇是针对前三篇内容的应用案例，由牟文、王灿和李子扬共同编写完成。全书由牟文负责总纂。本书是为即将或已经进入经理人队伍的 MBA 学员编写的会计学教材，也可作为 EMBA 和 EDP 学员等富有企业管理实践经验的职业经理人或有类似需求的读者作为自学用书。

本书在编写过程中得到经济管理出版社的大力支持，同时对经济管理出版社王光艳编辑的辛苦付出深表感谢！受编写时间及作者水平所限，本书定有缺陷错漏之处，敬请广大读者批评指正。

编　者

2021 年 9 月于成都

目 录 / Contents

第一篇 财务报表生成原理

第二篇 财务报表与项目分析

第三篇 企业战略与财务分析

第四篇 财务分析案例

第一篇

财务报表生成原理

本篇从介绍MBA为什么要学习会计学入手，在介绍会计核算基础及会计要素和会计等式等会计学基本理论的基础上，对财务报表的生成方法和生成流程等财务报表的生成原理进行全面介绍并进行案例演示。

第一章 绪论

本章主要介绍作为培养企业职业经理人的 MBA 为什么要学习会计学，在此基础上介绍会计核算的基本前提、会计信息质量要求、会计要素与会计等式及企业会计准则等财务报表生成的重要理论基础及政策依据，其目的是让职业经理人了解学习会计学的必要性及财务报表生成的重要理论及政策。

第一节 概述

一、企业财务与会计的主要内容及框架

企业财务与会计主要有三大核心专业课程，包括财务会计、财务管理和管理会计，这三大核心课程形成了企业三大核心财务与会计工作模块。

（一）财务与会计的主要内容

1. 财务会计

财务会计是指通过对企业已经完成的资金运动全面系统的核算与监督，以为外部与企业有经济利害关系的投资人、债权人和政府有关部门及内部企业管理层提供企业的财务状况、盈利能力及现金流状况等经济信息为主要目标而进行的经济管理活动。财务会计是客观记录已经发生的企业经济活动，为后续的监督控制提供资料，是对企业已经发生，并且已经取得合法原始单据且能以货币计量的经济业务进行事后的记账、算账和报账的过程。财务会计对应的是企业的会计核算部门，该部门的终端产品即财务报告。

2. 财务管理

财务管理是在一定的整体目标下，关于资产的购置（投资）、资本的融通（筹资）、经营中现金流量（营运资金）以及利润分配的管理。从财务管理的定义中可以看出，财务管理的主要功能是为企业筹资、投资和分配决策服务，从而实现企业价值最大化。财务管理的结果可以通过财务会计生成的财务报告反映出来。财务管理可以通过财务预测、财务决策、财务计划、财务控制和财务分析五个方面来完成，这五个方面既是财务管理的工具，又是财务管理的步骤。财务管理对应的是企业的资金管理部门或投融资管理部门。

3. 管理会计

管理会计是从传统的财务会计中分离出来的，它是以强化企业内部经营管理、实现最

佳经济效益为最终目的，以现代企业经营活动及其价值表现为对象，通过对财务等信息的深加工和再利用，实现对经济过程的预测、决策、计划、控制、分析与考核等职能的一个会计分支。管理会计的目的是解释财务数据，为管理者、投资者和其他有利害关系的各方提供完善的行动方案。管理会计为企业内部提供管理会计报告。管理会计对应的是企业的成本管理部门、全面预算管理部门等。

（二）财务与会计的框架

财务与会计的框架如图 1-1 所示。

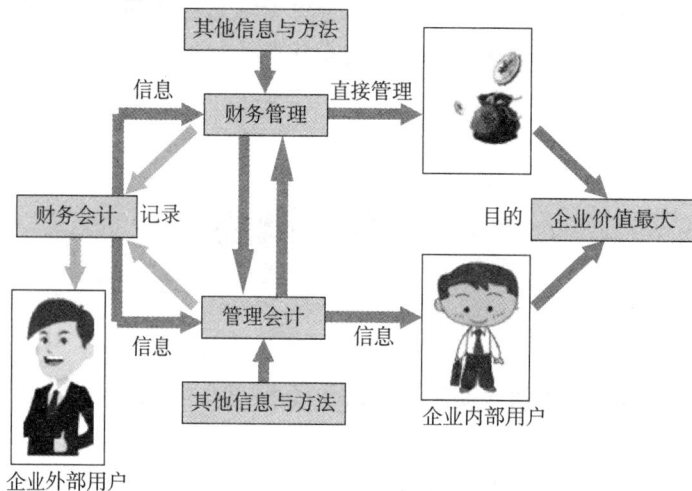

图 1-1　财务与会计的框架

（三）财务会计、财务管理和管理会计之间的关系

财务会计、财务管理和管理会计之间的关系可以理解为：传统财务会计主要服务于企业外部用户，它通过向管理会计和财务管理部门提供所需信息间接地起到对企业内部管理的作用；而财务管理是对企业资金运动全过程的直接管理，包括资金的筹集管理、资金的投放和使用管理、资金的收入和分配管理；管理会计主要为企业内部管理服务，是会计与管理的直接结合。整个财务、会计体系以实现企业价值最大化为目标。

二、MBA 为什么要学习会计学

会计相关部门是会计产品的制造部门，会计专业人员是会计产品的生产者，所谓会计产品即会计部门的会计专业人员利用专门的会计信息系统生成的会计信息，我们先来看什么是会计信息，这些会计信息使用者即会计信息的用户主要有哪些。

（一）会计信息及会计信息使用者

1. 会计信息

会计信息是经济信息的一种，它是对经济活动中有关会计活动的运动状态、变化和特征的反映。会计信息是会计数据经过加工处理后产生的，为会计管理和企业管理所需要的经济信息。会计信息是反映企业的财务状况、经营成果以及现金流量等的财务信息，是记录会计核算过程和结果的重要载体。会计信息的传播主要是以会计报表及会计报表附注等形式进行的。会计信息主要分为两类，分别是主要对外提供的财务会计信息和对内提供的管理会计信息。

2. 会计信息使用者

企业的会计信息使用者即会计信息的用户，主要包括投资人、债权人、政府相关部门及企业管理层。

（1）投资人。企业投资人包括国家、法人、个人、其他单位和外商等，投资人主要关注企业的投资报酬和投资风险。投资人通过对会计报表的阅读和分析，可重点关注其投资的完整性和投资报酬，以及企业资本结构的变化、未来的获利能力和利润分配政策等，从而全面了解投资报酬的可靠性与投资风险的大小。而控股的投资人可以对企业施加重大影响，利用会计信息可以做出企业人事更换决策或者变更企业的经营政策、财务政策等。

（2）债权人。债权人是指给予企业贷款或持有企业债券的个人或组织，债权人主要关注所借出的资金能否按期如数收回，因此需要企业提供偿债能力的相关信息。一般来说，债权人分为短期债权人和长期债权人。短期债权人倾向于关注企业的短期偿债能力，其需求的是获得企业资产变现能力的相关信息。而长期债权人则倾向于关注企业的长期偿债能力，其需求的是获得企业预期财务状况的相关信息，如企业的资本结构、资产的流动性、资产的市场价值和长期盈利前景。

（3）政府相关部门。政府相关部门包括财政、工商、税务等，主要关注企业的资金使用、成本计算、利润形成及分配、税金计算和解缴等状况是否符合相关法律法规。政府相关部门通过会计信息可以了解企业相关法律法规的遵守和执行情况，补充相关规定或采取监督措施。

（4）企业管理层。企业管理层是企业内部会计信息使用者，主要关注企业财务状况的好坏、经营业绩的大小以及现金的流动情况等，从而为后续生产经营决策提供参考。会计信息可以满足三个管理层次的需求：在战略规划层面，会计信息可以为企业长期融资、资本投资、内部转移价格等提供依据；在战术决策层面，会计信息可以为资本预算、资金管理、投资管理等提供数据资料；在管理控制层面，会计信息可以为原材料采购、设备购买或租赁、设备维修等提供重要参考。

（二）MBA 学习会计学的必要性

MBA 培养的是企业的职业经理人，是企业现在或未来的管理者，熟练使用会计信息，成为合格的会计信息用户是现代企业管理者的必备素质。

三、MBA 会计学的学习内容及学习目标

（一）MBA 会计学的学习内容

MBA 会计学的学习内容在实务界和学术界均没有统一的标准，本书以如何使 MBA 学

生成为熟练的会计信息用户为宗旨，以熟练掌握资产负债表、利润表和现金流量表等财务会计知识为主体，融合少量管理会计的内容，安排了以下四大知识模块：财务报表生成原理、财务报表与项目分析、企业战略与财务分析及财务分析案例。

（二）MBA 学习会计学的目标

MBA 学习会计学的目标是使 MBA 学生可以在熟悉财务报表生成原理和理解财务报表每一项指标的基础上，能较为全面和深入地分析和应用资产负债表、利润表和现金流量表，从会计报表中抓取企业管理所需的信息，了解企业经济活动的运行状况及规律，从而做出更优管理决策，提升企业管理效率和效益。

第二节　会计核算基础

一、会计假设

会计假设是指会计在一定条件下的适用范围和理论基础，是组织会计核算工作生成会计报表应当具备的基本前提条件。会计假设包括会计主体、持续经营、会计分期和货币计量。

（一）会计主体

会计主体是指会计信息所反映的特定单位。这一假设的含义是指会计所核算的是一个经营单位的经济业务，它划定了会计所要处理的经济业务事项的空间范围和服务对象，每个企业被视为独立于其他会计主体、投资者以及其他个体的会计单位。从会计主体的角度计算经济活动所取得的损益，正确确定资产和对外承担的债务，以提供必要的会计信息。明确会计主体，才能划定会计所要处理的经济业务事项的范围和立场；明确会计主体，才能将会计主体的交易或事项与会计主体所有者及其他会计主体的交易或事项区分开来。

（二）持续经营

持续经营是指假设会计主体的生产经营活动按照现在的形式和目标在可预见的未来时期能够延续下去，履行既定的条约与承诺，不会面临清算、解散、倒闭而不复存在。在持续经营的假设下，企业将按原来的目标、按原先已经承诺的条件清偿各种债务。会计方法正是基于这一假设而使用的。例如，基于假设企业是持续不断地经营下去的，固定资产价值才可以不一次全部计入生产成本和费用，而采取折旧的方式，逐渐将其价值转入产品生产成本中。

（三）会计分期

会计分期这一假设是从持续经营假设引申出来的，可以说是持续经营的客观要求。会计分期是指将一个企业持续经营的生产经营活动人为地划分为若干个连续、相等的期间，又称会计期间。会计分期的目的是将持续经营的生产活动划分为连续、相等的期间，据以结算盈亏，并按期编制财务报告，从而及时地向各方面提供有关企业财务状况、经营成果和现金流量信息。

会计分期一般可以按照日历时间划分，分为年、季、月。最常见的会计分期是一年，按年编制的财务会计报表称为年报。在我国会计准则明确规定，采用公历年度即每年 1 月 1 日至 12 月 31 日。此外，国际上会计期间也可以按实际的经济活动周期来划分，其周期或长或短于公历年度。

（四）货币计量

货币计量是指采用币值基本稳定的货币作为计量单位，对会计主体进行会计确认、计量、记录和报告，反映会计主体的财务状况、经营成果和现金流量。在我国要求采用人民币作为记账本位币，是对货币计量这一会计假设的具体化。业务收支以外币为主的单位，也可以选定某种外币作为记账本位币，但是提供给我国境内的财务会计报告应当折算为人民币。

二、会计信息质量特征

（一）可靠性

可靠性是指企业应当以实际发生的交易或者事项为依据进行确认、计量和报告，如实反映符合确认和计量要求的各项会计要素及其他相关信息，保证会计信息真实可靠、内容完整。

（二）相关性

相关性是指企业所提供的会计信息应与财务会计报告使用者的经济决策相关，有助于财务会计报告使用者对企业过去、现在或者未来的情况做出评价或预测。根据相关性原则，要求在收集、记录、处理和提供会计信息过程中能充分考虑各方面会计信息使用者决策的需要，满足各方面具有共性的信息需求。

（三）可理解性

可理解性是指企业提供的会计信息应当清晰明了，便于投资者等财务报告使用者理解和使用。企业编制财务报告、提供会计信息的目的在于使财务报告使用者有效利用会计信息，了解会计信息的内涵，弄懂会计信息的内容，这就要求会计信息应当清晰明了，易于理解。只有这样，才能提高会计信息的有用性，实现财务报告的目标，满足向投资者等财务报告使用者提供决策有用信息的要求。

（四）可比性

可比性是指会计核算必须符合国家的统一规定，企业提供的会计信息应当相互可比。

这主要包括两层含义：

1. 纵向可比：同一企业不同时期可比

为了便于财务报告使用者了解企业财务状况、经营成果和现金流量的变化趋势，比较企业在不同时期的会计信息，从而全面、客观地评价过去、预测未来并做出决策，会计信息质量的可比性要求同一企业不同时期发生的相同或者相似的交易或者事项，应当采用一致的会计政策，不得随意变更。但是，如果按照规定或者在会计政策变更后可以提供更可靠、更相关的会计信息，可以变更会计政策。有关会计政策变更的情况，应当在附注中予以说明。

2. 横向可比：不同企业相同会计期间可比

企业之间的会计信息口径需要一致，相互可比。企业可能处于不同行业、不同地区，经济业务发生在不同地点，为了保证会计信息能够满足经济决策的需要，便于比较不同企业的财务状况和经营成果，不同企业发生相同的或者相似的交易或事项，应当采用国家统一规定的相关会计方法和程序。

（五）实质重于形式

实质重于形式是指企业应当按照以交易或事项的经济实质进行会计确认、计量和报告，而不应仅以交易或事项的法律形式作为依据。有时经济业务的外在法律形式并不能真实反映其经济实质。为了真实反映企业的财务状况和经营成果，就不能仅根据经济业务的外在表现形式来进行判断，而要反映其经济实质。例如，融资租入的固定资产，在租期未满以前，从法律形式上讲，所有权并没有转移给承租人，但是从经济实质上讲，与该项固定资产相关的收益和风险已经转移给承租人，承租人实际上也能行使对该项固定资产的控制，因此承租人应该将其视同自己的固定资产，一并计提折旧和大修理费用。

（六）重要性

重要性是指企业提供的会计信息应当反映与企业财务状况、经营成果和现金流量等有关的所有重要交易或事项，即对经济业务或报表事项应区别其重要程度，采用不同的核算方法和表达方式。因此，企业在选择会计方法和程序时，要考虑经济业务本身的性质和规模，根据特定的经济业务决策影响的大小，来选择合适的会计方法和程序。对于相对重要的会计事项，应分别核算，分项反映，力求准确，并在财务会计报告中作重点说明；而对于次要的会计事项，在不影响会计信息真实性的情况下，则可适当简化会计核算，汇总反映。

（七）谨慎性

谨慎性是指企业对交易或事项进行确认、计量和报告应当保持应有的谨慎，即在存在不确定因素的情况下做出判断时，不应高估资产或者收益、低估负债或者费用，对于可能发生的损失和费用，应当加以合理估计。例如，当存货的市价低于成本时，存货就可以按市价计价；又如企业可以按应收账款的一定比例提取坏账准备；固定资产可采用加速折旧法等。但是，谨慎性不允许企业故意低估资产或收益、故意高估负债或费用。

（八）及时性

及时性是指企业对于已经发生的交易或事项，应当及时进行会计确认、计量和报告，不得提前或延后。会计信息具有时效性，只有满足经营决策的及时需要，信息才有价值，所以为了保证提供的会计信息及时，需要及时收集会计数据，在经济业务发生后，及时取得有关凭证，对会计数据及时进行处理，及时编制财务报告，将会计信息及时传递。

三、会计计量属性

会计计量属性是指会计要素的数量特征或外在表现形式，反映了会计要素金额的确定基础，主要包括历史成本、重置成本、可变现净值、现值和公允价值等。

历史成本是指资产按照购置时支付的现金或者现金等价物的金额，或者按照购置资产时所付出的代价的公允价值计量。负债按照因承担现时义务而收到的款项或者资产的金额，或者承担现时义务的合同金额，或者按照日常活动中为偿还负债预期需要支付的现金或者现金等价物的金额计量。

重置成本是指资产按照现在购买相同或者相似的资产所需支付的现金或者现金等价物的金额计算。负债按照偿付该项负债所需支付的现金或者现金等价物的金额计量。

可变现净值是指资产按照其正常对外销售所能收到现金或者现金等价物的金额扣减该资产至完工时估计将要发生的成本、估计的销售费用以及相关税费后的金额计量。

现值是指资产按照预计从其持续使用和最终处置中所产生的未来净现金流入量的折现金额计算。负债按照预计期限内需要偿还的未来净现金流出量的折现金额计量。

公允价值是指资产和负债按照在公平交易中，熟悉情况的交易双方自愿进行资产交换或者债务清偿的金额计量。公允价值可以真实地反映资产、负债的价值，但由于公允价值要求市场必须是成熟市场，存在不易操作的问题。

四、会计确认与计量的要求

（一）历史成本计量

历史成本计量是指将取得资产时实际发生的成本作为资产的入账价值，在资产处置前保持其入账价值不变。其后，如果发生减值，应当按规定计提相应的减值准备。历史成本的依据是成本是实际发生的，有客观依据，便于核查，也容易确定，比较可靠，且历史成本数据比较容易取得。采用历史成本计量时，企业的资产应以取得时所耗费的一切成本作为入账和计价的基础，而且此成本也是其以后分摊转为费用的基础。

（二）配比原则

配比原则是指将收入与对应的费用、成本进行对比，以结出损益。正确运用配比原则，将收入与相关的成本、费用进行对比，才能完整地反映特定时期的经营成果，从而有助于正确评价企业的经营业绩。因此，当确定某一个会计期间已经实现收入之后，就必须确定与该收入有关的已经发生的费用，以正确确定该期间的损益。

配比原则包括两层含义：一是因果配比，将收入与其相关的成本费用配比。如销售商品的主营业务收入与主营业务成本相互配比，其他业务收入与其他业务成本相互配比；二是时间配比，将一定时期的收入与同时期的费用相配比，如将当期的所有收入与当期应负担所有成本、费用（管理费用、销售费用等）相配比。

（三）划分收益性支出与资本性支出

划分收益性支出与资本性支出是指会计核算中合理划分收益性支出与资本性支出，将收益性支出计入当期的损益，将资本性支出计入资产的价值。对于一项支出，如果支出所带来的经济效益仅与当期有关，则这项支出就作为收益性支出；如果该支出的经济效益不仅与本期间有关，而且与几个会计期间均有关，那么该支出就是资本性支出。划分收益性支出与资本性支出，有助于正确确认当期损益和资产价值，保持会计信息的客观性。

五、收付实现制与权责发生制

交易或事项的发生时间与货币收付的时间往往不完全一致，因此产生了不同的会计核算基础，即收付实现制与权责发生制，它是确认收入和费用入账时点的主要标准。

（一）收付实现制

收付实现制也称现收现付制，是以实际收到或付出款项作为确认每期收入或费用的依据。在收付实现制下何时收款何时作收入，何时付款何时作费用。收付实现制可以反映现金流量的情况，但是不能全面反映财务状况，不足之处主要有：不利于单位进行成本核算、提高效率和绩效考核；不能全面准确记录和反映单位的负债情况，不利于防范财务风险；收支项目不配比，不能真实反映当期收支结余；不能真实反映对外投资业务；不能反映固定资产的真实价值和隐性负债等问题。

（二）权责发生制

权责发生制也称应收应付制，是以收入或费用是否实际已经发生作为确认每期收入或费用的依据。在权责发生制下，凡在本期取得的收入或应当负担的费用，不论款项本期是否已经收到或付出，都应当作为本期的收入或费用入账；凡不属于本期的收入或费用，即使款项已经在本期收到或付出，都不应作为本期的收入或费用入账。

权责发生制在反映企业的经营业绩时有其合理性，但在反映企业的财务状况时却有其局限性，比如一个在利润表上看来经营很好，效率很高的企业，在资产负债表上却可能没有相应的现金而陷入财务困境。

【例 1-1】 A 公司在 2020 年 6 月 8 日预收甲公司货款 50000 元，款项存入银行，货物在下月交付给甲公司；2020 年 6 月 12 日赊销货物 100000 元给乙公司，乙公司承诺下月将款项支付给 A 公司。

在收付实现制下，A 公司 2020 年 6 月 8 日需确认 50000 元收入；在权责发生制下，A 公司 2020 年 6 月 8 日不确认 50000 元收入。

在收付实现制下，A 公司 2020 年 6 月 12 日企业没有收到货款，因此不确认 100000 元的收入；在权责发生制下，A 公司 2020 年 6 月 12 日销售已经成立，尽管货款尚未收到，A 公司也须确认 100000 元的收入。

第三节 会计要素与会计等式

一、会计对象

会计对象是指会计核算和监督的内容。凡是能够以货币表现为经济活动的特定对象，都是会计核算和监督的内容。而以货币表现的经济活动，通常又称为资金运动，资金运动包括特定对象的资金投入、资金周转、资金退出等过程，如图 1-2 所示。

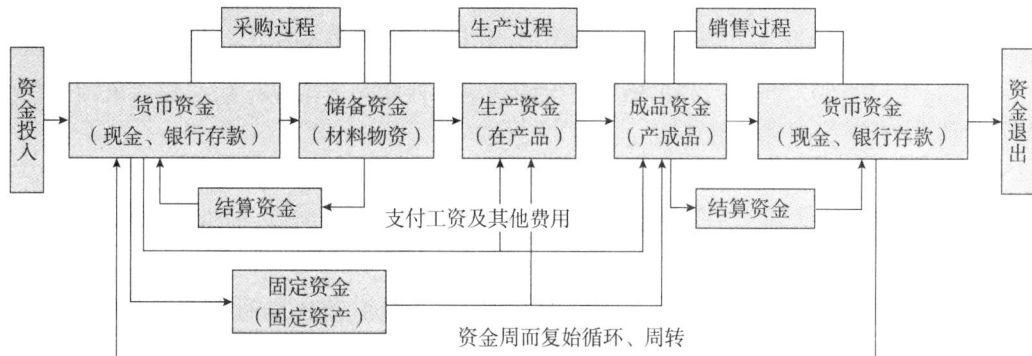

图 1-2 企业资金运动

（一）资金投入

企业要进行生产经营，必须拥有一定的资金，这些资金的来源包括所有者投入的资金和债权人投入的资金两部分，前者属于企业所有者权益，后者属于企业债权人权益即企业负债。这些投入的资金最终构成企业流动资产、非流动资产和费用。

（二）资金周转

资金的周转就是从货币资金开始依次转化为储备资金、生产资金、产品资金，最后又回到货币资金的过程。以工业企业为例，其经营过程包括采购、生产、销售三个阶段。在采购过程中企业要购买原材料等物资，发生材料买入价、运输费、装卸费等材料采购成本，与供应单位发生货款的结算关系；在生产过程中，劳动者借助劳动手段将劳动对象加工成特定的产品，同时发生原材料消耗、固定资产磨损的折旧费、生产工人劳动耗费的人工费，使企业与职工之间发生工资结算关系，有关单位之间发生劳务结算关系等；在销售过程中将生产的产品销售出去，发生支付销售费用、收回货款、交纳税金等业务活动，并同购货方发生货款结算关系、同税务机关发生税务计算关系；将销售收回的货款再次投入企业的生产经营就形成了资金的周转。

（三）资金退出

资金退出是指企业偿还银行借款、上缴税金和分配利润或股利等，让这部分资金离开企业，退出企业的资金周转。

二、会计要素

会计要素是对会计对象进行的基本分类或概括，是设定会计报表的结构和内容，也是进行确认和计量的依据。会计要素是从会计的角度解释构成企业经济活动的必要因素，包括资产、负债、所有者权益、收入、费用和利润等。

（一）资产

资产是指企业过去的交易或事项形成的，由企业拥有或控制的，预期会给企业带来经济利益的资源。资产具有如下特点：

（1）由过去的交易或事项形成的。作为企业资产，必须是现时的而不是预期的资产，它是企业过去已经发生的交易或事项所产生的结果，预期在未来发生的交易或事项不形成资产，如计划购入的机器设备等。

（2）由企业拥有或控制的。企业拥有资产的所有权，就能够从中获得经济利益；有些资产虽然不为企业所拥有，但能够被企业所控制即享有支配使用权，同样能够从中获取经济利益，也可以作为企业资产（如融资性租入固定资产）。

（3）能够给企业带来经济利益。制造商品或提供劳务，出售后回收货款，货款即为企业所获得的经济利益。

（4）能够用货币计量。不能以货币确认并计量其价值的，则不能确认为资产。

资产按流动性进行分类，可以分为流动资产和非流动资产。流动资产是指能够在一年内变现的资产，如应收账款、存货等。非流动资产是指变现周期往往在一年以上的资产，如固定资产、无形资产等。一般来说，流动资产所占比重越大，说明企业资产的变现能力越强。

（二）负债

负债是指过去的交易或事项形成的现时义务，履行该义务预期将会导致经济利益流出企业。如果把资产理解为企业的权利，那么负债就可以理解为企业所承担的义务。负债具有如下特点：

（1）负债是由过去的交易或事项形成的偿还义务。潜在的义务或者预期在将来要发生的交易或事项可能产生债务不能确认为负债。

（2）负债是现时义务。负债是实实在在的偿还义务，企业必须在未来某个时点进行偿还。

（3）偿还义务的履行很可能导致相关的经济利益流出企业，如支付现金、提供劳务、转让其他财产等。

（4）金额能够可靠计量。

按偿还期限的长短，将负债分为流动负债和非流动负债。预期能够在一年或一个经营周期内到期清偿的债务属于流动负债。非流动负债是指偿还期在一年或者超过一年的一个营业周期以上的债务，一般包括长期借款、应付债券、长期应付款等。

（三）所有者权益

所有者权益是指企业资产扣除负债后，由所有者享有的剩余权益。所有者权益是所有者在企业资产中享有的经济利益，其金额为资产减去负债后的余额，又称为净资产。相对于负债而言，所有者权益具有以下特点：

（1）所有者权益不需要偿还，除非发生减值、清算，企业不需要偿还所有者权益。

（2）企业清算时，所有者权益只有在清偿所有的负债之后才能在所有者之间进行分配。

（3）所有者权益能够分享企业利润，而负债不能参与企业的利润分配。所有者权益包括实收资本、资本公积、盈余公积和未分配利润，其中，前两项属于投资者的初始投入资本，后两项属于企业的留存收益。

（四）收入

收入是企业在日常活动中形成的，会导致所有者权益增加的，与所有者投入资本无关的经济利益的总流入。收入确认的条件有两个：第一，由日常活动形成。日常活动是指企业为完成其经营目标所从事的经常性活动以及与之相关的活动，如企业销售商品、提供劳务等。第二，经济利益总流入。收入只有在经济利益很可能流入，从而导致资产增加或者负债减少，且金额能够可靠计量时才能予以确认。

（五）费用

费用是指企业在日常活动中发生的，会导致所有者权益减少的，与所有者分配利润无关的经济利益的总流出。费用的确认条件有两个：第一，在日常活动中发生。企业在日常活动中所发生的费用可分为两类：一类是为生产产品、提供劳务等发生的费用，应计入产品成本、劳务成本；另一类是不计入成本而直接计入当期损益的相关费用，包括管理费用、财务费用、销售费用、资产减值损失。第二，经济利益流出。费用是企业资金的流出，会减少企业的所有者权益，最终导致企业资源的减少。费用只有在经济利益很可能流出，从而导致企业资产减少或负债增加，且金额能够可靠计量时才能予以确认。

（六）利润

利润是企业在一定会计期间的经营成果。利润包括收入减去费用后的净额、直接计入当期利润的利得和损失等。直接计入当期利润的利得和损失是指应当计入当期损益，会导致所有者权益发生增减变化，与所有者投入资本或向所有者分配利润无关的利得和损失。

三、会计等式

（一）资产、负债及所有者权益间的关系

资产＝负债+所有者权益

该等式又称会计恒等式，反映了资产的归属关系，是会计对象的公式化，其经济内容和数学上的等量关系，既是资金平衡的理论依据，也是复式记账的基础。

（二）收入、费用与利润间的关系

资金运动在动态情况下，其循环周转过程中发生的收入、费用和利润，也存在着平衡关系，其公式如下：

收入－费用＝利润

若利润为正，则企业盈利；若利润为负，则企业亏损。

（三）综合等式

企业利润在进行分配后，剩余的利润归所有者享有，并转入所有者权益。因此，将前两个公式连接起来有：

新资产＝负债＋旧所有者权益＋收入－费用

【例1-2】 小王工作5年后决定自己创业，在2020年6月筹建了一家生产塑料制品工厂，取名A公司，小王投入A公司80万元，A公司向小王父亲借入20万元，2020年8月1日A公司开张。2020年8月A公司取得收入50万元，发生各种成本费用35万元，取得利润15万元。问：截至2020年8月31日，A公司资产是多少？负债是多少？所有者权益是多少？

（1）2020年8月1日，A公司开业时的财务状况如下：

资产100万元＝负债20万元＋所有者权益80万元

（2）2020年8月，A公司经营成果如下：

收入50万元－费用35万元＝利润15万元

（3）2020年8月31日，A公司财务状况如下：

旧资产100万元＋利润15万元（8月取得的）＝负债20万元＋旧所有者权益80万元＋收入50万元（8月取得的）－费用35万元（8月发生的）

旧资产100万元＋新资产15万元（8月获取的利润贡献的新增资产）＝负债20万元＋旧所有者权益80万元＋新所有者权益15万元（8月获取的利润新增的所有者权益）

所以，截至2020年8月31日，A公司财务状况如下：

资产115万元＝负债20万元＋所有者权益95万元

第四节　会计工作组织

一、会计工作组织的基本内容

为了更好地完成会计工作，发挥会计在经济管理中的积极作用，每一个单位都必须结合本单位的特点和会计工作的具体情况，合理组织本单位的会计工作。会计工作组织就是指如何组织会计工作，基本内容有以下三个方面：首先，根据会计工作的特点，制定与市场经济发展相适应的会计准则和会计制度；其次，设置与企业组织形式、经营规模相适应的会计机构；最后，配备必要的会计人员。

按照一定的会计准则和会计制度执行，设置必要的会计机构，配备必要的会计人员，三者紧密关联，缺一不可。只有将这三个方面都组织好，才能使会计工作井然有序地开展起来。

二、会计机构与会计人员

（一）会计机构

会计机构是指直接从事和组织领导会计工作的职能部门。各单位应根据会计业务的需要单独设置会计机构，或者在有关机构中设置会计人员并指定会计主管人员；不具备设置条件的，应当委托经批准设立从事会计代理记账业务的中介机构代理记账。

企业会计机构的组织，因单位规模的不同而有所不同。在大中型单位，一般单独设置会计科或处负责整个单位的会计工作。企业集团、跨地区企业、合资企业、联营企业可依联合形式、经济独立与否等情况设置比较合适的会计机构和配备必要的会计人员。对规模小、人员少、业务简单的单位，可以在有关机构中设置会计人员，并指定会计主管人员。不具备条件的，可以委托经批准设立的会计咨询、服务机构进行代理记账。

（二）会计人员

会计人员是专门从事会计工作的人员。为了充分发挥会计的作用，完成会计工作任务，各企业、事业和机关等单位都必须根据实际需要配备一定数量的、符合会计工作岗位要求的会计人员。

1. 会计人员需履行的职责

会计人员在日常工作中需要履行下列职责：

（1）认真编制并严格执行财务计划、预算，遵守各项收入制度、费用开支范围和开支标准。

（2）要以实际发生的经济业务为依据，记账、算账、报账，要做到手续完备，内容真实，数字准确，账目清楚，日清月结，按期报账，如实反映财务状况、经营成果和财务收支情况。

（3）实行会计监督。会计人员对不真实、不合法的原始凭证，不予受理；对记载不准确、不完整的原始凭证，予以退回，要求更正补充；发现账簿记录与实物、款项不符时，应当按照有关规定进行处理；无权自行处理的，应当立即向本单位行政领导报告，请求查明原因，做出处理；对违反国家财政制度、财务制度规定的收支，不予办理。

（4）按照国家会计制度的规定，妥善保管会计凭证、账簿、报表等档案材料。

（5）办理其他会计事务。

2. 会计人员的主要权限

会计人员在履行职责的同时也有一定的权限，会计人员的工作权限主要有：

（1）对违反国家的财经纪律和财务会计制度的行为，会计人员有权拒绝付款、报销或执行，并向本单位领导报告。对弄虚作假、营私舞弊、欺骗上级等行为，会计人员必须坚决拒绝执行，并向本单位领导或上级机关、财政部门报告。

（2）有权参与本单位编制计划、制定定额、签订经济合同等工作，并参加有关生产经营管理的会议。有权提出财务开支和经济效益方面的问题和意见。

（3）有权监督、检查本单位各部门的财务收支、资金使用和财产保管、收发、计量、检验等情况。

三、企业会计准则体系

会计准则是会计人员从事会计工作必须遵循的基本原则，是会计核算工作的规范。它对经济业务的具体会计处理做出规定，以指导和规范企业的会计核算，保证会计信息的质量。我国的会计准则体系分为三个层次，如图 1-3 所示。

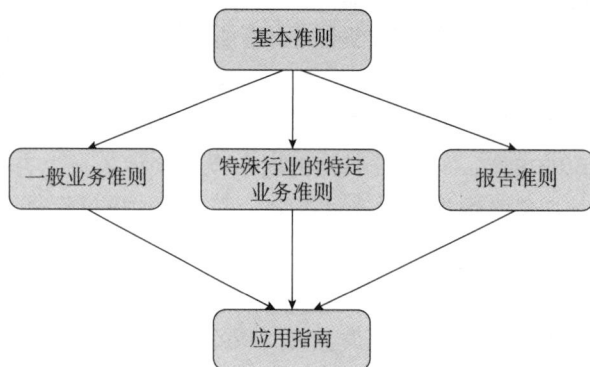

图 1-3　企业会计准则体系

（一）基本准则

基本准则在准则体系中起统驭作用，它规定了整个准则体系的目的、假设和前提条件、基本原则、会计要素及其确认与计量、会计报表的总体要求等内容。

（二）具体准则

具体准则是按照基本准则的内容要求，针对各种经济业务和报告做出的具体规定。它的特点是操作性强，可以根据其直接组织该项业务的核算，例如固定资产、公允价值计量的准则等。具体准则分为一般业务准则、特殊行业的特定业务准则和报告准则三类。一般业务准则主要解决如货币性资产、应收账款等各行业共同业务的处理；特殊行业的特定业务准则主要解决外币业务、租赁业务等特殊业务的会计处理；报告准则主要是规范企业的会计报表编制方法和信息披露的准则。最新版的具体会计准则有：

《企业会计准则第 1 号——存货》
《企业会计准则第 2 号——长期股权投资》

《企业会计准则第 3 号——投资性房地产》

《企业会计准则第 4 号——固定资产》

《企业会计准则第 5 号——生物资产》

《企业会计准则第 6 号——无形资产》

《企业会计准则第 7 号——非货币性资产交换》

《企业会计准则第 8 号——资产减值》

《企业会计准则第 9 号——职工薪酬》

《企业会计准则第 10 号——企业年金基金》

《企业会计准则第 11 号——股份支付》

《企业会计准则第 12 号——债务重组》

《企业会计准则第 13 号——或有事项》

《企业会计准则第 14 号——收入》

《企业会计准则第 15 号——建造合同》

《企业会计准则第 16 号——政府补助》

《企业会计准则第 17 号——借款费用》

《企业会计准则第 18 号——所得税》

《企业会计准则第 19 号——外币折算》

《企业会计准则第 20 号——企业合并》

《企业会计准则第 21 号——租赁》

《企业会计准则第 22 号——金融工具确认和计量》

《企业会计准则第 23 号——金融资产转移》

《企业会计准则第 24 号——套期会计》

《企业会计准则第 25 号——原保险合同》

《企业会计准则第 26 号——再保险合同》

《企业会计准则第 27 号——石油天然气开采》

《企业会计准则第 28 号——会计政策、会计估计变更和差错更正》

《企业会计准则第 29 号——资产负债表日后事项》

《企业会计准则第 30 号——财务报表列报》

《企业会计准则第 31 号——现金流量表》

《企业会计准则第 32 号——中期财务报告》

《企业会计准则第 33 号——合并财务报表》

《企业会计准则第 34 号——每股收益》

《企业会计准则第 35 号——分部报告》

《企业会计准则第 36 号——关联方披露》

《企业会计准则第 37 号——金融工具列报》

《企业会计准则第 38 号——首次执行企业会计准则》

《企业会计准则第 39 号——公允价值计量》

《企业会计准则第 40 号——合营安排》

《企业会计准则第 41 号——在其他主体中权益的披露》

《企业会计准则第 42 号——持有待售的非流动资产、处置组和终止经营》。

注：执行新收入准则的企业、已取消第 15 号建造合同准则，建造合同准则已与收入准则合并。

（三）应用指南

会计准则应用指南是根据基本准则、具体准则制定的，用以指导会计实务的操作性指南。它有助于会计人员完整、准确地理解和掌握会计准则，确保其贯彻实施。

四、会计法律法规体系

会计法律法规是组织会计工作、处理会计事务应遵循的有关法律、制度、规章的总称。为了规范会计工作，维护社会主义市场经济秩序，就需要加强会计工作的法制建设，建立和健全会计法规体系。

我国的会计法律法规体系可分为三个层次，如图 1-4 所示。

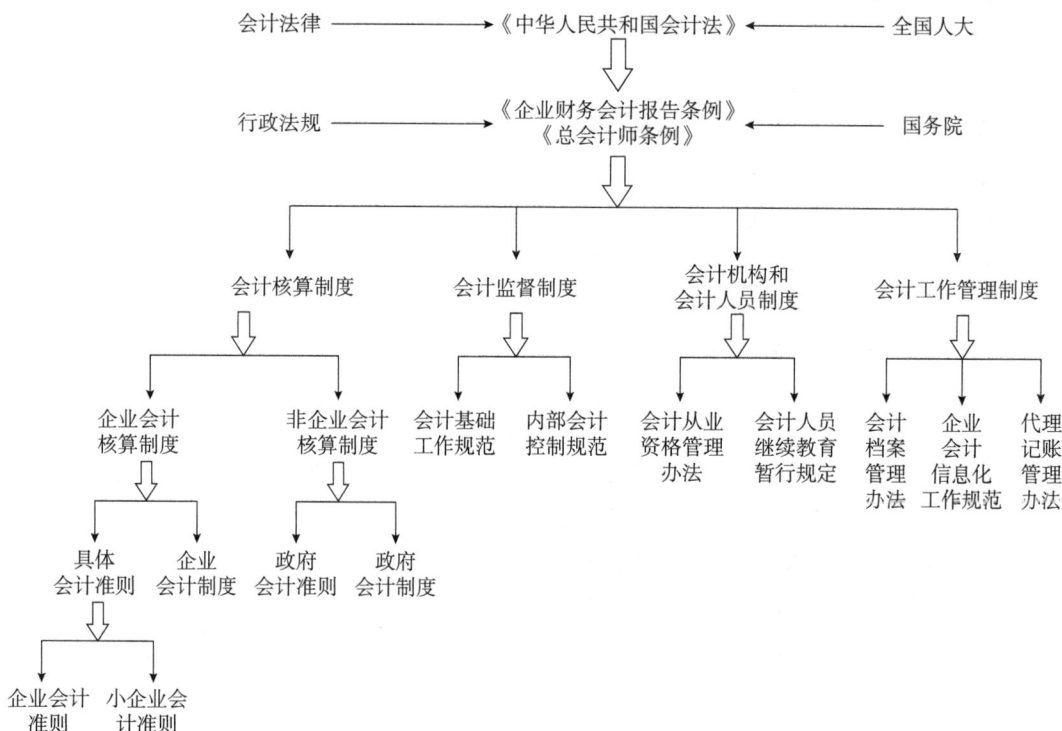

图 1-4 会计法律法规体系

首先是会计法律，即《中华人民共和国会计法》。它由全国人民代表大会通过后颁布，是会计法律制度中层次最高的法律规范，是制定其他会计法规的依据，也是指导会计工作的最高准则。

其次是会计行政法规。它是调整经济生活中某些方面会计关系的法律规范。会计行政法规的制定依据是《中华人民共和国会计法》，由国务院制定颁布或者国务院有关部门拟订经国务院批准颁布。

最后是会计部门规章制度。它是指由主管全国会计工作的行政部门——财政部依据会计法律和会计行政法规就会计工作中某些方面内容所制定的规范性文件。国务院有关部门根据其职责制定的会计方面的规范性文件，如实施国家统一的会计制度的具体办法等，也属于会计规章，但必须报财政部审核批准。

第二章 财务报表生成方法及流程

本章主要介绍财务报表生成的七大核算方法和财务报表的生成流程。财务报表的生成是会计专业人员或相关财务信息系统运用七大会计核算方法按照一定的会计核算流程完成的，整个财务报表的生成过程是从凭证到账簿再到报表的过程，在这一过程中形成了三大核心会计资料：会计凭证、会计账簿、会计报表。同时，对七大会计核算方法及财务报表生成流程的学习，更有助于企业的职业经理人了解财务报表生成的各环节，有助于职业经理人熟悉与财务报表相关的重要概念和方法。

第一节 财务报表生成方法

一、财务报表生成方法概述

会计方法是用来完成会计任务，充分发挥会计作用的做法。会计核算方法贯穿于会计基本程序之中，具体包括设置会计科目与账户、复式记账、填制与审核凭证、登记账簿、成本计算、财产清查和编制财务会计报表。

(一) 设置会计科目与账户

设置会计科目是对会计要素具体内容进行分类核算的项目，是复式记账、填制和审核凭证、登记账簿和编制会计报表的基础。

设置账户是对会计对象的具体内容进行分类核算和控制的一种专门方法。显然会计对象的内容是复杂多样的，要对其进行系统的反映和有效的监督，就必须对经济业务进行科学的分类，以便取得经营管理决策所需的信息和指标。

(二) 复式记账

复式记账是对每一项经济业务都要以相等的金额，同时记入两个或两个以上对应账户中进行登记的一种记账方法。应用复式记账法可以通过账户的对应关系反映经济业务的来龙去脉，而且在对应账户间建立了一种平衡关系，可以防止计算错误和便于检查账簿的正确性和完整性。

（三）填制与审核凭证

填制与审核凭证是为了审查经济业务是否合法合理，保证登记入账的会计记录准确、完整而采用的一种方法。经过正确填制和严格审核的会计凭证是记录经济业务、明确经济责任的书面证明，也是登记账簿的依据，可以使进入会计系统的信息有据可查，保证会计信息的真实可靠，有利于实现会计控制。

（四）登记账簿

登记账簿是根据审核无误的会计凭证，在账簿中连续、完整地记录各项经济业务的一种方法。账簿由具有一定结构和格式的账页所组成，根据审核无误的会计凭证序时、分门别类地登记所有的经济业务。账簿是储存会计数据资料的重要工具，通过定期的结账与对账为编制会计报表提供系统、完整的会计数据，同时可以为事中、事后的会计控制提供基础资料。

（五）成本计算

成本计算是按照一定对象归集和分配生产经营过程中不同阶段、不同部门所发生的各种费用支出，以确定该对象的总成本和单位成本的方法。通过成本计算，可以确定采购成本、产品成本和销售成本，可以考核生产经营过程中发生的各项费用支出水平，同时确定企业盈亏以及制定产品价格，为企业的生产经营决策提供参考。

（六）财产清查

财产清查是通过盘点实物、核对账目来检查各项资产实有数额的一种方法。为提高账簿记录的准确性，保证账实相符，必须定期或不定期地对各项财产物资、往来款项进行清查、盘点和核对。通过财产清查，可以查明各项财产物资的保管和使用情况以及往来款项的结算情况，以便对积压或损毁的物资和逾期未收到的款项及时采取措施。在清查中如果发现财产物资的实有数与账面数额不一致，应及时查明原因，通过一定的审批手续后调整账簿记录，使账面数额与实有数额保持一致。

（七）编制财务会计报表

编制财务会计报表是定期总括反映会计主体经济活动情况的一种方法。财务会计报表是以账簿记录为依据，经过进一步加工整理，采用一定的表格形式，概括地、综合地反映各单位一定时期内经济活动的过程。财务会计报表提供的资料，是会计信息使用者做出决策的主要依据。

七大会计核算方法的应用如图 2-1 所示。

二、会计科目与账户

通过本节的学习，要求懂得会计科目与账户的基本含义，解决会计通过什么科目和账户核算等问题。

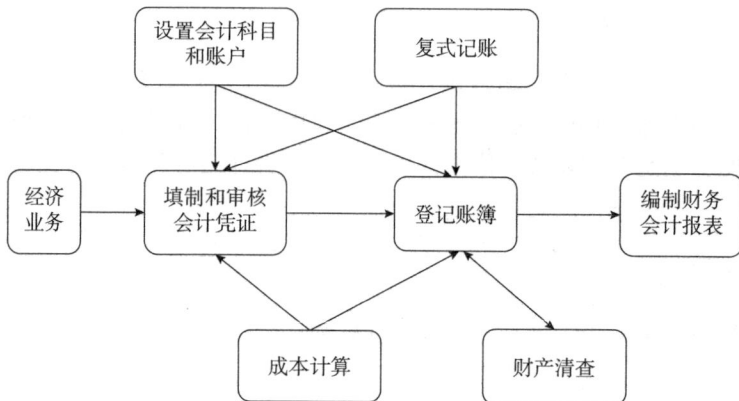

图 2-1 七大会计核算方法应用

（一）会计科目

企业的日常经济活动各不相同，资金运动复杂多样，由此引起的会计要素的内涵及其增减变化也不同。为了满足经济管理和会计核算的需要，对会计对象进行了初步的分类，即分为六大会计要素：资产、负债、所有者权益、收入、费用、利润。在把会计对象分类为会计要素的基础上，需要对这六大会计要素做进一步的分类，这就需要用到会计科目。

1. 会计科目概述

（1）会计科目的定义。会计要素只是对会计内容的基本分类，只能描述企业最基本的财务状况和经营成果。会计科目是按照经济内容对会计要素进行的再次分类，每一个项目都规定一个名称，都有明确的含义、核算范围。

为了记录和报告更详细的会计信息，会计科目还可以分为一级科目、二级科目、三级科目等，二级以下的科目通称为明细科目。例如，原材料和应收账款的会计科目分层设置如表 2-1 和表 2-2 所示。

表 2-1 ××公司原材料总账一级科目与明细科目

总账一级科目	二级明细科目	三级明细科目
原材料	原料	A 材料
		B 材料
	辅助材料	

表 2-2 ××公司应收账款总账一级科目与二级明细科目

总账一级科目	二级明细科目
应收账款	甲公司
	乙公司

（2）设置会计科目的意义。单位发生的经济业务，必然会引起各会计要素具体内容发生数量、金额的增减变化。即使只涉及同一会计要素，其具体内容也往往不同。设置会计

科目就是根据会计对象的具体内容和经济管理的要求，事先规定分类核算的项目或标志的一种专门的方法。通过设置会计科目，对会计要素的具体内容进行科学分类，可以为会计信息的使用者提供科学的、详细的分类指标体系。在会计核算中，会计科目的设置具有重要的意义。

1）会计科目是复式记账的基础。会计科目是账户的名称，复式记账要求每一笔经济业务在两个或两个以上相互联系的账户中进行登记，以反映资金运动的来龙去脉。

2）会计科目是编制记账凭证的基础。在我国，会计凭证是确定所发生的经济业务应记入何种会计科目以及分门别类登记账簿的依据。

3）会计科目为成本计算与财产清查等提供了前提条件。会计科目的设置，有助于成本核算，使各成本计算成为可能；而账面记录与实际结存的核对，给财产清查、保证账实相符提供了必要的条件。

4）会计科目为编制会计报表提供了方便。会计科目是提供会计信息的主要手段，为了保证会计信息的质量及其被提供的及时性，会计报表中的许多项目与有关会计科目是一致的，并根据会计科目的本期发生额和余额填列。

2. 会计科目表

为了使不同企业提供的会计信息口径统一、相互可比，财政部颁发的《企业会计准则——应用指南》对各类企业的会计科目做出了统一的规范要求，为企业进行会计科目设置提供了依据。其中的编号是为了会计电算化的需要，会计科目编号采用"四位数制"，以千位数数码代表会计科目按会计要素区分的类别。具体为："1"为资产类，"2"为负债类，"3"为共同类，"4"为所有者权益类，"5"为成本类，"6"为损益类；百位数数码代表每大类会计科目下更详细的类别，可根据实际需要取数；十位和个位上的数码一般代表会计科目的顺序号。为方便企业根据自身实际情况增加某些科目，一些会计科目的编号是不连续的，留有一定间隔。

一般企业应设置的主要会计科目如表 2-3 所示。

表 2-3　主要会计科目

编号	会计科目名称	编号	会计科目名称
一、资产类			
1	库存现金	11	坏账准备
2	银行存款	12	合同资产
3	其他货币资金	13	持有待售资产
4	交易性金融资产	14	材料采购
5	应收票据	15	在途物资
6	应收账款	16	原材料
7	预付账款	17	材料成本差异
8	应收股利	18	库存商品
9	应收利息	19	发出商品
10	其他应收款	20	商品进销差价

编号	会计科目名称	编号	会计科目名称
21	委托加工物资	33	固定资产减值准备
22	周转材料	34	在建工程
23	存货跌价准备	35	工程物资
24	债权投资	36	固定资产清理
25	其他债权投资	37	使用权资产
26	其他权益工具投资	38	无形资产
27	长期股权投资	39	无形资产减值准备
28	长期股权投资减值准备	40	长期待摊费用
29	投资性房地产	41	累计摊销
30	长期应收款	42	商誉
31	固定资产	43	待处理财产损溢
32	累计折旧		

二、负债类

1	短期借款	11	其他应付款
2	交易性金融负债	12	递延收益
3	应付票据	13	长期借款
4	应付账款	14	应付债券
5	预收账款	15	租赁负债
6	合同负债	16	长期应付款
7	应付职工薪酬	17	专项应付款
8	应交税费	18	预计负债
9	应付利息	19	递延所得税负债
10	应付股利		

三、共同类

1	衍生工具	3	被套期项目
2	套期工具		

四、所有者权益类

1	实收资本	5	库存股
2	其他权益工具	6	其他综合收益
3	资本公积	7	本年利润
4	盈余公积	8	利润分配

五、成本类

1	生产成本	5	工程施工
2	制造费用	6	工程结算
3	劳务成本	7	机械作业
4	研发支出		

编号	会计科目名称	编号	会计科目名称
六、损益类			
1	主营业务收入	10	税金及附加
2	其他业务收入	11	销售费用
3	其他收益	12	管理费用
4	公允价值变动损益	13	财务费用
5	投资收益	14	信用减值损失
6	资产处置收益	15	资产减值损失
7	营业外收入	16	营业外支出
8	主营业务成本	17	所得税费用
9	其他业务成本	18	以前年度损益调整

（二）账户

账户是指按照会计科目设置并具有一定格式和结构，用于反映会计要素增减变动情况及其结果的工具。

1. 账户与会计科目的联系和区别

会计科目与账户是两个既有联系，又相互区别的不同概念。

（1）账户和会计科目的联系主要体现在以下几个方面：①由于两者的性质相同，都按会计对象的内容设置，因而反映的经济内容是一致的。会计科目反映的经济内容，就是账户要登记的经济内容。②由于账户设置必须遵循会计科目所做的规范，因而它们设置的原则是一致的。没有会计科目，就不能设置账户；没有账户，也就无处记录会计对象的具体内容。会计科目是设置账户的依据，账户则是会计科目在记账工作中的具体运用。

（2）账户与会计科目的区别主要表现在以下两个方面：①会计科目只是账户的名称，本身没有什么结构，不能反映经济业务引起的会计要素的增减变动情况；而账户却具有便于记录会计对象具体内容的结构，可以提供具体的数据资料，把经济业务的发生情况及其结构记录下来。②会计科目是在经济活动发生之前，事先对如何反映会计对象具体内容做出的分类规范；而账户是在经济活动发生后对其做出的分类记录。

2. 账户设置的意义

（1）通过账户的设置，可以将会计信息系统所接纳的原始数据转化为初级会计信息。企业的客观经济活动是详尽的和具体的，在未经确认并按账户分类和正式记录前，这些数据仅仅是数据而已。而把数据区分为会计信息与非会计信息的第一道门槛就是账户。数据一旦进入账户，就转化为以账户为标志的会计信息，而与原来的数据有了本质的区别。

（2）通过账户的设置可以压缩信息数量、确保质量。人们从经济活动中捕捉到的数据往往是零散的、单个的、缺乏有机联系的。单个数据必然会割裂价值运动的内在联系，而将这些原始数据登入账户后，就能形成有次序、有层次的会计信息群，为会计信息使用者提供连续、系统、全面的信息。

3. 账户的基本结构

所谓账户的基本结构是指账户是由哪几个部分构成，以及每部分反映什么内容，即记录增加数量、减少数量、增减变动后的结果的位置。

通常情况下，账户记录的内容包括所反映的经济业务的内容、时间，引起的会计要素的增减变化及其结果等情况。因此，一个完整的账户的基本结构应当设置以下栏目：

（1）账户名称，即会计科目，用以说明账户核算的内容。

（2）记录经济业务的日期和凭证号数，用以说明记账时间和依据。

（3）摘要，即经济业务的简要说明。

（4）增加额、减少额及余额。

一般账户的格式如表 2-4 所示。

表 2-4　账户的格式

年		凭证编号	摘要	借方	贷方	借或贷	余额
月	日						

在会计教学中，通常用一种简化的格式代替实际账户，称为 "T" 形账户（或 "丁" 字形账户），该格式只突出账户的基本结构——左方和右方，其结构如图 2-2 所示。

左方（借方）　　　　　　　账户名称（会计科目）　　　　　　　右方（贷方）

图 2-2　账户的基本结构

作为一个账户，左右两方分别用来记录经济业务发生所引起的会计要素的增加额和减少额。增减金额相抵后的差额即是余额，余额按时间的不同可以分为期初余额和期末余额。因此，账户记录的数额通常可以提供四个金额要素：期初余额、本期增加发生额、本期减少发生额和期末余额。概括而言，即发生额和余额。

4. 会计账户的分类

为了正确地设置和运用账户，就需要从理论上进一步了解和认识各个账户的核算对象、具体结构和用途以及其在整个账户体系中的地位和作用，在此基础上掌握它们在提供核算指标方面的规律性，这就是账户进行分类的意义。

所谓账户分类是指对账户按性质、核算内容、用途和结构进行的归类。账户分类的主要方法有三种：按经济内容分类、按用途和结构特点分类、按账户提供核算指标的详细程度分类。其中，按经济内容分类是账户分类的基础。

（1）按账户反映的经济业务内容分类。账户是根据会计科目设置的，会计科目是对经济内容的分类，因此，账户首先是按经济内容划分。账户之间最本质的差别是其所反映的经济内容不同。如前所述，经济组织的会计对象就其具体内容而言，可以归结为资产、负债、所有者权益、收入、费用和利润六大会计要素。由于企业会计在一定期间内实现的利润最终要归属于所有者权益，所以从满足管理和会计信息使用者需要的角度考虑，在对账户按经济内容分类时，将利润并入所有者权益类。又由于企业在生产经营过程中需要进行成本计算，所以专门设置成本类账户，用于专门计算成本。收入和费用体现为当期的损益，因此将收入和费用类账户称为损益类账户。有特殊经济业务的企业可设置共同类账户。这样，账户按经济内容可以分为六大类：资产类账户、负债类账户、所有者权益类账户、损益类账户、成本类账户和共同类账户。

资产类、负债类和所有者权益类账户期末一般均有余额，期末余额是编制资产负债表的主要数据来源。因此，这三类账户可称为资产负债表账户（也称为"实账户"）。收入类、费用类和利润类账户一般无期末余额，其发生额是编制利润表的主要数据来源。因此，这三类账户可称为利润表账户（也称为"虚账户"）。

按经济内容分类结果如图 2-3 所示。

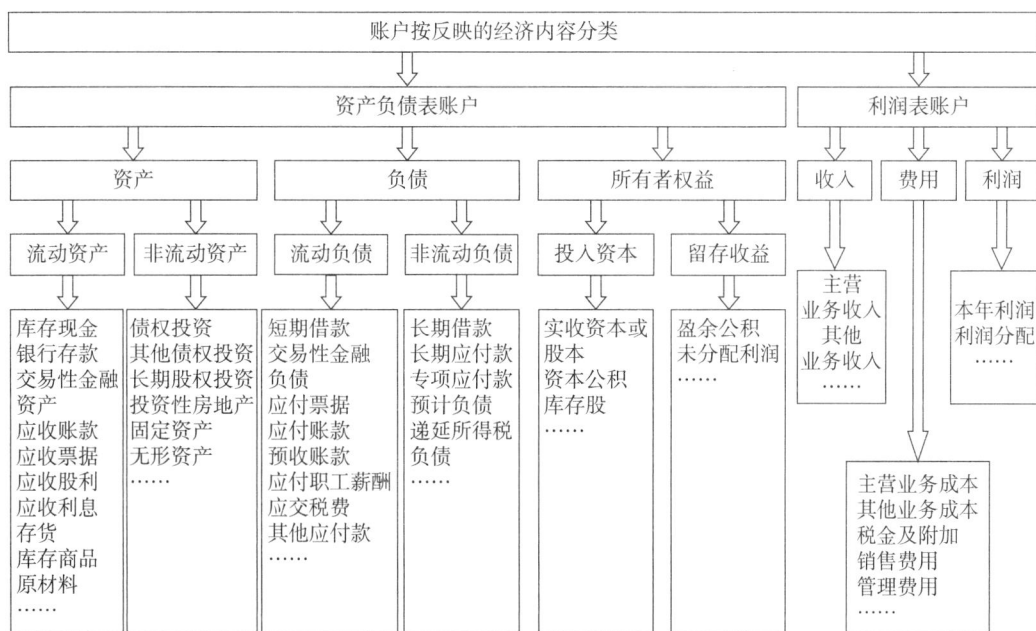

图 2-3 账户按其反映的经济业务内容分类

（2）按账户提供核算指标的详细程度分类。企业对外提供信息和内部管理控制所需要的会计核算资料是多方面的，不仅要求会计核算能提供一些总括的指标，而且要求能提供详细的指标。因此，与会计科目分为总分类科目（一级科目）和明细分类科目（二级、三级科目）相对应，按照所提供信息的详细程度，账户也可以分为总分类账户（总账）和明细分类账户（明细账）。例如，某制造企业需要购进 A、B、C、D 四种原材料进行生产。那么，通过对原材料的总账核算，可以提供这四种原材料总体的增减变动及结存情况；通过分别对这四种原材料的明细核算，可以分别提供 A、B、C、D 这四种原材料各自的增减变动及结存情况的具体数据。

总分类账户是指对企业经济活动的具体内容进行总括核算的账户。提供某一具体内容的总括核算指标，亦称总账账户、一级账户。在我国，总分类账户的名称、核算内容及使用方法通常是统一制定的。

明细分类账户是对总账账户的再分类，用来提供进一步详细的核算资料，除可以用货币计量外，有的还用实物量度（件、千克、吨等）进行辅助计量。总账是对所属明细账的综合，对所属明细账起统驭作用。明细账是对总账的补充，对有关总账起详细说明的作用。两者登记的原始凭证相同，核算内容相同，两者结合起来形成不同层次的账户，既总括又详细地反映同一事务。明细分类账户由各企业、单位根据经营管理的实际需要和经济业务的具体内容自行规定。

三、借贷记账法

（一）复式记账法

为了对会计要素进行核算与监督，在按照一定原则设置了会计科目，并按照科目开设账户对会计要素进一步分类后，要对企业发生的大量经济业务进行会计记录，就需要采用科学的记账方法，在账户中登记会计要素的增减变动情况，以达到客观真实地记录和反映企业生产经营活动的目的。会计上采用的记账方法有单式记账法和复式记账法两种。

单式记账法是指对所发生的经济业务只在一个账户中进行登记，通常只记录现金、银行存款的收付，及应收款、应付款的往来账项，例如用银行存款支付费用，只记录银行存款的减少而不记录费用增加，赊购原材料时记录应付款增加，不记录原材料的增加。单式记账是一种简单、不完整的记录方法，由于对经济业务只在一个账户进行登记，账户记录之间没有直接联系，不能完整、准确地反映经济业务的来龙去脉，也不利于日后检查账户记录的准确性。

复式记账法是指对发生的每一笔经济业务都以相等金额、相反方向同时在两个或两个以上互相关联的账户中进行登记的记账方法，根据静态会计恒等式"资产＝负债＋所有者权益"的原理，企业发生的每一笔经济业务都会引起会计要素中两个或两个以上相关项目的增减变动，从而使等式两侧同时增加或减少同一数值，或者等式的一侧等额增加和减少同一数值，例如，用银行存款偿还应付账款，使等式左侧的资产和等式右侧的负债同时减少同一数值，用现金购买原材料会使等式左侧的资产增加和减少同一数值。因此，任何经济业务的发生，都不会影响会计等式的平衡性，会计等式的恒等性决定了企业经济业务能在两个或两个以上的关联账户记录，并且账户的记录数额之间具有平衡关系，这就是复式记账的基本原理。

复式记账法有两个特点：一是对发生的每一笔经济业务要在与业务相关联的所有账户进行增减变动的记录，根据账户记录可以完整、真实地了解每一笔经济业务发生的来龙去脉，还能通过全部经济业务的记录系统，全面地了解经济活动的全过程。二是结合复式记账法的基本原理，每项经济业务在相关账户的记录数值存在平衡关系，因此可以采用试算平衡方法随时验证检查账户记录的正确性和完整性。因此，与单式记账法相比，复式记账法是一种科学的记账方法，也是世界各国公认和广泛应用的记账方法。目前，我国的企业和行政事业单位基本都采用复式记账方法。

（二）借贷记账法

1. 借贷记账法的含义

借贷记账法是指以"借""贷"为记账符号，以"资产＝负债＋所有者权益"为基本理论，以"有借必有贷、借贷必相等"为记账规则的一种复式记账法。

2. 借贷记账法的记账符号

借贷记账法以"借""贷"作为记账符号，最早的"借""贷"二字分别表示债权、债务的增减变化。随着商品经济的发展，借贷记账法得到了广泛的运用，经济活动的内容也日益复杂，记账对象不再局限于债权、债务关系，而是扩大到记录财产物资的增减变化和计算经营损益。"借"和"贷"二字就逐渐失去了原来的字面含义，而转变为纯粹的记账符号，用以标明记账的方向。

3. 借贷记账法的记账规则

借贷记账法的记账规则，可以用一句话概括为"有借必有贷，借贷必相等"，借贷记账法的记账规则主要依据复式记账原理和借贷记账法账户结构原理来确定，主要有以下特点：一是在借贷记账法中，依据复式记账的原理，对每一笔经济业务的记录，必须以相同的金额、相反的方向在两个或两个以上互相关联的账户中进行登记。二是对经济业务在两个或两个以上账户进行的登记，可以是会计等式的同一方向的账户，也可以是不同方向的账户，但对于每一笔经济业务的记录都应当作借贷相反的记录。具体地说，如果一笔经济业务在一个账户中记借方，就必须同时在另一个或几个账户中记贷方；如果一笔经济业务在一个账户中记贷方，就必须同时在另一个或几个账户中记借方。三是对每一笔经济业务所记入的两个或两个以上账户的金额，借方登记的金额必须和贷方登记的金额相等。本期发生的全部经济业务全部在账户中登记后，记入所有账户的借方金额总和应当等于记入所有账户贷方的金额总和。

4. 借贷记账法的基本表现形式

借贷记账法的基本表现形式即会计分录，简称"分录"，它是根据复式记账原理对每笔经济业务列出相对应的借贷双方账户及其金额的一种记录方法。在会计实务中，会计分录填写在记账凭证中，其内容主要包括记账符号、账户名称、摘要和金额。

会计分录分为简单分录和复合分录两种：简单分录也称"单项分录"，是指以一个账户的借方和另一个账户的贷方相对应的会计分录；复合分录亦称"多项分录"，是指以一个账户的借方与几个账户的贷方，或者以一个账户的贷方与几个账户的借方相对应的会计分录。

5. 借贷记账法的应用

为了进一步理解和掌握借贷记账法在企业的运用，现举例说明如下：

【例2-1】 20××年6月1日，长江公司收到宏达集团公司投资500万元，款项存入银行。

借：银行存款　　　　　　5000000
　　贷：实收资本　　　　　5000000

【例2-2】 20××年7月1日，长江公司从银行取得借款50000元，期限6个月，银行通知款项已经划入银行存款户。

```
借：银行存款                50000
    贷：短期借款            50000
```

【例 2-3】 20××年 7 月 5 日，长江公司从供应商购入甲材料 100 吨，单价 600 元，上述款项已用银行存款支付，材料已运达企业并验收入库（增值税略）。

```
借：原材料                  60000
    贷：银行存款            60000
```

【例 2-4】 20××年 7 月 6 日，长江公司购入 5 台不需要安装的机器设备，共记 80000元，全部款项已用银行存款支付（增值税略）。

```
借：固定资产                80000
    贷：银行存款            80000
```

【例 2-5】 20××年 7 月，长江公司领用甲材料 35000 元，其中 20000 元用于生产 A 产品，15000 元用于生产 B 产品；又领用了乙材料 42000 元，其中 18000 元用于生产 A 产品，24000 元用于生产 B 产品。

```
借：生产成本——A 产品            38000
    生产成本——B 产品            39000
    贷：原材料——甲材料                35000
        原材料——乙材料                42000
```

【例 2-6】 20××年 7 月 31 日，长江公司结算本月应发职工工资，其中，生产工人工资 25000 元，制造车间管理人员工资 16000 元，办公室管理人员工资 30000 元。

```
借：生产成本            25000
    制造费用            16000
    管理费用            30000
    贷：应付职工薪酬        71000
```

【例 2-7】 20××年 8 月 1 日，长江公司销售 A 产品，价款总计 30000 元，其中 17000元货款已存入银行，其余货款尚未收回（假定不考虑增值税）。

```
借：银行存款            17000
    应收账款            13000
    贷：主营业务收入        30000
```

【例 2-8】 20××年 8 月 16 日，长江公司向购货方预收货款 10000 元存入银行，8 月23 日长江公司销售 B 产品 24000 元，其中 10000 元为预收货款，其余货款已收到并存入银行（增值税略）。

8 月 16 日，收到预收款：

```
借：银行存款            10000
    贷：预收账款            10000
```

8 月 23 日，销售商品：

```
借：银行存款            14000
    预收账款            10000
    贷：主营业务收入        24000
```

四、会计凭证与会计账簿

（一）会计凭证

1. 会计凭证的定义

会计凭证是记录经济业务的发生情况，明确相关责任，按一定的格式编制用来登记账簿的依据。根据这一定义，我们可以从以下几个方面对会计凭证进行分析。

（1）进行会计记录必须要有真实凭据。任何单位在进行相关的经济活动时，都需要执行业务的人员填制或取得会计凭证，详细记录相关经济业务的发生时间、内容等相关事项，同时在会计凭证上签章，对业务的真实性、准确性、完整性负完全责任。

（2）会计凭证必须经过审核，才能作为记账依据。记账人员在取得会计凭证时，必须对会计凭证进行严格审核，经审核无误的凭证才能作为记账的依据。如果会计凭证不能真实合法地证明经济业务已经发生或者完成，就不能进行会计账务处理。

因此，填制和审核会计凭证一方面是记录经济业务发生或完成的凭证，另一方面也是发挥会计监督作用的重要手段。依据会计凭证处理相关经济业务、登记账簿是进行会计核算工作的重要原则。

2. 会计凭证的作用

填制和审核会计凭证是会计核算工作的起点，对如实反映经济业务的内容、有效监督经济业务的真实可靠、发挥会计在经济管理中的重要作用，会计凭证是记录、传递经济业务信息的工具。当一笔经济业务发生或者完成时，都必须根据相关的程序和要求，及时取得会计凭证，将经济业务进行真实完整的记录，并且加以系统的分类汇总。通过取得会计凭证，可以为经济活动的发生或完成提供合法凭证，并且为财务分析和审计提供重要的原始依据。

会计凭证是进行会计监督的依据。取得会计凭证后，可以通过对会计凭证的审核对经济业务是否符合国家的法律法规与会计政策、企业的规章制度与预算计划等进行控制和监督。通过审核会计凭证及时发现企业在管理中存在的问题，对经济业务进行监督，促进企业内部控制的健全，从而保证企业的各项经济活动真实、合法、有效。

会计凭证是明确相关人员责任的依据。在填制和审核会计凭证的过程中，相关的工作人员必须进行签章确认。通过签章，会计凭证的经办人员必须对会计凭证的真实性、合法性承担责任，这样就明确了相关工作人员在经济业务中的职责。在发生争议时，会计凭证也是解决纠纷的有效法律依据，这使在会计凭证传递过程中的相关人员必须认真履职，处于不同环节的人员也会进行互相监督，从而及时发现问题。

会计凭证是登记账簿的依据。一项经济业务的发生，必须通过取得会计凭证加以证明，而企业在登记会计账簿时，必须保证每一项经济业务有真实合法的会计凭证作为依据，以此来提高会计账簿记录的会计信息的正确性。因此，通过会计凭证的填制、审核，并且用一定的方法进行分类汇总，才可以成为填制会计账簿的有效依据。

3. 会计凭证的分类

企业的经济业务多种多样，会计凭证也多种多样，根据不同的方法，可以将会计凭证分为不同的种类，按照最基本的填制程序和用途的不同划分为原始凭证和记账凭证。

（1）原始凭证。原始凭证即原始单据，是填制记账凭证和会计账簿的原始依据，是在经济业务发生或完成时，经办人员取得或填制的，用以记录、证明经济业务发生或完成的原始单据，是进行会计核算的原始资料。企业的一切经济活动发生或完成时必须填制原始凭证，原始凭证的作用在于真实完整地反映经济活动的实际情况，因此具有较强的法律效力，是一种非常重要的凭证。

1）原始凭证的内容。由于经济活动的多样性，各个类型的经济活动所产生的原始凭证的格式、内容也是多种多样的。但是，不论是何种类别的原始凭证，作为经济活动发生的原始凭据，都必须包含会计工作中所必要的信息，都必须详细地记载相关经济活动的发生和完成情况，都必须明确相关经办人员的责任。这些必须记载的信息，称为原始凭证的必备要素，主要包括：①凭证的名称：应当标明原始凭证记录业务的种类，反映该原始凭证的用途。②凭证的填制日期及凭证编号：日期一般应当为业务发生或完成的日期，如果因特殊原因在业务发生或完成时未填制的应以实际日期为填制日期。③填制凭证的单位或个人姓名。④接受凭证单位名称。⑤经济业务内容。⑥数量、单价、金额：原始凭证的核心内容，表明原始凭证的计量标准。⑦经办单位或经办人姓名。此外，不管是本单位开给外单位的凭证还是从外单位取得的凭证都必须加盖填制单位的公章或财务专用章。

2）原始凭证的审核。为了发挥会计的监督职能，保证会计信息的真实可靠，原始凭证必须经过会计机构、会计人员审核后才能作为记账的根据。对原始凭证的审核，主要应当注意以下几点要求：

第一，审核原始凭证的合法性和真实性。对于合法性，应注意审核原始凭证是否符合国家法律法规、制度规章的要求，是否履行了凭证传递审核的相关程序。对于真实性，一方面需要审核原始凭证本身的真实性，是否存在假冒凭证情况；另一方面需要审核原始凭证内容的真实性，是否存在数字、金额、日期等方面的造假。

第二，审核原始凭证的合理性和完整性。对于合理性，应审核原始凭证记录的经济业务是否符合企业的预算计划，是否符合企业的管理活动需要。对于完整性，应审核凭证的基本要素是否已经齐备，是否存在漏记，相关经办人员签章是否完整。

第三，审核原始凭证的正确性和及时性。审核正确性，主要是审核原始凭证的金额计算和填写是否正确，大小写金额是否相符合，书写格式是否正确。审核及时性，由于原始凭证的及时性是保证会计信息及时性的基础，因此当经济业务发生或完成后，应当及时填写原始凭证并且进行凭证传递，对于一些特殊的原始凭证，如支票、商业汇票等更应关注凭证的及时性。

原始凭证审核是对原始凭证的一次把关，这对发挥会计的监督职能具有重要的作用。《会计法》第十四条赋予了会计机构及会计人员审核原始凭证职责："会计机构、会计人员必须按照国家统一的制度规定对原始凭证进行审核，对不真实、不合法的原始凭证有权不予接受，并向单位负责人报告；对记载不准确、不完整的原始凭证予以退回，并要求按照国家统一的会计制度的规定更正、补充。"

（2）记账凭证。记账凭证又称分录凭证，是指会计人员根据审核后的原始凭证进行分类整理，用以编制会计分录的凭证，也是直接用以登记账簿的依据。记账凭证的作用，就在于将原始凭证进行分类整理，按照复式记账的要求，运用会计科目编制会计分录，并登记账簿。原始凭证与记账凭证也因此而存在以下差别：原始凭证由经办相关经济活动的人员填制，而记账凭证必须由会计人员填制；原始凭证不能将所属的经济活动进行归类，而记账凭证则可以将经济活动进行分类整理。

1）记账凭证的内容。记账凭证因为反映的经济业务内容的不同，也可能存在多种多样的形式。但是，由于需要作为编制会计分录、登记会计账簿的依据，因此记账凭证必须具备以下要素：①记账凭证的名称。②填制记账凭证单位的名称。③凭证的编号和填制日期。④经济业务的内容。⑤借贷账户名称：包含二级账户及明细账户名称。⑥所附原始凭证和其他资料张数。⑦会计主管人员、复核人员、记账人员和填制人员签章，收付款记账凭证还需有出纳人员签章。⑧记账备注。

2）记账凭证的审核。记账凭证是登记账簿的直接依据。记账凭证的质量直接影响了会计账簿的质量，为了保证账簿记录的准确，保障会计信息的质量，除了要求记账凭证的填制人员正确填制之外，还必须建立记账凭证的审核制度。只有经审核准确无误的记账凭证，才能作为登记账簿的依据。记账凭证的审核应包含以下几点内容：

第一，记账凭证内容的真实性。记账凭证的内容是以原始凭证为依据，因此一方面应当重点审核记账凭证是否附有原始凭证以及所附原始凭证数量是否符合要求，另一方面应审核记账凭证所附经济事项与原始凭证所载事项是否相符，金额是否一致。

第二，记账凭证所用会计科目是否正确。应审核记账凭证所使用的会计科目借贷关系是否正确、对应关系是否清楚、借贷金额是否相等和科目使用是否符合相关的规定。

第三，记账凭证的要素填写是否完整。例如，摘要填写是否符合要求、有关人员签章是否齐全以及凭证编号是否正确。

第四，若涉及出纳人员办理资金收付业务，应在记账凭证上加盖"收讫""付讫"印章，避免重复收支。

第五，实施会计电算化的单位，对机制记账凭证应当严格审核，做到会计科目正确、数字金额准确。机制记账凭证应当有制证人员、审核人员、记账人员以及会计机构负责人签章。

在审核记账凭证的过程中，如发现审核错误，应当查明原因，及时更正，并由更正人员在更正处签章。由于记账凭证对于会计账簿和会计信息质量的重要作用，所以会计人员既要熟悉国家的相关政策、法规等相关规定，又要严格审查，认真履职。

4. 会计凭证的传递与保管

（1）会计凭证的传递。会计凭证的传递是指会计凭证自取得和填制至归档，在有关单位和人员之间传递程序、传递时间和衔接手续。各种会计凭证所记录的经济业务不尽相同，所需要办理的手续、所需履行的程序和所需时间也不同。例如，原材料运达企业后，需要履行什么样的手续，需要完成何种程序，以及所需花费的时间，在这一过程中，谁负责填制验收单等原始凭证，谁又负责将相关原始凭证传递给会计部门。会计部门在收到相关原始凭证后，谁负责审核，谁负责编制记账凭证，编制相关总账及明细账等。

制定合理的会计凭证传递程序目的在于使会计工作的各个环节相互督促，加强会计工作的分工协作，提高会计工作的效率。因此，合理组织会计凭证的传递工作，对于及时反映和监督经济业务的发生和完成情况、合理组织经济活动、提高经营管理水平以及加强经济责任制度具有重要意义。

科学合理的传递程序，应当使会计凭证以最合理、最高效的方式运行，因此在制定会计凭证传递原则时，应主要考虑以下几点因素：

第一，合理的会计凭证传递程序应建立内部牵制制度。内部牵制制度的目的在于使在经济业务中各项手续之间相互牵制，相互督促。在建立内部牵制制度时，既要符合相关规定的要求，又要考虑到单位内部的管理要求和特点。总之，内部牵制制度应满足两点要求：一是各部门及人员应当明确职责和权利，明确各自应当履行的手续；二是明确各部门及人员的相互联系。

第二，合理的会计凭证传递程序应适当确定会计凭证的传递节点。企业应根据自身的生产经营规模、人员机构设置的特点、经济业务的繁简程度恰当地规定会计凭证必需的传递环节。既要保证有关部门和人员按照手续处理业务，及时掌握凭证资料，了解经济业务的情况；又要避免在凭证传递过程中的不必要环节，提高传递程序的合理性，加快会计凭证的传递速度。

第三，合理的会计凭证传递程序应当科学确定会计凭证传递的时间。会计凭证应当及时传递，不得跨期和积压，保证会计凭证的传递和处理在合理的会计期间内完成。既要保证会计凭证传递的总时间合理，又要保证在每个传递节点的时间合理。既不影响业务手续的完成，又要提升传递的效率。

第四，合理的会计凭证传递应当建立科学的凭证交收制度。为了保证会计凭证的安全，必须保证在会计凭证传递的各个环节均有专人负责会计凭证的签收和交接，做到会计凭证传递的手续严密科学，责任落实到人。

在确定了会计凭证传递的节点和时间安排之后，企业可以绘制会计凭证传递的流程图，保证相关人员严格执行相关规定。在实际执行过程中若发现有不合理的地方，应当及时更正，保证会计凭证传递的科学、合理、高效和安全。

（2）会计凭证的保管。会计凭证是重要的经济档案，对于反映和监督经济业务的发生或完成，明确经济责任具有重要作用。因此，会计人员在利用会计凭证登记账簿之后，还应当将会计凭证归档整理，妥善保管。会计凭证的保管，主要可以分为会计凭证的日常保管、归档保管以及保管期限和销毁手续三个方面：

第一，会计凭证的日常保管。对于会计凭证的日常保管，应按照其分类和编号顺序保管，既要做到会计凭证的完整，又要方便定期的查验核对。会计部门登记账簿后，应当定期对会计凭证进行整理，检查有无缺号以及附件是否完整，然后装订成册。会计凭证不得外借，其他单位如果需要使用原始凭证的，需经本单位领导批复后，方可向其提供原始凭证的复印件。

第二，会计凭证的归档保管。会计人员使用会计凭证完成相关工作后，应及时将会计凭证归档。归档后，会计凭证的相关保管责任即转移给了保管负责人。对于装订成册的会计档案应当编制会计档案保管清册，依照会计凭证的分类以及年月编号进行顺序管理。

第三，会计凭证的保管期限和销毁手续。为了便于检查各个单位的经济业务和财务状况，会计凭证必须严格按照《会计档案管理办法》的有关规定履行会计凭证的保管期限和销毁手续。一般的会计凭证保管期限为15年，保管期限未满的会计凭证不得随意销毁。会计凭证保管期满，需要销毁时，应由会计凭证保管单位填制"会计凭证销毁清册"，经本单位负责人审核并签署意见。批准销毁后，应当由有关部门监督销毁，任何人不得自行销毁。

（二）会计账簿

1. 会计账簿的定义与作用

（1）会计账簿的定义。会计核算中，会计凭证的填制和审核能够及时反映和监督经济业务的发生或完成，将大量的经济信息转化为会计信息加以记录。但是，会计凭证的数量众多，又十分分散，不能系统全面地反映一定时期内一个经济单位的全部经济活动，无法满足管理上对各种会计信息的要求。因此，为了把这些分散的、不系统的会计凭证中所包含的经济资料进行整理、归纳、汇总，最终集中、全面、系统地反映企业经济业务的全貌，充分发挥会计的管理监督作用，企业必须设置会计账簿。

会计账簿简称账簿，是根据一定的格式和互相联系的账页组成，以经过审核的会计凭证为依据，用以连续、序时、分类反映经济业务的簿籍。会计账簿可以将会计凭证和会计报表有效地连接起来，是编制会计报表的基础，设置和登记账簿是会计核算的专门方法之一，也是会计核算的重要环节，对加强经济管理工作具有重要意义。

（2）会计账簿的作用。设置和登记账簿作为会计循环的重要环节，对保证会计工作的质量，提供真实、全面、准确的会计信息具有以下重要作用：

第一，通过设置和登记会计账簿，可以将凭证所记录的经济活动转化为会计报表所需要的会计信息。可以对经济业务进行序时、分类的记录和反映企业日常发生的大量经济业务，使分散的核算资料能够系统化、集中化。全面系统地提供企业有关成本费用、财务状况和经营成果的相关资料。通过会计账簿，为企业经济管理提供系统完整的会计资料，既可以提升企业的经济管理水平，又可以对企业的财产物资变动情况进行监督。

第二，通过设置和登记会计账簿，可以为检查会计信息提供依据。账簿是对会计凭证的进一步分类整理，同时也是进行会计分析和会计检查的重要依据。例如，企业可以根据账簿信息记录的资产账面数，与盘点的实际数进行检查核对，以此确认是否账实相符。

第三，通过设置和登记会计账簿，可以为编制财务报表提供依据。通过登记账簿，将会计凭证所代表的经济业务分门别类地进行归集整理，就可以作为编制财务报表的最主要、最直接的依据。

第四，通过设置和登记会计账簿，可以为业绩评价提供依据。账簿记录了一定时期内企业的成本、费用、收入和利润等资料，可以为企业的业绩考核、计划执行和预算完成情况提供相应的依据。

2. 会计账簿的分类

会计账簿的分类如图 2-4 所示。

序时账簿也称日记账，是指按照经济业务的发生或完成时间的先后顺序，逐日逐笔进行登记的账簿。序时账簿按照记录的内容不同，可以分为普通日记账和特种日记账。普通日记账是严格按照每天所有经济业务发生的先后顺序，记入账簿中。特种日记账是用来记录某些特定种类的业务，按照业务发生的先后顺序逐笔登记。在实际工作中，"库存现金日记账""银行存款日记账"这一类特种日记账运用广泛。

分类账簿也称分类账，是指对全部的经济业务按照总分类账和明细分类账进行分类核算登记的账簿，总分类账和明细分类账的区别在于其反映的业务详细程度不同。总分类账

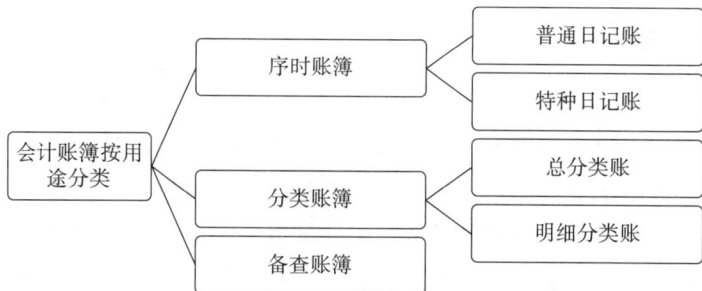

图 2-4　会计账簿分类

也称总账，是指根据一级科目账户开设的，用以全面、连续分类记录全部经济业务、提供总括核算资料的账簿。总分类账对其所属的明细分类账具有统驭作用，为编制会计报表提供主要依据，任何单位都必须设置总分类账。明细分类账也称明细账，是指根据总分类账科目，按其二级科目或明细科目设置，详细记录某一类经济业务，用以提供比较详细的核算资料。明细分类账应当根据原始凭证或记账凭证逐笔详细登记。

备查账簿也称辅助账簿，是指对某些在序时账簿和分类账簿中未能反映或登记不全的一些事项进行补充登记的账簿。备查账簿主要是为一些特定的经济业务的决策提供参考资料，例如经营租赁固定资产登记簿、委托加工材料登记簿。

3. 会计账簿的格式

各个企业由于经营管理的要求不同，账簿的格式可以根据实际情况选择，但是不论何种格式的账簿，都必须包含以下信息：

第一，封面。封面要写明账簿名称和记账单位名称。

第二，扉页。扉页应填明账簿启用日期、截止日期、账户目录、经营账簿人员签章和会计主管人员签章。

第三，账页。账页是承载账簿内容的主体，可以因所记载经济内容的不同而采取不同格式，但基本应当包含：①账户名称。②登账日期栏。③凭证种类以及号数栏。④摘要栏。⑤金额栏。⑥总页次以及分页次。

4. 会计账簿的更换与保管

（1）账簿的更换。账簿的更换是指当会计年度终了，新的会计年度开始时，启用新账簿，并且将上年度的会计账簿归档的工作。

账簿的更换有利于保持会计资料的连续性和明晰性，连续清楚地反映每个会计年度财务状况和经营成果。一般而言，总账和日记账应当按年更换，大多数明细账也应当按年更换；但是涉及一些特殊的明细账，如固定资产卡片、财产物资明细账等由于物资品种、规格较多，如果变化不大，可以连续使用。

在更换账簿时，应该注意以下几点问题：首先，余额的结转，更换前应检查本年度账簿记录在年终结账时是否已经全部结清。在新账的摘要栏注明"上年结转"字样，根据上年余额直接填写在新账"余额"栏，并注明借贷方向。其次，总账应根据经济业务的情况合理估计新账中所需账页数目。最后，对于一些有余额的明细账，如应收应付等债权债务明细账，应当按照有关方法将其余额填列在新的明细账户下，以备查阅检验。

（2）账簿的保管。会计账簿作为重要的会计资料，对经营管理工作有非常重要的作用，而且有些会计账簿需要保密。因此，企业应当按照有关规定，加强会计账簿管理，做好会计账簿保管工作。账簿的保管，应当明确经济责任，一方面保障会计账簿的完整安全，另一方面也要防止交接过程中的舞弊。基于此，会计账簿的保管主要包括账簿日常管理和账簿归档管理两方面的内容。

1）账簿日常管理。账簿日常管理主要有以下几点要求：

第一，各种账簿管理工作要分工明确，必须由专人管理。账簿经管人员除了完成记账、对账和结账工作外，还应该保证会计账簿的安全完整。

第二，查阅会计账簿必须经过企业领导和会计机构负责人的批准，非账簿经管人员不得查看、复制账簿。经本企业负责人批准，并办理相关手续，有需要的企业或人员可以查阅、复制账簿，但不得抽换、涂改账簿。

第三，会计账簿不得随意由其他人员管理，一般不得携带外出，以保证会计账簿的安全完整，防止账簿丢失及毁坏。

2）账簿归档管理。账簿归档管理的主要要求如下：

第一，整理。新的会计年度应当对上一年度会计账簿进行分类整理，并且检查账簿相关手续是否齐备。缺少相关手续的账簿，应该履行相关补记手续，如空白处未划销、未结转余额等。

第二，装订成册。装订账簿时，应注意检查账簿扉页内容是否填写齐全，未填写完整的应当履行补记手续；应检查账页是否按顺序号排列，是否存在缺页、跳页。具体装订时应该照账户分类装订成册，企业可根据各账户的业务量大小，自主决定一个账户一册、一个账户多册或多个账户一册。装订完成后，应当由经办人员、装订人员以及会计主管人员签章。

第三，办理交接手续，归档保管。账簿装订完成后，应当编制目录、移交清单等相关资料，办理交接手续，归档保管。保管人员应当按照相关规定，将会计账簿编号、分类，并且妥善保管。账簿的保管期限应当严格按照有关规定执行，保存年限一般为15年，库存现金日记账、银行存款日记账为25年，固定资产卡片应在固定资产清理后继续保存5年。保管期满后，应当按照相关规定、履行相关手续后才可销毁，任何人不得私自销毁账簿。

会计七大核算方法中的成本计算和财产清查这两种方法一般在相关的会计专业课程中学习，在此不予详述。

第二节　财务报表生成流程

一、财务报表生成流程概述

财务报表生成流程即账务处理程序，是指从取得原始凭证到生成会计报表的步骤和方法。其主要内容包括整理、汇总原始凭证，填制记账凭证，登记各种账簿，编制会计报表全过程的步骤和方法。

由于各个企业的业务性质、规模大小、经济业务的数量各不相同，适用它们的账务处理程序也就有区别，即应当设置的账簿种类和各种账簿之间的相互关系以及与之相适应的记账程序和记账方法不完全相同。不同的账簿组织、记账程序和记账方法相互结合在一起，就构成了不同的账务处理程序。

目前，我国的会计核算一般采用的主要账务处理程序有以下四种：记账凭证账务处理程序、科目汇总表账务处理程序、汇总记账凭证账务处理程序和日记总账账务处理程序。这四种账务处理程序的主要区别是：不同会计核算组织程序登记总账的依据和方法不同。其中，记账凭证账务处理程序是最基本的一种，其他核算组织程序都是由此发展、演变而来的。

（一）记账凭证账务处理程序

记账凭证账务处理程序的特点是直接根据记账凭证逐笔登记总分类账。在记账凭证账务处理程序下，应当设置现金日记账、银行存款日记账、明细分类账和总分类账。总分类账和日记账的格式均可采用三栏式，明细分类账可根据会计核算及其他方面的需要进行设置，采用三栏式、数量金额式或多栏式。记账凭证账务处理程序如图2-5所示。

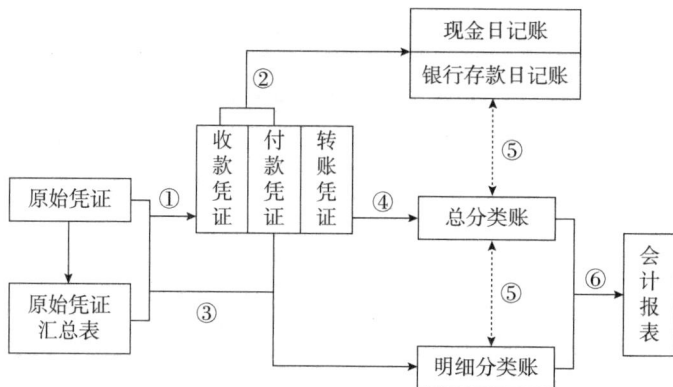

图2-5　记账凭证账务处理程序

注：①根据原始凭证或原始凭证汇总表填制记账凭证；②根据收款凭证和付款凭证，每日逐笔登记现金日记账和银行存款日记账；③根据原始凭证、原始凭证汇总表或记账凭证登记各种明细分类账；④根据记账凭证登记总分类账；⑤月末，将现金日记账、银行存款日记账的余额，以及各种明细分类账的余额合计数，分别与有关总分类账的期末余额核对相符；⑥月末，根据核对无误的总分类账和明细分类账的数据资料，编制会计报表。

记账凭证账务处理程序的主要优点是简单明了，易于理解，总分类账能详细反映经济业务状况，方便进行核对与查账；但登记总分类账的工作量较大，也不利于分工。因此，一般适用于规模较小、经济业务较少的单位。

（二）科目汇总表账务处理程序

科目汇总表账务处理程序的特点是根据记账凭证定期编制科目汇总表，然后根据科目汇总表登记总分类账。采用科目汇总表账务处理程序时，其账簿设置、各种账簿的格式以及记账凭证的种类和格式基本与记账凭证账务处理程序相同。但应增设科目汇总表，以作为登记总分类账的依据。科目汇总表账务处理程序如图2-6所示。

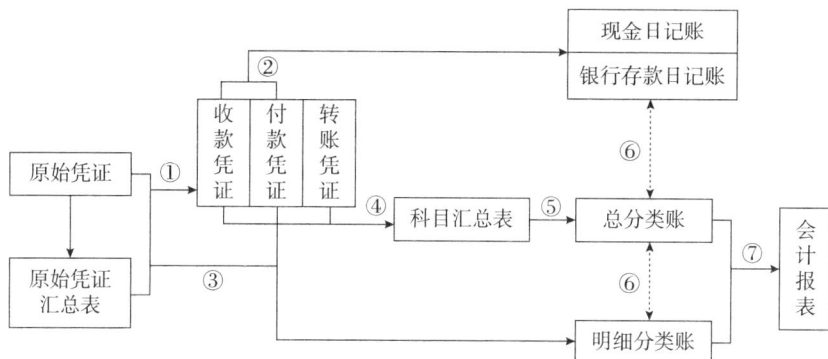

图 2-6 科目汇总表账务处理程序

注：①根据原始凭证或原始凭证汇总表填制记账凭证；②根据收款凭证和付款凭证，每日逐笔登记现金日记账和银行存款日记账；③根据原始凭证、原始凭证汇总表或记账凭证登记各种明细分类账；④根据记账凭证定期编制科目汇总表；⑤月末，根据编制的科目汇总表登记总分类账；⑥月末，将现金日记账、银行存款日记账的余额，以及各种明细分类账的余额合计数，分别与有关总分类账的期末余额核对相符；⑦月末，根据核对无误的总分类账和明细分类账的数据资料，编制会计报表。

科目汇总表账务处理程序的主要优点是根据定期编制的科目汇总表登记总分类账，大大地简化了总分类账的登记工作；另外，通过科目汇总表的编制，可进行发生额试算平衡，及时发现差错。但由于科目汇总表是定期汇总计算每一账户的借方、贷方发生额，并不考虑科目间的对应关系，所以不便于了解经济业务的具体内容，也不利于查账和对账。因此，一般适用于经济业务量较大的单位。

（三）汇总记账凭证账务处理程序

汇总记账凭证账务处理程序的特点是根据记账凭证编制汇总记账凭证，再根据汇总记账凭证登记总分类账。汇总记账凭证也是一种记账凭证，它根据收款凭证、付款凭证和转账凭证定期汇总编制而成。在汇总记账凭证核算组织程序下，记账凭证的设置有两种类型：一类是设置现金收款凭证、现金付款凭证、银行收款凭证、银行付款凭证和转账凭证据以登记明细分类账。另一类是设置汇总现金收款凭证、汇总现金付款凭证、汇总银行收款凭证、汇总银行付款凭证和汇总转账凭证据以登记总分类账。账簿设置与记账凭证账务处理程序基本相同，如图2-7所示。

汇总记账凭证账务处理程序的主要优点是能通过汇总记账凭证中有关科目的对应关系，了解经济业务的来龙去脉，而且大大简化了总分类账的登记工作。但由于汇总转账凭证是根据每一账户的贷方而不是按经济业务类型编制汇总转账凭证的，故不利于会计核算的日常分工，并且当转账凭证较多时，编制汇总转账凭证的工作量较大。因此，一般适用于规模较大、收付款业务发生较多的单位。

（四）日记总账账务处理程序

日记总账账务处理程序的特点是预先设置日记总账，然后根据记账凭证逐笔登记日记总账。日记总账账务处理程序的账簿设置、各种账簿的格式以及记账凭证的种类和格式基本与记账凭证账务处理程序相同。但应开设日记总账，以代替总分类账。日记总账账务处理程序如图 2-8 所示。

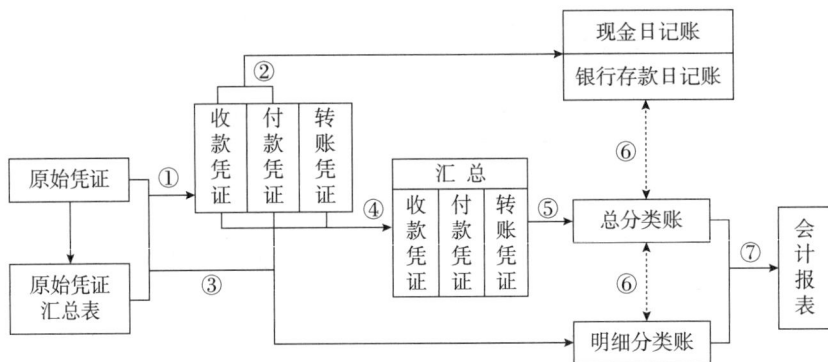

图 2-7　汇总记账凭证账务处理程序

注：①根据原始凭证或原始凭证汇总表填制记账凭证；②根据收款凭证和付款凭证，每日逐笔登记现金日记账和银行存款日记账；③根据原始凭证、原始凭证汇总表或记账凭证登记各种明细分类账；④根据记账凭证定期编制各种汇总记账凭证；⑤月末，根据编制的汇总记账凭证登记总分类账；⑥月末，将现金日记账、银行存款日记账的余额以及各种明细分类账的余额合计数，分别与有关总分类账的期末余额核对相符；⑦月末，根据核对无误的总分类账和明细分类账的数据资料，编制会计报表。

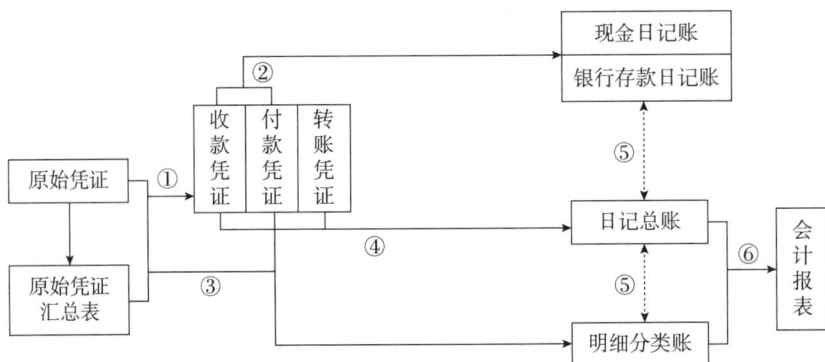

图 2-8　日记总账账务处理程序

注：①根据原始凭证或原始凭证汇总表填制记账凭证；②根据收款凭证和付款凭证，每日逐笔登记现金日记账和银行存款日记账；③根据原始凭证、原始凭证汇总表或记账凭证登记各种明细分类账；④根据记账凭证逐日逐笔登记日记总账；⑤月末，将现金日记账、银行存款日记账的余额以及各种明细分类账的余额合计数，分别与有关总分类账的期末余额核对相符；⑥月末，根据核对无误的日记总账和明细分类账的数据资料，编制会计报表。

日记总账账务处理程序的主要优点是账务处理程序较简单，日记总账按全部总账科目分借贷方设置，且直接根据记账凭证逐日逐笔进行登记，便于了解各项经济业务的来龙去脉。但由于所有会计科目都集中在一张账页内，导致账页过长，不便于记账和查阅。因此，一般适用于规模小、经济业务量较少且使用会计科目不多的单位。

二、财务报表生成流程案例

财务报表生成流程案例内容见右侧二维码。

**财务报表生成
流程案例**

第二篇

财务报表与项目分析

在第一篇中，我们学习了会计学加工信息的基本方法，第二篇将为大家介绍会计工作的产品——财务报表。企业财务会计报表是指企业对外提供的反映企业某一特定日期的财务状况和某一会计期间经营成果、现金流量的文件。

本篇将以经理人视角为基础，立足于企业管理活动和经营活动，对资产负债表、利润表和现金流量表及各财务报表项目的概念、会计处理与行业分析要点进行介绍。

第三章　财务报表项目分析原理

作为 MBA 学员，不能简单地学习会计处理方法即账务处理方法，而更应通过会计信息理解企业经营业务的基本规律。理解如何使用企业的基本工具——财务报表，它既是会计工作的产品，也是管理人员分析研究企业经营规律的基本工具。

本章将为大家介绍理解财务报表项目的基础理论知识，包括会计方法论、财务报表基本格式和根据经营性视角对财务报表项目的重新分类。

第一节　会计方法论

在学习理解财务报表项目及报表之前，应该首先理解会计学的方法论。方法论对于任何科学研究都具有基础性的指导作用。科学研究越发达，就越注重对其方法论体系的总结、研究和评价，会计作为一门社会科学也不例外。

方法论是关于认识世界和改造世界的一般方法的理论。按其不同层次有哲学方法论、一般科学方法论、具体科学方法论之分。据此演绎，会计方法论就是关于认识会计活动、发现会计活动规律、形成会计理论、指导会计实践的有关方法的理论。整个会计研究方法论体系按照从抽象到一般的顺序可以依次划分为三个层次：哲学方法论、会计研究一般方法论和会计研究具体方法论。国际会计准则的概念框架，以及我国会计准则的一般准则均是对会计方法论的阐释。根据方法论的一般性概念，我们将会计的方法论定义为利益相关者认识改造企业的一般方法理论。据此对会计理论、会计实务及财务报表的主体、客体和内容进行分析。

一、财务报表项目研究客体：企业

会计学作为商学院微观经济研究的基础课程，其研究对象为企业。在不同学科中，商业企业的定义是不同的，会计在研究企业规律中应从企业抽象的本质入手。

(一) 会计学如何认识企业

在会计人的眼中，企业的本质是一个资源配置的过程，一个从资金（资本）到资产，再回到资金的过程。会计学运用独特的会计方法，将企业这一周转循环过程的规律进行反映，这是本教材以会计报表项目研究作为企业规律研究的基础。

1. 会计研究企业的方法

会计通过会计循环对企业的经营活动、投资活动和筹资活动进行确认、计量和报告。这是会计学研究企业的基本方法。会计程序包括记账、算账、报账,会计循环就是周而复始的会计程序。在这个过程中,通过会计确认和会计计量,将企业发生的各项经济业务"登记入账"。在第一篇中,该会计程序是指"审核原始凭证→填制记账凭证→登记会计账簿→编制财务报表"。因此,会计通过会计确认和会计计量工作,最终将企业的各项经济业务反映形成会计报表中的相应项目。

2. 会计确认和会计计量

根据美国财务会计准则委员会公布的《财务会计概念公告第 5 辑:企业财务报表项目的确认和计量》,会计确认是指将某种信息正式纳入会计程序,列入资产、负债、所有者权益、收入、费用、利润等会计要素进行记录或者将其列报于财务报表的过程,这一过程包括同时使用文字和数字描述某一项目,并将该金额包括在财务报表的总计金额之中。会计确认包括两层含义:

(1)会计人员确定是否应当将某些信息列入会计要素从而纳入会计程序进行记录,同时还要进行会计计量。

(2)会计人员确定将某些信息列入财务报表的具体方式方法,在这一环节,会计人员需要确定如何在财务报表中列报相关信息。

会计计量是指对拟入账的信息,基于某种计量理念即我国会计准则中定义的会计计量属性,采用某种计量尺度,即货币单位进行量化赋值,从而得出货币金额的过程。因此,在报表项目中反映为相关的项目内容和金额。

(二)财务报表信息是研究企业的基本工具

通过会计确认和会计计量,在分类汇总后形成了反映企业经济运行过程的财务报表。然而,很多管理人员和理论研究者都认为,企业财务报表信息是过去的交易或事项形成的,是一种相对滞后的信息。但是,企业财务报表仍然是描述企业的经营活动和研究企业基本规律的重要工具之一,是反映企业经营管理和运营规律的重要信息来源。财务报表包括资产负债表、损益表和现金流量表等。资产负债表就像是公司的一张照片,它让你看到的是一家公司的"高矮胖瘦",我们可以把这张表从中间分开,左边描述一家企业的家底有多厚,这就是资产状况,右边描述配置这些资产的钱,即资本是从哪里来。第二张表是损益表,也称利润表,可以把它分上中下三部分,上部分是销售收入,中间部分是成本和费用,收入减去所有的成本和费用之后,最下面的就是企业的利润。第三张表是现金流量表,反映企业在一段时间内,现金流入和流出的变化情况。公司有多少现金在资产负债表中可以通过"货币资金"项目看到,为什么还要特意编制现金流量表呢?因为现金涉及企业的生死存亡,它太重要了,完全有必要进行单独的研究和讨论。

从企业内部来看,财务报表是企业经营管理和决策的工具;从企业外部来看,财务报表是最通用的商业语言。财务报表在企业内部,把公司经营的实时动态,转化成财务报表中的各个项目,企业管理者就会根据需要,抓取这些财务报表数据,进行经营管理和决策。作为 MBA 学员,作为经过财务会计训练的企业管理者,应该知道通过会计报表怎么正确理解财务报表项目数据,并做出预判。从企业外部来看,财务报表是商业沟通的通用语言，是与投资者进行沟通的工具。商业的核心是交易，然而交易双方之间的信息不透明，无法区分哪些是好企业，哪些是坏企业。财务报表就是为了解决这个问题，建立一个良性的市场机制而产生的一种沟通工具。

通过财务报表，可以使交易双方之间的信息变得透明，彼此加深了解。财务报表为各利益相关者总结和展示企业的经营状况，所以说一套财务报表是企业对外沟通的语言和工具。

二、财务报表研究客体分类：行业

如前所述，企业的财务报表是研究企业经营活动的重要工具，企业的经营活动和决策行为，通过财务报表项目体现出来。那么，在研究企业经营活动时，对财务报表的会计主体即企业该如何进行分类呢？财务会计学对企业的分析不同于公司金融，它注重企业的经营管理特点。企业的决策和企业的经营活动由于企业外部环境差异、企业自身的战略定位的不同以及战略执行能力的差异，会反映在企业的财务报表中。

（一）行业划分标准

企业的行业划分，可以反映企业的运营特点，在产业链上的位置，以及在产业生态中的基本状况。所以，在进行企业运营规律分析时，关注行业特征是非常重要的。

本书所涉及的行业划分标准，是根据我国证监会依据《中华人民共和国统计法》《证券期货市场统计管理办法》《国民经济行业分类》等法律法规和相关规定，于2012年制定的《上市公司行业分类指引》进行行业划分的。该分类标准的基本原则为：判断企业主要经营活动，然后再以该主要活动划分行业。

如何判断企业的主要经营活动是进行行业分类的关键，具体而言有以下几种方法来判断企业主要经营活动。

1. 单业务分类

单业务是指企业只开展一种业务活动，该业务就是其主营业务，可以根据该活动的类别将企业划分为相应的行业。然而在企业的发展过程中几乎都会进行横向或纵向的扩张，所以在大型企业（尤其是上市公司）中一般不存在这种单业务的企业。

2. 多业务分类

实务中企业一般都同时经营着多种业务，而多业务的类型又分为横向多业务和纵向多业务。横向多业务是指不同业务之间相互独立存在，可以通过比较各业务的增值额来判断企业的主营业务，具体判断方法为：

（1）以公司营业收入、利润总额等财务数据为主要分类标准和依据。

（2）当上市公司某类业务的营业收入比重大于或等于50%，则将其划入该业务相对应的行业。

（3）当上市公司没有一类业务的营业收入比重大于或等于50%，但某类业务的收入和利润均在所有业务中最高，而且均占到公司总收入和总利润的30%以上（包含本数），则该公司归属该业务对应的行业类别。

（4）不能按照上述分类方法确定行业归属的，由上市公司行业分类专家委员会根据公

046 | MBA 会计学

司实际经营状况判断公司行业归属；归属不明确的，划为综合类①。

纵向多业务是指企业进行的多种业务中，存在上一阶段活动的产出为下一阶段活动的投入②这种情况，如果业务一的产出全部作为其他业务的投入，则应从业务一的下级业务中判断主营业务（若存在多级业务以此类推）；若业务一的产出并非全部作为其他业务的投入，而对外也提供了一部分产品和服务，则应比较各业务最终对外提供产出的增值额，比较方法同横向对比。

3. 业务变更分类

企业的经营活动是企业的一项战略部署，所以随着企业的发展，其经营活动也可能不断发生改变。当单位主要活动的份额发生变化时，若某一活动连续两年的份额最大，则按照该活动调整单位的行业性质，否则单位的行业性质不变。

(二)"波特五力"模型

企业所在行业环境，是基于财务报表对企业经营规律进行分析的重要影响因素。分析一个行业中，哪些因素对一家企业的经营状况会产生重要的影响，可以借助企业管理中的"波特五力"模型。"波特五力"模型是迈克尔·波特在20世纪80年代提出的，在管理学中，用于企业竞争战略分析的有效工具。"五力"包括供应商的议价能力、管理者的议价能力、潜在的竞争者进入的能力、替代品的替代能力以及行业内竞争者现在的竞争能力。五力模型是行业分析的重要手段和方法，是了解企业竞争环境以及对企业财务报表项目影响的重要切入点。

在行业竞争环境分析中，可以从行业内部的竞争状态和企业所处的产业链环境进行分析。首先，企业经营的核心是提供产品和服务。该行业内部的竞争状态包括已经存在的竞争、新进入者的威胁和替代产品的威胁。无论是自身产品和服务的竞争力、行业内产生了新的进入者还是有替代性产品和服务的出现，都会使企业面对更加激烈的竞争。在财务报表项目的同型分析中，要根据行业特点进行同行业比较。其次，企业经营的竞争环境与该行业在产业链中的位置有非常重要的关系。可以通过财务报表项目，分析购买方的谈判能力和供货方的谈判能力，即该行业的产业链上下游企业，分析企业的竞争环境。

三、财务报表项目研究内容和主体

(一) 财务报表项目研究内容

对商业企业经济活动规律进行分析研究，从会计的角度，无外乎就是研究三件事：企业的经营活动、投资活动和融资活动。这也是会计作为工具，对商业企业经济活动进行反映的具体内容，其为财务报表研究的主要内容。

1. 企业的经营活动

企业提供产品和服务的不同，如生产产品、销售产品、回收货款的过程，从而进行不

---

① 《上市公司行业分类指引》(2012年修订)，中国证券监督管理委员会公告〔2012〕31号。

② 鲁轶. 关于经济活动的行业归类判断方法的研究——行业分类标准的应用与实践 [J]. 统计科学与实践，2014 (6)：26-29.

同的资产配置的运营过程。就是企业日常的经营活动。

2. 企业的投资活动

企业在商业模式选择中，为了维持和扩大生产规模，需要进行固定资产和无形资产等产能性投资；抑或为了拓展业务范围，进行战略投资而需要进行股权性投资及金融投资。这就是企业日常管理或战略性的投资活动。

3. 企业的筹资（融资）活动

企业在经营活动和投资活动中都会需要资金的支持，如果企业出现资金缺口，那么就需要向银行等金融机构进行借款，或者向投资人寻求投资。这就是企业的融资活动。

（二）财务报表项目研究的主体

会计提供的财务报表项目的质量，反映了商业企业管理者对企业进行管理的管理质量结果，管理者为完成企业资产规模扩张而进行资产运营的运营结果，管理者为完成竞争战略目标而进行的战略股权投资的投资结果，以及进行金融投资的投资效率。财务报表项目的分析是企业经营管理决策、战略投资决策和金融投资决策的基础。因此，不同的财务报表使用主体，对财务报表项目研究的视角是有所不同的，这与会计信息的目标有关。会计信息的目标主要有两大学派：受托责任观和决策有用观。受托责任观是指会计信息应该真实、不偏不倚、公平公正地反映受托方的经营状况，以有效地协调委托方与受托方的关系；决策有用观是指会计应该为信息使用者做出关于利用有限资源的决策（包括确定重要的决策领域以及确定目的和目标）提供相关信息。目前，我国的会计信息目标属于受托责任观与决策有用观共存，能够满足不同利益相关者对报表信息的要求。

根据会计信息目标理论，基于会计信息供求关系，财务报表项目的质量也是会计信息供需双方博弈与平衡的结果。会计信息的需求和供给可以从内部和外部两个角度进行分析，如图3-1所示。

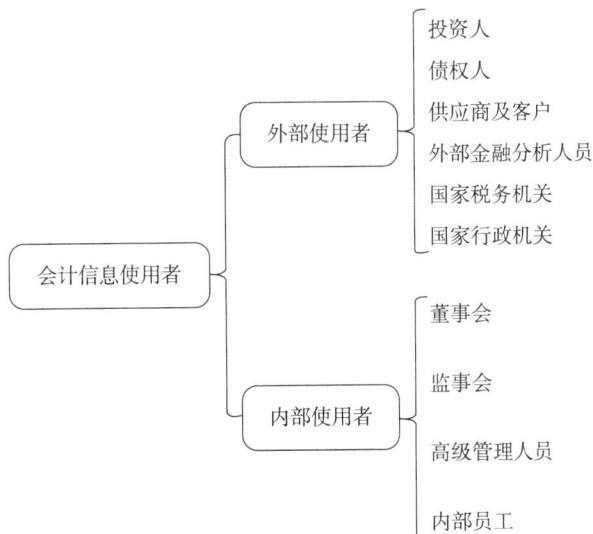

图3-1 会计信息使用者

1. 会计信息的外部需求者

会计信息的外部需求者是指除会计信息报告主体以外，与报告主体存在利益关联的企业、组织或个人，主要分为投资人、债权人、供应商及客户、外部金融分析人员、国家税务机关以及相关的国家行政机关六类。

（1）投资人。投资人包括企业现有股东和潜在投资者。作为企业现有股东，其需要根据报表信息了解、掌握其投资主体的运营情况以及投资回报；作为潜在投资者，其需要根据报表做出买入或卖出股票的决策。所以，投资人对财务报表信息的需求范围最广、信息细化程度以及可读性要求更高，具体而言，其研究重点主要有以下几点：

其一，企业经营管理情况：通过研究资产负债表上各大项目的波动，分析企业经营管理是否出现问题、企业是否存在债务危机等。

其二，企业盈利及成长情况：通过研究利润表与资产负债表，分析企业当期的盈利水平以及收入增长、总资产增长趋势。

其三，企业现金流及分红情况：通过研究现金流量表，分析企业当期现金流情况和分红能力。

其四，股权结构：投资者更关心企业股权结构的变化，股权结构是影响公司治理的关键因素之一，投资者据此分析其对自身利益的影响。

由此可见，投资人对财务报表的需求同时表现了会计信息受托责任观与决策有用观的两大目标，这就要求会计需要提供足够详细、全面且可读的报表信息。

（2）债权人。企业债权人包含持有企业融资工具证券的投资个人、投资机构以及对企业提供贷款的信贷部门。这类利益相关方的目标主要有两点：信贷决策或投资决策和债务质量分析。信贷决策或投资决策目标是指信贷部门对报告主体发放贷款或投资个人对投资该主体债务融资工具进行决策时，需要根据报表信息了解企业未来的偿债能力以及信用情况；债务质量分析是指在信贷部门已经提供贷款或债务投资者已经投资后，需要根据报表信息判断企业债务风险是否升高并做出赎回或转让的决策。债权人对报表研究的重点在于对企业的偿债能力的判断，这就需要企业充分披露其已有的债务情况、现金流状况等信息。

（3）供应商及客户。作为与企业有业务合作关系的上游供应商及下游客户，这两者的主要目标在于合作决策和坏账分析。合作决策是指供应商根据报表信息分析合作主体的资产规模、盈利质量、偿债能力、现金流状况等信息来判断是否可进行合作；下游客户根据报表信息分析合作主体的经营情况和产能水平等信息判断是否可进行合作。所以，供应商及客户对财务报表研究的重点为报告主体的经营质量。

（4）外部金融分析人员。外部金融分析人员包括行业研究人员、证券分析师等间接利益相关者，这类人员与报告主体没有直接的利益关联，其报表信息使用目标在于全面、具体地分析报告主体的经营业绩、债务风险、盈利水平、竞争状况等各个方面，并对外提供研究报告。该类主体对财务报表的研究重点范围较广，且通常因为报告目的的不同而重点分析不同的报表元素。

（5）国家税务机关。国家税务机关作为国家税收征收管理的执行部门，其核心职能在于帮助国家取得为行使国家职能需要的财政收入。为满足该职能，税务机关阅读报表的目标主要为核查与预测。一方面，税务机关将依据报表以及审计报告对报告主体经营成果的真实性、合理性以及合法性进行核查，以分析报告主体偷税漏税的可能性，保障国家税收的权益；另一方面，税务机关（主要指国家税务总局）将根据报表信息，共同参与到国家宏观经济的研究中，预测税收情况并据此实施税收征收管理体制改革。所以，国家税务机关对报表信息的研究重点主要在企业经营成果即利润表上。

（6）国家行政机关（立法和监督机构）：财政部、证监会等。作为国家行政机关，会计报表所提供的信息应帮助国家实现统计与监管两大目标。其中统计目的是指国家相关部门（如财政部）每年需要对各个行业的资产规模、盈利水平、债务水平、成长水平等相关指标进行统计，并进一步分析以得出各个行业的发展状况与增长趋势，对国家实施宏观调控提供数据依据。监管目的是指国家相关部门（如证监会、审计署等）需要对各个行业的企业（尤其是上市公司）其披露信息的真实性、合理性以及合法性进行监管。随着我国金融市场的逐步开放，会计信息质量对市场的稳定性有着重要作用，国家监管机构通过报表及时发现企业异常情况或违法行为，并及时做出管制措施，以实现金融市场以及全国经济的健康发展。所以，国家行政机关对会计信息的研究重点比较全面具体。

2. 会计信息的内部需求者

会计信息的内部需求者是指会计信息报告主体内部，与报告结果具有一定因果关系的组织或个人，主要包含企业董事会、监事会、高级管理人员以及内部员工四大类。

（1）董事会。董事会作为企业的经营决策机构，其主要代表全体股东进行公司顶层结构的设计和管理。具体而言，董事会对公司的生产经营战略，投资战略，财务预算方案，利润分配方案，债券发行方案以及制定公司合并、分立、解散或者变更公司形式方案事务负责。董事会研究报表的目标主要在于掌握公司战略执行情况以及进行战略调整。所以董事会对财务报表的研究重点与投资人相似，但董事会更偏向于对公司具体经营情况的掌握，表现为更精细、针对性更强。

（2）监事会。监事会是公司法规定的对公司业务活动进行监督和检查的法定必设和常设机构，其主要职能包括检查公司财务，对董事、高级管理人员执行公司职务的行为进行监督等。监事会研究财报的目标在于排除任何可能威胁公司及全体股东利益的行为或事件，其通常根据报表信息判断公司经营情况的真实性、合理合规性以及合法性，并分析董事会及高管的异常行为，以确保公司的正常经营。监事会对财务报表的研究重点在于审查报表数据背后经济实质的真实、合理合规及合法性。

（3）高级管理人员。企业高级管理人员（包括总经理、副经理、财务负责人、上市公司董事会秘书等人员）拥有股东赋予的经营执行权利，其主要对公司的经营管理和业绩效益负有重要责任。高管研究财报的目标在于判断经营决策的执行情况和经营成果，其根据报表信息分析企业资产配置情况、风险水平、业绩情况、增长趋势、竞争压力等与企业经营决策直接相关的问题，据此调整经营决策，以确保公司战略的实现和股东利益最大化的最终目标。

（4）内部员工。具有雇佣关系的内部员工，其研究财报的目的主要在于评价公司能给自身带来利益的水平。例如，员工会根据公司财报判断公司的盈利能力、成长能力以及外部竞争情况，以做出留任或辞职的决策。其分析重点会因目的的不同而存在差异。

3. 会计信息的提供者

最终呈献给内外部利益相关者的财务报表，是由报告主体制作并经外部审计机构审计而形成的。其中企业组织是会计信息的提供者，而独立审计的会计师事务所对会计信息质量承担审计责任。

前文提到，会计信息是会计信息的提供者与内外部会计信息使用者博弈的结果，该博弈过程可分为以下两类：

（1）提供者与外部使用者的博弈。根据外部会计信息使用者的需求，提供者会通过一系列会计手段提供相应的信息。例如，面对投资者，会计信息提供者会着重展现企业经营业绩、成长能力以及分红水平，并且可能通过盈余管理形成让投资人"满意"的会计利润；又例如，面对债权人，提供者需要呈现其债务水平和现金流状况的信息，以告诉债权人自己是一个具有较强偿债保障的信贷对象。而且会计信息的作用不仅具有受托责任观要求的真实且全面的呈现，更具有决策有用观要求的决策相关性和重要性。

（2）提供者与内部使用者的博弈。提供者与内部使用者的博弈主要发生在提供者与受托经营者之间。作为受托经营的高管，其主要职责是实现企业所有者的利益最大化，而这种利益需要通过财务报表来展现，这就形成了高管与报表提供者之间的博弈。高管可能会为了完成自己职责而影响报表的制定，利用与企业所有者之间信息不对称的优势，使报表呈现更多的能突出经营成果的信息，同时回避可能被识别的经营风险和经营损失。

第二节 财务报表基本格式

财务报表是对企业财务状况、经营成果和现金流量的结构性表述。一套完整的财务报表至少应当包括资产负债表、利润表、现金流量表、所有者权益变动表和附注，并且这些组成部分在列报上具有同等的重要程度。

根据《企业会计准则第30号——财务报表列报》（2014年修订），企业编制财务报表应遵循以下要点①：

（1）企业应当依据各项会计准则确认和计量的结果编制财务报表。

（2）企业编制财务报表时应当对企业持续经营能力进行评估。

（3）企业应当按照权责发生制编制财务报表，但现金流量表信息除外（收付实现制）。

（4）企业财务报表项目的列报应当在各个会计期间保持一致；企业单独列报或汇总列报相关项目时应当遵循重要性原则。

（5）企业财务报表项目一般不得以金额抵销后的净额列报；企业应当列报可比会计期间的比较数据等。

一、资产负债表

（一）准则格式

1. 资产负债表的准则格式

根据《企业会计准则第30号——财务报表列报》（2014年修订），资产负债表应当按

---

① 《企业会计准则及应用指南》，2018年12月修订。

照资产、负债和所有者权益三大类别分类列报。

其中资产和负债应当分流动资产和非流动资产、流动负债和非流动负债列示。从事多种经营的企业，其部分资产或负债按照流动和非流动列报、其他部分资产或负债按照流动性列示能够提供可靠且更相关信息的，可以采用混合的列报方式。对于同时包含资产负债表日后一年内（含一年）和一年之后预期将收回或清偿金额的资产和负债单列项目，企业应当披露超过一年后预期收回或清偿的金额。

（1）流动资产。资产满足下列条件之一的，应当归类为流动资产：①预计在一个正常营业周期中变现、出售或耗用。②主要为交易目的而持有。③预计在资产负债表日起一年内变现。④自资产负债表日起一年内，交换其他资产或清偿负债的能力不受限制的现金或现金等价物。

正常营业周期是指企业从购买用于加工的资产起，至实现现金或现金等价物的期间。正常营业周期通常短于一年。因生产周期较长等导致正常营业周期长于一年的，尽管相关资产往往超过一年才变现、出售或耗用，仍应当划分为流动资产。正常营业周期不能确定的，应当以一年（12个月）作为正常营业周期。

（2）非流动资产。流动资产以外的资产应当归类为非流动资产，并应按其性质分类列示。被划分为持有待售的非流动资产应当归类为流动资产。

（3）流动负债。负债满足下列条件之一的，应当归类为流动负债：①预计在一个正常营业周期中清偿。②主要为交易目的而持有。③自资产负债表日起一年内到期应予以清偿。④企业无权自主地将清偿推迟至资产负债表日后一年以上。负债在其对手方选择的情况下可通过发行权益进行清偿的条款与负债的流动性划分无关。

企业对资产和负债进行流动性分类时，应当采用相同的正常营业周期。企业正常营业周期中的经营性负债项目即使在资产负债表日后超过一年才予清偿的，仍应当划分为流动负债。经营性负债项目包括应付账款、应付职工薪酬等，这些项目属于企业正常营业周期中使用的营运资金的一部分。

（4）非流动负债。流动负债以外的负债应当归类为非流动负债，并应当按其性质分类列示。被划分为持有待售的非流动负债应当归类为流动负债。

对于在资产负债表日起一年内到期的负债，企业有意图且有能力自主地将清偿义务展期至资产负债表日后一年以上的，应当归类为非流动负债；不能自主地将清偿义务展期的，即使在资产负债表日后、财务报告批准报出日前签订了重新安排清偿计划协议，该项负债仍应当归类为流动负债。

企业在资产负债表日或之前违反了长期借款协议，导致贷款人可随时要求清偿的负债，应当归类为流动负债。贷款人在资产负债表日或之前同意提供在资产负债表日后一年以上的宽限期，在此期限内企业能够改正违约行为，且贷款人不能要求随时清偿的，该项负债应当归类为非流动负债。

（5）所有者权益。资产负债表中的所有者权益是企业资产扣除负债后的剩余权益。资产负债表中的所有者权益类一般按照净资产的不同来源和特定用途进行分类，准则规定，资产负债表中的所有者权益类应当按照实收资本（或股本）、资本公积、其他综合收益、盈余公积、未分配利润等项目分项列示。

2. 列报方法

（1）列报格式。资产负债表采用账户式的格式，即左侧列报资产方，右侧列报负债方和所有者权益方，且资产负债表中的资产各项目的合计等于负债和所有者权益各项目的合计。根据准则的规定，企业需要提供比较资产负债表，以便报表使用者通过比较不同时点的数据，掌握企业财务状况的变动情况及发展趋势。资产负债表将各项目分为"年初余额"和"期末余额"两栏分别填列。

（2）列报顺序。根据《企业会计准则第30号——财务报表列报》应用指南，资产负债表中的资产及负债类项目，应按照流动性强弱顺序由上至下列示。对于从事多种经营的企业，可以采用混合的列报基础进行列报，即对一部分资产和负债按照流动资产和非流动资产、流动负债和非流动负债列报，同时对其他资产和负债按照流动性顺序列报，但前提是能够提供可靠且更加相关的信息。

（3）列报的一致性。可比性是会计信息质量的一项重要质量要求，目的是使同一企业不同期间和同一期间不同企业的财务报表相互可比。本准则规定，财务报表项目的列报应当在各个会计期间保持一致，不得随意变更。这一要求不仅只针对财务报表中的项目名称，还包括财务报表项目的分类、排列顺序等方面。

在下列情况下，企业可以变更财务报表项目的列报：①会计准则要求改变财务报表项目的列报；②企业经营业务的性质发生重大变化或对企业经营影响较大的交易或事项发生后，变更财务报表项目的列报能够提供更可靠、更相关的会计信息。企业变更财务报表项目列报的，应当根据本准则的有关规定提供列报的比较信息。

（4）依据重要性原则单独或汇总列报项目。关于项目在财务报表中是单独列报还是汇总列报，应当依据重要性原则来判断。总的原则是，如果某项目单个看不具有重要性，则可将其与其他项目汇总列报；如具有重要性，则应当单独列报。企业应当遵循如下规定：

其一，性质或功能不同的项目，一般应当在财务报表中单独列报，但是不具有重要性的项目可以汇总列报。例如，存货和固定资产在性质上和功能上都有本质差别，必须分别在资产负债表上单独列报。

其二，性质或功能类似的项目，一般可以汇总列报，但是对其具有重要性的类别应该单独列报。例如，原材料、低值易耗品等项目在性质上类似，均通过生产过程形成企业的产品存货，因此可以汇总列报，汇总之后的类别统称为"存货"，在资产负债表上单独列报。

其三，项目单独列报的原则不仅适用于报表，还适用于附注。某些项目的重要性程度不足以在资产负债表、利润表、现金流量表或所有者权益变动表中单独列示，但对附注却具有重要性，在这种情况下应当在附注中单独披露。例如，对某制造业企业而言，原材料、在产品、库存商品等项目的重要性程度不足以在资产负债表上单独列示，因此在资产负债表上汇总列示，但是鉴于其对该制造业企业的重要性，应当在附注中单独披露。

其四，《企业会计准则》规定在财务报表中单独列报的项目，企业应当单独列报。其他会计准则规定单独列报的项目，企业应当增加单独列报项目。

一般企业资产负债表的准则格式如表3-1所示：

表 3-1　资产负债表

编制单位：　　　　　　　　　　　　　　　　___年___月___日　　　　　　　　　　　　　　　　单位：元

资产	期末余额	上半年末余额	负债和所有者权益（或股东权益）	期末余额	上半年末余额
流动资产			流动负债		
货币资金			短期借款		
交易性金融资产			交易性金融负债		
衍生金融资产			衍生金融负债		
应收票据			应付票据		
应收账款			应付账款		
应收款项融资			预收款项		
预付款项			合同负债		
其他应收款					
			应付职工薪酬		
存货			应交税费		
合同资产			其他应付款		
持有待售资产					
一年内到期的非流动资产					
其他流动资产			持有待售负债		
			一年内到期的非流动负债		
			其他流动负债		
流动资产合计			**流动负债合计**		
非流动资产			非流动负债		
债权投资			长期借款		
其他债权投资			应付债券		
长期应收款			其中：优先股		
长期股权投资			永续债		
其他权益工具投资			租赁负债		
其他非流动金融资产			长期应付款		
投资性房地产			预计负债		
固定资产			递延收益		
在建工程			递延所得税负债		
生产性生物资产			其他非流动负债		
油气资产			**非流动负债合计**		
使用权资产			**负债合计**		
无形资产			所有者权益（或股东权益）：		
开发支出			实收资本（或股本）		
商誉			其他权益工具		
长期待摊费用			其中：优先股		

续表

资产	期末余额	上半年末余额	负债和所有者权益（或股东权益）	期末余额	上半年末余额
递延所得税资产			永续债		
其他非流动资产			资本公积		
非流动资产合计			减：库存股		
			其他综合收益		
			专项储备		
			盈余公积		
			未分配利润		
			所有者权益（或股东权益）合计		
资产合计			负债和所有者权益（或股东权益）总计		

（二）资产负债表主要项目的含义

1. 资产类主要项目的含义

（1）货币资金。是指企业拥有的，以货币形式存在的资产，包括现金、银行存款和其他货币资金。

（2）以公允价值计量且其变动计入当期损益的金融资产：包括交易性金融资产和指定为以公允价值计量且其变动计入当期损益的金融资产。

（3）应收款项。包括期末企业应收而未收的款项，包括应收账款和应收票据。

（4）预付款项。主要包括预付货款和预付工程款等。

（5）存货。存货是指企业在日常活动中持有以备出售的产成品或商品、处在生产过程中的在产品、在生产过程或提供劳务过程中耗用的材料或物料等，包括各类材料、在产品、半成品、产成品或库存商品以及包装物、低值易耗品、委托加工物资等。

（6）划分为持有待售的非流动资产及划分为持有待售的处置组中的资产：企业主要通过出售（包括具有商业实质的非货币性资产交换）而非持续使用一项非流动资产或处置组收回其账面价值的，应当将其划分为持有待售类别。

（7）可供出售金融资产。是指企业没有划分为以公允价值计量且其变动计入当期损益的金融资产、持有至到期投资、贷款和应收款项的金融资产。例如，企业购入的在活跃市场上有报价的股票、债券和基金等。

（8）持有至到期投资。是指企业打算并且能够持有到期的债权证券。

（9）长期股权投资。是指投资方对被投资单位实施控制、重大影响的权益性投资，以及对其合营企业的权益性投资。

（10）投资性房地产。是指为赚取租金或资本增值，或两者兼有而持有的房地产。

（11）固定资产。是指为生产商品、提供劳务、出租或经营管理而持有的、使用寿命超过一个会计年度。

（12）生物资产。是指有生命的动物和植物，分为消耗性生物资产、生产性生物资产和公益性生物资产。

（13）无形资产。是指企业拥有或者控制的没有实物形态的可辨认非货币性资产。

（14）递延所得税资产。是指企业确认的可抵扣暂时性差异产生的所得税资产。

2. 负债类主要项目的含义

（1）短期借款。是指企业向银行或其他金融机构等借入的期限在一年以下（含一年）的各种借款。

（2）以公允价值计量且其变动计入当期损益的金融负债。

（3）应付款项。包括期末企业应付而未付的款项，包括应付账款和应付票据。

（4）预收款项。是指企业按照合同规定预收的款项。

（5）应付职工薪酬。是企业根据有关规定应付给职工的各种薪酬。

（6）应交税费。是企业按照税法等规定计算应缴纳的各种税费，包括增值税、消费税、营业税、所得税、资源税、土地增值税、城市维护建设税、房产税、土地税、车船税、教育费附加、矿产资源补偿费等。

（7）长期借款。是指企业向银行或其他金融机构借入的期限在一年以上（不含一年）的各项借款。

（8）应付债券。是指企业为筹集（长期）资金而发行债券的本金和利息。

（9）长期应付款。是指企业除长期借款和应付债券以外的其他各种长期应付款项，包括应付融资租入固定资产的租赁费、以分期付款方式购入固定资产等发生的应付款项等。

（10）预计负债。是指企业确认的对外提供担保、未决诉讼、产品质量保证、重组义务、亏损性合同等预计负债。

（11）递延所得税负债。是指企业确认的应纳税暂时性差异产生的所得税负债。

3. 所有者权益主要项目的含义

（1）实收资本（或股本）。是指企业接受投资者投入的实收资本。

（2）资本公积。是指企业收到投资者出资额超出其在注册资本或股本中所占份额的部分。

（3）盈余公积。是指企业从净利润中提取的盈余公积。

（4）未分配利润。是指企业利润的分配（或亏损的弥补）和历年分配（或弥补）后的余额。

二、利润表

（一）利润表的准则格式

1. 总体要求

利润表应当对费用按照功能分类进行列报，分为从事经营业务发生的成本、管理费用、销售费用、研究费用和财务费用等，同时在附注中披露费用按照性质分类的利润表补充资料。企业的活动通常可以划分为生产、销售、管理、融资等，每一种活动上发生的费用所发挥的功能并不相同，因此，按照费用功能法将其分开列报，有助于使用者了解费用发生的活动领域。

但是，由于银行、保险、证券等金融企业的日常活动与一般企业不同，具有特殊性，准则规定，金融企业可以根据其特殊性列示利润表项目。例如，商业银行将利息支出作为利息收入的抵减项目、将手续费及佣金支出作为手续费及佣金收入的抵减项目列示等。与此同时，准则还规定，企业应当在附注中披露费用按照性质分类的利润表补充资料，可将费用分为耗用的原材料、职工薪酬费用、折旧费用、摊销费用等，以有助于报表使用者预测企业未来的现金流量。

2. 综合收益的列报

综合收益是指企业在某一期间除与所有者以其所有者身份进行的交易之外的其他交易或事项所引起的所有者权益变动。综合收益总额项目反映净利润和其他综合收益扣除所得税影响后的净额相加后的合计金额。其他综合收益是指企业根据其他会计准则规定未在当期损益中确认的各项利得和损失。

准则规定，企业应当以扣除相关所得税影响后的净额在利润表上单独列示各项其他综合收益项目，并且其他综合收益项目应当根据其他相关会计准则的规定分为"以后会计期间不能重分类进损益的其他综合收益项目"和"以后会计期间在满足规定条件时将重分类进损益的其他综合收益项目"两类列报。

3. 列报方法

准则规定，利润表采用多步式，即通过对当期的收入、费用、支出项目按性质加以归类，按利润形成的主要环节列示一些中间性利润指标，便于使用者理解企业经营成果的不同来源。企业需要提供比较利润表，以便报表使用者通过比较不同期间利润表的数据，判断企业经营成果的未来发展趋势。利润表还就各项目再分为"本期金额"和"上期金额"。

一般企业利润表的格式如表 3-2 所示。

表 3-2 利润表

编制单位： ____年____月 单位：元

项目	本期金额	上期金额
一、营业收入		
减：营业成本		
税金及附加		
销售费用		
管理费用		
研发费用		
财务费用		
其中：利息费用		
利息收入		
加：其他收益		
投资收益（损失以"-"填列）		
其中：对联营企业和合营企业的投资收益		

续表

项目	本期金额	上期金额
以摊余成本计量的金融资产终止确认收益（损失以"－"填列）		
净敞口套期收益（损失以"－"填列）		
公允价值变动收益（损失以"－"填列）		
信用减值损失（损失以"－"填列）		
资产减值损失（损失以"－"填列）		
资产处置收益（损失以"－"填列）		
二、营业利润（亏损以"－"填列）		
加：营业外收入		
减：营业外支出		
三、利润总额（亏损以"－"填列）		
减：所得税费用		
四、净利润（净亏损以"－"填列）		
（一）持续经营净利润（净亏损以"－"填列）		
（二）终止经营净利润（净亏损以"－"填列）		
五、其他综合收益的税后净额		
（一）不能重分类进损益的其他综合收益		
1. 重新计量设定受益计划变动额		
2. 权益法下不能转损益的其他综合收益		
3. 其他权益工具投资公允价值变动		
4. 企业自身信用风险公允价值变动		
……		
（二）将重分类进损益的其他综合收益		
1. 权益法下可转损益的其他综合收益		
2. 其他债权投资公允价值变动		
3. 金融资产重分类计入其他综合收益的金额		
4. 其他债权投资信用减值准备		
5. 现金流量套期储备		
6. 外币财务报表折算差额		
六、综合收益总额		
七、每股收益		
（一）基本每股收益（元/股）		
（二）稀释每股收益（元/股）		

（二）利润表基本项目

根据《企业会计准则》，利润表中至少应当单独列示反映下列信息的项目：

1. 营业收入

是指一个会计期间企业确认的销售商品、提供劳务等主营业务的收入，以及企业确认的除主营业务活动以外的其他经营活动实现的收入。

2. 营业成本

是指一个会计期间内与营业收入相关的已经确定了归属期和归属对象的成本。

3. 营业税金及附加

是指一个会计期间企业经营活动发生的营业税、消费税、城市维护建设税、资源税和教育费附加等相关税费。

4. 管理费用

是指一个会计期间内企业行政管理部门为组织和管理企业生产经营所发生的各项费用支出，如企业在筹建期间内发生的开办费、董事会和行政管理部门在企业的经营管理中发生的或者应由企业统一负担的公司经费、工会经费、董事会费、聘请中介机构费、咨询费（含顾问费）、诉讼费、业务招待费、房产税、车船税、土地税、印花税、技术转让费、矿产资源补偿费、研究费用、排污费等。

5. 销售费用

是指一个会计期间内企业在销售商品和材料、提供劳务的过程中发生的各种费用，包括保险费、包装费、展览费和广告费、商品维修费、预计产品质量保证损失、运输费、装卸费等以及为销售本企业商品而专设的销售机构（含销售网点、售后服务网点等）的职工薪酬、业务费、折旧费等经营费用。

6. 财务费用

是指企业为筹集生产经营所需资金而发生的筹资费用，包括利息支出（减利息收入）、汇兑损益以及相关的手续费、企业发生的现金折扣或收到的现金折扣等。

7. 投资收益

是指企业确认的其所持有金融资产当期产生的投资收益或投资损失。

8. 公允价值变动损益

是指当期企业以各种资产，如投资性房地产、债务重组、非货币交换、交易性金融资产等公允价值变动形成的应计入当期损益的利得或损失。

9. 资产减值损失

是指企业当期因资产的可回收金额低于其账面价值而造成的损失，如固定资产、无形资产以及除特别规定外的其他资产减值的处理。

10. 非流动资产处置损益

是指非流动资产（固定资产、长期投资、无形资产以及其他非流动资产）当期处置的损益。

11. 所得税费用

是指企业在计算确定当期所得税（即当期应交所得税）以及递延所得税费用（或收益）之和。

12. 净利润

净利润是指企业当期利润总额减去所得税后的金额，即企业的税后利润。

13. 其他综合收益各项目分别扣除所得税影响后的净额

是指企业根据其他会计准则规定未在当期损益中确认的各项利得和损失扣除所得税影响后的净额。

14. 综合收益总额

是指企业在某一期间除与所有者以其所有者身份进行的交易之外的其他交易或事项所引起的所有者权益变动。综合收益总额等于净利润和其他综合收益扣除所得税影响后的净额相加后的合计金额。

(三) 相关概念与原则

1. 收入、费用和利润的概念

《企业会计准则》对利润的定义:"利润包括收入减去费用后的净额、直接计入当期利润的利得和损失等。"即"利润＝收入－费用＋利得－损失"。但这与业界中"收入－费用＝利润"这一拓展的会计恒等式存在差异。事实上,前一种等式中的利润是根据《企业会计准则》的定义产生的一种"广义"利润,第二种等式中的利润是伴随实践而产生的一种"狭义"利润。

"收入－费用＝利润"这一拓展的会计恒等式的意义在于,这种"狭义"的利润更有助于实践中管理者对经营效率和经营成果的管理。

2. 权责发生制与配比原则

(1) 权责发生制。权责发生制原则是指以应收应付为标准来确认本期收入和费用的一种会计处理基础,凡是应属本期的收入,不论款项是否已经实际收到,都作为本期收入处理;凡是不应归属于本期的收入,即使款项实际已经收到,也不作为本期收入处理;凡是本期应负担的费用,不论款项是否实际支付,都作为本期费用处理;凡是不属于本期负担的费用,即使款项已经实际支付,也不作为本期费用处理。

《企业会计准则》规定,除现金流量表按照收付实现制编制外,企业应当按照权责发生制编制其他财务报表。在采用权责发生制会计的情况下,当项目符合基本准则中财务报表要素的定义和确认标准时,企业就应当确认相应的资产、负债、所有者权益、收入和费用,并在财务报表中加以反映。

(2) 配比原则。配比原则是指某项营业收入已经在某一会计期间确认时,所有与赚取营业收入有关的成本均应在同一会计期间转为费用,以便与营业收入配合而正确地计算损益。

配比原则以权责发生制为基础,并与权责发生制共同作用来确定本期损益,最终受持续经营与会计分期两个前提的制约。收入在发生时而不是在收账时确定,与之相配比的费用成本就是为取得该项收入而实际发生的费用,不必考虑费用是否已经以现金付出。即会计主体必须按照权责发生制原则对各期的收入费用进行核算,而按照权责发生制算出的费用并非全部都是期间费用或产品成本,只有按照配比原则确定的与本期收入或产品收入相对应的费用才是期间费用或产品成本。

3. 企业利润来源于资产,利润归属于股东

利润是企业一个会计期间内的经营成果,利润由企业所配置的资产创造,如销售企业的资产(销售商品、处置长期资产),或者投资资产(投资金融资产产生的投资收益)

等，整个过程均伴随着资产收入和费用成本的产生。作为企业所有权拥有者的股东，其资产所创造的收益均归属于股东，如图 3-2 所示。

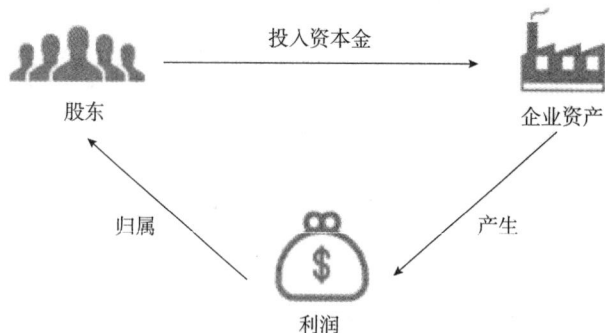

图 3-2 利润产生及归属循环

三、现金流量表

(一) 准则格式

现金流量表是指反映企业在一定会计期间现金和现金等价物流入和流出的报表。其中现金是指企业库存现金以及可以随时用于支付的存款；现金等价物，是指企业持有的期限短、流动性强、易于转换为已知金额现金、价值变动风险很小的投资。

《企业会计准则》规定，现金流量表应当分别经营活动、投资活动和筹资活动列报现金流量，且现金流量应当分别按照现金流入和现金流出总额列报。但是，下列各项可以按照净额列报：①代客户收取或支付的现金。②周转快、金额大、期限短项目的现金流入和现金流出。③金融企业的有关项目，包括短期贷款发放与收回的贷款本金、活期存款的吸收与支付、同业存款和存放同业款项的存取、向其他金融企业拆借资金以及证券的买入与卖出等。

一般企业现金流量表的格式如表 3-3 所示。

表 3-3 现金流量表格式

会企 03 表

编制单位： ___年___月 单位：元

项目	本期金额	上期金额
一、经营活动产生的现金流量		
销售商品、提供劳务收到的现金		
收到的税费返还		
收到其他与经营活动有关的现金		
经营活动现金流入小计		
购买商品接受劳务支付的现金		

续表

项目	本期金额	上期金额
支付给职工以及为职工支付的现金		
支付的各项税费		
支付其他与经营活动有关的现金		
经营活动现金流出小计		
经营活动产生的现金流量净额		
二、投资活动产生的现金流量		
收回投资收到的现金		
取得投资收益收到的现金		
处置固定资产、无形资产和其他长期资产收回的现金净额		
处置子公司及其他营业单位收到的现金净额		
收到其他与投资活动有关的现金		
投资活动现金流入小计		
购建固定资产、无形资产和其他长期资产支付的现金		
投资支付的现金		
取得子公司及其他营业单位支付的现金净额		
支付其他与投资活动有关的现金		
投资活动现金流出小计		
投资活动产生的现金流量净额		
三、筹资活动产生的现金流量		
吸收投资收到的现金		
取得借款收到的现金		
收到其他与筹资活动有关的现金		
筹资活动现金流入小计		
偿还债务支付的现金		
分配股利、利润或偿付利息支付的现金		
支付其他与筹资活动有关的现金		
筹资活动现金流出小计		
筹资活动产生的现金流量净额		
四、汇率变动对现金及现金等价物的影响		
五、现金及现金等价物净增加额		
加：期初现金及现金等价物余额		
六、期末现金及现金等价物余额		

（二）现金流量表主要项目的含义

1. 经营活动现金流量

经营性活动现金流量记录企业在其日常经营活动中（供、产、销、税等各个环节）所产生的现金的流入和流出，其净额可以反映企业主营业务自身造血的能力。根据准则要求，经营活动产生的现金流量至少应当单独列示反映下列信息的项目：

（1）销售商品、提供劳务收到的现金。反映企业当期销售商品、提供劳务收到的现金收入与本期收到前期的应收账款、应收票据以及本期的预收账款之和再减去本期因销售退回而支付的现金的净额。

（2）收到的税费返还。主要包括收到的增值税销项税额和退回的增值税款以及收到的除增值税外的其他税费返还。

（3）收到其他与经营活动有关的现金。包括营业外收入项目、其他业务收入项目、其他应收款项目、其他应付款项目以及银行存款利息收入等。

（4）购买商品、接受劳务支付的现金。反映企业购买商品、接受劳务支付的现金。主要包括本期购买商品接受劳务本期支付的现金，本期支付前期购买商品、接受劳务的未付款项和本期预付款项。

（5）支付给职工以及为职工支付的现金。反映当期企业实际支付给职工以及为职工支付的现金，包括本期实际付给职工的工资、奖金、各种津贴和补贴等，以及为职工支付的其他费用。

（6）支付的各项税费。反映当期企业实际支付给税收机关相应的税费。

（7）支付其他与经营活动有关的现金。反映企业除了上述各项以外，支付的其他与投资活动有关的现金流量。

2. 投资活动现金流量

投资活动现金流量记录企业在其长期资产（固定资产、无形资产和其他长期资产）的构建或处置活动中所产生的现金的流入和流出，其净额可以反映企业当期投资的强度或投资回报水平。根据准则要求，投资活动产生的现金流量至少应当单独列示反映下列信息的项目：

（1）收回投资收到的现金。反映企业出售、转让或到期收回除现金等价物以外的短期投资、长期股权投资而收到的现金，以及收回长期债券投资本金而收到的现金。不包括长期债券投资收回的利息，以及收回的非现金资产。

（2）取得投资收益收到的现金。反映企业因各种投资而分得的现金股利、利润、利息等。

（3）处置固定资产、无形资产和其他长期资产收回的现金净额。反映企业处置固定资产、无形资产和其他长期资产所取得的现金，扣除为处置这些资产而支付的有关费用后的净额。由于自然灾害所造成的固定资产等长期资产损失而收到的保险赔偿收入，也在本项目反映。

（4）处置子公司及其他营业单位收到的现金净额。反映企业处置子公司及其他营业单位所取得的现金减去子公司或其他营业单位持有的现金和现金等价物以及相关处置费用后的净额。

（5）收到其他与投资活动有关的现金。反映企业除了上述各项以外，收到的其他与投资活动有关的现金流入。

（6）购建固定资产、无形资产和其他长期资产支付的现金。反映企业购买、建造固定资产，取得无形资产和其他长期资产所支付的现金，不包括为购建固定资产而发生的借款利息资本化的部分，以及融资租入固定资产支付的租赁费，借款利息和融资租入固定资产支付的租赁费，在筹资活动产生的现金流量中单独反映。

（7）投资支付的现金。反映企业进行各种性质的投资所支付的现金，包括企业取得的除现金等价物以外的短期股票投资、长期股权投资支付的现金、长期债券投资支付的现金，以及支付的佣金、手续费等附加费用。

（8）取得子公司及其他营业单位支付的现金净额。反映企业取得子公司及其他营业单位购买出价中以现金支付的部分，减去子公司或其他营业单位持有的现金和现金等价物后的净额。

（9）支付其他与投资活动有关的现金。反映企业除了上述各项以外，支付的其他与投资活动有关的现金流量。其他现金流出如价值较大的，应单列项目反映。

3. 筹资活动现金流量

筹资活动现金流量记录企业当期因筹入资金或偿还债务、分配股利所产生的现金的流动或流出，其净额可以反映企业当期"对内输血"的水平。根据准则要求，筹资活动产生的现金流量至少应当单独列示反映下列信息的项目：

（1）吸收投资收到的现金。反映企业收到的投资者投入的现金，包括以发行股票方式筹集的资金实际收到股款净额（发行收入减去支付的佣金等发行费用后的净额）、发行债券实际收到的现金（发行收入减去支付的佣金等发行费用后的净额）等。

（2）取得借款收到的现金。反映企业借入各种短期、长期借款所收到的现金。

（3）收到其他与筹资活动有关的现金。反映企业除上述各项目外，收到的其他与筹资活动有关的现金流入，如接受现金捐赠等。

（4）偿还债务支付的现金。反映企业以现金偿还债务的本金，包括偿还金融企业的借款本金、偿还债券本金等

（5）分配股利、利润或偿付利息支付的现金。反映企业实际支付的现金股利、利润，以及支付给其他投资的利息。

（6）支付其他与筹资活动有关的现金。反映企业除了上述各项外，支付的其他与筹资活动有关的现金流出。

（三）收付实现制与权责发生制

《企业会计准则》规定，除现金流量表按照收付实现制编制外，企业应当按照权责发生制编制其他财务报表，即现金流量表是企业财务报表中唯一可以使用收付实现制编制的报表。

与权责发生制不同，收付实现制是指凡在本期内实际收到或付出的一切款项，无论其发生时间早晚或是否应该由本期承担，均作为本期的收益和费用处理。如本期支付而由后期受益费用，一律由本期核销进入本期成本，不再分摊。采用这种方法的优点是期末无须对本期的收益和费用进行调整，核算手续比较简单但不能正确地反映各期的成本和盈亏情况。

第三节 财务报表再认识

日本学者洞口治夫基于资源基础理论，将企业定义为各种资源的集合体，企业在资源方面的差异是企业盈利能力不同的重要原因，也是拥有优质资源的企业能够获取经济租金的原因。而经营资源则是构成企业经营管理中定性的重要因素，包括在生产、销售、财务、采购、研究开发等各职能部门，以及在企业组织内部积累的知识和情报。此外，它还给消费者、原材料和零部件供应者、资金提供者以形象，在此基础上构成恪守双方经营资源的信用。

在企业财务报表中，企业拥有的能够带来未来经济利益的经济资源体现为资产。经营性资产作为企业资产的重要组成部分，其质量对于企业竞争优势的形成和进一步发展来说至关重要。

目前的财务报表体系中，资产负债表的资产列报方式是根据流动性排列的。这种排列方式是从财务分析的角度出发，考虑资产的变现能力。如果将财务报表定义为认识商业企业运营过程和经营管理规律的工具，那么这样的分类就具有很多的局限性。比如，流动性的界定是以一个会计年度作为依据。这也是为了与财务报表的报送时间和时期相一致。但是，企业的经营过程是以企业的营业周期（存货周转期加上应收账款周转期）为时间维度发生的。因而，从经营管理者视角进行财务报表项目分析，必须将财务视角的资产，负债等会计要素的列报分类格式转换成以企业运营和管理的分析视角。

为了让 MBA 学员对财务报表项目的分析能从认识企业运营过程和经营管理的视角出发，有一个适合该视角的分析思路，本书将对资产负债表和利润表项目，从反映企业运营和管理规律的经营性资产的视角进行重新分类。

一、资产负债表再认识

商业企业经营的根本目的是盈利，在经营过程中，其利润均来自企业的资产配置。企业利润均归属于所有者权益，即股东所有。

首先，根据企业资产在利润创造过程中的不同作用，将资产划分为经营性资产和投资性资产，其分别产生企业的经营性盈利和投资收益。其次，根据资产在周转过程中的时间维度，将通过一个营业周期即可完成补偿的资产划分为经营性流动资产，因为除部分特殊行业，大多数行业的经营周期都在一个会计周期之内，所以从时间维度上仍然使用流动性概念。而将经过超过一个营业周期才能收回资产投资的资产划分为经营性投资资产。因为该类资产的价值补偿会超过一个会计周期，因而从时间维度上用投资回收期进行分析。另外，将完成企业战略投资目标的股权投资资产，划分为战略股权投资。具体内容如表 3-4 所示。

表 3-4　解构资产负债表

资产	负债
经营性资产（周转资产）	经营性负债
经营性流动资产（对产品和服务的投资） 经营性投资资产（对产能的投资）	金融性负债
战略股权投资（长期股权投资）	其他负债
投资性资产	所有者权益
金融资产、投资性房地产	投资者投入资本
其他资产	企业留存收益
资产合计	负债和所有者权益合计

（一）经营性资产

企业的本质是周转。资产的周转性体现了资产在企业运营过程中的速度和效率。根据资产在商业企业经营中的作用，企业资产分为经营性资产和非经营性资产，其中经营性资产是指企业在开展自身生产经营活动过程中所拥有或控制的，在使用中能够为企业带来正常经营利润的资产，包括在总资产中扣除对外金融投资性资产之后的各项资产。企业盈利能力即为经营性资产的增值，是指经营性资产在持有和使用过程中能够为企业带来经济利益的能力，它强调的是经营性资产作为一个整体能够为企业创造价值的效用，直接决定了实体产业企业的竞争优势、发展潜力和经营成败。由于经营性资产增值的过程是通过周转实现的，在同行业比较中，周转速度越快，说明该资产的利用越充分，盈利能力越强，管理质量越高，资产配置与企业经营战略的配合度越高。为体现经营性资产的周转属性，本书也将其定义为周转资产，从而将其与战略股权投资相区分。

另外，将经营性资产与企业的营业周期匹配。由于大多数企业的营业周期均在一个会计年度内，除某些特殊行业外，例如，生产窖藏型白酒的企业、房地产企业等。因而，本书将企业的周转资产在一个营业周期周转完成的定义为经营性流动资产。根据现金流量表对企业投资活动、融资活动和投资活动的划分，将经营过程中对产能的投资定义为经营性投资资产，此类资产的增值方式不是通过在营业周期中完成的，而是通过对外投资取得的。

1. 经营性流动资产

经营性流动资产即对于产品和服务的投资，指与企业正常的主要生产经营业务相关的资产，即销售商品或者提供劳务所涉及的资产。该部分投资通常在一个经营周期中就全部发生消耗，并通过销售收入全额回收。其主要是对产品和服务的投资资产。通常包括预付账款、存货、应收票据、应收账款和货币资金等。

2. 经营性投资资产

经营性投资资产即对产能的投资，是指与企业正常生产经营相关的对生产能力的投资，即通过资产投入保障企业产能。该部分投资根据资产特点具有不同的投资回收期，在一个会计年度内无法完成全部资产投资的回收。通常包括固定资产、无形资产等。

3. 战略股权投资

战略股权投资是指企业为完成战略投资目的而进行的长期股权投资。

4. 投资性资产

投资性资产是指利用经营活动多余资产进行投资所涉及的资产，即企业自资本市场购入的各种金融资产（包括政府、银行或者其他企业发行的金融工具）和投资性房地产。

5. 其他资产

其他资产是指不属于上述分类的其他项目，在不同业务企业中会存在。如油气资产、生物资产等。

（二）负债

资产的结构体现了企业资源配置战略，负债结构则是企业资本引入战略的重要表现。资产负债表中负债的排列方式是根据是否需要在一个会计年度内偿还为标准，分为流动负债和非流动负债。但从企业运营角度分析负债，我们发现，负债的发生与企业的运营有密切关系。企业在经营活动过程中会产生相应的负债形式，其反映了企业的商业信用在上下游的谈判能力。根据负债的产生机理，本书将负债划分为与企业运营直接相关的经营性负债和企业向金融机构借款产生的金融性负债。

1. 经营性负债

经营性负债是指企业在正常生产经营过程中由于商业信用产生的欠款。通常包括应付票据、应付账款、预收账款、应付职工薪酬、应交税费、应付股利、预计负债、长期应付款（融资租赁除外）、递延所得税负债、专项应付款等。

2. 金融性负债

金融性负债是指企业以筹资为目的的融资性负债，即向金融机构的借款。通常包括短期借款、长期借款、应付债券、长期应付款、应付利息等。

3. 其他负债

其他负债是指负债中未归入经营性负债和金融性负债的剩余项目。

（三）经营性运营资金

经营性运营资金（OWC）等于经营性流动资产扣除经营性负债以后的余额，反映企业经营过程中产品生产、销售以及服务需要投入的流动资金总额，是反映企业运营能力和规模的重要报表数据。

二、利润表再认识

利润表作为一张"流量表"，其项目构成及顺序排布是为了描述一个会计期间内企业"资产转化为资金并发生增值"的过程。然而根据前述对资产负债表的再认识可知，企业资产可以根据经营性被划分为经营性资产（周转资产）（经营性流动资产、经营性产能资产以及战略股权投资）、投资性资产（金融资产、投资性房地产等）以及其他资产，所以利润表所描述的由"资产"转化为"资金"并发生"增值"的过程也可以根据资产的不同而划分为资金不同类别的"增值"。

利润表所描述的"资产转化为资金并发生增值"的过程，可以用"收入－费用＋利得－损失＝利润"这一会计恒等式来体现，对这一过程的再认识需要从会计恒等式等号的左边开始，下面将分别从"收入与利得""费用与损失"以及利润三个方面对利润表进行再认识。

（一）收入与利得的再认识

1. 收入的概念

根据《企业会计准则及应用指南》，"收入是指企业在日常活动中形成的、会导致所有者权益增加的、与所有者投入资本无关的经济利益的总流入"，这一定义为收入的确认提供了标准。

首先理解什么是"导致所有者权益增加的、与所有者投入资本无关的经济利益的总流入"。根据会计恒等式"资产＝负债＋所有者权益"可以发现，能够导致所有者权益增加，且与所有者投入资本无关的活动，只有资产的增加或负债的减少两种情况，而能引起这两种变化的事件包括且不限于：

（1）销售商品或提供劳务而取得的"营业收入"。

（2）相关资产公允价值的变化，如"公允价值变动损益""投资收益"等。

（3）处置闲置资产而取得价款、债务重组产生的"营业外收入"等。

（4）其他直接记入当期利润的"利得"。

然后需要理解什么是"日常活动"。根据《企业会计准则》："日常活动"是指企业为完成其经营目标所从事的经常性活动以及与之相关的活动，例如，工业企业制造并销售产品、商品流通企业销售商品、保险公司签发保单、咨询公司提供咨询服务、软件企业为客户开发软件、安装公司提供安装服务、商业银行对外贷款、租赁公司出租资产等，均属于企业为完成其经营目标所从事的经常性活动，由此产生的经济利益的总流入构成收入。工业企业转让无形资产使用权、出售不需用原材料等，属于与经常性活动相关的活动，由此产生的经济利益的总流入也构成收入。

2. 利得的概念

利得是指由企业非日常活动所形成的、会导致所有者权益增加的、与所有者投入资本无关的经济利益的流入。《企业会计准则》关于"利得"的定义分为以下两类：

（1）直接计入所有者权益的利得。是指不应计入当期损益、会导致所有者权益发生增减变动的、与所有者投入资本或者向所有者分配利润无关的利得。

（2）直接计入当期利润的利得。是指应当计入当期损益、会导致所有者权益发生增加变动的、与所有者投入资本或者向所有者分配利润无关的利得。

前者不属于利润表项目，而属于"综合收益"下的"其他综合收益"项目。基于对收入和利得的介绍可知，"公允价值变动损益""投资收益""营业外收入"以及其他直接计入当期利润的利得属于"利得"项目，与"收入"项目相比，这些项目所具有的特点为：

其一，不确定性。上述利得项目的发生往往难以预期或者不能够及时预期。例如，金融资产的公允价值变动是一个随机事件，随市场波动；同样地，投资收益也取决于市场变化，具有不确定性。又如，"营业外收入"中的政府补贴，往往具有不确定性。

其二，非经常性。其发生不按照特定频率，无规律可循。

3. "收入"与"利得"的再认识

根据上文可知，"导致所有者权益增加的、与所有者投入资本无关的经济利益的总流入"的相关事项中，"营业收入"的发生符合"日常活动"的概念；"公允价值变动损益""投资收益"这两个事项的发生与金融资产有关，与经营目标无直接关联，不符合"日常活动"的概念，故不属于"收入"，这两项实际上属于"利得"概念；"营业外收入"（如政府补贴、处置固定资产带来的收益等）因为不满足"经常性活动"的定义，所以也被归入了"利得"概念中；"直接计入当期利润的利得"自然就和收入区分开来。

准则对收入和利得的区别，实质上可以归纳为利益流入的可控性与经营相关性两个维度，表3-5从这两个维度对"收入"和"利得"进行了再认识。

表 3-5 "收入"与"利得"再认识

维度	可控	不可控
与经营相关	营业收入	营业外收入（如固定资产报废）
		资产处置损益（如固定资产处置）
		投资收益（战略股权投资的收益）
与经营无关	—	公允价值变动损益
		投资收益（投资性资产的收益）
		营业外收入（如政府补贴）
		其他直接计入当期损益的利得
项目类别	收入	利得
报送方式	报送"过程"	报送"结果"

（1）可控性。"收入"是可控的，所以会伴随"费用"向财务报表阅读者报送净收益产生的"过程"，便于管理者直接完成管理活动。以"营业收入"为例，该项目反映单纯的收入，并没有去除任何成本费用，只有在"营业收入"减去相应的"营业成本"以及期间费用后，才得到"净收益"，可以反映"收入-支出"的过程。收入可控性的意义在于管理者可进行干预。例如，可以通过"营业收入"历史数据的变化来评价销售部门的绩效，同时可以通过调整售价或销售数量等对"营业收入"进行一定程度的干预。

而"利得"是不可控的，根据前文所述，利得的两大特征就在于"不确定性"和"非经常性"，管理者一般没有直接手段对其进行干预，既然难以控制，所以"利得"报送的是"净收益"，是一种"结果"。例如，"营业外收入"直接体现"净收益"，只能反映结果不能反映过程。

（2）经营相关性。区分"收入"和"利得"的可控性后，引入第二个维度——与经营的相关性。首先，"收入"中只包含一个会计科目"营业收入"，而营业收入正是企业销售货物或提供劳务的所得，是企业经营成果的直接体现，显然该科目与经营相关。

其次，"利得"中有的项目与经营相关，有的项目与经营无关。具体而言，"公允价值变动损益"和"投资收益"这两个项目反映金融资产的信息，与企业主要的经营活动没有直接关系；"营业外收入"可以同时包含与经营相关以及与经营无关的项目。例如，

"营业外收入"中固定资产处置的利得就是一种与经营相关的项目，与企业的经营目标紧密相关；而营业外收入中的"政府补贴""债务重组利得"则与经营没有直接关系。

（二）费用与损失的再认识

1. 费用的概念

根据《企业会计准则及应用指南》，"费用是指企业在日常活动中发生的、会导致所有者权益减少的、与所有者分配利润无关的经济利益的总流出"。

关于定义中"会导致所有者权益减少的、与所有者分配利润无关的经济利益的总流出"，能引起"经济利益的总流出"的，只有资产的减少或负债的增加这两种情况。能引起上述两种情况的事件包括且不限于：

（1）销售的商品或提供的劳务本身所凝聚的"营业成本"。

（2）伴随生产经营活动、不直接作用于产品生产或服务提供的期间费用（销售费用、管理费用、财务费用）。

（3）相关资产的减值损失（资产减值损失）。

（4）处置闲置资产、债务重组产生的损失等（营业外支出）。

（5）直接计入当期利润的"损失"。

2. 损失的概念

损失是指由企业非日常活动所发生的、会导致所有者权益减少的、与向所有者分配利润无关的经济利益的流出。同时《企业会计准则》对"损失"的定义也分为两类：

（1）直接计入所有者权益的损失。是指不应计入当期损益、会导致所有者权益发生增减变动的、与所有者投入资本或者向所有者分配利润无关的利得或者损失。

（2）直接计入当期利润的损失。是指应当计入当期损益、会导致所有者权益发生减少变动的、与所有者投入资本或者向所有者分配利润无关的利得或者损失。

后者属于本节所提的利润表中的损失项目，"资产减值损失""营业外支出"以及"直接计入当期利润的损失"都属于此处的"损失"。与"费用"相比，"直接计入当期利润的损失"具有如下特点：

其一，不确定性。上述损失项目的发生往往难以预期或者不能够及时预期。例如，资产减值往往是意外地、不受期待地发生；又如，"营业外支出"中发生的债务重组损失，也不是企业日常经营能够确定、预期的事件。

其二，非经常性。其发生不按照特定频率，无规律可循。

3. 费用与损失的再认识

根据上文可知，"营业成本""销售费用""管理费用""财务费用"符合日常活动的概念，属于"费用"；"资产减值损失"涉及资产市场价值的变化，具有不确定性和非经常性，不符合"日常活动"的概念，故归属于"损失"；营业外支出也因不具备"经常性"属性也被归入"损失"；最后直接计入当期利润的"损失"就和费用区分开来。

然而同收入与利得的区别类似，《企业会计准则》对费用与损失的区分也可以从可控性和经营相关性两个维度来体现。表3-6对"费用"和"损失"进行了区分。类似地，"费用"包含可控的项目，与"收入"项目共同组成"过程"的报送。而"损失"是不可控项目，直接报送"净支出"。

表 3-6　"费用"与"损失"对比

维度	可控	不可控
与经营相关	营业成本	营业外支出（如固定资产报废）
	销售费用	资产处置损益（如固定资产处置）
	管理费用	资产减值损失
	研发费用	财务费用（汇兑损益部分）
与经营无关	财务费用（利息费用）	营业外支出（如罚款费用）
		其他直接计入当期损益的损失
项目类别	费用	损失
报送方式	报送"过程"	报送"结果"

注：该分类可能与业内普遍认知的费用与损失有一定差异。

（1）可控性。"费用"项目包含"营业成本""销售费用""管理费用""研发费用"以及"财务费用"（利息费用部分）。对于"营业成本"，管理者可以通过调整生产方式、改变产品成本结构等方式来控制；对于三大期间费用（加上新准则要求单列的研发费用），管理者对其均可进行压缩与调整，以上均是可控的"费用"（除财务费用中汇兑损益部分外）。费用可控性的意义在于管理者可进行干预。例如，根据"营业成本"评价生产、仓储等部门的绩效，通过调整生产流程、材料构成等对"营业成本"进行一定程度的控制。所以，利润表报送"收入−费用"这个过程，可以帮助管理者进行开源节流从而控制这部分利润。

"损失"项目包含"营业外支出""资产处置损益"以及"资产减值损失"等。其中"营业外支出"与"资产处置损益"是管理者无法控制的经济利益的流出；资产减值损失由市场环境改变、产品更新换代以及消费者需求改变等不可控因素引起，对于管理者而言也不可控。所以对上述不可控项目，财务报表只报送"结果"，即"直接计入当期利润的损失"。

（2）相关性。同样地，"费用"和"损失"也可分别划分为"与经营相关"和"与经营无关"两大类。"费用"中"营业成本"（伴随生产过程而产生）、"销售费用"（伴随销售环节而产生）、"管理费用"（伴随正常运营而产生）、"研发费用"（伴随核心竞争力的提升而产生）均与企业的经营目标直接相关。

"财务费用"可以分为两类：一类为融资成本（如借款利息），这与企业投融资业务有关，虽然其与经营也有着间接关系，但并非直接关联于 CEO 管理的生产经营销售活动，而是归属于 CFO 的资本运营工作，因本书是基于 CEO 的经营管理视角，故此处将该部分划分为"与经营无关"这一类。另一类为企业经营过程中发生的汇兑损益，该费用的发生与经营活动直接相关，所以划分为"与经营相关"这一类。

"损失"中"资产减值损失"用于核算企业各类资产因市场和交易中各种不可控因素导致的减值损失，如存货跌价、坏账计提、无形资产以及固定资产的减值准备计提等，因涉及企业经营所需的周转资产，故该项目是与经营相关的。"营业外支出"兼含"与经营相关"以及"与经营无关"的两类，例如，营业外支出中包含的对固定资产处置的损失，其背后代表着企业因生产计划的调整或产能的提升而进行的资产重新配置过程，是与经营相关的；而营业外支出中包含的罚款费用，是难以预料而且与经营目标的实现是不直接相关的，故这部分属于与经营无关。

（三）利润的再认识

利润表所展现的商业企业经营的根本目的就是盈利，也就是"收入−费用+利得−损失=利润"会计恒等式右侧的"利润"。在经营过程中，利润均来自企业的资产配置，前文对收入与利得、费用与损失的再认识，将利润的形成过程与资产的经营相关联了起来，下面将利润分为利润、经营性利润、可控利润以及经营性可控利润四个维度，对利润进行再认识。

1. 利润

利润即"收入−费用+利得−损失"的结果，根据前文对收入与利得、费用与损失的分类，利润的形成如图 3-3 所示。

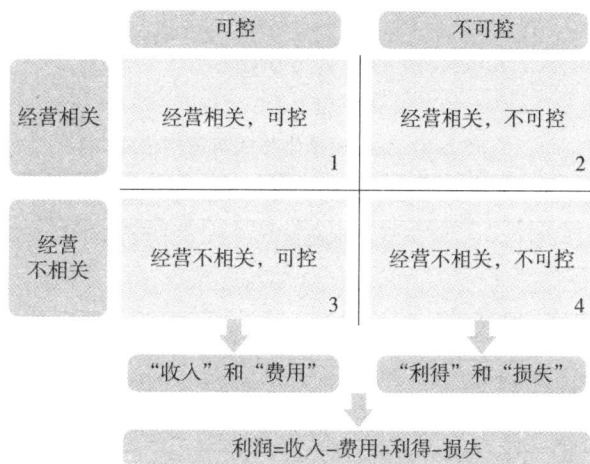

图 3-3　利润的形成过程

利润由可控的"收入−费用"加上不可控的"利得和损失"形成，也可以由与经营相关的"收入−费用+利得−损失"加上与经营不相关的"收入−费用+利得−损失"形成。该利润为会计准则所指的利润。下面，本书将利润进行分解，从而使资产的再分类与利润的分类形成配比。

2. 经营性利润

根据资产增值即资产盈利的逻辑，将企业通过经营管理取得的盈利定义为经营性利润（也称经营性盈利），经营性盈利是企业通过经营活动所取得的盈利。

从经营者视角分析，经营性盈利是企业核心利润的来源。企业的利润均由资产创造，根据上一部分对资产项目依据经营管理视角的重分类而构建的经营性盈利，其与资产负债表中资产的分类形成了统一的逻辑关系，能更好地将企业的资产投入与利润产生相配比。

经营性利润可由图 3-4 阴影部分中与经营相关的"收入−费用+利得−损失"形成的利润所表现。

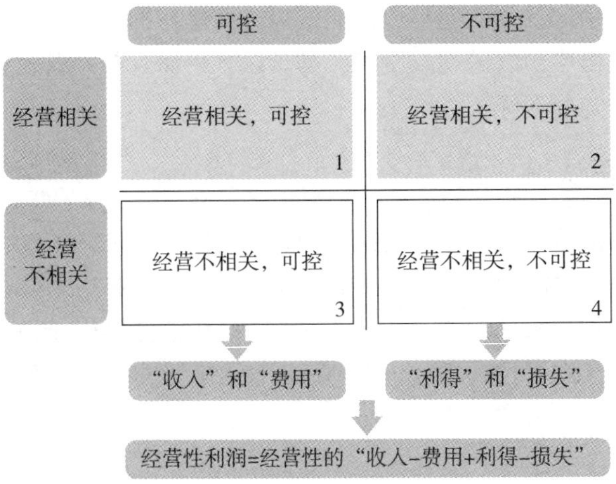

图 3-4　经营性利润的形成过程

　　传统格式的利润表仅体现了"利润"，即表 3-7 左半部分中的"利润总额"，而没有体现"经营性利润"或"经营性盈利"。所以，本书给出了一种可以帮助管理者掌握"经营性利润"的重构利润表，如表 3-7 右半部分所示。

表 3-7　利润表准则格式与重构格式

会计准则格式	基于经营的利润表重构格式
一、营业收入	营业收入
减：营业成本	减：营业成本
营业税金及附加	税金及附加
销售费用、管理费用、财务费用	销售费用、管理费用、研发费用
减：资产减值损失	汇兑损益和其他财务费用
加：公允价值变动收益	资产减值损失和资产处置损益
加：投资收益	加：股权投资收益
二、营业利润	加减：营业外收支（经营相关）
加减：营业外收支	减：所得税
三、利润总额	=经营性盈利
减：所得税	净税后利息支出
四、净利润	减：公允价值变动损益
	金融资产投资收益
	=净金融费用
	加减：营业外收支（经营无关）
	=净利润

　　由表 3-7 可知，由与经营相关的收入（营业收入）-与经营相关的费用（营业成本+营业税金及附加+销售费用+管理费用+研发费用）+与经营相关的利得（与经营相关的营业外

收入+股权投资收益)－与经营相关的损失（与经营相关的营业外支出+资产减值损失+财务费用中汇兑损益部分），最终就得到了"经营性利润"或"经营性盈利"。

与形成经营性利润的企业经营性资产不同，投资性资产（金融资产、投资性房地产等）的持有目的不是盈利，而是作为企业闲置在生产经营之外的资金，在保证流动性以抵抗经营风险的前提下对财务费用的补偿。

因而，将企业的财务费用（债务融资产生的资金成本费用部分）扣减金融投资带来的投资收益定义为"净金融费用"。当净金融费用为正时，说明企业配置金融资产所获得的收益在完全补偿融资成本后还有盈余，但若该盈余大于经营性利润，则说明该企业经营活动正在萎缩或者该企业"不务正业"，是一种不正常的状态。

企业的经营性盈利扣减净金融费用后的余额即为企业的净利润。

3. 可控利润

根据前文对收入与利得、费用与损失的辨析可知，收入和费用均为可控的，通过报送收入和费用这一利润形成过程以帮助管理者有效地进行开源节流，所以管理者可以计算出如图 3-5 所示的"可控利润"，即"收入－费用"。具体而言，即与经营相关的收入（营业收入）－与经营相关的费用（营业成本+财务费用+研发费用+管理费用）－与经营无关的费用（财务费用中融资成本部分），最终形成可控利润。

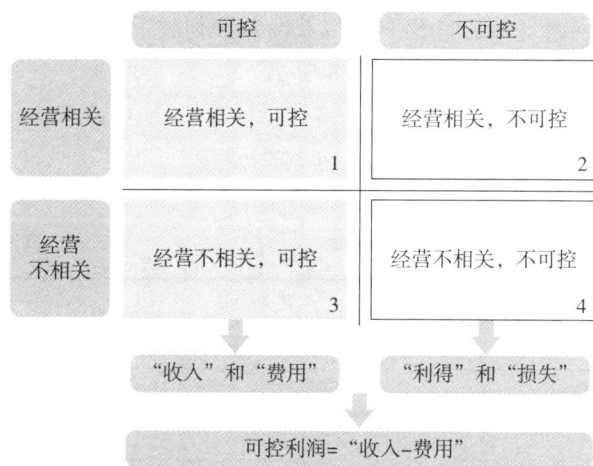

图 3-5　可控利润的形成过程

可以发现，"收入－费用＝利润"是一种衍生的会计恒等式，其形成的"可控利润"有助于经营管理实践中管理者对利润中的可控部分进行管理。同时也可以发现，可控利润并非完全与企业经营完全相关，所以下面在经营性利润与可控利润的基础上，进一步衍生出经营性可控利润。

4. 经营性可控利润

经营性可控利润是指经营性利润中的可控部分，即经营性利润和可控利润的交集。其形成过程如图 3-6 所示，即经营相关的收入（营业收入）－经营相关的费用（营业成本+财务费用+研发费用+管理费用）＝经营性可控利润，该利润能够使管理者了解企业当期与经营相关的且能进行调控的利润总额及占比，帮助其调整经营战略以提升企业造血能力。

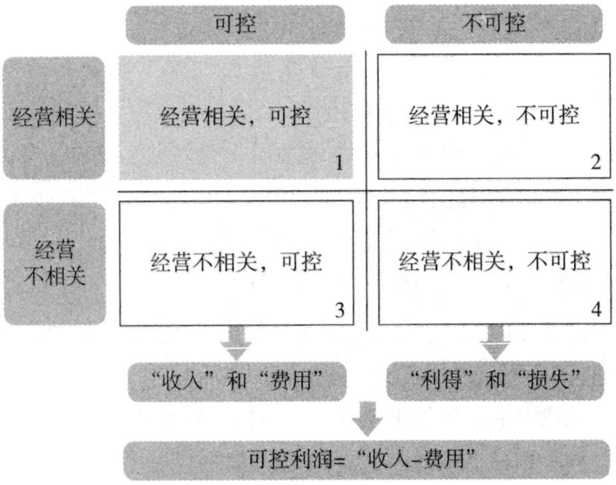

图 3-6 经营性可控利润的形成过程

（四）重构利润表

从管理者分析企业运营和管理规律视角出发，可以按如下方法对利润表进行进一步重构，得到"经营性利润"以及"经营性可控利润"。该利润表能够帮助管理者掌握其利润中经营性资产创造的利润（经营性利润）以及经营性利润中可以控制的部分，以调整经营策略、完成战略目标。重构利润表如表 3-8 所示。

表 3-8 重构的利润表

会企 02 表

编制单位：　　　　　　　　　　　　　年　　月　　　　　　　　　　　　　单位：元

项目	本期金额	上期金额
一、营业收入		
减：营业成本		
税金及其附加		
销售费用		
管理费用		
二、经营性可控利润		
加：长期股权投资收益		
营业外收入		
减：资产减值损失		
营业外支出		
汇兑损益及其他财务费用		
减：所得税费用		
三、经营性利润		
减：净金融费用		

项目	本期金额	上期金额
其中：净税后利息支出		
－税后公允价值变动损益		
－税后金融资产投资收益		
四、净利润（亏损以"－"填列）		

重构利润表的过程中有以下注意事项：

第一，将财务费用拆分为"汇兑损益及其他财务费用"与"净税后利息支出"，这是因为前者作为经营性的"费用"，应纳入经营性利润的计算范围，而后者与企业经营无关，不应纳入经营性利润的计算范围。此外，因计算经营性利润是已扣除所得税，故在该利润的基础上进行加减时，应计算税后值，例如，净税后利息支出=净利息支出×(1－所得税率)。

第二，将长期股权投资收益纳入经营性利润的计算范围，因为企业在进行长期股权投资时，往往是处于经营战略的考虑，如并购上游以实现更低的成本，故相关的收益也纳入经营性利润。

第三，"净金融费用"=净税后利息支出－税后公允价值变动损益－税后金融资产投资收益。从企业经营的角度来考虑，金融资产与经营效果无关，可被视作"闲置资产"，其作用是用来抵御金融负债产生的财务风险，及金融负债产生的利息减去金融资产产生的收益，"净金融费用"可以反映企业金融负债与金融资产带来的净财务风险。

第四章 资产负债表及项目分析

1671 年，英国的东印度公司在股东大会上报送了第一份准公开的资产负债表。1844年，英国发布了世界上第一部认可公司独立法人地位的法律——《合作股份公司法》，明确要求合作股份公司编制年度资产负债表。从此，资产负债表一直被视为主要的财务报表。

通过资产负债表可以分析和评价企业的偿债能力、营运能力，并且可以进行财务状况的分析和预测，从而分析企业战略的制定和实施情况。资产负债表是研究企业经济管理质量的重要报表。本章将根据第三章中对资产负债表项目的重分类，具体分析各项资产的基本概念、会计处理方法和项目分析要点，以及每项资产的同型分析。

第一节 经营性资产

资产的周转性是指资产在企业经营运作中的利用效率和周转速度，强调资产作为企业生产经营的物质基础而被利用的效用。马克思认为资产的周转性非常重要，他在《资本论》中提出，提高资产周转速度对实现剩余价值或资本增值至关重要。国内多个学者也对资产周转的重要性做出讨论：张新民和钱爱民指出，资产只有在企业的日常经营运作中得到利用，它为企业创造价值的效用才得以体现[1]；高善文也就资产增长支撑利润增长这一观点进行了实证分析[2]。因此，本书对资产根据周转性进行划分，并以此为基础进行质量分析。

一、货币资金

货币资金是指企业生产经营中处于货币形态的资金，其在企业业务往来过程中使用频繁，是一个企业的"血液"。货币资金包括库存现金、银行存款和其他货币资金三大类别。

这里需要说明的是，货币资金是企业在生产经营的周转过程中不可缺少的一个环节，所以将其归属于经营性资产，但货币资金中受限资金以及股东或关联方占用的资金都不能界定为企业的经营性资产，只有实际经营占用的部分才算经营性资产。

货币资金具有可以立即作为支付手段并被普遍接受等特性，因此是企业流动性最强的

---

① 张新民，钱爱民. 财务报表分析（第 4 版）[M]. 北京：中国人民大学出版社，2017.
② 高善文. 资产增长支撑利润增长 [J]. 清华金融评论，2011（5）.

资产。但与此相对的是，货币资金的盈利能力却是最弱的，这与企业生产经营的最终目标——获取利润最大化是不相符的。管理者对货币资金项目进行管控，应从企业生产经营的全过程着手，重点关注进行货币资金记录及收发的财务部门，以及采购部门、销售部门等有大量货币资金支出和收入的部门。

对货币资金进行分析可从以下几方面着手：

（一）货币资金规模分析

1. 货币资金规模的恰当性

为维持企业经营活动的正常运转，企业必须保有一定的货币资金余额。过低的货币资金保有量，将严重影响企业的正常经营活动、制约企业发展并进而影响企业的商业信誉；而过高的货币资金保有量，则在浪费投资机会的同时，还会增加企业的筹资成本[1]。那么，企业应该保有多少货币资金量才是恰当的呢？每个企业情况不同，其货币资金最佳规模也不同，但总的原则是既要满足生产经营和投资的需求，又不能造成大额现金的闲置。一般而言，企业货币资金的恰当规模主要由下列因素决定：

（1）企业的资产规模和业务收支规模。一般而言，企业资产总额越大，相应的货币资金规模也就越大；业务收支频繁，且绝对额大的企业，处于货币资金形态的资产也会较多。

（2）企业的行业特点。企业的行业特点反映货币资金规模，银行、保险公司与各种类型的工业企业在相同的资产规模条件下不可能保持相近规模的货币资金。

一般而言，轻资产行业（如沃尔玛、阿里巴巴等类金融公司，微软、同仁堂等知识产权为主型公司，耐克、苹果等品牌型公司，腾讯、Facebook等互联网公司等）是无须大量资本性支出的行业，而上市时间较短或战略不清晰的企业往往货币资金规模较大。

（3）企业的战略执行能力。货币资金如果仅停留在货币形态，则只能用于支付，对企业资产增值的直接贡献将会很小。如果企业管理人员善于利用货币资金从事其他经营或投资活动，则企业的获利水平就有可能提高，货币资金规模也会随之有所降低。这就是说，在剔除政策等因素后，过高的货币资金规模可能意味着企业正在丧失潜在的投资机会，也可能表明企业尚未找到合适的投资项目，管理人员生财无道。[2]

（4）企业的债务规模。首先，企业的货币资金规模要与自身的短期负债规模相匹配，这代表了企业短期偿债能力。若货币资金余额比短期负债小很多，则表示企业可能存在短期偿债危机，流动性风险较大；同样地，若货币资金账面金额充足，但企业有较多的有息甚至高息负债，则表明企业货币资金的持有量并不合理，其账面金额中存在很大一部分无法投入生产经营活动的"虚构"部分。

同时，随着长期负债剩余偿还期限的缩短，货币资金的持有规模应该适当增加，以应对未来的流动性风险。[3]

（5）企业的其他货币资金规模过大的情况。由前述概念我们可以知道，在企业的其他

---

① 张新民，钱爱民. 财务报表分析（第4版）[M]. 北京：中国人民大学出版社，2017.

② 王丽文. 如何分析企业货币资金质量 [J]. 商业会计，2005（14）.

③ 戴志敏等. 长期负债期限结构、现金持有与股权分置改革 [J]. 浙江大学学报（文化社会科学版），2016，46（2）.

货币资金中，可能存在很大一部分受限资金，这部分资金在企业的生产经营过程中不能随意使用，因此并不构成企业实际的支付能力。同时，像存出投资款等用于特定用途的货币资金，管理者在一定时间内也不能随意支取。因此，如果企业的受限资金、存出投资款等其他货币资金规模较大，则会导致货币资金账面余额虚高，实际可用于生产经营的资金却并不多。因此，管理者在考量货币资金规模的合理性时，不能仅仅关注货币资金的账面总额，还应关注其构成情况，具体方法将在"货币资金质量分析"中进一步解析。

2. 货币资金规模变动的持续性

企业的货币资金规模发生变化，主要是由经营活动、投资活动或者筹资活动所引起的。其中，由企业的经营活动造成的货币资金规模变动是具有持续性的，将导致货币资金的持有量呈现不断上升的趋势；而由投资活动和筹资活动造成的货币资金规模变动不具有持续性，通常会呈现出一定的波动性。

（1）经营活动造成的货币资金规模变动。在企业的经营战略和经营规模没有明显调整的情况下，一个经营活动能创造稳定现金流的企业，货币资金规模通常会呈现出不断上升的趋势。一般认为，如果一个企业货币资金规模的增加主要来自经营活动，那么企业货币资金的生成质量较高，货币资金规模的变动具有较好的持续性。

企业经营活动对货币资金规模的影响通常由货币资金的收入和支出两个主要方面决定：

收入方面——销售规模以及信用政策的变化。随着宏观经济环境、企业所处行业发展以及企业在行业中的竞争优势发生变化，企业的销售规模会相应发生变化，而销售回款是企业自身创造现金最主要的来源渠道；同时，信用政策的变化也会在一定程度上影响企业销售所收到的货币资金量。

支出方面——企业采购规模以及议价能力的变化。企业的采购行为往往需要企业动用货币资金存量，而由企业在行业中的竞争地位决定，在面对上游供应商的议价能力又会在一定程度上影响当期货币资金支付的相对水平。

（2）投资活动造成的货币资金规模变动。当企业为扩大再生产而大量购入固定资产等长期资产，或由于对外扩张的需要而大举对外投资，都需要支出大量的货币资金，从而引起企业货币资金规模不同程度的下降。相反，如果企业处置固定资产等长期资产或者收回投资，往往会引起货币资金规模的上升。值得注意的是，无论是投资还是收回投资，所引起的货币资金规模的变化往往是"一次性"的，主要受各年度企业战略规划与实施情况的影响，因此这种规模变化不具有持续性。

（3）筹资活动造成的货币资金规模变动。出于营运资金周转困难、重大的投资安排、偿还即将到期的银行贷款、改善自身的资本结构、引进战略投资者等各种原因，企业往往会通过举债或者增发股票等方式进行筹资。这些筹集到的资金在使用前会引起企业货币资金规模上升，但其规模随后会由于资金的使用而有所下降。因此，这种货币资金规模的变化通常不具有持续性。[①]

由以上三个方面的分析可以看出，在分析货币资金时，不能只看资产负债表上"货币资金"项目的期末余额，而应结合企业的现金流量表对货币资金的规模及其变动情况进行

---

① 张新民，钱爱民. 财务报表分析（第 4 版）[M]. 北京：中国人民大学出版社，2017.

分析，了解企业货币资金的来源和去向。通常认为货币资金应主要来源于经营活动，如果资金不足，可以借助于筹集活动取得货币资金，而对于健康成长的企业，需要正确把握投资机会，正确运用货币资金，从而取得收益。

（二）货币资金结构分析

在企业的经济业务仅仅用记账本位币来完成的条件下，虽然由于形态的特殊性，货币资金的价值永远与各时点的货币购买力相等。但因为物价波动、技术发展等方面的原因，相同数量金额的货币资金在不同时点的购买力并不必然相同。在企业的经济业务涉及多种货币的条件下，不同货币币值的未来走向决定了相应货币的"质量"。此时，对企业保有的各种货币进行汇率趋势分析就可以确定企业持有的货币资金的未来质量。

同时，根据前文所述，在企业的资产负债表所列示的货币资金总额中，包含一些因被指定了特殊用途从而不能随意支用，不能充当企业真正的支付手段的货币资金[1]，如受限资金、存出投资款等。因此，在分析中可通过计算这些货币资金占该项目总额的比例来考察企业的实际支付能力。

（三）货币资金的运用质量分析——货币资金收支过程中的内部控制

货币资金在收支过程中的内部控制制度的完善程度以及实际执行质量，构成了对企业货币资金结构分析的另一重要方面。企业要提高货币资金质量必须遵守国家的结算政策、现金管理制度，完善内部控制制度，认真按照内部控制制度来执行。

在货币资金的收入方面，由于收入主要由销售引起，所以，与货币资金收入有关的内部控制主要涉及销售过程和具体的收款过程两个方面。应重点控制：对客户的选择（主要应评估客户的未来偿债能力），销售商品种类、销售数与折扣等级的决定，付款条件（预付现销、赊销或组合）的决定，商品或产品出库数量和质量的确定，债权催收工作部门的确定，具体收款环节以及会计处理，等等。上述主要环节中，公司应尽可能实现业务授权控制，保证不相容职权相分离，从而确保公司内部各部门和人员在收款业务全过程中形成互相牵制的态势。[2]

在货币资金的支出方面，由于付款主要由采购而引起，所以，与货币资金支出有关的内部控制制度主要应该涉及采购过程和具体的付款过程两个方面。CEO应重点控制：对采购需求的确定（包括采购种类、数量、质量以及必要性和合理性的确定），对采购时机（合适采购）的确定，对供货商的选择（主要应评估不同供货商在质量、价格、交货条件以及售后服务等方面的差异），从特定供货商采购特定商品种类和数量的决定，采购数量与折扣等级的谈判与决定，付款条件（预付、现付、赊购或组合）的决定，采购商品或产品入库数和质的确定，具体付款环节以及会计处理。同收款过程的内部控制制度一样，在上述主要环节中，公司应当尽可能地由具有不同授权的人员或部门来完成，以保证公司内部各部门或人员在业务上的互相牵制[3]。

货币资金行业
同型分析

---

① 张新民，钱爱民．财务报表分析（第4版）［M］．北京：中国人民大学出版社，2017.
②③ 王丽文．如何分析企业货币资金质量［J］．商业会计，2005（14）.

二、应收票据及应收账款

(一) 项目概念

1. 应收账款

根据《企业会计准则及应用指南》，本科目核算企业因销售商品、提供劳务等经营活动应收取的款项。因销售商品、提供劳务等，采用递延方式收取合同或协议价款、实质上具有融资性质的，在"长期应收款"科目核算。

应收账款指企业在正常的经营过程中因销售商品、产品、提供劳务等业务，应向购买单位收取的款项，同时包括应由购买单位或接受劳务单位负担的税金、代购买方垫付的各项运杂费等。

2. 应收票据

根据《企业会计准则及应用指南》，本科目核算企业因销售商品、提供劳务等而收到的商业汇票，包括银行承兑汇票和商业承兑汇票。

应收票据既可以依法背书转让，也可以向银行申请贴现，与应收账款相比具有显著优势。

(二) 应收项目的周转性

1. 应收账款周转率

应收账款周转率是用来衡量应收账款回收速度的指标，反映企业在一定期间收回赊销款项的能力，它是一定期间内公司应收账款转为现金的平均次数。

应收账款周转率=赊销收入净额÷平均应收账款余额，即

应收账款周转率=赊销收入净额÷[（期初应收账款+期末应收账款）÷2]

需要注意的是，当企业的现金销售与赊销销售的比例保持稳定时，可直接用销售收入代替赊销净额进行计算，但若二者规模并不稳定，用销售收入代替赊销净额计算出来的数值就会与实际值有较大差异；同时，由于企业应收账款余额的年初、年末数易受多重因素的影响而难以反映真实变化情况，所以通常用一年内应收账款多个时点的规模平均值来计算。

2. 应收账款周转天数

应收账款周转天数是指企业从取得应收账款的权利到收回款项、转换为现金所需要的时间，是应收账款周转率的辅助性指标（特别注意，如果企业有应收账款周转天数的记录，可以直接使用）。

应收账款周转天数=360÷应收账款周转率

(三) 项目分析要点

商业汇票的出现可以延缓企业的短期债务从而减少融资成本。同时，由于商业汇票在确认时，依据的是赊销业务中债权人或债务人签发的表明债务人在约定日期偿付约定金额的书面文件，并具有法律效力，因而受到法律的保护，具有较强的保值性。加之商业汇票

可以背书转让后向银行和其他金融机构贴现，因此变现能力强，具有很强的周转性。

多方面的优势使商业汇票的使用有了快速的发展，但在经济实质上应收票据只是应收账款的书面载体，这是因为虽然商业汇票可以贴现取得企业所需的资金，从法律角度来看银行依然存在行使追索权的可能，如果票据承兑人到期不能承兑，则背书的企业负有连带付款责任，这样已贴现的票据就变成了企业的或有负债，形成了企业对银行的短期借款。同时，对于到期的应收票据，如果付款人无力支付或因其他原因发生拒付，企业还要按应收票据的账面余额将其转入应收账款账户，这样应收票据的保值性和周转性优势便也不复存在。

目前，新《企业会计准则》将"应收票据"与"应收账款"项目进行了合并，调整后的"应收票据及应收账款"项目，反映资产负债表日以摊余成本计量的、企业因销售商品、提供劳务等经营活动应收取的款项，以及收到的商业汇票，包括银行承兑汇票和商业承兑汇票。同时规定，对包括应收票据在内的全部应收款项计提减值准备，这样应收票据信用水平较低的情况下，与应收账款提供同样的财务信息[①]。

基于以上情况，以下对"应收账款"项目的分析可基本适用于"应收票据"项目。

随着社会的不断进步，传统的现销方式已经不能满足市场需求，商品与货币可以不再处于同一时空，所以赊销的方式随之而来。赊销是以企业信用为担保，在特定条件下不用即时收款也能促使交易完成，保证产品销量，是市场经济条件下企业采用的重要销售方式之一。企业日常经营活动中存在的赊销活动带来了大量的应收账款和应收票据，一方面，它可以提高企业的销售，增加企业的收入，减少库存；另一方面，也会给企业带来风险和损失。

管理者对应收账款及票据管理的根本任务就在于制定企业自身适度的信用政策，努力降低成本，力争获取最大效益，从而保证应收账款及票据的安全性，最大限度地降低风险。对该项目的管理，应重点关注财务部门和销售部门，企业也可以设立独立的信用部门对赊销的信用情况进行专业化的管理和控制。

对应收账款进行质量分析可从以下几方面着手：

1. 应收账款规模分析

（1）应收账款规模的恰当性。应收账款规模与企业的信用政策密切相关：放宽信用政策，将会刺激销售，增大应收账款规模；紧缩信用政策，则会制约销售，减小应收账款规模。然而，企业应收账款规模越大，发生坏账的可能性也越大，企业在放宽信用政策达到一定程度之后，销售规模的进一步扩大并不一定能带来企业盈利的增加。因此，合理确定信用政策，在刺激销售和减少坏账间寻找赊销政策的最佳点，是企业在确定应收账款规模时应该考虑的问题。

同时，应收账款的规模也与企业自身的经营方式及所处行业有直接联系。对于许多企业来讲，自身产品或劳务不外乎采用预收款、赊销或现销三种方式进行结算。例如，商业零售企业的许多业务是现金销售业务，因而商业债权即应收账款规模较小；制造业等工业企业往往采取赊销方式销售产成品，因而形成大量的应收账款；同时，建筑行业由于市场

---

① 仝晓萌. 报表项目合并列报对投资者的影响分析——基于"应收账款"与"应收票据"合并 [J]. 中国乡镇企业会计，2019 (1).

竞争压力较大，存在大量的"垫资施工"情况，施工企业先行垫付工程款已成为业内约定俗成的规定，因此该行业的应收账款规模几乎在上市公司中处于最高的比例；但与此相对应的是，房地产行业则几乎都采用预收款的形式进行销售，因此该行业的应收账款规模非常小。

此外，应收账款的规模在很大程度上也受企业市场竞争地位的影响。市场竞争地位较低，对供应链控制能力不强，对下游处于弱势的企业往往只能采用赊销的方式，因此存在大量的应收账款。

恰当的应收账款规模可从应收账款占经营性流动资产比重和应收账款占主营业务收入的比重这两个角度来描述①。

应收账款占流动资产的比重：该角度主要考察应收账款占经营性流动资产的比率是否得当，是否会由于应收项目占用大量的资金，而降低资本使用效率。造成应收账款占经营性流动资产比重变大，主要由两个原因导致：一个是应收账款增长较大，这说明应收账款质量与上年相比不仅没有改善，而且更加恶化了；另一个是存货占经营性流动资产的比例越来越小，应收账款与经营性流动资产的比率相对变大，这种情况下说明应收账款质量实质上并没有恶化，因此这个指标应与应收账款占主营业务收入的比重结合来看，评价应收账款质量。

应收账款占主营业务收入的比重：该角度主要反映在企业的主营业务收入中有多大的比例是应收账款。通常情况下，企业无论销售商品是否能收到现金，都可通过提高销售收入来提高利润，但利润中究竟有多少现金流入企业，能够为企业资金周转提供保证，要看应收账款占主营业务收入的比例，因此该指标也是考察利润质量的指标。

将上述比重与同行业对标企业、行业平均水平以及企业自身前期水平进行比较，即可大致判断应收账款规模是否恰当。

（2）应收账款规模变动的合理性。应收账款规模变动情况可从"应收账款"项目的绝对值角度进行纵向和横向分析：

其一，年度间纵向分析②。通过对"资产负债表"中"应收账款"的期初、期末数据进行纵向分析，如出现增幅较大等异常变化，需要判断此期间公司应收账款管理是否存在重大缺陷，公司经营是否存在重大风险。

其二，规模相似公司间横向分析③。通过对集团公司规模相近的下属单位的应收账款进行横向对比分析，判断经营规模、资产规模相似的公司应收账款规模、变动趋势是否一致，如出现较大差异，需进一步对相关指标进行分析。

也可从相对值角度与企业的营业收入和利润进行对比分析：

从应收账款变动幅度与主营业务收入变动幅度对比分析可知，如应收账款增长幅度过大，并高于主营业务收入的增长速度，会使企业的账款回收难度加大，使企业缺乏可持续发展的现金流。

通过计算企业应收账款总额占利润总额的比率，可以准确分析利润实现的真实情况。通过将这一比率在相似行业、相似规模企业间进行纵向和横向的比较，以便评价企业的盈

---

① 荀爱英．我国上市公司应收账款质量的实证分析［D］．首都经济贸易大学硕士学位论文，2007.
②③ 王妍敏．运用财务报表分析应收账款存在问题［J］．中国远洋航务，2016（7）.

利水平和应收账款管理水平。一般来说，在营业收入没有重大变动的情况下，应收账款所占利润的比重越低，说明企业的盈利水平真实，应收账款管理水平高，企业理财能力强。

（3）坏账准备分析。通常情况下，应收账款质量越差，计提的坏账准备数额越大，因此，计提坏账准备较多的应收账款，其质量也较差。但根据企业会计制度规定，企业可根据自身的实际情况，确定坏账准备的计提方法和比例，这就使该科目有了很大的弹性，给企业进行盈余管理提供了一定的方便，企业有时可利用该科目进行风险控制。

在对企业的应收账款进行分析时，要重点关注应收账款与坏账准备规模是否配比：因债务企业的经营状况良莠不齐，资信状况和经营能力不尽相同，给应收账款的回收增加了很多不稳定因素。为加强应收账款的管理和提高应收账款的周转速度，企业要对应收账款及时进行催收和计提坏账准备。应收账款坏账准备规模的大小，一方面反映企业客户资信状况，另一方面反映应收账款质量。如果企业应收账款坏账准备规模不断扩大，应适时考虑企业信用政策的合理性，应采取积极措施，修订和改进信用政策，对于客户的信用期和信用额进行适度调整，以达到合理控制坏账准备规模，保证企业资金安全、应收账款及时回流的目的[①]。

2. 应收账款结构分析

（1）应收账款的账龄组成分析。这种方法是通过对应收账款的形成时间进行分析，根据应收账款的不同账龄组成分别判断其质量。一般来说，未过信用期的应收账款出现坏账的可能性要比已过信用期的应收账款要小，已过信用期但拖欠期较短的应收账款发生坏账的可能性要比已过信用期但拖欠期较长的应收账款要小。换句话说，应收账款拖欠的时间越长，发生坏账的可能性越大，即账龄越长，应收账款质量越差[②]。

（2）债务人的构成分析。对债务人的构成情况分析，具体可从以下几方面进行：债务人的行业构成（不同行业的成长性差异较大）、债务人的区域构成（经济环境较好地区的债务人一般具有较好的债务清偿心理）、债务人的所有权性质（不同所有制的企业在偿债心态、偿还能力方面差异较大）、债务人的稳定程度（稳定的债务人偿债能力一般较好把握）、企业与债务人的关联关系[③]。

如果应收账款集中度较高，应关注主要客户的信息，判断是否存在客户经营效益较差、偿债能力不强的情况，从而判断企业应收账款的质量[④]。

（3）应收账款的回收速度分析。一般情况下，应收账款周转率越高越好，周转率高，表明收账迅速，账龄较短，资产流动性强，短期偿债能力强，可以减少坏账损失等；反之，说明营运资金过多呆滞在应收账款上，影响正常的资金周转及偿债能力。此外，如果应收账款逐年增加，虽然销售收入增加更快，但是坏账也在逐年增加，直接体现为资金的沉淀，影响公司的运营，导致公司不得不推迟购买原材料等的付款[⑤]。

应收账款周转率的社会平均值为7.8，优秀值为24.3，良好值为15.2。具体来讲，每个行业的特点不同，应收账款周转率的标准值也不同，应结合行业特点进行考量。但在实务中，应收账款周转率并非越高越好，过严的赊销政策虽然会保证应收账款的快速回收，

①⑤ 王妍敏. 运用财务报表分析应收账款存在问题 [J]. 中国远洋航务，2016（7）.

② 朱莲美，彭晓慧. 企业资产质量分析与评价研究 [J]. 会计师，2012（22）.

③ 张新民，钱爱民. 财务报表分析（第4版）[M]. 北京：中国人民大学出版社，2017.

④ 董志猛. 新时代下应收账款及其相关问题分析 [J]. 山东纺织经济，2018（4）.

但同时可能会制约存货的周转，导致企业市场占有率下降、存货周转率降低。应收账款周转率与存货周转率之间往往存在此消彼长的关系，我们需要在保证存货顺畅周转的前提下来考察应收账款的质量①。

3. 应收账款周转率

（1）整体水平。A 股整体应收账款周转率如图 4-1 所示。

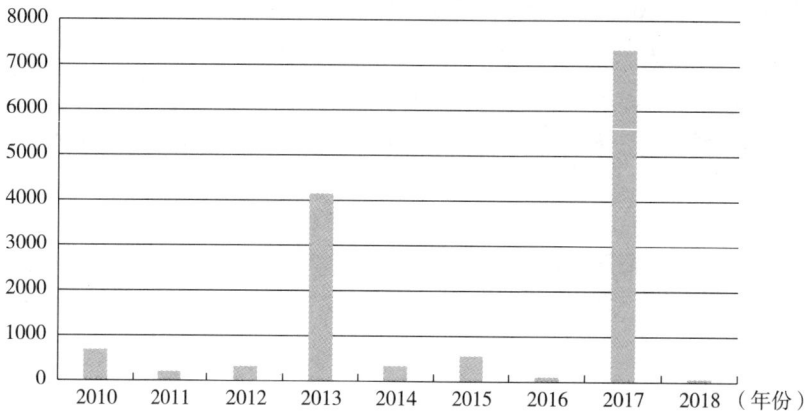

应收账款及
应收票据行
业同型分析

图 4-1　2010~2018 年 A 股整体应收账款周转率

（2）分行业水平。应收账款周转率最高和最低的五个行业如表 4-1、表 4-2 所示。

表 4-1　2018 年应收账款周转率最高的五个行业

排名	行业	整体平均值
1	教育—教育	265372.7598
2	制造业—有色金属冶炼和压延加工业	203944.7778
3	房地产业—房地产业	191258.7730
4	采矿业—有色金属矿采选业	182830.0150
5	批发和零售业—零售业	146951.7669

表 4-2　2018 年应收账款周转率最低的五个行业

排名	行业	整体平均值
1	文化、体育和娱乐业—体育	226.7579
2	采矿业—开采辅助活动	292.5636
3	水利、环境和公共设施管理业—生态保护和环境治理业	356.6128
4	制造业—专用设备制造业	391.7261
5	制造业—废弃资源综合利用业	404.8529

---

① 张新民，钱爱民. 财务报表分析（第 4 版）[M]. 北京：中国人民大学出版社，2017.

三、长期应收款

(一) 项目概念

根据《企业会计准则及应用指南》，本科目核算企业的长期应收款项，包括融资租赁产生的应收款项、采用递延方式具有融资性质的销售商品和提供劳务等产生的应收款项等。实质上构成对被投资单位净投资的长期权益，也通过本科目核算。

(二) 项目分析要点

长期应收款项目具有明显的行业特征[①]，其内容复杂，受到企业经营策略选择、销售政策、财务计划的综合影响，而企业相关政策的决定因素不仅是内部的企业自身情况与管理者偏好，还受外部的经济环境、政治环境、行业周期等的影响，行业环境对企业的影响最具直接性，这样行业特点对长期应收款的构成与变化趋势都有一定的影响。

具有较好发展前景行业的长期应收款可能暗示着收入规模的持续增长，能够增加企业价值，但逐渐衰退行业的长期应收款可能意味着企业开始放弃经营性固定资产，对企业价值有不利的影响。故仅根据长期应收款的数字大小无法判断企业的实际情况，CEO 必须结合行业发展情况以及年报中的非财务信息等对长期应收款进行判断，才能更好地把握公司的发展。

四、预付账款

(一) 项目概念

根据《企业会计准则及应用指南》，本科目核算企业按照合同规定预付的款项。预付款项情况不多的，也可以不设置本科目，将预付的款项直接记入"应付账款"科目的借方。企业进行在建工程预付的工程价款，也在本科目核算。

预付账款是指企业按照购货合同的规定，预先以货币资金或货币等价物支付供应单位的款项，一般包括预付的货款、预付的购货定金。

总体来讲企业的预付账款可分为两大类：①由企业日常的生产经营活动占用的经营性预付账款；②企业并购过程中产生的以及企业大股东占用的非经营性预付账款。以下分析仅针对经营性预付账款。此外，在谈及预付账款时，不得不讨论它的周转情况。这里介绍预付账款的周转率和周转天数两个概念：

预付账款周转率是用来衡量预付账款收回货物速度的指标，反映企业在一定期间收到预付方式购买的货物的能力。预付账款周转率＝销售成本÷平均预付账款余额，即

预付账款周转率＝销售成本÷[（期初预付账款＋期末预付账款）÷2]

预付账款周转天数是指企业从支付预付账款到收回预付方式购买的货物所需要的

---

① 刘怡.浅谈行业特征对长期应收款的影响 [J].中国管理信息化，2017（3）.

时间。

预付账款周转天数 = 360÷预付账款周转率

(二) 项目分析要点

1. 预付账款规模分析

(1) 预付账款规模的恰当性。一般情况下，企业的预付款项债权不会构成流动资产的主体部分。企业的预付账款规模通常受以下因素的影响：

1) 企业所处行业的经营特点和付款方式。一般来讲，无须进行大额采购的行业，如租赁业、运输业、采矿业等，往往保持较低的预付账款规模；相反，需要通过大额采购的方式获取生产经营所需物资的行业，如批发零售业、建筑业、仓储业等，通常预付账款规模较大。

2) 企业供应链上游资源的控制能力。若企业在供应链中处于优势地位，对上游资源的控制能力较强，则可以大大减少在采购过程中预付货款行为的发生，从而保持较低的预付账款规模。

3) 企业在行业中的市场竞争力及以往的商业信用。若企业在行业中具有较高的市场地位，市场竞争力较强，同时又一向具有良好的商业信用，则往往不需要通过预付款的方式来采购物资，因而具有较小的预付账款规模。

4) 企业以往的商业信用。一般来讲，在供货商较为稳定的条件下，企业的预付款项应该按照约定转化为存货。因此，正常的预付款项质量较高。

(2) 预付账款规模变动的合理性。对预付账款的结构分析可从两方面进行：①如果预付账款的规模变化随着企业业务量或者竞争力、信用程度的变化呈现出一定的规律性和合理性，那么可以初步判定其质量基本正常；②如果企业某一期预付款项的规模相对于同行业的正常水平或者前期历史水平出现巨幅异动情况，则 CEO 需要据此进一步评价企业在行业中的竞争力、企业对供应链的控制能力以及企业的信用程度是否出现了问题。

2. 预付账款风险分析[①]

预付账款是事先付款，势必存在一定风险，极易发生单方面不履行合同约定等违约或商业欺诈行为，造成企业财、物两空以及坏账、呆账等不必要的损失和风险。预付账款潜在的危害和风险主要表现在以下几方面：

(1) 预付款逾期产生坏账。在当前我国市场经济不完善、社会信用体系不健全的情况下，合同意识、法制意识、规则意识普遍淡薄。经常会出现货款一旦支出，购销关系的地位发生了变化，购方企业就站在了极为被动的一方，被牵着鼻子走，只能寄希望于对方按合同办事。现实中常会发生供货方因产量、质量或经营等产生违约情况，这里面既有客观实际情况，也有主观蓄意行为，造成预付账款逾期，甚至可能恶化为呆账、坏账，给企业造成损失。

(2) 预付账款占用流动资金。预付账款占用企业流动资金，影响资金周转，降低了企业的资金收益。预付账款是为购买商品、货物而事先产生的短期债权，占用了企业的流动资金，使这部分资金以债权的形式沉淀下来，不能参与到提高企业收益水平的融通活动中。

---

① 梁涌涛. 预付账款问题成因分析及风险防范 [J]. 山西农经，2018 (6).

（3）增加了企业的财务费用。如果所购货物不能按时交付使用，在企业资金紧张的情况下，预付账款在占用企业流动资金的同时，会加剧企业资金周转的困难，企业只好通过银行借贷或其他融资途径来维持正常的经营，增加了财务费用支出。

（4）可能使企业遭受损失或欺诈。由于当前企业信用体系尚不健全，对供货商的资信评价大多数依赖对方提供的证件，而少有实地考察。同时，个别供应商的经营状况会随着经济周期或市场竞争环境的变化而发生恶化，造成失信违约。甚至个别供应商利用企业的管理漏洞，骗取预付款后逃之夭夭，给企业造成无法挽回的损失。

因此，管理者应从以上几方面加强预收账款的管理，加强内部管控及外部考察，最大限度地避免预付账款可能给企业带来的危害。

预付账款项目
同型分析

五、存货

（一）项目概念

根据《企业会计准则及应用指南》，存货是指企业在日常活动中持有以备出售的产成品或商品、处在生产过程中的在产品、在生产过程或提供劳务过程中耗用的材料和物料等。

1. 存货项目的内容

由上述存货的概念可知，存货项目包括实物存货，如材料采购、在途物资、原材料、库存商品、发出商品、周转材料、委托加工物资等，以及非实物存货，如影视作品、软件、数据信息、土地使用权等。本书仅介绍实物存货。

由于存货项目数量繁多，这里重点介绍上市公司在日常生产经营过程中使用频率较高的几个存货项目：

（1）原材料。企业库存的各种材料，包括原料及主要材料、辅助材料、外购半成品（外购件）、修理用备件（备品备件）、包装材料、燃料等。

（2）库存商品。企业库存的各种商品，包括库存产成品、外购商品、存放在门市部准备出售的商品、发出展览的商品以及寄存在外的商品等。

（3）周转材料。企业用于周转的材料，包括包装物、低值易耗品，以及企业（建造承包商）的钢模板、木模板、脚手架等。

2. 消耗性生物资产与生产性生物资产

消耗性生物资产是指为出售而持有的或在将来收获为农产品的生物资产。消耗性生物资产是劳动对象，包括生长中的大田作物、蔬菜、用材林以及存栏待售的牲畜等。消耗性生物资产通常是一次性消耗并终止其服务能力或未来经济利益，因此在一定程度上具有存货的特征，应当作为存货在资产负债表中列报。

生产性生物资产是指为产出农产品、提供劳务或出租等目的而持有的生物资产。生产性生物资产具备自我生长性，能够在持续的基础上予以消耗并在未来的一段时间内保持其服务能力或未来经济利益，属于劳动手段，包括经济林、薪炭林、产畜和役畜等。

与消耗性生物资产相比，生产性生物资产的最大不同在于，生产性生物资产具有能够在生产经营中长期、反复使用，从而不断产出农产品或者是长期使用的特征。因此，通常认为生产性生物资产在一定程度上具有固定资产的特征。

3. "资产减值"概念的相关理解

对存货项目的理解离不开一个重要的概念——资产减值。根据《企业会计准则及应用指南（2018 年修订）》，资产减值是指资产的可收回金额低于其账面价值；企业应当在资产负债表日判断资产是否存在如下可能发生减值的迹象：

（1）资产的市价当期大幅度下跌，其跌幅明显高于因时间的推移或者正常使用而预计的下跌。

（2）企业经营所处的经济、技术或者法律等环境以及资产所处的市场在当期或者将在近期发生重大变化，从而对企业产生不利影响。

（3）市场利率或者其他市场投资报酬率在当期已经提高，从而影响企业计算资产预计未来现金流量现值的折现率，导致资产可收回金额大幅度降低。

（4）有证据表明资产已经陈旧过时或者其实体已经损坏。

（5）资产已经或者将被闲置、终止使用或者计划提前处置。

（6）企业内部报告的证据表明资产的经济绩效已经低于或者将低于预期，如资产所创造的净现金流量或者实现的营业利润（或者亏损）远远低于（或者高于）预计金额等。

（7）其他表明资产可能已经发生减值的迹象。

资产存在减值迹象的，应当估计其可收回金额。可收回金额应当根据资产的公允价值减去处置费用后的净额与资产预计未来现金流量的现值两者之间较高者确定。当资产的可收回金额低于其账面价值的，应当将资产的账面价值减记至可收回金额，减记的金额确认为资产减值损失，计入当期损益，同时计提相应的资产减值准备。

所谓的资产减值，其实就是基于谨慎性的原则，在资产期末计价时估计各项资产可能发生的损失，使资产的账面数额能更真实地反映该项资产的实际价值。

确认资产减值的重要性主要体现在以下两方面：①确认资产减值不仅是对投资者有利的，也大大有助于企业本身的生产经营决策：企业通过确认资产减值，不仅可以消化长期积累的不良资产，而且还可以提高资产的质量，使资产能够更真实地反映企业未来获取经济利益的实力，从而帮助经营者做出正确合理的决策。②确认资产减值可以使企业根据其实际情况合理地预计可能发生的损失，这样有利于提高资产的效益，降低潜在的风险，提高企业的风险防范能力。因此，一般来讲，经营性资产和投资性资产都需要确认资产减值，如存货跌价准备、固定资产减值准备、无形资产减值准备、长期股权投资减值准备等。

这里只介绍存货跌价准备，其他项目的减值确认与计量在进行该项目分析时进一步介绍。

4. 存货跌价准备的处理——"成本与可变现净值孰低"原则的应用

根据《企业会计准则及应用指南（2018 年修订）》，资产负债表日，存货应当按照成本与可变现净值孰低计量。存货成本高于其可变现净值的，应当计提存货跌价准备，计入当期损益（"资产减值损失"科目）。

可变现净值，是指在日常活动中，存货的估计售价减去至完工时估计将要发生的成本、估计的销售费用以及相关税费后的金额。

由以上概念可以看出，所谓的存货跌价准备，就是指在中期期末或年度终了，如由于存货遭受毁损、全部或部分陈旧过时或销售价格低于成本等原因，使存货成本不可以收回的部分。它是由于存货的可变现净值低于原成本，而对降低部分所做的一种稳健处理。

5. 存货周转情况与营业周期

（1）存货周转率与存货周转天数。存货的变现速度通常用存货周转率来表示，它反映一定时期内存货流转的速度，是测量企业购、产、销平衡效率的一种尺度，可用于衡量企业销售能力及存货管理水平，即存货周转率＝销售成本÷平均存货余额，即

存货周转率＝销售成本÷[（期初存货余额+期末存货余额）÷2]

同理，存货周转天数是指企业从取得存货开始，至消耗、销售为止所经历的天数，即

存货周转天数＝360÷存货周转率

（2）营业周期。营业周期是指从外购承担付款义务，到收回因销售商品或提供劳务而产生的应收账款的这段时间，通俗来讲可以理解为从取得存货开始到销售存货并收回现金为止的这段时间，是一个从"现金—资产—现金"的过程。

营业周期＝存货周转天数+应收账款周转天数

＝现金周转天数+应付账款周转天数

所谓的现金周转天数，是指从购买存货支付现金到收回现金这一期间的长度，注意：营业周期和现金周转期的区别是，前者从承担付款义务即开始计算，此时可能并未真正支出现金，而后者则从实际现金的流出开始计算。

（二）项目分析要点

存货在企业资产负债表上属于流动资产，在企业经营性资产中占有较大的比重，但存货本身的流动性却较差，有时候对管理者来说存货并非资产而是成本的积压。企业置留存货一方面是为了保证生产或销售的经营需要，另一方面是出自价格的考虑，零购物资的价格往往较高，而整批购买在价格上有优惠。但是，过多的存货要占用较多资金，并且会增加包括仓储费、保险费、维护费、管理人员工资在内的各项开支；而企业的存货不足又可能无法满足客户需求，造成订单甚至客户的流失。因此，对于管理者来说，进行存货管理的目标就是尽力在各种成本与存货效益之间做出权衡，达到两者的最佳结合。存货的管理活动涉及企业的采购、仓储、财务、生产和销售等各个部门，与企业的整个生产经营过程息息相关。

对存货项目进行分析可从以下几个方面着手：

1. 存货结构分析

（1）存货整体结构的稳定性。存货的整体结构是指各种阶段的存货资产在存货总额中的比重。存货整体结构的分析可以初步判断企业存货的质量及未来预期。不同阶段的存货资产在企业再生产过程中的作用是不同的，因此，分析时应各有侧重。[①]

其一，材料类存货是维持再生产活动的必要物质基础，然而它只是生产的潜在因素，所以应把它限制在能够保证再生产正常进行的最低水平上。当存货中的原材料占较大比重时往往是较好的预兆，一方面可能说明企业看好未来销售前景提前大量采购原料；另一方面也可能因预期原材料将要大幅度涨价管理者事先囤积，在未来期间会给企业带来巨大收益。但是，原材料构成过大则可能是企业采购工作效率低下和储备成本的增加。因此，分

[①] 张胜莲. 浅谈财务分析中的存货分析 [J]. 经济师，2002（8）.

析者需结合报表提供企业所处的内外环境进行综合判断。

其二，在产品是保证生产过程连续性的存货，企业的生产规模和生产周期决定了在产品存货的存量。在企业正常经营条件下，在产品存货应保持一个稳定的比例，较大的变动很可能是在产品成本计算方面前后期存在较大的不一致性，或者是在产品的盘存制度存在问题。在产品存货以建筑行业的规模最大。

其三，产成品存货是存在于流通领域的存货。主要体现在生产环节的工业行业和流通环节的批发零售行业，以及存货单位数额较大的房地产行业。它不是保证再生产过程不间断进行的必要条件。保持产成品存货的均衡性是存货分析时应注意的问题。产成品数量在外部环境无较大变化的情况下，应是较为稳定的，如出现突然的变化也可能说明存在如下问题：当存货急剧下降时很可能在未来经营活动中发生存货不足、销售中断和员工加班甚至还可能因购买存货而发生现金短缺的现象；当存货大幅度增加时可能说明产品的销售遇到问题，出现滞销现象，需要格外关注。它说明存货的变现性受到影响，很可能导致储备成本增加、生产中断和职工被解雇。更为严重的是经营活动周期因存货变现能力降低而变长，从而产生一系列问题，如现金需求增加、销售费用增加、偿债能力下降和对外短期融资数量增加，甚至企业因此而濒临破产走向衰落。

对存货的整体结构进行分析的一般步骤为：①分析存货资产占流动资产和总资产的比重是否符合企业维持生产的正常状态；②分析材料项目占存货的比重是否符合企业的材料储备政策；③分析在产品项目占存货的比重是否符合企业设计的生产周期；④分析产成品项目占存货的比重是否符合企业的销售战略等。通过对存货质量的整体结构进行分析，就能把握企业库存材料、在产品和产成品是否保持在一个稳定的比例，从而为保证整体存货质量奠定基础①。

（2）存货品种构成的合理性。企业在生产和出售非单一产品的时候，每种产品的技术状态、抗变能力、市场前景以及盈利能力是不一样的，所以要想很好地对存货质量进行整体把握，就必须将存货品种的构成与市场前景相结合进行分析。

分析存货的品种构成时，主要应考虑以下几个方面②：

其一，存货品种结构多元化的考虑。正常情况下，质量较高的存货是构成多元化并且处于正常周转状态的企业存货，质量较差的存货往往是品种比较单一。对于品种较单一，但是处于正常周转企业存货的前景，我们应当结合未来市场竞争的情况来分析和判断。

其二，存货盈利情况的考虑。分析现有存货的盈利能力，可以对企业效益的增长点进行揭示，目的是能够使企业在将来的经营生产中尽可能地先安排具有较强盈利能力的存货。

其三，存货周转率的考虑。在一定时期内存货周转速度越快，企业整体的盈利能力会越强。站在发展的角度看，周转速度正常的存货，如果盈利性强，就可以成为企业将来利润的增长点。

其四，存货未来发展前景的考虑。由于和产品有关的技术和产品更新都比较快，所以企业应当利用开发和研究的新产品来开拓未来的市场。

---

① 冯文红，詹明. 制造业存货质量评价改进方法初探 [J]. 商业会计，2010（2）.
② 袁翠娥. 财务分析中对存货质量的分析 [J]. 财经界（学术版），2013（14）.

（3）存货周转速度。对存货进行周转分析，主要应从存货周转速度着手，结合存货的批量因素、季节性变化因素以及企业自身的经营战略等指标进行分析。

一般来讲，加快存货流转可以有效提高公司的盈利能力，从而创造更多的价值。在周转一次产生的毛利水平相对不变的情况下，企业存货周转速度越快，一定时期的盈利水平也就越高。较高的周转速度往往表明企业存货效率高、滞销或陈旧品较少、产生现金能力较强。当然，过高的周转速度也不能完全说明企业的存货状况很好，因为若企业存货资金投入过少，可能会因存货储备不足导致销售短缺、交货推迟和失去订单，影响生产或销售业务的进一步发展，对企业也会产生不利的影响，特别是那些采购困难的存货[①]。同时，相对于同行业水平来说，过高的存货周转率有可能是企业执行了过于宽松的信用政策的结果，很可能后续会导致企业出现大量坏账，从而造成应收账款及应收票据的周转率下降。

存货周转率过低可能是由于存货太多、存货过时和流动较慢或损坏造成的，表明管理水平较差。但是，过量的存货也可能是对未来需求增加的预期或对未来价格上涨的预期，从这一点上讲，由于过量存货致使存货周转率较低则是一个好的兆头。

（4）存货的获利能力。存货毛利率是指存货的毛利与营业收入之间的比率。毛利率可以体现存货项目的盈利性。在充分竞争的行业，毛利率水平往往趋于平均化，企业的毛利率可以稍高于或者稍低于行业平均值，这恰恰是该企业在行业中的竞争地位的体现[②]。但如果大大地高于或者低于平均值，尤其是在企业的产品结构没有显著调整的情况下出现巨幅波动，CEO则需要重点关注企业的存货计价和盘存方法是否恰当、存货成本的计量是否能真实反映企业存货的价值等方面。

如果企业的毛利率不断下降，原因可能有：①企业经营的产品面临着不断增强的市场竞争压力，迫使企业不得不降低价格；②企业通过主动降价的策略来打压竞争对手，进而占领和扩大市场份额。但是采取这样的方法效果如何，重要的还是在于企业实施这些方法后的存货周转的速度是否加快、综合价值是否得到提高；③企业的产品已经进入"夕阳"期，出现不可逆转的价格下降[③]。

2. 存货计价方法分析

存货的计价是一个很复杂的问题，不同的计价方法影响着报表存货数字的质量。

（1）存货数量盘存方法的影响——定期盘存法和永续盘存法的选择。存货数量和价值的确定主要采用定期盘存法和永续盘存法。由于两种制度的适用条件不同，各企业应针对自己的特点选择一种。当企业采用定期盘存法进行存货数量核算时，资产负债表上的存货项目反映的就是存货的实有数量；如果采用永续盘存法，除非在编制资产负债表时对存货进行盘存，否则资产负债表上存货项目所反映的只是存货的账面数量。两种不同的存货数量确认方法会造成资产负债表上存货项目的差异。这种差异不是存货数量本身变动引起的，而是存货数量的会计确认方法不同造成的。

（2）发出存货计价方法的影响。在发出存货时，往往会遇到存货的实物流转与价值流转不一致的情况。当企业按历史成本法原则进行核算时，存货的具体核算方法的选择会影

① 张胜莲. 浅谈财务分析中的存货分析［J］. 经济师，2002（8）.
② 张新民，钱爱民. 财务报表分析（第4版）［M］. 北京：中国人民大学出版社，2017.
③ 袁翠娥. 财务分析中对存货质量的分析［J］. 财经界（学术版），2013（14）.

响存货项目在资产负债表上的反映。可供选择的具体计价方法有先进先出法、加权平均法、移动加权平均法、后进先出法、个别计价法。因为价格的变动，不同的计价方法可以导致极为不同的后果。在物价变动的时期，企业发出存货计价方法的选择，对期末存货成本与当期销售成本的影响尤为明显。

一般而言，在物价上涨的情况下，按先进先出法计算的存货期末余额最高，其次是加权平均法和移动加权平均法，后进先出法所确定的期末余额最低。在物价持续下降的情况下，结果正好相反。

当经营者着重分析企业短期偿债能力时，关键是要了解作为流动资产组成部分的存货的变现价值。当企业采用后进先出法时，期末存货均按早期的单价计算，由此计算出来的期末存货成本与重置成本差距较大，因而在分析存货的流动性时应该以现行重置成本进行合理的重新估计①。

（3）存货成本与可变现净值孰低原则运用的影响。存货按其取得的历史成本确认入账成本。可是，当存货质量不好，可变现净值低于其账面成本时，如果还以账面成本反映在账上，就会使企业的资产和利润被高估。考虑谨慎性原则，这样的会计处理就不合适。因此，应按照成本与可变现净值孰低原则确定期末存货价值。但在实际应用中，企业既可将所有存货的账面成本与所有存货的可变现净值进行对比，也可将存货分类将其成本与可变现净值分类进行对比，还可将单个存货的成本与可变现净值进行对比。这就使该项目具有了很大的弹性空间，在实际估计过程中，企业经营者可以考虑到存货跌价损失对企业营业利润的影响，通过选择适合企业当前阶段状况的计价方法，来进行一定的经营风险控制。

存货行业同型
分析

六、固定资产

（一）项目概念

根据《企业会计准则及应用指南》，固定资产指企业为生产商品、提供劳务、出租或经营管理而持有的，使用寿命超过一个会计年度的有形资产。

固定资产具有使用期限长、单位价值大、能重复参加生产过程的特点，是企业的劳动手段，也是企业赖以生产经营的主要资产。在本书的资产分类中将其界定为企业生产能力的投资项目。

（二）项目分析要点

固定资产是企业获取盈利的主要物质基础，在企业的生产经营过程中发挥着重要的作用。一个企业所拥有的固定资产规模和先进程度可以在一定程度上揭示企业的生产能力和生产工艺，也可以反映该企业在行业中相对的竞争实力和竞争地位。对固定资产项目进行分析具体可从以下几方面进行：

---

① 张胜莲．浅谈财务分析中的存货分析［J］．经济师，2002（8）．

1. 固定资产规模分析

（1）固定资产规模的恰当性。固定资产是企业主要盈利来源，可以通过计算固定资产占资产总额的比重来分析其规模的恰当性。如果固定资产比重偏高，则会削弱营运资金的作用；如果固定资产比重偏低，则企业发展缺乏后劲[①]。因此，企业应根据战略发展的需要，适时地制定生产经营计划，准确地把握对固定资产的需求，科学地进行固定资产的采购与处置决策，把固定资产规模控制在最恰当的水平。具体来讲，固定资产的投资规模必须与企业整体的生产经营水平、发展战略以及所处行业特点相适应，同时应与企业的生产规模和销售规模相匹配。

（2）固定资产规模变动的合理性。固定资产原值在会计期间的变化，分为增加和减少两种。其中，对于固定资产原值的增加应结合具体原因进行分析，看其增加是否合理。一般来说，企业增加生产用固定资产（如生产设备等），业务收入也应相应地增长，这样才能保证固定资产使用的经济效益。如果增加非生产用固定资产，也应考虑企业的经济承受能力以及企业经营管理的影响[②]。对于固定资产原值的减少，CEO 应着重关注非正常的报废、损毁以及盘亏情况，考虑固定资产的内部控制是否存在问题。

总的来说，在各个会计期间内，企业固定资产原值的变化应该朝着优化企业内部固定资产结构、改善企业固定资产的质量、提高企业固定资产利用效果的方向[③]。因此，通过分析企业年度内固定资产原值的变化与企业生产经营特点之间的吻合程度，以及与企业发展战略的吻合程度，可以判断固定资产规模变动的合理性。

2. 固定资产结构分析

（1）固定资产的构成。对于生产制造型企业来说，固定资产按其经济用途可分为生产用固定资产和非生产用固定资产。生产用固定资产包括与生产产品有关的机器设备和运输工具等；非生产用固定资产主要指与直接生产无关的房屋建筑物等[④]。

在固定资产构成中，与生产直接相关的生产用固定资产，尤其是生产设备，是决定企业生产能力的重要因素。而非生产用固定资产则主要为企业的生产经营活动提供各类辅助性服务。

合理的固定资产结构，主要表现为企业生产用和非生产用固定资产保持一个恰当的比例，即生产用固定资产应全部投入使用，能满负荷运转，并能完全满足生产经营的需要；非生产用固定资产应能确实担负起服务的职责[⑤]。一般来讲，生产用固定资产在全部资产中占有较大的比重才能保证企业生产经营的正常高效运行。

（2）固定资产的获利能力。企业利用固定资产将原材料加工生产成商品，并通过销售活动将其出售从而获取营业收入。因此，企业持有固定资产的目的是生产或管理而非出售变现，其质量的高低主要取决于其为企业带来收入的能力。若一项固定资产生产出的产品供不应求，并且有足够的毛利率，说明该固定资产质量好；反之，说明其质量差。

因此，评价固定资产盈利性可利用固定资产周转率这一指标。通常，固定资产周转率是营业收入与固定资产平均余额的比率，是衡量固定资产的周转速度，评价企业营运能力

① 李楠. 企业财务分析中固定资产质量分析的方法探讨 [J]. 交通科技与经济，2015（4）.
② 孟庆萍. 加强对固定资产运营状况分析保证资产安全完整 [J]. 现代商业，2014（12）.
③⑤ 张新民，钱爱民. 财务报表分析（第 4 版）[M]. 北京：中国人民大学出版社，2017.
④ 苏运柱，李淑珍. 我国服装企业存货与固定资产项目的财务分析与评价 [J]. 财经界，2015（4）.

的一个指标。其实，该指标也反映了固定资产的质量。每单位固定资产带来的收入越多，固定资产获取收入的能力越强。如果用扣除投资收益及公允价值变动损益后的纯营业利润与固定资产平均余额来计算固定资产周转率，则反映每单位固定资产获取营业利润的能力，反映了固定资产的获利能力。因此，固定资产周转率越高，表明其产生收入的能力以及获利能力越强，说明固定资产质量越高；反之，说明固定资产质量越差[1]。

3. 在建工程质量对未来固定资产质量的影响分析[2]

在建工程是正在形成中的固定资产，可以把它理解成企业固定资产的一种特殊形式。因此，在建工程的质量将直接影响企业未来固定资产的质量。而在建工程占用的资金属于长期资金，如果工程管理出现问题，会使大量的流动资金沉淀，甚至造成企业流动资金周转困难，严重时会直接威胁企业的存亡。因此，对在建工程进行质量分析以揭示未来固定资产的质量，对企业的 CEO 来说十分重要。主要应从以下两点分析：

（1）通过在建工程项目合理预测企业未来的利润增长点。CEO 可以将在建工程的进度、控制情况、市场前景等与企业的行业特点、竞争情况结合，初步判断在建工程的未来盈利潜力，判断企业在资源配置战略方面所采取的举措和做出的调整是否正确。一般来说，如果在建工程能够顺利完工并投入运营，通常都会给企业带来增量收入和增量利润。

（2）管理者可以合理利用在建工程存续期间借款费用资本化而不影响当期利润、在建工程未达到固定资产状态时不计提折旧等优势来进行盈余管理，控制企业的经营风险。

固定资产行业
同型分析

七、无形资产

（一）项目概念

根据《企业会计准则及应用指南》，无形资产指企业拥有或者控制的没有实物形态的可辨认非货币性资产，包括专利权、非专利技术、商标权、著作权、土地使用权、特许权等。

1. 研究支出与开发支出的区别

根据《企业会计准则及应用指南》，企业内部研究开发项目的支出，应当区分研究阶段支出与开发阶段支出。研究是指为获取并理解新的科学或技术知识而进行的独创性的有计划调查。开发是指在进行商业性生产或使用前，将研究成果或其他知识应用于某项计划或设计，以生产出新的或具有实质性改进的材料、装置、产品等。

对于研究阶段与开发阶段的区别，可以如下理解：

（1）研究阶段是探索性的，是为进一步开发活动进行资料及相关方面的准备，已进行的研究活动将来是否会转入开发、开发后是否会形成无形资产等均具有较大的不确定性。

（2）相对于研究阶段而言，开发阶段应当是已完成了研究阶段的工作，在很大程度上具备了形成一项新产品或新技术的基本条件。

一般来讲，一项新产品、新技术的形成需经过以下过程：提出新产品、新技术方案设

---

[1] 朱莲美，彭晓慧. 企业资产质量分析与评价研究 [J]. 会计师，2012（22）.

[2] 张新民，钱爱民. 财务报表分析（第 4 版）[M]. 北京：中国人民大学出版社，2017.

想—进行可行性研究—小批量生产试验—大型工业化试验—投入使用。事实上，随着研发进程的持续，研究与开发的结果逐渐明朗，风险不断降低。根据一般惯例，最初方案设想的提出以及随之进行的调查研究，以至于小批量的生产试验阶段是对新产品、新技术的初步分析、调查、试验阶段，属于探索性的研究阶段，形成未来成果的不确定性较大，无法证明是否能够给企业带来未来经济利益，因此，这一阶段应属典型的研究阶段。经过成功的小批量生产试验后，一般进入大型工业化试验阶段。这一阶段项目成功的可能性已经非常大。实验结果如果能够说明形成该无形资产并使其能够使用或出售在技术上已经具备可行性，并有足够的技术、财务以及其他资源支持，且此过程的支出能够可靠计量等，则可将这一阶段明确划分为开发阶段。[①]

2. 无形资产与商誉的关系

商誉是指能在未来期间为企业经营带来超额利润的潜在经济价值，或一家企业预期的获利能力超过可辨认资产正常获利能力（如行业平均投资回报率）的资本化价值。商誉是企业整体价值的组成部分，它无法与企业自身分离，不具有可辨认性，因此不属于无形资产范畴。

商誉可以因企业拥有杰出的管理人才、良好的地理位置、科学的管理制度、融洽的公共关系和优秀的资信级别等因素而形成，但随着生产技术的发展，科学的管理制度可能会过时，优秀的管理人才可能随时离开企业，良好的地理位置也可能由于城市建设规划或经济布局的改变而不再具有优越性，这些变化势必带来商誉未来收益的不确定性[②]。

我们可以把商誉理解成企业各种未入账的不可单独确认的无形资产的混合，是否具有可辨认性是区分商誉和无形资产的重点。

（二）项目分析要点

长期以来，在资产管理方面，我国企业形成了一种观念，认为只有有形才是资产，对有形资产形成了一整套比较完整的管理方法，企业里有专人对有形资产进行管理。而对企业在长期经营活动中形成的无形资产却缺少规范和管理。

然而，有形资源体现了企业的"大"，而企业的"强"则主要反映在无形资源上。无形资产作为以知识形态存在的重要经济资源，在经济增长中的作用越来越大，市场对无形资产是极度重视的，甚至在企业的价值来源方面，无形资产的地位往往超过了有形资产，而且往往决定着企业的核心竞争力。由于多数企业对无形资产的关注非常不足，因而使其得不到充分利用。例如，企业往往对自身知识技能积累的深度和广度缺乏了解，因而失去许多内部协作和互助营销的机会；不能在经营中充分发挥知识产权等知识优势，因而无法利用有偿转让或特许联营等收益来源；对自有品牌的潜力认识不够，不能明智投资，增加品牌价值。因此，对无形资产进行有效的管理对企业的生存发展来说十分重要。

对无形资产项目进行分析，具体可从以下几方面进行：

1. 无形资产规模分析

无形资产规模的可持续性体现了企业的创新活力，是企业保持长期的核心竞争力的有

---

① 吕洪雁，侯金燕. 无形资产研究和开发阶段划分问题探析 [J]. 财务与会计，2014（9）.

② 张新民，钱爱民. 财务报表分析（第4版）[M]. 北京：中国人民大学出版社，2017.

力保障。可以从以下三方面来分析其规模的可持续性①：

（1）无形资产总额的增长情况。无形资产总额的增长率反映了企业无形资产的变化程度，也揭示了企业无形资产是否具有增长活力。

（2）无形资产中专利项目的增长情况。在无形资产中专利占据十分重要的地位，是无形资产中保障性相对较强的一部分。专利能够为企业保持长期的核心竞争力提供保障，为企业后续的创新活动奠定基础。专利的增长情况反映了企业是否有持续增长的创新产出。

（3）研发投入在营业收入中所占的比重。该比重体现了企业持续科研创新的能力，研发活动是专利等创新产出的基础来源，企业对技术创新活动越重视，对研发投入力度越强，越有机会取得更优质的创新成果。

2. 无形资产结构分析

作为一项重要的盈利性资产，企业拥有和控制的无形资产越多，意味着其可持续发展能力和竞争力越强。但现行会计准则的有关规定以及无形资产的形成特点，决定了会计报表中所反映的无形资产的价值与其取得成本直接相关，而一些无形资产的内在价值已远远超出了它的账面价值。也就是说，相对于无形资产的内在价值，其账面价值往往是象征性的。无形资产本身所具有的属性决定了其盈利性具有很大的不确定性，因而分析无形资产的盈利性不是一件容易的事情。

不同项目的无形资产的属性相差很大，其盈利性也各不相同，因此不可一概而论。一般来说，专利权、商标权、著作权、土地使用权、特许经营权等无形资产有明确的法律保护的时间，其盈利性相对较容易判断。而专有技术等不受法律保护的项目，其盈利性就不太好确定，同时也易产生资产泡沫。

此外，由于无形资产是一项不具有实物形态的特殊资源，自身无法直接为企业创造财富，必须依附于直接的或间接的物质载体才能表现出它的内在价值，因此无形资产的这种独有的胶合功能与催化激活功能只有与固定资产或存货等有形资产进行适当组合，才能正常发挥，为企业盈利做出贡献。企业可利用名牌效应、技术优势、管理优势等无形资产盘活有形资产，通过联合、参股、控股、兼并等形式实现企业扩张，达到资源的最佳配置。因此，无形资产在与其他资产组合过程中所释放出来的增值潜力的大小，直接决定了无形资产的盈利性，进而在很大程度上决定了无形资产的质量。②

3. 表外无形资产分析

表外无形资产是指由于不符合目前的会计确认标准未纳入会计核算体系，故而未反映在会计主体的资产负债表中，但产生的经济利益很可能流入企业的一些资源。

报表上作为"无形资产"列示的基本上是企业外购的无形资产，但企业自创的无形资产就难以在资产负债表上出现，只能"游离"在资产负债表外。同时企业的知识产权、人力资源、品牌价值等资产和企业的市场价值密不可分，但这些资产也未能反映在财务报告中。③

传统会计对资产的确认必须满足以下三个条件：①能够为企业所拥有或控制。②具有

---

① 李军奕. 无形资产质量与银行借款融资 [D]. 中南财经政法大学硕士学位论文，2017.

② 张新民，钱爱民. 财务报表分析（第4版）[M]. 北京：中国人民大学出版社，2017.

③ 王向丽. 无形资产价值评估初探 [J]. 商场现代化，2007（28）.

能为企业带来未来经济利益的服务潜力。③能够以货币进行可靠的计量。

一方面，受条件限制（特别是第三个条件），大量无形资产无法入账。另一方面，这些"表外资产"往往又是企业用以获取经济利益的重要手段或基本条件，如果单从账上数字来看，便无法科学地评价和考核资产的盈利能力和企业的盈利状况，从而严重影响了管理者做出正确的决策。[①]

因此，在分析企业的盈利能力和发展潜力时，不能局限于分析财务报告，应综合分析企业的表内、表外资产，做到跳出报表看企业。

无形资产行业
同型分析

八、长期待摊费用

（一）项目概念

根据《企业会计准则及应用指南》，长期待摊费用指企业已经发生但应由本期和以后各期负担的，分摊期在 1 年以上的各项费用，包括以经营租赁方式租入的固定资产发生的改良支出、固定资产修理支出以及摊销期限在 1 年以上的其他待摊费用等。对于企业在筹建期间发生的开办费，在发生时直接计入当期管理费用，不在本科目核算。

对于长期待摊费用，需要注意以下几点：

首先，长期待摊费用为企业所带来的经济利益主要表现在以后的会计期间，且费用数额一般较大，受益期限较长，因此按照权责发生制原则，应在各费用项目的受益期限内平均摊销。

其次，长期待摊费用虽然作为资产核算，但其本身没有价值，只是一项虚拟资产，不能对外转让，不能为企业清偿债务，在企业破产清算时只能由企业的所有者和债权人来负担。因此，企业的所有者和债权人往往不希望企业有较多的长期待摊费用存在。

（二）项目分析要点

长期待摊费用在实务中，主要是企业发生的固定资产改良支出以及大修理费用。从要素划分来看，属于费用支出的资本化。其资产质量本身没有单独分析的意义，其与经济业务的真实性以及对应资产的质量关系密切。

长期待摊费用
行业同型分析

九、长期股权投资

（一）项目概念

根据《企业会计准则及应用指南》，投资是企业为了获得收益或实现资本增值向被投资单位投放资金的经济行为。企业对外进行的投资，从性质上划分，可以分为债权性投资与权益性投资等。权益性投资按对被投资单位的影响程度划分，可以分为对子公司投资、对合营企业投资和对联营企业投资等。

---

① 彭蓓，干胜道. 账外无形资产的来源与价值分析［J］. 事业财会，2006（4）.

长期股权投资指投资方对被投资单位实施控制、重大影响的权益性投资，以及对其合营企业的权益性投资。

根据长期股权投资准则规定，长期股权投资包括以下几个方面：

其一，投资方能够对被投资单位实施控制的权益性投资，即对子公司投资①。

控制是指投资方拥有对被投资单位的权力，通过参与被投资单位的相关活动而享有可变回报，并且有能力运用对被投资单位的权力影响其回报金额。

其二，投资方与其他合营方一同对被投资单位实施共同控制且对被投资单位净资产享有权利的权益性投资，即对合营企业投资。

共同控制是指按照相关约定对某项安排所共有的控制，并且该安排的相关活动必须经过分享控制权的参与方一致同意后才能决策。

其三，投资方对被投资单位具有重大影响的权益性投资，即对联营企业投资。

重大影响是指对一个企业的财务和经营政策有参与决策的权力，但并不能够控制或者与其他方一起共同控制这些政策的制定。实务中，较常见的重大影响体现为在被投资单位的董事会或类似权力机构中派有代表，通过在被投资单位财务和经营决策制定过程中的发言权实施重大影响。投资方直接或通过子公司间接持有被投资单位 20% 以上但低于 50% 的表决权时，一般认为对被投资单位具有重大影响，除非有明确的证据表明该种情况下不能参与被投资单位的生产经营决策，不形成重大影响。

长期股权投资相对于企业内部资产来说可控性较弱，风险较高。由于长期股权投资具有数额大、期限长、不确定因素多等特点，对于企业来说，进行长期股权投资意味着企业相应数额的资金在相当长的时间之内无法自行支配使用，对企业财务状况的影响较大。

质量较好的长期股权投资能够为企业带来预期的高额利益，成为企业新的利润增长点；而质量较差的长期股权投资却由于种种原因不但无法给企业带来预期的利益，其原始投资成本也一再缩水，甚至于全额计提减值，给企业带来严重的损失，甚至是致命的打击。

企业进行长期股权投资，主要是为了实现企业的战略目标和经营策略，优化资源配置，分散经营风险，获取资本收益。企业长期股权投资管理涉及投资前期的研究立项、投资收购的具体实施、投资项目的后期动态管理等一系列过程。管理者应关注长期股权投资的全过程管理，防范和规避投资风险，保障股东权益，促进投资效益最大化。

（二）项目分析要点

1. 长期股权投资规模分析

（1）长期股权投资持有原因和目的。企业进行长期股权投资的目的是多种多样的：有的为了建立和维持与被投资企业之间稳定的业务关系，理顺上下游供销渠道；有的为了实现横向联合，提高市场占有率和行业内的竞争力；有的为了增强企业多元化经营的能力，从而提高企业抗风险的能力或创造新的利润源泉；有的则单纯为了进行资本运作，获取高额收益。无论采用哪种方式、出于什么目的，对于大部分企业来说，进行长期股权投资的

---

① 有关企业合并的相关问题参照《企业会计准则第 33 号——合并财务报表》。

最终目的都是将其作为自身经营活动的有力补充，从而提升企业业绩的总体水平①。

因此，应从经营性的角度来理解和分析长期股权投资，其质量高低都应当依据对企业价值的影响来判断。

（2）长期股权投资的风险。对长期股权投资而言，在被投资企业为有限责任公司的情况下，企业的股权投资一般不能从被投资方撤出。企业如果期望将手中持有的股权投资收回，就只能转让其股权。而转让投资不仅取决于转出方的意志，还取决于转入方（购买转出方的投资的企业）的意愿与双方的讨价还价。也就是说，企业的长期股权投资要么不能收回，要么以不确定的价格转让。这就使得企业在股权转让中的损益难以预料。因此，该项目的账面金额与其可收回的金额之间有可能出现一定的差距，这使长期股权投资的保值性也有可能出现一定程度的不确定性，给企业带来较大的风险②。

虽然长期股权投资可能会给企业带来高风险，但与此相对的是，企业也可以利用该长期股权投资的减值准备项目进行一定程度的风险防范，将投资可能带来的高风险尽量规避。在期末计价时，长期股权投资项目按照账面价值与可收回金额孰低的原则来计量，对可收回金额低于账面价值的差额计提长期股权投资减值准备。而可收回金额一般是依据核算日前后的相关信息估算的，具有一定的不确定性和自主性，企业可利用该项目进行适度的盈余管理，来降低自身的风险③。

2. 长期股权投资结构分析

（1）长期股权投资的构成。根据《企业会计准则》，按照投资企业对被投资企业的控制程度可以将被投资企业分为无控制、无共同控制且无重大影响，共同控制或是重大影响控制三种类型。在对长期股权投资进行深入分析之前，管理者应当首先计算企业不同类型长期股权投资占全部长期股权投资的比例，以估算企业长期股权投资的集中度以及企业对长期股权投资的控制能力。投资较为集中、能够体现企业核心竞争力、控制程度较强的长期股权投资质量相对较高；反之，质量相对较差④。

（2）长期股权投资的获利能力。根据《企业会计准则》，不同类型的长期股权投资采用不同的会计处理方法，所以在对企业长期股权投资的获利能力进行分析时，对不同类型的长期股权投资也需要采用不同的分析方法。

其一，对子公司的投资获利能力分析。对于该类投资的效益进行分析，管理者应首先关注被投资企业的业务类型，明确本企业进行该项投资的目的，考察该项投资是属于企业主业的扩张、上下游产业链的整合，还是企业主业成熟之后的多元化经营，并考察该项投资是否与企业自身的战略相吻合。由于母子公司之间利益的一致性，因此在分析对子公司的投资获利能力时，本企业是否从子公司获得了现金红利以及获得了多少现金红利都不应当作为分析的重点。管理者分析这种类型投资时应主要关注集团公司整体的价值是否提升、整体经营业绩是否提高，以及子公司自身的获利能力是否增强。

直观来看，当合并净利润中归属于母公司所有者的净利润高于母公司净利润时，投资报酬率为正，差额越高，说明子公司的整体盈利能力越强，投资报酬率越高。当合并净利

①② 张新民，钱爱民. 财务报表分析（第4版）[M]. 北京：中国人民大学出版社，2017.

③ 李志勤. 长期资产减值与上市公司盈余管理研究 [J]. 现代商贸工业，2011（2）.

④ 王桢. 长期股权投资质量分析方法研究 [J]. 会计之友，2013（27）.

润中归属于母公司所有者的净利润与从子公司收到的现金红利之和低于母公司净利润时，投资报酬率为负，说明子公司整体盈利能力较差，绝对值越大，说明其效益越差[1]。

其二，对联营与合营企业的投资获利能力分析。根据前述介绍，对该类企业进行长期股权投资应采用权益法核算。权益法核算时，只要被投资方有利润的增长，就确认投资收益，增加长期股权投资的账面价值。但在一般情况下，被投资方不可能将其实现的净利润全部作为现金股利分配给投资企业，因此该方法下所确认的投资收益，并不一定能带来真正的现金流入。那么不能带来现金汇款的部分，将形成泡沫利润（投资收益）与泡沫资产（长期股权投资），从而降低企业长期股权投资资产的质量。在对这一类长期股权投资的获利能力进行分析时，应重点关注投资收益率以及投资收益的现金回款率。

**长期股权投资
行业同型分析**

第二节 投资性资产（金融资产及投资性房地产）

根据本书资产重分类中对经营性资产与投资性资产的理解，本书中投资性资产主要分析金融资产的投资性房地产项目。

一、金融资产

金融资产是指单位或个人所拥有的以价值形态存在的资产，是一切可以在有组织的金融市场上进行交易、具有现实价格和未来估价的金融工具的总称。金融资产最大的特征是能够在市场交易中为其所有者提供即期或远期的货币收入流量。

**金融资产项目
同型分析**

下面通过对金融资产（以交易性金融资产、持有至到期投资、可供出售金融资产为例）与长期股权投资进行比较，进一步阐述该项目：

表4-3 金融资产与长期股权投资比较

	交易性金融资产	可供出售金融资产	持有至到期投资	长期股权投资
概念界定	指企业打算通过积极管理和交易以获取利润的债权证券和权益证券。企业通常会频繁买卖这类证券以期在短期价格变化中获取利润	指初始确认时即被指定为可供出售的非衍生金融资产，以及贷款和应收款项、交易性金融资产及持有至到期投资外的非衍生金融资产	指企业打算并且能够持有至到期的债权证券。一旦确定为持有至到期投资，则在未到期前，不能随意改变最初意图。该项投资的到期日和回收金额都是固定的	指投资方对被投资单位实施控制、重大影响的权益性投资，以及对其合营企业的权益性投资

① 王桢. 长期股权投资质量分析方法研究 [J]. 会计之友，2013 (27).

	交易性金融资产	可供出售金融资产	持有至到期投资	长期股权投资
持有目的	随时出售获利	未来合适时机出售获利	持有至到期从而出售获利	借助股权投资控制或影响被投资单位
期限	短期持有，时间在一年以内，一般会在近期出售赚取买卖价差	持有时间的长短主要取决于投资单位所认可的最佳获利时点。因此其投资期限不会像交易性金融资产短到随时准备出售变现；也不同于持有至到期投资在初始确认时即有意图和能力将其持有至到期，而是介于交易性金融资产和持有至到期投资之间	可在一年内到期，也可在超过一年的时间后到期	长期持有，持有时间在一年以上，投资期间企业一般不会为了眼前利益将其出售或转让
对象	股票，债券	股票，债券	债券	股票
核算原则	公允价值计量	公允价值+实际利率法摊余成本	历史成本+实际利率法摊余成本	成本法或权益法
减值情况	不计提减值准备	计提减值准备，且减值准备可转回	计提减值准备，且减值准备可转回	计提减值准备，不允许转回

二、投资性房地产

根据《企业会计准则及应用指南》，投资性房地产是指为赚取租金或资本增值，或两者兼有而持有的房地产，包括已出租的土地使用权、持有并准备增值后转让的土地使用权、已出租的建筑物。

下面通过对投资性房地产与固定资产进行比较，进一步阐述该项目：

投资性房地产项目同型分析

表4-4　投资性房地产与固定资产比较

	投资性房地产	固定资产
概念界定	投资性房地产是指为了赚取租金或资本增值，或两者兼而有之持有的房地产。投资性房地产应当能够单独计量和出售。 从投资性房地产的定义来看，具有以下三个特征： （1）投资性房地产的主要形式是出租建筑物、出租土地使用权，这实质上是一种让渡资产使用权行为 （2）投资性房地产随着时间的推移，其市场价值会超过其账面价值 （3）投资性房地产一般投资金额大、周期长、流动性和变现能力差	固定资产是同时满足下列特征的有形资产：一是为生产商品、提供劳务、出租或经营管理而持有的；二是使用寿命超过一会计年度。 从固定资产的定义来看，具有以下三个特征： （1）不以投资和销售为目的。企业持有固定资产的目的是生产商品、提供劳务、出租或经营管理，而不是用于出售和投资的产品 （2）可供企业长期使用。使用寿命超过一个会计年度，随着使用和磨损，通过计提折旧方式逐渐减少账面价值 （3）固定资产是有形资产。具有实物特征，有一个实体存在

	投资性房地产	固定资产
持有目的	是为赚取租金或升值而持有的，所以一旦投资性房地产升值则可能被持有者转让，因而企业拥有投资性房地产具有投机性	是为生产商品、提供劳务、出租或经营管理而持有，是企业的劳动工具或手段，服务于企业自身的生产经营活动
核算范围	主要包括已出租的土地使用权、持有并准备增值的土地使用权和已出租的建筑物三项内容	进行综合分类，主要包括生产经营用固定资产、非生产经营用固定资产、未使用固定资产、不需用固定资产、出租固定资产、融资租入固定资产和土地七项内容 与投资性房地产相比，固定资产核算范围较广
科目设置	（1）采用成本模式计量时，除了一级账户设置"投资性房地产"账户外，还要设置"投资性房地产累计折旧"等账户。当然，投资性房地产若为土地使用权则通过"投资性房地产累计摊销"账户核算摊销额。 （2）采用公允价值模式计量时，则要在一级账户"投资性房地产"账户下设置"成本"和"公允价值变动"两个明细账户，用来核算投资性房地产价值的变动情况，并计入当期损益	设置的会计账户主要有："固定资产"账户、"累计折旧"账户、"固定资产减值准备"等账户，用来核算固定资产账面价值的变动情况。其中，"固定资产"账户核算固定资产初始价值的增减变动情况；"累计折旧"账户和"固定资产减值准备"账户等反映固定资产价值损耗情况
后续计量方法	企业对投资性房地产多采用成本模式进行后续计量。但是，在有确凿证据表明投资性房地产的公允价值能够持续可靠取得的情况下，即同时满足条件： （1）投资性房地产所在地有活跃的房地产交易市场。 （2）企业能够从房地产交易市场上取得同类或类似房地产的市场价格及其他相关信息，从而对投资性房地产的公允价值做出合理估计的，可以对投资性房地产采用公允价值模式进行后续计量。 其中，采用成本模式计量的，建筑物的后续计量与固定资产后续计量相同；土地使用权的后续计量与无形资产后续计量相同。而采用公允价值模式计量的投资性房地产按公允价值计量，其价值增减变动情况计入当期损益。因而采用这种模式计量的投资性房地产不再计提折旧	采用成本模式。这种方式下，有关固定资产采用会计制度规定的方法计提折旧，系统地将其价值摊入相关成本
转换关系	当房地产用途发生改变，由自用转换为出租或出租变为自用时，企业应根据资产的实际使用状态采用适当的计量方法，将投资性房地产与固定资产进行转换	

三、投资性资产项目分析要点

投资性资产是指利用经营活动多余资产进行投资所涉及的资产，即前文所介绍的企业自资本市场购入的各种金融资产（包括政府、银行或者其他企业发行的金融工具）和投资性房地产。

投资性资产应与战略股权投资进行区分。企业进行战略股权投资往往是为了实现企业的战略目标和经营策略、优化资源配置、分散经营风险等，例如，为了建立和维持与被投资企业之间稳定的业务关系而进行投资；为了实现横向联合，提高市场占有率和行业内的竞争力而进行投资；为了增强企业多元化经营的能力，从而提高企业抗风险的能力或创造新的利润源泉而进行投资；等等。而投资性资产与企业的主要生产经营活动没有直接关联，往往是企业为获得资本利得收益、对冲金融风险或配置闲置资产等而持有投资性资产。

（一）项目规模分析

对该项目的分析首先应关注投资性资产的整体规模。投资性资产的整体规模能反映企业主营业务的开展情况，以及企业的战略布局等信息。例如：当企业主营业务效益逐渐变弱时，企业在制定新的战略方向之前往往会逐步弱化对当前经营性资产的投资，此时投资性资产作为闲置资产而增加。

2018 年 A 股全行业（除金融行业外）投资性资产占总资产比例为 2.39%，在过去十年中全行业投资性资产占总资产的比例均在 2.45% 以下，并呈上升趋势（具体见投资性资产行业同型分析）。卫生业、住宿业、互联网业等行业企业中投资性资产较高，而相关制造业（金属制品、机械和设备修理业，废弃资源综合利用业）和铁路运输业、建筑安装业、餐饮业等行业该项目规模较低。

（二）项目结构分析

对该项目的分析也应注意其组成结构，不同的投资性资产其所具有的金融风险及收益水平是不同的。债权投资相比于股权投资风险更低，收益也更弱；投资性房地产投资相比于债券投资风险更低，但过去数年中收益较高。对该项目结构的分析有助于了解企业投资性资产的金融风险和收益水平。

第三节　经营性负债

资产负债表是会计恒等式"资产＝负债＋所有者权益"的表现，其左半部分为"资产"项目，报告企业各类资产的形式及规模，其右半部分则报告了企业投建资产所用资本金的来源，即通过负债融资和股权融资两种方式筹集起来的资金，分别用"负债"和"所有者权益"两类项目对外进行报告。

负债分为经营性负债与金融性负债。经营性负债是指企业在日常经营过程中，伴随着生产经营活动而产生的负债，其产生与权责发生制下企业发生的应付而未付款项或预收而未交的货品相关，可以理解为企业对上下游的"欠款"或"欠货"，如因赊销产生的应付账款、应付票据，因预售产生的预收账款等。而金融性负债是企业向特定债权人借入的短期或长期借款，以及企业向债券市场发行债券而筹集的借款等，这类负债与生产经营活动没有直接关联。相比经营性负债，金融性负债其发生有着明确的融资目的，一般而言，金融性负债是企业为了进行扩张、投资以及小部分经营需求而借入的大额款项，可以理解为企业对特定债权人的"借款"。

经营性负债主要包括资产负债表中"应付账款""应付票据"和"预收账款"。

一、应付账款与应付票据

（一）项目概念

1. 应付账款

本科目用于核算企业因购买材料、商品和接受劳务等经营活动应支付而尚未支付的款项。其中，金融企业应支付但尚未支付的手续费和佣金，可将本科目改为"2202 应付手续费及佣金"科目，并按照对方单位或个人进行明细核算；保险企业应支付但尚未支付的赔付款项，可以单独设置"应付赔付款"科目。

本科目用于"确认""计量"以及"报告"企业为满足生产经营活动应付而未付的款项，可以将其理解为"欠款"。

2. 应付票据

本科目用于核算企业购买材料、商品和接受劳务供应等开出、承兑的商业汇票，包括银行承兑汇票和商业承兑汇票。本科目与"应付账款"科目类似，也是用于"确认""计量"并"记录"企业为满足生产经营活动应付而未付的款项，可以理解为一种"欠款"。

（二）项目分析要点

1. 应付账款

（1）项目规模分析。该科目虽然反映企业的一项负债，但一定规模的"应付账款"能够给企业带来益处。首先，企业采用赊购的方式交易，可以通过延期付款来赚取其中货币的时间价值，体现对上游企业资金的占用能力；其次，"应付账款"能够缓解企业的流动性风险（资金链断裂的风险），通过赊购的方式，企业可以延缓资金的流出，从而减少流动性风险。虽然"应付账款"能给企业带来好处，但并非越多越好，超过一定规模的"应付账款"可能会增加企业的财务风险以及经营风险。

财务风险反映企业丧失偿债能力的可能性以及未来股东收益的可变性，就应付账款而言，财务风险是指企业没有足够现金对"欠款"进行偿还的风险，若应付账款较多，尤其是对于到期时间较为集中的应付账款，企业一旦发生延期或违约，轻则损害企业的商业信用，未来企业再想通过应付账款的方式来进行融资会变得更难，重则会让企业面临资金链断裂甚至破产的风险。

经营风险又称营业风险，是指在企业的生产经营过程中因供、产、销各个环节不确定性因素的影响所导致企业资金运动的迟滞，产生企业价值的变动。另有一种定义：经营风险是企业由于战略选择、产品价格、销售手段等经营决策引起的未来收益不确定性所形成的风险，经营风险时刻影响着企业的经营活动和财务活动[①]。应付账款与经营风险的关系

---

① MBA 智库。

与企业的 OPM 战略有关，OPM 战略是指企业充分利用做大规模的优势，增强与供应商的讨价还价能力，将占用在存货和应收账款的资金及其资金成本转嫁给供应商，以满足扩张需求或高收益率的目的。企业为了获得更多的低成本融资，往往会对自身的生产经营进行持续扩张，但是这个扩张的过程中，企业面临的经营风险也加重了，如市场风险，会让企业大量产品的需求量降低，企业不得不降价出售甚至无法出售，形成巨大的经营风险，并且，该损失会影响企业偿还"欠款"的能力，即经营风险会进一步加重财务风险。

综上所述，应付账款的存在具有价值，一定规模的"应付账款"会给企业带来占用他方资金、延缓资金流出等益处，但是超过一定规模的"应付账款"也会给企业带来财务风险和经营风险，企业管理者应结合行业平均水平或企业历史水平，判断在目前的经营目标下应付账款的规模是否合理。

（2）项目结构分析。

1）产品价值的体现。关于企业价值，有大量指标可以对其进行量化，如自由现金流量（FCF）、税息折旧及摊销前利润（EBITDA）等绝对指标，或总资产回报率（ROA）、净资产回报率（ROE）等相对指标，但从定性的角度来讲，本书将企业价值总结为两类：产品价值与管理价值。

产品价值的主要表现为变现能力、周转能力、保值能力，此外也囊括了消费者粘性、市场占有率、替代难度等细节方面。这种价值能够使企业为下游消费者创造高的消费效用、为上游供应商带来更高的销量，进而提升企业在产业链中的地位。应付账款能反映产品对企业上游供应商的价值。若企业产品价值较高，上游供应商不必担心款项的收回问题，反而争先与企业进行合作以分得一部分利益。为了取得合作，供应商愿意让渡货币的时间价值以及承担违约风险，即愿意让企业以赊购的形式进行大量交易，所以常常能在产品价值较高的企业的财务报表上看到大额的"应付账款"。值得注意的是，资产负债表上呈现的"应付账款"仅仅是资产负债表日的余额，并不代表本年度发生的赊购额，也就是说真实赊购额可能比"应付账款"账面余额更大，作为企业管理者，可分别对本科目相对指标（应付账款/总资产）的行业、企业历史水平进行比较，并从产品价值角度来判断该项负债波动的原因。

2）管理价值的体现。除了产品价值外，企业价值还可表现为管理价值。本书认为管理价值对产品价值有着放大效应，企业通过合理的管理模式更好地利用、放大产品价值，能为企业创造出更高的收益，即企业价值=产品价值×管理价值。企业的管理价值可以从商业模式、经营效率等方面得到体现。

一些新兴的商业模式能够更有效地放大产品价值，电商就是一个简单的例子，通过互联网渠道边际客户成本为 0 的优势，电商企业可以更低的成本、更高的销售量创造更多的盈利，2012～2016 年是电商发展最迅速的几年，其对传统零售业的冲击巨大，这就是因为电商的管理价值大于传统零售业的管理价值。另外，企业的经营管理效率也能体现管理价值，主要表现为一些科学管理方法的引入，如成本管理（降低成本）、预算管理（绩效管理）、存货管理（降低损失、增大存货周转率）等。

管理价值同样能为企业带来行业地位的提升，增加企业对上游企业的控制能力进而获取更多的赊购额，最后表现为"应收账款"的增加以及应付账款周转天数[1]的延长（企业所享受的货币时间价值更大）。作为企业管理者，也可以从管理价值这一角度来分析应收账款波动的原因。

2. 应付票据

应付票据与应付账款的分析要点相似，均要从项目的规模以及结构两个角度进行分析。应付票据与应付账款的区别在于，应付票据以汇票的形式担保债务，其信用相比应付账款更高，如银行承兑汇票[2]有银行信用背书，赊销方更愿意接受，对于商业信用不佳的企业，供应商往往会提出用应付票据的方式赊销，以此弥补赊购企业信用的不足。正因如此，单位金额的应付票据比应付账款会带给企业更大的财务风险。

企业管理者可计算企业应付票据与总应付账款的比例[3]，结合行业平均数据或企业历史数据进行对比，判断应付票据的占比是否合理，并从宏观经济、微观环境、企业经营等多方面来考虑引起应付票据占比变化的原因。

应付账款与应付
票据行业同型分析

二、预收账款

（一）项目概念

本科目核算企业按照合同规定预收的款项。预收账款情况不多的，也可以不设置本科目，将预收的款项直接记入"应收账款"科目。企业（保险）收到未满足保费收入确认条件的保险费，可将本科目改为"2203 预收保费"科目，并按投保人进行明细核算；从事再保险分出业务预收的赔款，可以单独设置"预收赔付款"科目。

与应付账款、应付票据的本质相同，预收账款也是企业的一项经营性负债，但不同之处在于，前两者反映企业作为购买方发生的赊购款，而后者反映企业作为销售方发生的预收款，可视其为"欠货"——欠下游企业的商品或劳务。

（二）项目分析要点

1. 项目规模分析

资产负债表日填列在资产负债表中预收账款的余额，反映当期应交而未交的"欠货"，预收账款能给企业带来的好处如下：

（1）预收账款能使企业占用他方资金，赚取货币的时间价值。通过预收账款，企业能预先获取一定的现金流，根据货币的时间价值，企业越早收到款项，越能享受时间带来的增值，这在"应付账款"中也有体现，现金的提前流入与延迟流出，都能让企业获益。

（2）预收账款能为企业未来的收入提供保障。作为一种预收的销货款，预收账款在未来会逐步确认为收入，它实质上是未来收入的现时表现。故预收账款可以看成企业未来收

---

① 应付账款周转天数 = 365÷应付账款周转率，其中应付账款周转率 = 年采购额÷平均应付账款余额。

② 银行承兑汇票是商业汇票的一种，指由在承兑银行开立存款账户的存款人签发，向开户银行申请并经银行审查同意承兑的，保证在指定日期无条件支付确定的金额给收款人或持票人的票据。

③ 应付票据/（应付票据+应付账款）。

入的保障，其余额越大，对未来收入的保障或加强程度也就越高。

相比于应付账票项目，预收账款项目不会给企业带来财务风险，即不会导致资产以现金的形式流出，这是因为应收账款反映"欠款"，而预收账款反映"欠货"，企业可能没有足够的资金偿付欠款，但企业一般不会没有足够的存货去偿还所欠的货物。只要企业持续经营下去，预收账款背后所代表的"欠货"就能够偿还，企业可以尽可能多地获取预收款而不用担心财务风险。

2. 项目结构分析

并非所有企业都能享受预收账款为其带来的益处，往往只有产业链中处于较高地位的企业才能获取，其体现了企业的竞争力与产业链地位。例如，茅台的报表上存在大量的预收账款，并在 2017 年第一季度末创下 189.87 亿元预收账款的历史纪录，这是因为一方面茅台产品价值高、需求量大，下游需求方甚至要抢着付预付款才能拿到订单；另一方面茅台作为国内酒企的领导者，拥有较强的行业竞争力以及较高的产业链地位，下游需求方愿意让渡一部分利益（预收款的价值）获取与茅台的合作机会，所以企业竞争力与产业链地位得以从预收账款中体现。预收账款也是一种反映经营质量、经营效率的指标。只有拥有较强行业竞争力和较高产业链地位企业才有能力享受预收账款带来的好处，若企业的预收款占总销售额的比例有变动，管理者应顺着经营效率的思路去分析原因。具体而言，管理者可以计算出预收账款周转率[①]，对比行业均值以及企业历史均值，根据分析提升企业经营效率。

预收账款行业
同型分析

三、应付职工薪酬

（一）项目概念

根据《企业会计准则及应用指南》，"应付职工薪酬"科目用于核算企业根据有关规定应付给职工的各种薪酬。

本科目所包含"工资""职工福利""社会保险费""住房公积金""工会经费""职工教育经费""非货币性福利""辞退福利""股份支付"等。该科目作为一项经营性负债，反映企业对员工的"欠款"，是一种内部的经营性负债。

（二）项目分析要点

1. 项目规模分析

应付职工薪酬作为一项内部经营性负债，其规模反映企业对内部员工资金的占用程度。与应付账款项目相似，一定规模的应付职工薪酬能给企业带来好处，主要表现在延缓资金的流出，能间接反映企业员工对企业的信任或企业对员工的控制能力。但超过一定规模的应付职工薪酬则可能提示企业面临较大的财务风险，无法偿还职工薪酬。

2. 项目结构分析

应付职工薪酬与经营性负债、流动负债、总负债甚至总资产结合计算出的比率指标，

---

① 预收账款周转率＝营业收入/平均预收账款。

可作为评价企业对员工的控制能力以及企业的财务风险的依据。另外，薪酬是评价企业薪酬水平（各类运营成本）的指标之一，分析人力资源的利润创造能力。

"应付职工薪酬"作为一个存量数据，资产负债表日所列示的金额代表本年度应付而未付的职工薪酬，该科目与一个会计期间内发生的薪酬总额存在以下数学关系：应付职工薪酬期初余额+本年度发生的薪酬−本年度已偿付的薪酬=应付职工薪酬期末余额，管理者可将从资产负债表中获取"应付职工薪酬"期初和期末余额与本年度已偿付的薪酬（现金流量表中的项目）结合，推算出本年度实际发生的薪酬，并将计算出的薪酬总额本年度总收入、总成本或总利润相比，以分析企业薪酬水平是否合理，提高企业资源利用效率。

应付职工薪酬
行业同型分析

四、应交税费

（一）项目概念

本科目核算企业按照税法等规定计算应交纳的各种税费，包括增值税、消费税、营业税、所得税、资源税、土地增值税、城市维护建设税、房产税、土地使用税、车船税、教育费附加、矿产资源补偿费等。企业代扣代缴的个人所得税等，也通过本科目核算。

本科目用于核算企业生产经营过程中各类税金的发生以及偿付过程，同时作为一项经营性负债，可视为企业对税务部门的"欠款"。

（二）项目分析要点

应交税费是资产负债表日企业应当缴纳但是还没有缴纳的税费，其与企业当期纳税总额不是一个概念。企业当期纳税总额的计算可以从利润表的费用项目中进行估算，比如，从营业税金及附加中估算应该缴纳的消费税、土地增值税等，从所得税费用中估算当期应纳税所得，注意：增值税作为流转税，不能从财务报表中获得，只能根据业务进行大概估算。

本科目期末余额代表企业在资产负债表日应交而未交的税款，不代表企业本年度实际发生的税款，管理者同样可以依照计算本年度实际发生薪酬的方法计算本年度实际发生的税费，同样可以将计算结果与总收入、总成本以及总利润相比，判断企业税负情况，不同企业税负情况不同，但管理者可以基于行业平均水平以及企业历史水平来判断税款发生的合理性，进而评价相关部门工作业绩。

应交税费行业
同型分析

五、其他应付款

（一）项目概念

本科目用于核算企业除应付票据、应付账款、预收账款、应付职工薪酬、应交税费、长期应付款以外的其他各项应付、暂收的款项。

（二）项目分析要点

本科目属于外部经营性负债，且一般数额不大，重要性较弱。但值得企业管理者注意的是，本科目可以表现出的公司战略、盈余管理活动等方面的运营管理活动。

1. 公司战略的表现

其他应付款核算的内容比较复杂，对于公司而言，其他应付款形成的原因众多。除根据财务报表附注了解其他应付款结构以外，应当特别注意其战略表现。具体而言，其他应付款有可能是母子公司之间的一种资金占用行为，可能是反映企业控制方式或战略意图的重要指标，应关注其数额和规模。

2. 盈余管理的表现

其他应付款一般而言数额较小、波动不大，但一旦出现数额较大、波动较大的情况，很可能是企业存在盈余管理活动。例如，某些企业通过将应计入收入类科目的金额计入"其他应付款"科目，从而隐匿收入；或将收取的逾期未退包装物押金故意不及时结转收入，少计当期实现利润；或将销货方给予购货方的销售回扣列入"其他应付款"等，从而偷逃税金。作为企业管理者，应该能从报表项目中发现这些迹象并及时进行干预。

其他应付款
行业同型分析

六、长期应付款

（一）项目概念

本科目核算企业除长期借款和应付债券以外的其他各种长期应付款项，包括应付融资租入固定资产的租赁费、以分期付款方式购入固定资产等发生的应付款项等。

（二）项目分析要点

1. 项目规模分析

本科目期末贷方余额，反映企业应付未付的长期应付款项。因为企业的长期应付款一般发生于融资租赁业务以及其他具有融资性质的购置活动中，其单次发生量大、发生频率小，所以企业管理者应分析本科目的波动是否与企业经营战略相关，是否存在偏离经营目标的情况。

2. 项目结构分析

将本科目与长期负债、产能投资资产等相结合，计算出比率指标分析企业的长期负债结构是否合理以及判断企业的财务风险水平。

长期应付款
行业同型分析

七、经营性负债整体

（一）经营性负债规模分析

1. 经营性负债与企业价值之间的关系

经营性负债可理解为商业信用，一般只有拥有良好信用或经营效率较高的企业能够大量使用，反过来经营性负债也是评价企业价值的一个有效指标。对于来自企业内部的经营性负债（应付职工薪酬、应付股利），其大量存在说明企业内部人员对企业的信任度高，企业发展态势良好；对于来自企业外部的经营性负债（应付账票、预付账款等），其大量存在说明企业在价值链中地位较高，有能力占用上下游资金，企业价值较大。

2. 经营性负债的"融资性质"

通常认为，经营性负债主要用于维持企业的日常经营，不作为企业的扩张资金来源。然而，在我国的企业实践中，经营性负债数量达到了不能忽视的比例，我国有半数以上的企业经营性负债规模超过了金融性负债规模[①]。经营性负债属于低成本、低风险类负债，它虽然不直接产生货币资金的流入量，但却使企业在暂时不付款的情况下占有了经营用的相关资源。

这里引入营运资本（WCR）的概念，营运资本 = 流动资产 − 流动负债。非现金的营运资本则是在上述公式中将"货币资金"从流动资产中减去，即非现金的营运资本 = (存货 + 应收账款 + 应收票据 + 预付账款) − (应付票据 + 应付账款 + 预收账款)，前者为运营资产，代表企业资金被占用的情况，后者为主要经营性负债，代表企业占用他方资金的情况，若 WCR>0，说明企业的资金被其他方占用的水平大于企业占用其他方资金的水平；若 WCR<0，则说明企业对其他方资金的占用不仅能够弥补自身被占用的资金，而且还可以形成资金沉淀，满足企业扩张的资金需求。

（二）经营性负债结构分析

首先，基于经营性负债与企业扩张的关系，管理者在评价项目投资回报或企业扩张效率时，应结合经营性负债和金融性负债的比例一同考虑，分析单位经营性负债与单位金融性负债所产生的效益是否存在差异，以进一步评价管理者决策是否激进或保守、高效或低效。

其次，管理者可适当增加经营性负债在总负债中所占的比例，能在一定程度上降低代理成本、提升资金使用效率。

最后，应分析经营性负债的构成，判断是内部负债较多还是外部负债较多、企业对上下游哪一方占用的资金较少，进一步找出经营过程中低效的环节以及可能出现财务风险的环节，为提升经营效率提供方向。

整体经营性负债
行业同型分析

第四节　金融性负债

一、短期借款

（一）项目概念

本科目用于核算企业向银行或其他金融机构等借入的期限在一年以下（含一年）的各

---

① 王钰、刘钇沅，经营性负债与金融性负债：企业扩张的效应研究 [J]. 北京工商大学学报（社会科学版），2015（11）.

种借款。相对于经营性负债表现为企业的欠款，本科目反映了企业的"借款"，属于具有明确融资目的的负债，应归入金融性负债。

（二）项目分析要点

1. 项目规模分析

短期借款是企业为了周转或其他用途向银行借入的时间期限在一年以内的款项，短期借款的优点在于：①借款利率比长期借款更低；②短期借款比长期借款的取得更容易；③短期借款可以根据需要临时调整，比长期借款更灵活。

但是短期借款到期时（债权人不同意延期），若不能及时归还，企业可能会面临破产的风险。通常短期借款不存在财务风险，因为短期借款到期后可以通过续借的方式偿还前期借款，但是在某些特殊情况下（企业自身出现特别问题、全球性的贷款短缺），企业到期必偿还借款并且没有其他借款来源，这对企业的打击可能是致命的。所以作为企业管理者需要关注短期借款的占比以及波动，应以经济与市场的宏观环境为基础，结合企业经营战略来配置短期借款。

2. 项目结构分析

短期借款与后文的长期借款共同组成金融性负债，管理者应对两者的结构比例进行分析，同时结合企业经营资产与产能投资资产的结构比例，分析企业的金融负债结构是否合理，避免"短借长投"或过于依赖短期借款。

二、长期借款

（一）项目概念

本科目核算企业向银行或其他金融机构借入的期限在一年以上（不含一年）的各项借款。本科目与短期借款类似，都属于企业的一项金融性负债，而区别在于借款偿还期限不同，本科目记录超过一个会计期间的借款。

（二）项目分析要点

从股东的角度来看，长期借款是较好的一类负债，因为无论经营情况多么糟糕，只要能够支付利息，债权人就不能要求提前还款，借款期限可以长达10~20年。长期借款与企业的资本性支出或战略性投资相关，金额一般较大，企业管理者应关注借款的占比和异常波动，并结合投资来判断配置长期借款的合理性。

三、应付利息、应付债券等其他金融性负债

（一）项目概念

"应付利息"科目用于核算企业按照合同约定应支付的利息，包括吸收存款、分期付息到期还本的长期借款、企业债券等应支付的利息；"应付债券"科目用于核算企业为筹

集（长期）资金而发行债券的本金和利息。

（二）项目分析要点

以上几种负债都具有金融性负债的性质——"借"。借款意味着企业需要付息，所以应付利息作为借款的一种代价，也归入了金融性负债。管理者应确保企业日常经营活动产生的现金流量足以偿付利息，可以用利息保障倍数①指标来评价企业的财务风险；另一方面应付债券与长期借款类似，是企业通过发行债券的方式进行融资，管理者只要适当关注其所占总负债的比例以及到期时间即可。

四、金融性负债整体

（一）金融性负债规模分析

1. 金融性负债规模与企业扩张的关系

企业获取金融性负债的目的主要有两个：一是满足企业的扩张需求，即购建固定资产、无形资产以及对外投资；二是支持企业经营活动的扩大，即购买原材料、燃料等。而在企业经营活动现金流量净额比较充分的情况下，企业发生金融性负债的主要原因应该是支持企业的扩张。因此，当企业以金融性负债为主时，其扩张规模应该大于以经营性负债为主时②。

所以，在企业有快速扩张需求时，经营性负债往往难以满足所需，所以企业往往会使用金融性负债，王珏、刘钇沅（2015）发现③，以金融性负债为主的企业无论是累计扩张规模还是内部新增扩张规模都要大于以经营性负债为主的企业，且国有企业和市场地位高的企业累计扩张规模更多地依赖于金融性负债，说明拥有良好的商业信用以及良好的经营效率的企业更容易获得金融性负债，且金融性负债更能满足快速扩张的要求。但同时也发现，用金融性负债产生的扩张效益低于用经营性负债产生的扩张效应，这说明企业在使用金融性负债投资时，没有像使用经营性负债时那么谨慎，风险厌恶程度也相对较低，于是引起投资效益相对较小。

2. 金融性负债的杠杆作用

企业对金融性负债的使用能够加大财务杠杆④，在企业经营状况良好、处于盈利状态时，加大财务杠杆能够增加净资产收益率，即能够给股东带来更高的收益；但当企业经营状况不佳、处于亏损状态时，较重的财务杠杆会引起净资产收益率更大幅度的下降，即侵蚀股东的利益。

---

① 利息保障倍数（Interest Coverage Ratio），是指企业生产经营所获得的息税前利润与利息费用的比率（企业息税前利润与利息费用之比），它是衡量企业支付负债利息能力的指标。企业生产经营所获得的息税前利润与利息费用相比，倍数越大，说明企业支付利息费用的能力越强。

②③ 王钰，刘钇沅. 经营性负债与金融性负债：企业扩张的效应研究 [J]. 北京工商大学学报（社会科学版），2015（11）.

④ 财务杠杆又叫筹资杠杆或融资杠杆，它是指由于固定债务利息和优先股股利的存在而导致普通股每股利润变动幅度大于息税前利润变动幅度的现象。

（二）金融性负债结构分析

1. 金融性负债与财务风险、偿债能力的关系

金融性负债的相关指标能够帮助利益相关者判断企业的财务风险、偿债能力等。具体而言，企业管理者可以通过现金到期债务比①、现金流动负债比②、现金债务总额比③、利息保障倍数等指标来评价企业的财务风险，或通过相关比例如流动比率④、速动比率⑤、现金比率⑥、资本周转率⑦等指标来评价企业的偿债能力。

2. 企业管理者对金融性负债信息的使用

首先，管理者应关注长期、短期金融性负债的比例结构，同时结合企业的投资或扩张计划，来判断金融性负债的配置是否合理，尽量避免"短借长投"，尤其当行业或市场处在变动之中时；其次，企业在即将面临经营风险或财务风险时，管理者应尽快调整长短期负债的比例，避免将企业陷入更深的风险之中；最后，管理者应正确评价企业经营效率，进而评价金融负债比例是否合适，避免在出现经营风险时存在较重的财务杠杆，以及在经营良好时缺少杠杆的运用。

整体金融性负债
行业同型分析

（三）经营性负债与金融性负债对比

经营性负债与金融性负债对比如表4-5所示。

表4-5 经营性负债与金融性负债对比

	经营性负债	金融性负债
形成原因	"欠款""欠货"	"借款"
存在价值	（1）给企业带来货币时间价值的收益 （2）缓解企业流动性风险	（1）企业扩张资金需求的主要来源 （2）使用杠杆，增加 ROE
反映信息	（1）企业的行业竞争力、产业链地位 （2）企业价值：产品价值、经营价值 （3）企业经营效率 （4）行业特征	（1）企业扩张战略 （2）企业财务风险、偿债能力 （3）行业特征
融资属性	低成本的融资但融资额较小	高成本的融资但融资额较大
财务风险	较小	较大

---

① 现金到期债务比＝经营现金流量净额÷到期债务。
② 现金流动负债比＝本期的经营现金流量净额÷流动负债。
③ 现金债务总额比＝企业预计的经营现金流量净额÷债务总额。
④ 流动比率＝流动资产合计÷流动负债合计。
⑤ 速动比率＝（流动资产合计-存货净额）÷流动负债合计。
⑥ 现金比率＝（现金+现金等价物）÷流动负债合计。
⑦ 资本周转率＝（货币资金+短期投资+应收票据）÷长期负债合计。

第五节　所有者权益

在资产负债表上，与资产总值相对应的为权益，权益又分为业主权益和债权人权益两部分。美国财务会计准则委员会第 3 号《财务会计概念公报》对权益的阐述为：业主权益是业主投入企业的资本，也就是以资产总值抵销一切债务后的剩余产权；我国《企业会计制度》将所有者权益定义为：所有者在企业资产中享有的经济利益，其金额为资产减去负债后的金额，这从会计恒等式"资产＝负债＋所有者权益"中也能得到体现。在企业以股份有限公司形式组成时，业主权益就是股东权益[①]，本书主要介绍股份有限公司所有者权益项目所反映的信息。

具体而言，所有者权益的来源包括所有者投入的资本、直接计入所有者权益的利得和损失、留存收益等。其所列示的位置在资产负债表的右下方（资产负债表左侧代表企业投建的资产，右侧代表资本金来源，其中右上方列示来源于债权人的资本金，右下方列示来源于所有者（股东）的资本金）。股东在企业中拥有的权利是多种多样的，但其最重要的权利是参与分配股利和清算剩余资产，以及销售或转让企业权益的权利。会计报表的一个重要目标就是反映股东在企业中的经济权益以及其是否受到侵蚀。[②]

一、股东投入资本

（一）项目概念

1. 实收资本

本科目用于核算企业接受投资者投入的实收资本，企业收到投资者出资超过其在注册资本或股本中所占份额的部分，作为资本溢价或股本溢价，在"资本公积"科目核算。

2. 资本公积

本科目用于核算企业收到投资者出资额超出其在注册资本或股本中所占份额的部分，直接计入所有者权益的利得和损失，也通过本科目核算。

（二）项目分析要点

1. 实收资本

"实收资本"科目用来记录投资人按照企业章程或合同、协议的约定，实际投入到企业中的各种资产的价值，这些资产包括货币资金、实物、无形资产三种，同时实收资本也与企业注册时所登记的注册资本相一致。该科目体现了企业所有者对企业的基本产权关系，其构成比例是确定所有者参与企业财务经营决策的基础，也是企业进行利润分配或股利分配的依据。

---

①② 成思危. 工商管理硕士 MBA 系列教材会计学（第 2 版）[M]. 北京：北京大学出版社，2008.

2. 资本公积

与实收资本相比，资本公积是用来记录投资者投入资本超过注册资本的部分，以及直接计入所有者权益的利得和损失。该科目不直接表明所有者对企业的基本产权关系，其用途主要是用来转增资本，其不体现各所有者占有的比例，也不能直接作为所有者参与企业财务经营决策或利润（股利）分配的依据。

二、股东留存资本

（一）项目概念

1. 盈余公积

本科目核算企业从净利润中提取的盈余公积，包括法定盈余公积和任意盈余公积。其中法定盈余公积是国家规定企业必须从税后利润中提取的盈余公积，提取比例为10%，法定盈余公积累计金额达到企业注册资本的50%以上时，可以不再提取。而任意盈余公积是股份制企业按照公司章程或股东大会的决议，从可向投资者分配的利润中提取的公积金，其提取金额与用途由公司自行决定[①]。

每个会计期间结束后，在对利润进行分配之前，企业会从中提取出一部分，作为企业未来发展需要的备用金记入这个科目，就像每个家庭月末都会节省下一定比例的收入存入银行以备不时之需，"盈余公积"科目正是用来核算这类留存资本的。

2. 利润分配——未分配利润

本科目核算企业利润的分配（或亏损的弥补）和历年分配（或弥补）后的余额，本科目年末余额，反映企业的未分配利润（或未弥补亏损）。

在一个会计期间结束后，企业核算出来的净利润会转入本科目，接着企业会对本年度实现的利润提取盈余公积、分配股利或用其弥补以前年度的亏损，以上过程完成后，其填列在资产负债表中的余额，就代表未分配完且仍然留存在企业的利润。

（二）项目分析要点

股东留存资本项目反映企业净利润的"使用过程"，即一系列对利润"提取""分配"以及"补亏"的过程。其呈现在资产负债表上的余额是历年来企业未分配利润的总和。

资产负债表与利润表的勾稽关系通过本科目连接。利润表是一张"流量表"，反映发生额；而资产负债表是一张"存量表"，反映最终余额。利润表中呈现的净利润，会通过"本年利润"这一中间科目转入资产负债表中的"利润分配"科目，将本年发生的"流量"汇入"存量"中，这就将两张表串联了起来。

对于企业管理者来说，需要理解"未分配利润"并非是留在企业的真金白银，它只是用来反映属于股东的一种留存资本，它可能通过资产的各种形式存在。

---

① 廖红. 会计学原理 [M]. 武汉：武汉大学出版社，2002.

三、所有者权益整体

（一）所有者权益账面价值

会计恒等式"资产＝负债＋所有者权益"表明：

（1）企业资产、负债决定所有者权益价值。

（2）资产、负债不同的计量方法、价值属性也同时影响所有者权益价值量。

（3）资产计量范围也影响着所有者权益的价值量。

所以，所有者权益的账面价值只是一个"会计计量结果"，其金额大小随着计量方法、计量范围的不同而产生不同的结果，并不能真实反映所有者权益的现实价格。

（二）所有者权益公允价值

公允价值亦称公允市价、公允价格，是指在公平交易中，熟悉情况的交易双方自愿进行资产交换或债务清偿的金额，主要用于交易性金融资产、可出售金融资产的计量等方面。对于公允价值计量模式下的所有者权益计量，可以根据"资产市价＝负债市价＋所有者权益市价"来理解。

对上市公司而言，所有者权益的公允价值在公司股价中得以反映；对于非上市公司，所有者权益的公允价值需要根据资产评估的方法进行确定。所有者权益的公允价值才真正反映了股东所拥有权益的现实价格。

（三）公允价值与账面信息的比较

所有者权益的公允价值因为更能反映股东权益的现行价格，故其更能作为股东评价经营者业绩成果的指标。但目前这种价值的体现方式受到诸多限制，对于上市公司而言，短期的股价波动也并不能真实地反映所有者权益的现行价格，对于非上市公司而言，需要依靠技术评估方法才能计算出其价值，所以在实务工作中，管理者很难精确获取该信息并做出有效决策。

虽然账面价值不能反映所有者权益的现实价格，但并不能说明这种计量或列示方法是错误的。本节提到"实收资本体现企业所有者对企业的基本产权关系，其构成比例是确定所有者参与企业财务经营决策的基础，也是企业进行利润分配或股利分配的依据"，这说明账面价值体现的是一种法律意义、一种权利义务关系。故所有者权益项目的总体账面价值，实质上体现的是公司依法把自己的权利让渡或者归还给股东的一种权利，这种法律意义可以通俗地表现为：所有者权益代表业主对企业的剩余财产求偿权。所以，管理者在面对该项目的账面价值时，应更关注其法律意义。

第五章 利润表及项目分析

随着股份有限公司的出现和发展，企业的经营方式开始变得越来越复杂，营业周期增长。投资者不能仅靠经营周期结束后净资产的增值额来进行投资，而要关注短期内被投资企业的盈利能力。同时，银行和债权人也意识到资产负债表所反映的企业偿债能力并不全面，企业的短期盈利能力才是其债权的保障，从而使利润表逐渐成为重要的财务报表。

利润表（Income Statement）又称损益表，是总括地反映企业在一定时期内经营成果的会计报表。与资产负债表不同，利润表是一种动态的时期报表，主要揭示企业一定时期（月、季、年）的收入实现情况、费用耗费情况以及由此计算出来的企业利润（或亏损）情况。利润表的列报可以反映企业经营业绩的主要来源和构成，既有助于使用者了解企业的利润规模，也有助于使用者把握利润的质量，进而更加科学地判断企业的盈利能力，并做出有效的决策。

作为三大报表之一的利润表，常常受到管理者、投资人的"青睐"，第三章已经对利润表进行了再认识，了解了收入、费用、利得以及损失的区别，并学习了四种利润，即利润、经营性利润、可控利润以及经营可控利润，并学习了重构的利润表。本章将分别对收入、费用、利得以及损失所涉及的具体项目进行详细介绍。

第一节 收入与成本

一、营业收入

（一）项目概念

营业收入是指企业在销售商品、提供劳务及他人使用本企业资产等日常活动中形成的经济利润的总流入，对于不同行业、不同商业模式甚至不同的管理模式，营业收入都可能具有不同的特征。营业收入作为企业获取利润的主要来源，企业管理者应该清楚该项目的具体构成以及影响该项目的各种因素，以在经营过程中更好地判断盈利质量以及各部门绩效水平，促进企业盈利能力的提升。

营业收入作为最后列报于利润表上的项目，其具体构成可分为"主营业务收入"和"其他业务收入"。

1. 主营业务收入

本科目用于核算企业确认的销售商品、提供劳务等主营业务的收入，该科目属于损益类科目，其增加额记入贷方，例如发生商品销售取得的收入，借记"应收账款""银行存款"等资产类科目，贷记"主营业务收入"科目，同时应确认增值税。另外，不同性质的企业，其主营业务收入可以有不同的名称，如金融企业的"利息收入"、保险业的"保费收入"、租赁业的"租赁收入"等。该科目的余额是一个流量概念，即一定期间发生的金额，故在资产负债表日会填列在利润表上，计算出利润后，该科目的余额随之转入"本年利润"科目，结转后无余额。

2. 其他业务收入

与主营业务收入相比，本科目用于核算企业确认的除主营业务活动以外的其他经营活动实现的收入，例如对于非专门从事租赁业务的企业，出租其固定资产、出租无形资产、出租包装物和商品、销售材料、用材料进行非货币性交换（非货币性资产交换具有商业实质且公允价值能够可靠计量）或债务重组等实现的收入都叫做其他业务收入。该科目的处理与"主营业务收入"科目类似，对于管理者而言，需要掌握的是能够区分两者代表的收入来源，能够主次分明。

（二）项目分析要点

1. 项目规模分析

（1）营业收入的品种构成。为分散经营风险，企业大多会选择从事多种产品或劳务的经营活动。在从事多品种经营的情况下，掌握企业营业收入的具体构成情况对信息使用者来说十分重要：占总收入比重大的产品或劳务是企业目前业绩的主要增长点，而企业销售产品或者劳务结构变化往往会传递出企业市场环境的变化、经营战略的调整、竞争优势的变化等信息。信息使用者可以通过对体现企业主要业绩的产品或劳务的未来发展趋势进行分析，来初步判断企业业绩的持续性。需要指出的是，如果企业对某一类产品或者对某一个类型产品过度依赖，就会使企业对某些外界环境变化因素异常敏感，加大企业的经营风险。分析中对这样的企业所处的经营环境应尤为关注。

企业能否持续盈利，主要取决于出战略、管理、技术、市场、服务等因素所形成的企业综合竞争优势，即所谓的"护城河"。分析者可通过关注董事会报告（或管理层讨论），分析企业是否又以开发具有未来发展潜力、代表未来发展方向的产品，是否可能对企业营业收入的品种构成做出调整，以便找出决定企业现在和未来竞争优势的关键性产品，同时进一步结合行业发展特征和环境变化，判断企业营业收入的未来发展趋势。

（2）营业收入的地区构成。从消费者的心理表现来看，不同地区的消费者对不同品牌的商品具有不同的偏好。在企业为不同地区提供产品或劳务的情况下，营业收入在不同地区的构成情况对信息使用者也具有重要价值：占总收入比重大的地区是企业过去业绩的主要增长点，分析不同地区消费者偏好和消费习惯的变化趋势，研究企业产品在不同地区的市场潜力，将有助于预测企业业绩的持续性和未来发展趋势。

具体来说，在分析中要注意以下几点：第一，要分析地区的经济发展后劲与企业业务发展前景的关系，考虑地区的经济总量、经济结构的调整对企业未来市场的影响；第二，要分析地区的经济发展后劲与企业业务发展前景的关系，要考虑地区的经济总量、经济结构的调整对企业未来市场的影响；第三，要分析地区的政治经济环境，若特定地区政治经济环境的不确定因素比较多，如行政领导人的更迭、特定地区经济政策的调整等，一般会对企业原有的发展惯性产生较大的影响；第四，要分析国际政治经济环境的变化，如战争导致的某些地区的动荡、金融危机导致的某些地区的发展停滞以及低碳经济等对企业所在地区和行业的影响等。

（3）营业收入的客户构成分析。一般情况下，若其他条件相同，企业的销售客户越分散，集中率越低，说明企业产品销售（或劳务提供）的市场化程度越高，行业竞争力越强，营业收入的持续性会越好。同时，企业的销售客户越分散，销售回款因个别客户的坏账所引起的波动会越小，营业收入的回款质量也就越有保障，因此，通过分析营业收入的客户构成情况，将有助于判断企业营业收入的质量和业绩的波动性。

（4）关联方交易对营业收入的贡献程度。在集团化经营的情况下，集团内各企业之间有可能发生关联方交易。虽然关联方之间的交易也有企业间正常交易的成分，但由于关联方之间的特殊利益关系，他们有可能为了"包装"某个企业的业绩而人为地制造一些业务。信息使用者必须关注关联方交易形成的营业收入在交易价格、交易的实现时间等方面是否存在非市场化因素，考察企业业绩的真实性和市场化能力。一般来说，在相同的市场环境下，参与竞争的各方最终会实现优胜劣汰，因此，只有靠市场获得持续发展的企业才具有核心竞争力[1]。

2. 项目结构分析

（1）营业收入质量分析。营业收入并非全是真金白银的流入，可能引起其他资产的增加，如应收账款、应收票据的增加，也有可能引起负债项目的减少，例如应付账款、预收账款的减少。这些非现金项目在收入中的占比决定了营业收入的质量。

（2）营业收入与应收账款增幅的比较。若营业收入的增幅小于应收账款的增幅，说明与前期相比，企业在该会计期间所增加的营业收入更多地来源于赊销，而赊销对销售方来说是让渡了资金的时间价值以及承担了违约风险，说明企业在销售端口面临着一定的压力，这种压力可能来源于市场需求波动、竞争压力增加等。

（3）营业收入与经营性现金流量对比。可以将营业收入和经营性现金流量进行对比，或者使用"销售商品或服务的现金收入"（现金流量表指标）除以"营业收入"等比率指标，分析本年度营业收入中真正的现金流入量有多少，收款风险有多少。

（4）营业收入中关联方交易占比。对于一个集团企业而言，关联方交易实质上是集团内部资产的转移，对于集团整体而言并未创造真实的价值，作为企业管理者在分析营业收入质量时，应将内部关联方交易形成的营业收入剔除。

二、营业成本

（一）项目概念

营业成本是指与营业收入相关的已经确定了归属期和归属对象的成本。在不同类型的

---

① 钱爱民，张新民. 财务报表分析（第 4 版）［M］. 北京：中国人民大学出版社，2017.

企业里，营业成本有不同的表现形式。在制造业或工业企业里，营业成本表现为已销产品的生产成本；在商品流通企业里，营业成本表现为已销产品的购进成本；而在服务类企业里，营业成本则表现为所提供劳务的服务成本。

营业总成本和营业成本的区别是：营业成本包括产品和服务的直接成本，而营业总成本包括经营活动中产品和服务的直接成本以及发生的其他成本费用。例如，生产一瓶酒，所耗用的粮食、工人工资、酒瓶及包装、水电费、固定资产折旧等归属于产品本身的成本就属于营业成本，而营业成本加上销售过程中的广告费、销售人员工资以及企业管理过程中发生的费用等所有营业开支，就是营业总成本。列示于利润表中的营业成本，具体由"主营业务成本"和"其他业务成本"构成。

（二）项目分析要点

1. 项目规模分析

对营业成本进行分析，首先分析其规模大小，并进行横向对比与纵向对比。影响企业营业成本规模的因素，主要包括"可控"与"不可控"两个方面。

（1）可控因素。影响营业成本的可控因素主要包括供货渠道、采购批量、生产服务流程等三个方面。首先，对于供货渠道，不同的渠道会给企业带来不同的原材料成本水平。以追求成本领先战略的宜家家居为例，其供应商的选择方式是全球筛选，在考虑供应质量、供应时间、运输费用等各个方面之后，选出成本最小的供应渠道进行采购，这为宜家的低成本战略提供了强硬的支撑。其次，对于采购批量，这与企业拥有的议价能力有关，一般而言，采购批量越大，企业议价能力越强，单位采购成本就越低，但值得注意的是，企业不能仅考虑采购成本的大小，还应考虑存货存储成本、资金的机会成本、存货的短缺成本等各个方面，并结合公司战略与实际能力决定采购批量。最后，对于生产服务流程，其优化程度越高，越能提高生产效率、减少生产耗费进而减小成本，对于多工序、多步骤、多车间的企业，管理者应对各个生产流程的成本耗费进行对比分析，以优化生产流程，减少不必要的成本。

（2）不可控因素。影响成本水平的不可控因素主要有市场因素和政策因素。市场因素主要是指因为供需关系变动而引起的价格变化，例如，一种新药物的生产需要大量依赖某种原材料，那么这种原材料价格可能迅速上升。政策因素方面，往往是由于政策、法规条例等相关限制对市场价格的影响，例如，近年来随着环保监察力度的加强，相关企业的环保成本增加，不得不提升价格。面对不可控因素，管理者应具备敏锐的洞察力，以及时发现并响应，避免成本波动。

（3）成本质量。营业成本实质上是一种"会计计算结果"，它是为了反映当期利润而根据配比原则计算出来的会计成本，所以营业成本也存在"质量问题"。一般应注意以下几个方面：①营业成本的计算是否真实？会计核算方法（如存货计价方法、固定资产折旧方法等）的选择是否恰当、稳健？当期有无发生变更？其变更是否对营业成本产生较大影响？②营业成本是否存在异常波动？导致其异常波动的因素可能有哪些？哪些是可控因素？哪些是不可控因素？哪些是暂时性因素？哪些可能是对企业长期发展造成影响的因素？影响程度如何？③关联方交易及地方或部门行政手段对企业"低营业成本"所做出的贡献如何？其持续性如何？

2. 项目结构分析

（1）工业企业成本构成。工业企业产品销售成本（营业成本）是指已售产品的实际生产成本，它是根据已销产品的数量和单位生产成本计算出来的。以养元饮品为例，根据其 2018 年年报中成本分析表的数据（见表 5-1），可以发现其营业成本主要由"直接材料""直接人工""制造费用"以及"委托加工费用"这些生产加工费用构成。

表 5-1　2018 年养元饮品成本构成　　　　　　　　　单位：元

行业	成本构成项目	本期金额	本期占总成本比例（%）	上年同期金额	上年同期占总成本比例（%）	本期金额较上年同期变动比例（%）
植物蛋白饮料	直接材料	3639285138.51	89.31	3649196884.98	90.41	-0.27
	直接人工	88876329.89	2.18	76195653.84	1.89	16.64
	制造费用	130739739.47	3.21	130857519.56	3.24	-0.09
	委托加工费用	207939652.55	5.10	180148913.17	4.46	15.43
	小计	4066840860.42	99.80	4036398971.55	100.00	0.75
其他饮料	直接材料	7084866.36	0.17			
	直接人工	859276.38	0.02			
	制造费用	228888.47	0.01			
	小计	8173031.21	0.20			
总计		4075013891.63	100.00	4036398971.55	100.00	0.96

（2）商业企业成本构成。对于商业企业，已销商品的成本即商品采购成本，是商业企业未销售商品而在采购时支付的成本。以永辉超市为例，根据其 2018 年年报中成本分析表（见表 5-2），可发现永辉超市的营业成本并不包含上文养元饮品中的各类"生产加工"项目，销售商品的成本即为采购价。

表 5-2　2018 年永辉超市成本构成　　　　　　　　　单位：元

行业	成本构成项目	本期金额	本期占总成本比例（%）	上年同期金额	上年同期占总成本比例（%）	本期金额较上年同期变动比例（%）	情况说明
分行业情况							
零售业		54321512310.05	98.95	45881430128.60	99.39	18.40	
服务业		578227344.16	1.05	501365207.74	0.61	15.33	
分产品情况							
生鲜及加工		26958736411.20	49.11	22566027601.53	48.65	19.47	
食品用品		27362775898.85	49.84	23315402527.07	50.27	17.36	

（3）服务类企业成本构成。对于服务类企业营业成本的构成项目会因所处行业不同而有所不同，基本上都包括与提供劳务直接相关的人力、物力等方面的开支。表 5-3 中的数据来源于华测检测（技术服务业）2018 年年报中的"营业成本构成"，与前文的工业企业和商业企业相比可以发现，服务类企业的营业成本没有明确一致的成本构成项目，它可能

由各种与提供劳务相关的开支组成。

表 5-3　2018 年华测检测年报

行业分类	项目	2018 年		2017 年		同比增减（%）
		金额	占营业成本比重（%）	金额	占营业成本比重（%）	
技术服务业	职工薪酬	597779188.37	40.39	473393737.03	40.18	26.28
	折旧及摊销费	204024994.81	13.79	156849646.83	13.31	30.08
	外包费	182985414.67	12.36	107816820.24	9.15	69.72
	实验耗品	151706529.86	10.25	123483000.52	10.48	22.86
	房租水电费	120066690.37	8.11	83340307.47	7.07	44.09
	其他	223312412.64	15.09	233387997.54	19.81	-4.32

三、销售毛利率

（一）项目概念

销售毛利率是指销售毛利与销售收入的比例，其中销售毛利等于销售收入减去销售成本，即销售毛利率=（销售收入-销售成本）÷销售收入。

（二）项目分析要点

毛利率反映了企业主营业务的盈利能力，相比于财务管理学中众多反映盈利能力的指标，毛利率能更为直接、清晰地表现企业的盈利状况。

从毛利率的计算公式可以看出，分子是营业收入减去营业成本的差值，反映了企业主营业务对利润"贡献"的绝对值，再除以作为分母的营业收入，反映了这种"贡献"的相对比例。该比例越高，依据公式可知可能的原因为：收入更高或成本更低，前者表现了企业更强的定价权，后者表现了企业更强的成本控制能力，均能说明企业的盈利能力强。

管理者面对该指标，首先应该将其与行业指标进行比较。每个行业因其性质的不同，所形成的行业平均毛利率也有一定差异，应了解本企业所在行业的整体情况，再与本企业的毛利率进行对比，以了解企业在行业中所处的地位。若企业毛利率高于行业平均值，说明企业在行业中属于优势竞争者；若低于行业平均值，说明企业在行业中缺乏竞争优势，难以获得较多的利润。另外，管理者也可以通过行业平均毛利率的历史变化，了解该行业的发展能力，一般而言，朝阳行业的毛利率日益上升，成熟行业的毛利率较为稳定，而夕阳行业的毛利率呈现下降趋势。其次管理者应对比分析企业历年的毛利率。通过与历史数据进行比较，可以帮助管理者了解企业经营效率的波动，以为进一步评估各部门工作质量提供依据。

销售毛利率
行业同型分析

第二节 营业税金与期间费用

一、营业税金及附加

(一) 项目概念

本科目用于核算企业经营活动发生的营业税、消费税、城市维护建设税、资源税和教育费附加等相关税费。本科目也是一个流量概念，企业按规定计算确定的与经营活动相关的税费，借记本科目，贷记"应交税费"科目（经营性负债），计算出利润后，本科目余额随之转入"本年利润"科目，结转后无余额。

(二) 项目分析要点

本项目作为企业经营过程中的必要开支，企业一般无法自主降低该费用，但作为管理者应该对该项目进行横向及纵向对比，进行必要的税务筹划，以将该费用对企业利润的削弱程度降到最低。

营业税金及附加
行业同型分析

二、销售费用

(一) 项目概念

销售费用是一种期间费用，即该费用不受企业产品数量或销量增减变动影响，不能直接或间接归属于某个特定对象的各种费用。这些费用容易确定发生期间和归属期间，但很难判别其归属对象，因为在发生的当期应从损益中扣除。目前，我国把期间费用分为销售费用、管理费用、研发费用以及财务费用四种。

销售费用是指企业在销售商品和材料、提供劳务的过程中发生的各种费用，包括保险费、包装费、展览费和广告费、商品维修费、预计产品质量保证损失、运输费、装卸费等以及为销售本企业商品而专设的销售机构（含销售网点、售后服务网点等）的职工薪酬、业务费、折旧费等经营费用。例如，企业在销售商品过程中发生的包装费、保险费、展览费和广告费、运输费、装卸费等费用，借记本科目，贷记"库存现金""银行存款"等科目。

(二) 项目分析要点

1. 不同行业销售费用对比

销售费用是为了实现销售产品或提供劳务的目标而付出的相关代价，付出较高的销售费用，虽然会压缩利润，但也可能会实现销售额的上升或利润的上升。销售费用水平能够反映企业商业模式的差异，不同的行业、不同的商业模式的企业销售费用水平不同。图 5-1 中的数据分别来源于交通运输业中的东方航空与化妆品行业中的上海家化，纵坐标代表销售费用占营业收入的比率。我们可以发现作为化妆品行业的上海家化，其销售费用率超过了 30%，而作为交通运输业的东方航空却不到 10%。

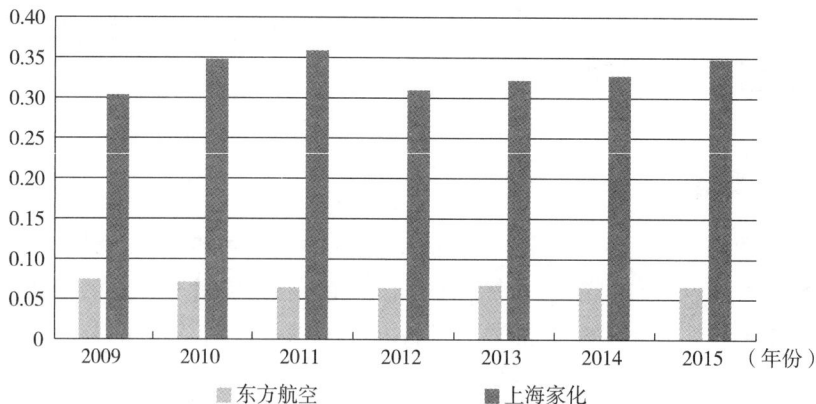

图 5-1 典型企业销售费用率比较

图 5-2 则反映了两家企业毛利率的水平，可以发现作为化妆品行业的上海家化，其毛利率超过 50%，远高于作为交通运输业的东方航空（小于 20%）。从这两个典型企业数据的对比中可以发现，两种行业销售模式的差别。作为化妆品行业，其销售量或销售毛利率的提升需要高的销售费用作为支撑；而对于交通运输业，其产品或服务为刚需，不需要进行过多的销售推广，但同时也无法获得较高的毛利率。

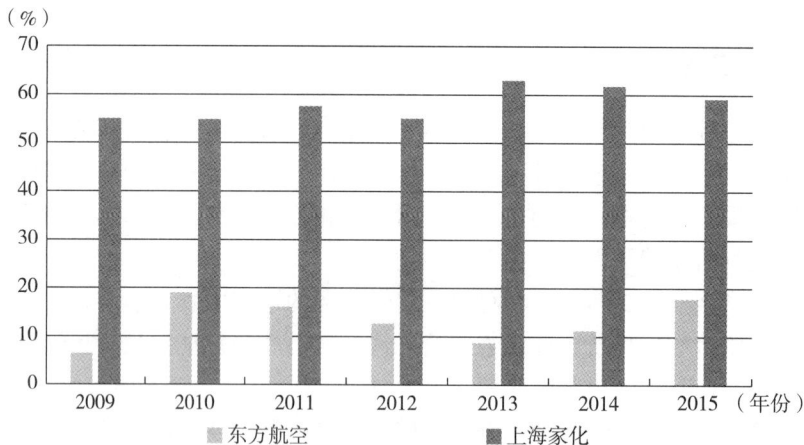

图 5-2 典型企业毛利率比较

2. 同行业不同企业销售费用对比

同一个行业的不同企业，不同的战略也会表现不同的销售费用率。图 5-3 比较了医药行业中的两家企业（康缘药业与上海医药）销售费用率的差别。可以发现康缘药业销售费用率在过去几年中均超过了 40%，而上海医药一直处于 10% 以下。这说明康缘药业的销售收入很可能是通过销售投入的加强带来的，而上海医药的销售收入则有可能是凭借产品核心竞争力的提升带来的。

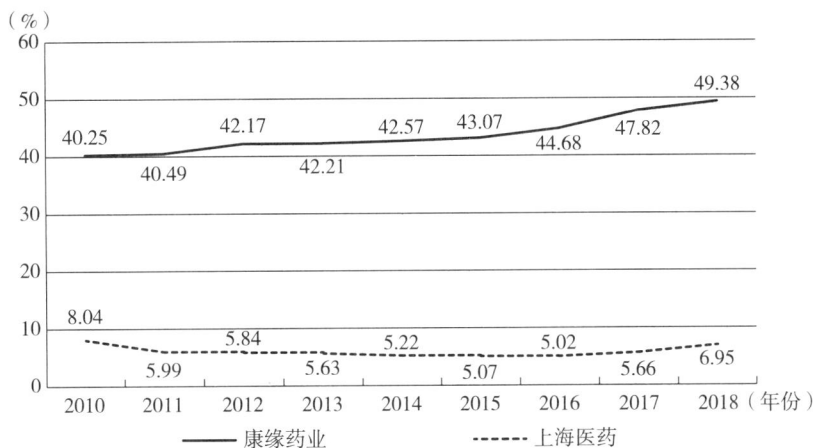

图 5-3 同行业不同企业销售费用率比较

3. 同企业不同阶段销售费用对比

同一个企业不同阶段的销售费用率也是存在差异的。一般而言，企业在初创阶段会发生较多的销售费用用于品牌培育、渠道管理、平台构建等；进入成长期后，企业的销售费用会受到市场竞争的影响，若企业面对严峻的竞争环境，有可能发生较大的销售费用以促进销售；进入成熟期后，企业销售渠道已经稳定、品牌形象也已经稳固，这时除非发展新的业务，不然企业的销售收入往往会处于较低水平。

综上，分析销售费用项目，应结合行业特征、企业商业模式、企业战略、企业所处阶段以及其他外部环境等因素共同进行。管理者针对销售费用应着重考察以下两个方面：①销售费用的发生对未来销售收入的提升是否有用，关注相关支出对企业长期销售能力改善、企业长期发展可能做出的贡献，考察销售费用的长期效应和有效性；②在销售费用存在异常波动的情况下，结合行业竞争态势和竞争格局的变化、企业营销策略的变化以及相关会计政策的变化等因素，判断销售费用波动的合理性，关注是否有认为主管操纵的迹象①。

销售费用行业
同型分析

三、管理费用

（一）项目概念

管理费用是指企业行政管理部门为组织和管理企业生产经营所发生的各项费用支出，包括企业在筹建期间内发生的开办费、董事会和行政管理部门在企业的经营管理中发生的或者应由企业统一负担的公司经费（包括行政管理部门职工工资及福利费、物料消耗、低值易耗品摊销、办公费和差旅费等）、工会经费、董事会费（包括董事会成员津贴、会议费和差旅费等）、聘请中介机构费、咨询费（含顾问费）、诉讼费、业务招待费、房产税、

---

① 张新民，钱爱民．财务报表分析（第 4 版）［M］．北京：中国人民大学出版社，2017．

车船税、土地使用税、印花税、技术转让费、矿产资源补偿费、研究费用、排污费等。例如，行政管理部门人员的工资，借记本科目，贷记"应付职工薪酬"科目。

（二）项目分析要点

上文中销售费用是企业为了实现经营目标而在销售环节付出的代价，而管理费用则是企业为了实现经营目标而在内部管理的各个环节付出的额外代价。管理费用的项目比较庞杂，对其进行分析的难度较大，总体而言，有些项目的支出规模与企业规模有关，称作"流程费"，对其实施有效控制可以促进企业管理效率提高；而对于有些项目（如职工教育经费），称作"发展费"，对其进行控制或压缩反而会对企业的长远发展产生不利影响，不宜盲目降低其规模。一般情况下，在企业的规模、组织结构、管理风格和管理手段等方面变化不大的情况下，企业管理费用的规模也不会有太大变化。

作为管理者，应能够辨别管理费用"流程费"和"发展费"各自占比及波动情况，流程费应尽力减少；而发展费应维持在一个稳定的水平，不能盲目减少，不过对这类费用的分析也应从支出的有效性、长期效应以及异常波动的合理性等几方面来考察。

管理费用行业同型分析

四、研发费用

（一）项目概念

根据《企业会计准则及应用指南（2018 修订）》，"研发费用"将从"管理费用"中分离出来作为单独一个项目列于利润表中，以反映企业进行研究与开发过程中发生的费用化支出。

（二）项目分析要点

如果说销售费用是为了促进企业未来在销售能力的提升而发生的费用，那么研发费用则是为了促进企业整个核心竞争力的提升而发生的支出。如今我国经济结构正在转型，传统的以提升"销售"能力为核心的经营思想已逐渐转变为提升产品"核心竞争力"，与销售费用一样作为一种"发展费用"，研发费用更能可靠提升企业竞争力，为企业创造更大的效益。

管理费用的单独列报能够帮助管理者更为直观地研判企业的当今和未来。对于不同行业、不同企业战略以及不同的企业成长阶段，研发费用率都存在着差异，作为企业管理者，在分析研发费用项目时应注意以下几个方面：①了解本企业所在行业的情况，比较企业研发投入与行业平均的差异，若本企业研发费用明显不足，说明企业创新研发的力度不够，未来可能面对淘汰的风险；②判断研发费用各项支出的有效性和长期效应，若该企业研发费用长期过高，但并未获得超过行业的利润，管理者应进一步查明其原因，避免资源的低效配置。

因研发费用在 2018 年才从管理费用中独立出来单独列示，故本书未进行该项目的行业同型分析。

五、财务费用

（一）项目概念

本科目核算企业为筹集生产经营所需资金等而发生的筹资费用，包括利息支出（减利息收入）、汇兑损益以及相关的手续费、企业发生的现金折扣或收到的现金折扣等。例如，企业发生的财务费用，借记本科目，贷记"银行存款""未确认融资费用"等科目。

（二）项目分析要点

该项目可为正数也可为负数，正数反映的是费用，而负数反映的是收益。与销售费用、管理费用相比，财务费用中可以分与经营相关和与经营无关的两部分，前者主要是指企业融资产生的融资费用；后者主要是指企业的日常经营活动中发生的汇兑损益。故企业管理者在评价经营业绩的时候，可将财务费用中与经营无关的部分排除，再分析费用÷收入的比率。

财务费用行业
同型分析

第三节　其他损益

一、资产减值损失

（一）项目概念

本科目核算企业计提各项资产减值准备所形成的损失，主要与企业的应收款项、存货、长期股权投资、持有至到期投资、固定资产、无形资产、贷款等资产的减值有关。例如，当存货发生减值时，借记本科目，贷记"存货跌价准备"科目。当该科目的数额为负数时，代表相关减值的转回。企业计提坏账准备、存货跌价准备、持有至到期投资减值准备、贷款损失准备等，相关资产的价值又得以恢复的，应在原已计提的减值准备金额内，按恢复增加的金额，借记"坏账准备""存货跌价准备""持有至到期投资减值准备""贷款损失准备"等科目，贷记本科目。

（二）项目分析要点

资产的减值往往由资产自身属性、市场波动、政策调整或自然灾害等原因形成，例如餐饮行业其存货因保鲜要求而不能长时间保存，一旦面临滞销则其商品会面临大规模减值；又如制造行业，其往往拥有大量的固定资产作为生产设备，若出现科技进步而导致这类固定资产不再具有为企业创造收益的价值时，其会面临大幅减值。且根据第三章对利润表的再认识，资产减值损失属于与经营相关但无法控制的损失，作为管理者应注意这部分损失占总收入的比例，关注其是否存在较大波动，并查明发生减值的具体资产及减值原因，以及时调整资产配置，减少其对利润的影响。

二、公允价值变动损益

资产减值损失
行业同型分析

（一）项目概念

本科目用于核算企业交易性金融资产、交易性金融负债，以及采用公允价值模式计量的投资性房地产、衍生工具、套期保值业务等公允价值变动形成的应计入当期损益的利得或损失。指定为以公允价值计量且其变动计入当期损益的金融资产或金融负债公允价值变动形成的应计入当期损益的利得或损失，也在本科目核算。

本科目的会计处理主要包括：交易性金融资产，在资产负债表日的账务处理以及出售交易性金融资产时的账务处理；交易性金融负债，在资产负债表日的账务处理以及处置交易性金融负债时的账务处理；采用公允价值模式计量的投资性房地产、衍生工具、套期工具、被套期项目等的账务处理；期末结转；等等。

（二）项目分析要点

本项目属于与经营无关且不可控的利得或损失，同资产减值损失一样，管理者需要关注该项目的波动并查明公允价值波动较大的资产以及波动原因，并及时调整资产配置，以减少该项目对利润的影响。

公允价值变动损
益行业同型分析

三、投资收益

（一）项目概念

本科目用于核算企业确认的投资收益或投资损失。其与"营业外收入"中处置固定资产获得的收益类似，反映处置相关资产而形成的收益，但两者区别在于，前者所记录的处置资产为企业生产经营用的资产，如固定资产、无形资产等，而后者所记录的处置资产是与其企业生产经营不直接相关的金融资产。

本科目的会计处理主要包括：长期股权投资的后续计量；企业持有交易性金融资产、持有至到期投资、可供出售金融资产期间取得的投资收益以及出售后取得的收益；期末结转；等等。

（二）项目分析要点

根据第三章对利润表的再认识，投资收益属于一种利得，且该项目可分为与经营相关的战略股权投资收益以及与经营无关的投资性资产收益。对该项目的分析首先应将经营相关部分与经营无关部分拆分开，分别分析两者在收入中的占比，并研究战略股权投资收益对经营性利润的影响，以调整经营战略。

投资收益行业
同型分析

第四节　营业外收入与营业外支出

一、营业外收入

（一）项目概念

本科目核算企业发生的各项营业外收入，主要包括非流动资产处置利得、非货币性资产交换利得、债务重组利得、政府补助、盘盈利得、捐赠利得等。本科目的会计处理主要包括：企业确认的处置非流动资产利得、非货币性资产交换利得、债务重组利得；企业确认的政府补助利得；期末结转；等等。

（二）项目分析要点

根据第三章对利润表的再认识，营业外收入属于不可控的利得项目，该项目同时包含了与经营相关的部分（如资产处置利得、非货币性资产交换利得、债务重组利得等）和与经营无关的部分（如政府补助、盘盈利得、捐赠利得等）。对该项目的分析应首先将经营相关及经营无关的部分拆分开，分别分析两类子项目对利润和经营性利润的影响。

营业外收入
行业同型分析

二、营业外支出

（一）项目概念

本科目核算企业发生的各项营业外支出，包括非流动资产处置损失、非货币性资产交换损失、债务重组损失、公益性捐赠支出、非常损失、盘亏损失等。企业确认处置非流动资产损失、非货币性资产交换损失、债务重组损失，比照"固定资产清理""无形资产""原材料""库存商品""应付账款"等科目的相关规定进行处理。例如，盘亏、毁损的资产发生的净损失，按管理权限报经批准后，借记本科目，贷记"待处理财产损溢"科目。

（二）项目分析要点

根据第三章对利润表的再认识，营业外支出属于不可控的损失项目，该项目同时包含了与经营相关的部分（如资产处置损失、非货币性资产交换损失、债务重组损失等）和与经营无关的部分（如捐赠支出、非常损失、盘亏损失等）。对该项目的分析应首先将经营相关及经营无关的部分拆分开，分别分析两类子项目对利润和经营性利润的影响。

营业外支出
行业同型分析

第六章 现金流量表及项目分析

企业的资产负债表与利润表均采用的是收付实现制的核算模式。在企业的经营过程中，管理者和投资人等逐渐发现，现金是企业经营的血液，是企业最基本的流动资产之一。然而，一个盈利丰厚的企业却可能因为现金不足而陷入困境乃至破产倒闭。正是基于人们对企业现金流量的重视，现金流量表才应运而生。

本章将从经营活动现金流、投资活动现金流和筹资活动现金流的构成和结构进行现金流量分析。

现金流量表是反映企业在一定会计期间现金和现金等价物流入和流出的报表。现金是指企业库存现金以及可以随时用于支付的存款；现金等价物是指企业持有的期限短、流动性强、易于转换为已知金额现金、价值变动风险很小的投资。

作为一个分析工具，现金流量表的主要作用是决定公司短期生存能力，特别是缴付账单的能力。它以收付实现制为编制基础，反映企业在一定时期现金流入和现金流出的状况，对于评价企业的利润质量、经营状况、现金偿还债务能力、投资和筹资结构，能比传统的以权责发生制为编制基础的损益表提供更好的基础。通过现金流量表的编制和分析可以加强企业的现金流量管理，保障企业的生存和发展。

第一节 现金流量表的结构和特点

一、现金流量表的结构

（一）现金流量表正表

现金流量表正表采用报告式的结构，分类反映经营活动产生的现金流量、投资活动产生的现金流量和筹资活动产生的现金流量，最后汇总反映企业现金及现金等价物净增加额。在有外币现金流量及境外子公司的现金流量折算为人民币的企业，正表中还应单设"汇率变动对现金的影响"项目。

1. 经营活动产生的现金流量

经营活动是指企业投资活动和筹资活动以外的所有交易和事项，包括销售商品或提供劳务、购买商品或接受劳务、收到返还的税费、经营性租赁、支付工资、支付广告费用、缴纳各项税款等。企业应当采用直接法列示经营活动产生的现金流量。直接法是指通过现金收入和现金支出的主要类别列示经营活动的现金流量。

经营活动现金流入的主要项目包括：①销售商品、提供劳务收到的现金；②收到的税费返还；③收到的其他与经营活动有关的现金。

经营活动现金流出的主要项目包括：①购买商品、接受劳务支付的现金；②支付给职工以及为职工支付的现金；③支付的各项税费；④支付的其他与经营活动有关的现金。

2. 投资活动产生的现金流量

投资活动是指企业长期资产的购建和不包括在现金等价物范围内的投资及其处置活动，包括取得和收回投资、购建和处置固定资产、购买和处置无形资产等。

投资活动现金流入的主要项目包括：①收回投资所收到的现金；②取得投资收益所收到的现金；③处置固定资产、无形资产和其他长期资产所收回的现金净额；④收到的其他与投资活动有关的现金。

投资活动现金流出的主要项目包括：①构建固定资产、无形资产和其他长期资产所支付的现金；②投资所支付的现金；③支付的其他与投资活动有关的现金。

3. 筹资活动产生的现金流量

筹资活动是指导致企业资本及债务规模和构成发生变化的活动，包括发行股票或接受投入资本、分派现金股利、取得和偿还银行借款、发行和偿还公司债券等。

筹资活动现金流入的主要项目包括：①吸收投资所收到的现金；②取得借款所收到的现金；③收到的其他与筹资活动有关的现金。

筹资活动现金流出的主要项目包括：①偿还债务所支付的现金；②分配股利、利润和偿付利息所支付的现金；③支付的其他与筹资活动相关的现金。

（二）现金流量表补充资料

补充资料包括三部分内容：将净利润调节为经营活动的现金流量；不涉及现金收支的投资和筹资活动；现金及现金等价物净增加情况。

二、现金流量表的特点[①]

（一）反映企业一段时期内现金及现金等价物流入和流出的原因

现金流量分为经营活动现金流、投资活动现金流和筹资活动现金流三大项，各项类别又主要以流入和流出形式分别反映。因此，通过现金流量表可以清晰地反映企业现金因何增加，增加了多少，或者减少了多少，这些信息是其他报表不能体现出来的。

（二）反映企业偿债能力和支付股利能力

企业、投资者以及债权人投入资金，主要目的是获利。获利能力的大小在一定程度上也体现了企业现金支付能力的大小。但是，企业某些时期赚取的利润并不代表企业真正具

---

① 杨志清. 浅论现金流对企业之重要性［J］. 现代经济信息，2018（13）.

有偿债或支付现金的能力。有时候，虽然企业利润表上的利润很好，但应收账款没有收回，财务资金周转困难，导致没有足够现金流来偿还到期债务；或者虽然利润表上的利润并不乐观，但企业却有足够的现金流来维持生产运营。因此，通过现金流量表的数据可以了解企业现金流入与流出的构成情况，通过财务比率分析，从而了解企业偿债能力和支付股利的能力。

（三）反映企业未来获取现金的能力

通过现金流结构分析，了解企业现金流的形成原因、变化过程，分析现金净流量由经营活动、投资活动和筹资活动产生的源头是否稳定可靠，现金流收入与支出渠道分别占有多大比例。例如，企业通过向银行借款筹集资金，本期反映了现金流入，但却意味着企业未来偿还借款时要流出现金。本期应收账款增加，意味着企业未来将有现金流入等。

（四）反映企业投资活动对财务状况的影响

资产负债表提供的是静态的财务信息，表明某一时点，企业有多少资产，分别用在哪里，又来自哪里，不能体现财务状况变动的原因；利润表虽然提供的是动态的财务信息，表明企业在一段时期，赚了多少钱或者赔了多少钱，但不能反映企业通过经营活动、投资活动和筹资活动产生了多少现金流；现金流量表则提供某段时期内现金流的动态信息，从投资活动现金流，可以分析企业的投资活动是否与企业战略目标、长中期计划相吻合，是否符合企业发展与规划扩张等。现金流量表对资产负债表和利润表起着很好的补充作用，是连接两个报表的桥梁，对投资者投资决策提供了有效支持。

（五）反映企业非现金交易重大事项

现金流量表除了反映企业与现金有关活动外，还通过补充资料附注提供不涉及现金的投资和筹资活动方面的信息，可以全面了解和分析企业的投融资活动。

第二节　自由现金流量分析

一、概念及公式

自由现金流量是指真正剩余的、可供自由支配的现金流量。就是企业产生的、在满足了再投资需要之后剩余的现金流量，这部分现金流量是在不影响公司持续发展的前提下可供分配给股东（和债权人）的最大现金额。简单地说，自由现金流量是指企业经营活动产生的现金流量扣除资本性支出。资本性支出是指取得的财产或劳务的效益可以给予多个会计期间所发生的那些支出。因此，这类支出应予以资本化，先计入资产类科目，然后，再分期按所得到的效益转入适当的费用科目。在企业的经营活动中，供长期使用的、其经济寿命将经历许多会计期间的资产，如固定资产、无形资产、递延资产等都要作为资本性支出。即先将其资本化，形成固定资产、无形资产、递延资产等。而随着它们为企业提供的效益，在各个会计期间转销为费用，如固定资产的折旧、无形资产、递延资产的摊销等。

企业的自由现金流量可通过如下公式计算：

自由现金流量（FCF）＝息税前利润－税款＋折旧和摊销－营运资本变动－资本支出

二、自由现金流量与企业长期价值的关系

（一）自由现金流对企业绩效的影响[①]

通过对自由现金流的相关概念进行综合分析，得出企业在进行绩效管理时进行过自由现金流指标的设立，有利于企业进行持续经营，并满足必要增长对现金的需求。将这些部分剔除后，如果企业剩余的资金逐渐增加，表明企业具有更多的可应用到红利发放、投资等方面的资金，预示着企业的发展能力相对较强。

与会计利润指标相比，自由现金流指标对盈利能力的反映更加真实。在实际工作中应用会计利润指标时，企业通常会采用摊销、折旧等计提法实现利润的增加，从而避免出现增加现金流入的现象。

在进行绩效管理时，应进行自由现金流量指标的设立，包含现金销售比率、每股经营的净现金的流量等可以对企业盈利能力进行有效反映的指标。通过这部分指标，帮助管理者有效了解企业日常营业中哪些项目具有较多的盈利，进而提高投资管理的合理性和可行性，为企业的盈利提供有力支持。还需要设置有效反映企业营运能力的指标，如现金营运指数、流动资产现金比率等。通过财务管理视角，并与应收账款周转率、总资产周转率相结合，进行流动资产现金比率指标的设置。有利于对会计人员进行资产回收结算工作的督促，从而加快工作的效率，加强应收账款回款控制，为企业的日常运行提供有力的支持与保障。

企业还应设置现金流动负债比、现金债务总额比，与速动比率、流动比率相结合，分析现金的债务总额，从而对财务会计付款节奏的控制加强。通过承兑汇票的开立实现资金流入速度的加快，并控制资金的支出，提高企业偿还债务的能力。企业最终应设立经营活动现金净流量增长率的指标，进而对企业的成长能力进行合理、有效的分析。

（二）自由现金流对企业持续经营能力的影响

站在企业日常经营的视角看，企业的财务活动即是指和企业的现金流具有关联的活动。因此，自由现金流既影响企业的绩效管理，又对企业持续经营的能力具有重要的影响。企业在进行持续发展经营的过程中，不可或缺的重要部分便是现金流，无论是开展相应的项目还是投资、日常的工作等均需要现金流的有力支持。若自由现金流缺乏，则企业的日常经营将被迫中断，直至消亡。自由现金流较为充足，则可以对企业开展的项目、投资活动等进行有力的资金支持，从而把握住发展的机遇，促进企业经济效益的获取，提高

---

① 邓伟健. 论自由现金流指标对企业经营管理的影响［J］. 现代营销（信息版），2019（2）.

自身的竞争力，在市场中占据有利地位，促进企业的进一步发展。当前阶段，市场的发展具有较大的多变性、复杂性。新的项目可以及时创建，有利于促进企业的可持续发展。在自由现金流中具有较多的财务报表信息，如损益表、现金流量表和资产负债表等，通过这些财务报表可有效地反映企业的经营状况。因此进行自由现金流指标的设置，适当增加其所占据的比重，有利于避免企业出现短时期内盲目追求利益的行为，使企业的经营业绩保持相对稳定的状态。企业在进行自由现金流的管理时，应充分与自由现金流的指标相结合，从而对经营风险进行有效规避。在企业进行经营管理时，通过调高财务杠杆，增加债务的资本，实现权益资本的减少。

（三）自由现金流在企业投资管理中的关键作用

对于上市公司的日常经营活动、筹资活动和投资活动，可以通过企业自由现金流量这个指标一一串联起来。例如，对于企业的筹资活动来说，由于自由现金流量存在代理成本，当企业面临投资机会时，那些拥有充裕自由现金流量的公司管理层可能会丧失应有的谨慎态度，对投资机会的回报率不进行详细考察而出现过度投资、投资不理性的行为[①]。因为管理层会认为，即使投资失败也并不严重，可以用现有的充裕的自由现金流量应对过去。管理层甚至可能会轻易决定一些并不合理、并不有效的并购行为[②]。这些行为可能会损害公司股东的利益，甚至拖累公司日常经营活动，导致公司效率大幅下滑，业绩不如以前。所以，公司在拥有充裕的自由现金流量之后的决策，关乎公司未来的筹资行为、投资机会、股利分配等问题，公司利用自由现金流量，将投融资与股利分配等财务核心问题进行统筹规划，涉及公司持续长久的经营和创造价值能力，因此，公司要综合地来看待自由现金流量这个重要的财务指标。

在资本市场上，很多企业都是因为资金链断裂，现金不足以偿还短期债务而走向破产和倒闭，这无疑意味着自由现金流量在企业财务管理中的重要作用，这种作用主要体现在以下两个方面：

自由现金流量是企业能够创造价值的前提。众所周知，企业要想获得需要的生产原材料和人工劳动力，就需要付出相应的现金，并且通过日常的销售活动售出商品后得到现金，这就是企业创造价值的过程，通过进行设备的更新换代和投资合理项目，能够保证未来健康持续地发展，增强企业自身实力，不断提高企业核心竞争力，结合当前获得现金的能力，着眼于继续获得未来现金流入，一家持续经营的企业应该有创造未来现金的能力，这样才能有足够的财力去发展和扩张[③]。如果缺乏充裕的经营现金流量和自由现金流量，企业就无法开展日常经营活动，也就无法创造价值。

自由现金流量能够合理地反映企业偿债能力。因为自由现金流量指标是在满足企业较好地持续经营的基础上，除去在库存、厂房、设备等资产方面的投资以外，还能留存下来的剩余的现金流量，这部分剩余现金是企业可以提供给股东或者债权人的现金流量，决定

① 戴丽萍. 财务指标与股票价格定位：一种实证研究 [J]. 云南财贸学院学报，2004（8）：66-70.

② 廖晓鹏. 每股收益和每股净资产的投资决策有用性——基于"费森—奥尔森估值模型"的实证研究 [J]. 北京工商大学学报，2009（1）：8-9.

③ 吴世农，李常青，陈碧华. 我国上市公司现金流量的市场反应和信息含量 [J]. 首都经贸大学学报，2001（5）：5-14.

了企业资金的流动性，同时企业的现金流量循环可以保持合理、科学的流动性①。众所周知，流动性是企业财务管理中非常重要的指标之一，如果较长时间处于流动性不足的状况中，会面临破产清算的危机，虽然传统的反映偿债能力的指标也可以起到风险警示的作用，比如流动比率、速动比率等，但是这些指标容易被管理者操作，从而不能真实、有效地揭露企业的财务风险。而自由现金流量充裕的企业可以选择还本付息来降低自身负债率，或者增大股利分配比率，维持和债权人的良好关系，营造积极的信用形象，使企业面临较小的财务风险，远离危机，也更加容易获得银行贷款，为日后经营发展奠定基础，能够真实、合理地反映在持续经营条件下企业的偿债能力，即未来的生存能力，比利润指标更加有效。

（四） 自由现金流在企业业绩评价中的价值

作为公司价值评估模型中的基本变量，公司只要创造自由现金流量，再通过使用合理的折现率，可以对公司价值进行评估，从而避免了我国大多数上市公司几乎不发放或者发放非常少的股利而造成的使用未来股利作为变量的估值模型不准确、不合理的问题。在不影响持续经营和未来发展的前提下，企业自由现金流量的增长，即公司可以向股东分配的最大现金流，可以反映出企业股权成本的变化。

自由现金流量能够反映企业盈利质量，减少利润造假的意图。实务中，有些企业为了掩盖日常经营状况，往往会操纵企业利润或者粉饰财务报表，最常见的手段就是调整利润指标，营造出虚假的利润。而且因为企业计算利润指标是通过权责发生制进行计算的，往往确认销售收入和实际收到现金货款是发生在两个时间点，造成了利润和现金流量的不一致性，而且公司还可以伪造销售或者利用增加投资收益等非营业活动操纵利润。并且根据定义，自由现金流量扣除了资本性支出和费用性支出，避免受到企业采取的会计方法的影响。此外，因为自由现金流量是以收付实现制为编制基础的，投资者可以通过着眼于自由现金流量指标，从质和量这两个维度来分析企业真正创造了多少价值，剔除非正常经营活动创造的收益，从而避免可能受到公司管理者的刻意欺瞒。

一个年度的自由现金流量往往不能说明太多问题，造成这样的原因有企业更新换代了生产设备、购买了大量用于日后生产用的原材料等。这些都不可避免地受到当年资本支出水平的影响，若支付的现金较多，将减少企业当期的自由现金流量，但是我们不能片面地说这种自由现金流量的减少是不好的，因为大量的资本支出可能是为日后的经营活动打下坚实、良好的基础，长期来看，是创造了企业价值的。所以，在运用自由现金流量来进行分析时，多考察几个年度的企业自由现金流量的变化会比较科学、合理。同时，运用自由现金流量估值模型还能促使企业考虑所有影响自由现金流量的价值因素。企业管理者应该对自由现金流的来源、去向、规模和结构予以足够的重视，较为充裕的自由现金流量是企业前期有效经营的基础，以及未来持续创造价值的基石，但是也要对自由现金流持有量这一问题有所警惕。企业管理者通过考察与自由现金流量相关的价值驱动因素，也能越来越有效率地提高企业价值。

---

① 辛岩. 会计盈余、现金流量与股票价格相关性实证研究 [D]. 河北大学硕士学位论文, 2009.

第三节 现金流及现金流项目组合分析

一、经营活动现金流量①

企业经营活动流量是企业现金流入的主要来源，而且在未来的可持续性最强，是大多数报表使用者重点关注的领域。

其一，企业经营活动现金净流量大于零，意味着企业生产经营比较正常，收回的现金满足生产经营相关成本费后仍有节余。且经营活动现金净流量占总现金净流量比率越大，说明企业的现金状况越稳定，支付能力越有保障。

其二，企业经营活动现金净流量小于零，意味着企业生产经营过程中的"收支不平衡"或生产经营过程的现金流转出现问题，这就要引起相关报表使用者的高度重视。如果企业处于初创期，这种现象是正常的。因为各项业务还未正常开展，此时还需投入大量的资金开拓市场等。但如果这种情况是在正常生产经营期间出现的，且这种局面长期内不能改变的话，企业将陷入严重的财务危机。

其三，企业经营活动现金净流量等于零，意味着企业通过正常的商品购、产、销所带来的现金流入量，恰恰能够支付因上述经营活动而引起的货币流出。在企业经营活动产生的现金流量等于零时，企业的经营活动现金流量处于"收支平衡"的状态。

企业正常经营活动不需要额外补充流动资金，企业的经营活动也不能为企业的投资活动以及融资活动贡献现金。但是，必须注意的是，在企业的成本消耗中，有相当一部分属于按照权责发生制原则的要求而确认的摊销成本（如无形资产、递延资产摊销、固定资产折旧等）和应计成本（如对预提费用的处理等），这两类成本可以通称为非现金消耗性成本。显然，在经营活动产生的现金流量等于零时，企业经营活动产生的现金流量是不可能为这部分非现金消耗性成本的资源消耗提供货币补偿的。因此，从长期来看，经营活动产生的现金流量等于零的状态，根本不可能维持企业经营活动的货币"简单再生产"。

因此，如果企业在正常生产经营期间持续出现这种状态，企业经营活动现金流量的质量仍然不高。

进行经营活动财务分析时不仅要做好现金流的控制，建立预警机制，控制好企业财务风险，更应关注应收账款的回收和存货的周转情况。尽量提早收回应收账款，降低坏账风险；关注存货的市场变化，合理控制存货数量，提高存货周转率。以促进企业经营活动的现金流量的稳定增长。

---

① 张新民，钱爱民．财务报表分析（第4版）[M]．北京：中国人民大学出版社，2017．

二、投资活动现金流量

投资活动是指企业对外的股权、债权投资，以及对内的固定资产、无形资产等投资。分析企业的投资活动现金净流量可预测企业未来期间收益。当然也可分析企业以前的投资在本期的收益状况。同时投资回收也说明企业经营规模的下降及战略调整。

其一，如果企业投资活动产生的现金净流量较大，说明企业投资收益显著，投资回报能力较强；又或者是企业处置了一些固定资产、长期资产等，这就要结合企业实际情况分析。如企业是为了筹资需求而不得不处置资产来获取现金流入，还是企业处置了闲置资产，来进行新的投资。

必须指出的是，企业投资活动的现金流出量有的需要由经营活动的现金流入量来补偿。例如，企业的固定资产、无形资产购建支出，将由未来使用有关固定资产和无形资产会计期间的经营活动的现金流量来补偿。因此，即使在一定时期企业投资活动产生的现金流量小于零，我们也不能对企业投资活动产生的现金流量的质量简单做出否定的评价。

其二，如果企业投资活动产生的现金净流量是负数，说明企业正在扩大规模或投资了新的利润增长点，此时需要大量的现金投入。需要结合投资的项目具体分析，看是否未来期间会有大量的现金流入以获取收益。不能简单地以目前的现金流入、流出金额来判断投资项目的优劣。

从投资活动的目的来分析，企业的投资活动主要有三个目的：①为企业正常生产经营活动奠定基础，如购建固定资产、无形资产和其他长期资产等；②为企业对外扩张和其他发展性目的进行权益性投资和债权性投资；③利用企业暂时不用的闲置货币资金进行短期投资，以求获得较高的投资收益。

在上述三个目的中，前两种投资一般都应与企业的长期规划和短期计划相一致。第三种投资则在很多情况下是企业的一种短期理财安排。因此，面对投资活动的现金流量小于零的企业，我们首先应当考虑的是：在企业的投资活动符合企业的长期规划和短期计划的条件下，这种现象表明了企业经营活动发展和企业扩张的内在需要，也反映了企业在扩张方面的努力与尝试。

进行投资活动财务分析时，要区别是对内投资还是对外投资。对内投资要兼顾企业发展和利润的分配，对外投资要结合项目风险分析。

三、筹资活动现金流量

筹资活动产生的现金净流量较大时，说明企业筹资能力强，或是企业发展前景可观有新的投资者进入。如果筹资活动产生的现金流入不足于支付企业筹资活动产生的现金流出，说明企业偿还了到期借款，或是给股东分配了股利。这些都是积极信号，对企业有益。所以，在分析筹资活动时要结合具体状况来看：是企业管理层以扩大投资和经营活动为目的的主动筹资行为，还是企业因经营活动、投资活动的现金流出失控导致的不得已的筹资行为。

进行筹资活动财务分析时还要注意区别筹集的资本是债务资本还是权益性资本。如果是权益性资本占比较大，说明企业的资金实力强，财务风险较低。同时注意是否有适合的收益分配政策。

四、现金流项目组合分析

从现金的流入和流出（其中流入用"＋"表示，流出用"－"表示）角度来看，通过对现金流量表中的"经营活动产生的现金流量净额、投资活动产生的现金流量净额、筹资活动产生的现金流量净额"三大指标进行排列组合，可以形成八种组合方式，下面分别对这些组合的特征进行分析：

（一）"＋＋＋"组合

三种活动产生的现金流量均为正数。这虽然表面上意味着现金流充足，但也反映了企业内部积压着大量盈利性较差的货币资金。此种组合最可能的情况就是，企业正在为投资做准备，而且可以推断，尽管企业此时的经营活动和投资活动产生的现金流量净额均为正数，但这两类经济活动所产生的现金流仍不能满足企业自身的投资计划需要，于是还需通过 IPO、再融资等股权式融资或银行借款等债权式融资方式进行融资补充。因此，这种组合状况一般较为短暂，企业有可能正在聚集大量资金准备新一轮的投资或偿还长期借款。

（二）"＋＋－"组合

这种现金流组合多出现在企业的成熟期，而且还可进一步判断此处投资活动产生的现金流大概率来自企业的投资收益，而非靠变卖土地、房屋或处置公司股权等"非经常活动"所得，毕竟公司经营活动产生的净现金流为正，在这种情况下公司应该还不至于通过变卖长期资产来获取非经常性损益来弥补公司正常运转所需的现金流。但需要引起注意的是，在分析这一现金流组合时，我们还应借助公司其他方面的信息深入分析此时公司投资收益的真正来源是来自金融投资所得，还是来自实业型投资所得。这两种投资类型的主要区别在于：金融投资的风险高，稳定性差；而实业性投资产生的现金流与经营活动产生的现金流无本质的区别，可以持续。如果此处投资活动产生的净现金流主要来自企业的实业型投资，那么我们就完全可以将它等同于经营活动产生的净现金流量，这说明此时企业投资活动产生的现金流的质量较高，可持续较好。

（三）"＋－＋"组合

不难发现，这种现金流组合多发生在企业的扩张期，而且在上市公司中尤为常见。此时，企业经营活动产生的净现金流量显然满足不了投资活动对现金的耗费，因而还需要启动筹资活动从外部引入资金。对于这种现金流组合的分析，我们应结合企业的其他信息着重分析企业现阶段的整体投资规模、投资项目的具体投向以及企业对投资节奏的把控力度，若企业在投资的规模、投向和节奏上把握不好，势必会给企业带来巨大的资金风险和投资风险。无数实例证明，投向错误的大规模过度投资将给企业带来资金链断裂的致命风险。

（四）"+--"组合

该种组合和上述第 3 种组合相比，除了筹资活动产生的净现金流量为负这一点与组合 3 不同外，其他两项净现金流的符号和组合 3 是完全一样的，这也意味着处于该种状态下的企业，它的整体现金流状况可能会更加吃紧。当然，在这种情况下，为了准确评估现金流的真实情况，我们还需要知道企业总的现金流量是流出还是流入，方法是将三种活动产生的净现金流量相加，正数代表流进；负数代表流出，表明企业的资金有耗竭的风险。

（五）"-++"组合

这种现金流组合的出现，一般表明企业已开始步入衰退期，主业已开始亏损。为了能够给工人发放工资、支付供应商的货款等，被迫变卖资产，甚至还要对外筹资以维持企业日常经营活动的开支所需。当然，这种情况下投资活动产生的净现金流也可能来源于企业的实业型投资所得，倘若如此，企业投资活动产生的净现金流就是可持续的，它在本质上就和经营活动产生的现金流别无二致了。

（六）"-+-"组合

与组合 5 相比，此时的企业还面临偿还债务的压力，日子更显窘迫和艰难。一般处于此种情形下的企业，为了能够偿还所欠债务，首先想到的便是变卖资产解困。但是，变卖资产终归是权宜之计，如果不能从根本上扭转时局，等待企业的很可能是破产清算的结局。

（七）"--+"组合

遇到这种组合，首先应一分为二地进行分析，如果是非上市企业，这种组合在很大程度上表明企业要么处于创业期，要么处于衰退期，而且在谋求转型；如果是上市企业，则处于创业期的可能性较小，因为上市公司一般在首次 IPO 时就已基本上度过了创业期，因而很可能是处于衰退期且正在谋求转型，但问题是，此时的现金流组合特征表明企业转型的最佳时机已经错过，面对经营活动产生的现金流量为负的不堪境况，转型又谈何容易。

（八）"---"组合

表明企业正在耗用以前的现金，以弥补生产、投资、筹资的不足，表明企业正处在财务困境，对于任一企业而言，这种现金流组合最不可持续，最终导致破产。

第三篇

企业战略与财务分析

　　本篇从介绍企业战略和企业财务战略的基本概念入手，对企业战略和企业财务战略的不同类型做了梳理并提供了可以选择的战略方向。基于此，对战略执行过程中预算的编制、执行及制度保障设计做了系统的梳理。最后，总结了企业绩效评价的科学方法。并且对财务报表的勾稽关系及财务分析的基本步骤和方法做了全面演示，在总体分析的基础上，分别从资产负债表、利润表、现金流量表以及杜邦分析法等不同维度做了详细讲解。

第七章　企业战略与财务战略

企业采取不同的战略会有不同的财务状况呈现，作为 MBA 学员不仅要会编制财务报表、根据财务信息分析企业的财务状况，还要具备根据企业战略对企业财务状况进行深入分析的能力。本章详细介绍了企业战略与企业财务战略，包括企业战略的概念、层次和类型；企业财务战略的概念和分类，以及在不同情况下的财务战略选择。

第一节　企业战略

一、企业战略的概念

战略是组织的长期的方向和规模，它通过配置资源和分配能力在不断变化的环境中获得优势并且实现利益相关者的期望。

二、企业战略层次

战略层次是企业根据对未来经营环境的判断，在选择的目标层面上确定的战略意图和战略行动。一般来说，一个完整形态的战略包括以下三个大的层次。每一层都有其自身的特点，自身的展开方式。

其一，目标层。目标层可以按以下方式展开：系统的根本目标、系统的根本目标的阶段性体现、具体目标上一级战略目标的子目标等。

其二，方针层。方针层可开展为：指导性的方针，限制性的原则等，具体化、细则化后的政策、制度等，物化了的体制、组织等。

其三，行为层。行为层可开展为：全面性的规划、计划等，具体性的工程、对策、程序等。

三、企业战略的类型

企业战略是对企业各种战略的统称，既包括竞争战略，也包括营销战略、发展战略、品牌战略、融资战略、技术开发战略、人才开发战略、资源开发战略等。本章介绍的企业战略类型包括发展型战略、稳定型战略、紧缩型战略、成本领先战略、差异化战略和专一化战略。

（一）按企业生命周期划分

1. 发展型战略

发展型战略又称增长型战略（Growth Strategies）、扩张型战略（Expansion Strategies）、进攻型战略（Attack Strategy），从企业发展的角度来看，任何成功的企业都应当经历长短不一的增长型战略实施期，因为从本质上说只有增长型战略才能不断地扩大企业规模，使企业从竞争力弱小的小企业发展成为实力雄厚的大企业。

发展型战略包括一体化战略、多元化战略、密集型成长战略。

（1）一体化战略。一体化战略包括纵向一体化战略和横向一体化战略。获得对经销商或者零售商的所有权或对其加强控制，称为前向一体化。获得对供应商的所有权或对其加强控制，称为后向一体化。获得与自身生产同类产品的企业的所有权或加强对他们的控制，称为横向一体化。横向一体化可以通过以下途径实现：购买、合并、联合。

（2）多元化战略。多元化战略的类型包括同心多元化和离心多元化。同心多元化也称为相关多元化，是以现有业务为基础进入相关产业的战略。当企业在产业内具有较强的竞争优势，而该产业的成长性或者吸引力逐渐下降时，比较适宜采取同心多元化战略。离心多元化也称为不相关多元化。采用离心多元化的目标是从财务上考虑平衡现金流或者获取新的利润增长点。

（3）密集型成长战略。密集型成长战略，也称为加强型成长战略，是指企业以快于过去的增长速度来增加某个组织现有产品或业务的销售额、利润额及市场占有率。包括三种类型：市场渗透战略（企业采取种种更积极的措施在现有市场上扩大现有产品的销售，教顾客使用产品是目前认为最好的市场渗透战略）、市场开发战略和产品开发战略。

2. 稳定型战略

稳定型战略也称为防御型战略、维持型战略，稳定型战略是指企业遵循与过去相同的战略目标，保持一贯的成长速度，同时不改变基本的产品或经营范围。它是对产品、市场等方面采取以守为攻，以安全经营为宗旨，不冒较大风险的一种战略。

从企业经营风险的角度来说，稳定型战略的风险是相对较小的，对于那些曾经成功地在一个处于上升趋势的行业和一个不断变化的环境中活动的企业会很有效。稳定型战略主要依据于前期战略，它坚持前期战略对产品和市场领域的选择，以前期战略所达到的目标作为本期希望达到的目标。因而，实行稳定型战略的前提条件是企业过去的战略是成功的。对于大多数企业来说，稳定型增长战略也许是最有效的战略。

稳定型增长战略包括四种类型：暂停战略、无变化战略、维持利润战略、谨慎前进战略。

3. 紧缩型战略

紧缩型战略也称为撤退型战略、收缩型战略。紧缩型战略是指企业从目前的战略经营领域和基础水平收缩和撤退，且偏离起点战略较大的一种经营战略。与稳定型战略和增长型战略相比，紧缩型战略是一种消极的发展战略。一般地，企业实施紧缩型战略只是短期的，其根本目的是使企业挨过风暴后转向其他的战略选择。有时，只有采取收缩和撤退的措施，才能抵御竞争对手的进攻，避开环境的威胁和迅速地实行自身资源的最优配置。可以说，紧缩型战略是一种以退为进的战略。

（1）紧缩型战略有以下特征：①对企业现有的产品和市场领域实行收缩、调整和撤退战略，如放弃某些市场和某些产品线系列。因而从企业的规模来看是在缩小的，同时一些效益指标，如利润率和市场占有率等，都会有较明显的下降。②对企业资源的运用采取较严格的控制和尽量削减各项费用支出，往往只投入最低限度的资源，因而紧缩型战略的实施过程往往会伴随着大量的裁员、一些奢侈品和大额资产的暂停购买等。③紧缩型战略具有明显的短期性。与稳定和发展两种战略相比，紧缩型战略具有明显的过渡性，其根本目的并不在于长期节约开支，停止发展，而是为了今后发展积蓄力量。包括转变战略、放弃战略、清算战略三种类型。

（2）紧缩型战略的适用性。采用紧缩型战略的企业可能是出于不同的动机，从这些动机来看，有三种类型的紧缩型战略：适应性紧缩战略、失败性紧缩战略、调整性紧缩战略。下面分别论述一下这三类不同动机的紧缩型战略的适用性。

适应性紧缩战略是企业为了适应外界环境而采取的一种战略。这种外界环境包括经济衰退，产业进入衰退期，对企业的产品或服务的需求减小等种类。在这些情况下，企业可以采取适应性紧缩战略来度过危机，以求发展。因此，适应性战略的使用条件就是企业预测到或已经感知到了外界环境对企业经营的不利性，并且企业认为采用稳定型战略尚不足以使企业顺利度过这个不利的外部环境。如果企业可以同时采用稳定型战略和紧缩型战略，并且两者都能使企业避开外界威胁，为今后发展创造条件的话，企业应当尽量采用稳定型战略，因为它的冲击力要小得多，因而对企业可能造成的伤害就要小得多。

失败性紧缩战略是指企业由于经营失误造成企业竞争地位虚弱、经营状况恶化，只有采用紧缩型战略才能最大限度地减少损失，保存企业实力。失败性紧缩战略的使用条件是企业出现重大的问题，如产品滞销、财务状况恶化、投资已无法收回。这里就涉及一个"度"的问题，即究竟在出现何种严重定额经营问题时才考虑实施紧缩型战略？要回答这一问题，需要对企业的市场、财务、组织机构等方面做一个全面估计，认真比较实施紧缩型战略的机会成本，经过细致的成本—收益分析，最后才能下结论。

调整性紧缩战略的动机既不是经济衰退，也不是经营的失误，而是为了谋求更好的发展机会，使有限的资源分配到更有效的使用场合。因而，调整性紧缩战略的适用条件使企业存在一个回报更高的资源配置点。为此，需要比较企业目前的业务单位和实施紧缩型战略后的资源投入的业务单位。在存在明显回报差距的情况下，可以考虑采用调整性紧缩战略。

（二）按竞争策略划分

1. 成本领先战略

成本领先战略是指企业通过降低自己的生产和经营成本，以低于竞争对手的产品价格，获得市场占有率，并获得同行业平均水平以上的利润。其优势包括可以抵御竞争对手的进攻、具有较强的对供应商的议价能力、形成了进入壁垒。

如果一个企业能够取得并保持全面的成本领先地位，那么它只要能使价格相等或接近于该产业的平均价格水平就会成为所在产业中高于平均水平的超群之辈。当成本领先的企业的价格相当于或低于其竞争厂商时，它的低成本地位就会转化为高收益。然而，一个在成本上占领先地位的企业不能忽视使产品别具一格的基础，一旦成本领先的企业产品在客户眼里不被看作与其他竞争厂商的产品不相上下或可被接受时它就要被迫削减价格，使之大大低于竞争厂商的水平以增加销售额。这就可能抵销了它有利的成本地位所带来的好处。得克萨斯仪器公司（Texas Instruments，手表工业）和西北航空公司（Northwest Airlines，航空运输业）就是两家陷于这种困境的低成本厂商。前者因无法克服其在产品别具一格的不利之处而退出了手表业；后者则因及时发现了问题，并着手努力改进营销工作、乘客服务和为旅行社提供的服务，而使其产品进一步与其竞争对手的产品并驾齐驱。

成本领先战略的适用条件：市场需求具有较大的价格弹性；所处行业的企业大多生产标准化产品，价格因素决定了企业的市场地位；实现产品差异化的途径很少；多数客户以相同的方式使用产品；用户购买从一个销售商改变为另外一个销售商时，转换成本很小，因而倾向于购买价格最优惠的产品。

案例 **格兰仕的总成本领先战略**（案例内容见右侧二维码）

格兰仕的总成本领先战略

2. 差异化战略

差异化战略又称别具一格战略，是指为使企业产品、服务、形象等与竞争对手有明显的区别，以获得竞争优势而采取的战略。这种战略的重点是创造被全行业和顾客都视为是独特的产品和服务。差异化战略的方法多种多样，如产品的差异化、服务差异化和形象差异化等。实现差异化战略，可以培养用户对品牌的忠诚。因此，差异化战略是使企业获得高于同行业平均水平利润的一种有效的竞争战略。

实现差异化战略可以有许多方式：设计品牌形象（Mercedes Benz 在汽车业中声誉卓著）、技术特点（Coleman 在野营设备业中）、外观特点（Jenn-Air 在电器领域中）、客户服务（Crown Cork 及 Seal 在金属罐产业中）、经销网络（Caterpillar Tractor 在建筑设备业中）及其他方面的独特性。最理想的情况是公司使自己在几个方面都差异化。例如，卡特皮勒推土机公司（Caterpillar Tractor）不仅以其经销网络和优良的零配件供应服务著称，而且以其极为优质耐用的产品享有盛誉。所有这些对于大型设备都至关重要，因为大型设备使用时发生故障的代价是昂贵的。应当强调差异化战略并不意味着公司可以忽略成本，但此时成本不是公司的首要战略目标。

差异化战略是增强企业竞争优势的有效手段。产品差异化对市场价格、市场竞争、市场集中度、市场进入壁垒、市场绩效均有不同程度的影响。差异化的产品或服务能够满足某些消费群体的特殊需要，这种差异化是其他竞争对手所不能提供的，可以与竞争对手相抗衡；产品或服务差异化也将降低顾客对价格的敏感性，不大可能转而购买其他的产品和服务，从而使企业避开价格竞争。具体可从以下几个方面来看：

（1）差异化本身可以给企业产品带来较高的溢价。这种溢价应当补偿因差异化所增加的成本，并且可以给企业带来较高的利润。产品的差异化程度越大，所具有的特性或功能就越难以替代和模仿，顾客越愿意为这种差异化支付较高的费用，企业获得的差异化优势也就越大。

（2）由于差异化产品和服务是竞争对手不能以同样的价格提供的，因而明显地削弱了顾客的讨价还价能力。

（3）采用差异化战略的企业在应对替代品竞争时将比其竞争对手处于更有利的地位。因为购买差异化产品的顾客不愿意接受替代品。

（4）产品差异化会形成一定的壁垒，行业的产品差异化越明显，因产品差别化所形成的进入壁垒就越高。

案例 海尔差异化战略的实施（案例内容见右侧二维码）

海尔差异化
战略的实施

3. 专一化战略

专一化战略也称集中化战略（集中策略）、目标集中战略、目标聚集战略、目标聚集性战略。这一战略依靠的前提思想是：公司业务的专一化能够以更高的效率、更好的效果为某一狭窄的战略对象服务，从而超过在较广阔范围内竞争的对手们。但专一化战略常常意味着限制了可以获取的整体市场份额。专一化战略必然地包含着利润率与销售额之间互以对方为代价的关系。

专一化战略一般是集中一点进攻对手的弱点，或是通过专有的业务活动方式以低成本形成对竞争对手的优势，要获得这方面的优势需要具备以下某些条件：

（1）拥有特殊的受欢迎的产品。如可口可乐、Dynasty 与白葡萄酒。

（2）开发了专有技术。如专有的胶粘接技术形成了稳定的车辆减震器市场、瑞士手表以其高质量的生产技术始终控制着名贵手表市场等。

（3）不渗透的市场结构。由于地理位置、收入水平、消费习惯、社会习俗等的不同，将形成专门化市场，这些市场之间的隔离性越强，越有利于专一化战略的实施。例如，专为大型建筑物提供中央空调系统的远大中央空调企业形成了专一化战略优势。

（4）不易模仿的生产、服务以及消费活动链。例如，为顾客开辟服装专门设计、定制服务的服装企业将拥有自己的专门化市场。

专一化可以分为集中成本领先战略和集中差异化战略。专一化战略的条件包括：企业资源和能力有限，难以在整个产业实现成本领先或者差异化，只能选定个别细分市场；目标市场具有较大的需求空间或增长潜力；目标市场的竞争对手尚未采用统一战略。实施专一化战略的风险包括：竞争者可能模仿；目标市场由于技术创新、替代品出现等而需求下降；由于目标细分市场与其他细分市场的差异过小，大量竞争者涌入细分市场；新进入者重新细分市场。

案例 EMC 的专一化战略（案例内容见右侧二维码）

EMC 的专一
化战略

第二节　企业财务战略

一、企业财务战略的概念

企业财务战略是指为谋求企业资金均衡有效的流动和实现企业整体战略，为增强企业财务竞争优势，在分析企业内外环境因素对资金流动影响的基础上，对企业资金流动进行全局性、长期性与创造性的谋划，并确保其执行的过程。

企业财务战略关注的焦点是企业资金流动，这是财务战略不同于其他各种战略的质的区别；企业财务战略应基于企业内外环境对资金流动的影响，这是财务战略环境分析的特征所在；企业财务战略的目标是确保企业资金均衡有效流动而最终实现企业总体战略；企业财务战略应具备战略的主要一般特征，即应注重全局性、长期性和创造性。

二、企业财务战略分类

（一）按企业基本活动分类

1. 投资财务战略

投资战略是企业财务战略的核心和基础，一方面投资财务战略直接体现了企业的战略目标，主要体现为固定资产投资、流动资产、无形资产投资（如研究开发投资、品牌投资等），甚至是项目投资、证券投资、产业投资和风险投资等。投资目标包括：收益性目标，这是企业生存的根本保证；发展性目标，实现可持续发展是企业投资战略的直接目标；公益性目标，这一目标是多数企业所不愿的。但投资成功，亦有利于企业长远发展。另一方面投资战略所确定的投资方向、规模决定了融资的方式和数量，而投资的时机和进度影响着企业的融资和营运资本的管理方式，投资的收益目标又在一定程度上影响着企业的股利分配以及财务风险控制。

2. 融资财务战略

融资战略是指企业在整体战略指导下，结合投资财务战略的需求，合理预期企业战略实施对资金的需求量和需求时间，对未来一段时期内的融资规模、融资渠道、融资方式、融资时机等内容做出合理规划，并以优化企业财务资本结构（资产负债率）为整体战略实施提供资金保障，以降低财务风险为目标。融资既要维持企业正常生产经营活动及发展所需资金，又要保证稳定的资金来源，增强融资灵活性，努力降低资金成本与融资风险，不断增强融资竞争力。企业还应根据战略需求不断拓宽融资渠道，对融资进行合理搭配，采用不同的融资方式进行最佳组合，以构筑既体现战略要求又适应外部环境变化的融资战略。

3. 股利分配财务战略

股利分配战略是企业融资、投资活动的逻辑延续，是财务活动的必然结果。股利决策包括支付给股东的现金股利占利润的百分比、绝对股利变动趋势的稳定性、股票股利和股票分割、股票回购等。股利支付比率决定了企业的留存收益必须本着股东财富最大化的原则决定。股利政策包括剩余股利政策、固定或持续增长的股利政策、固定股利支付率政策和低正常股利加额外股利政策。

（二）按企业资金的筹集和使用特征分类

1. 快速扩张型财务战略

快速扩张型财务战略是指以实现企业资产规模的快速扩张为目的的一种财务战略。为了实施这种财务战略，企业往往需要在将绝大部分利润留存的同时，大量地进行外部筹资，更多地利用负债，以弥补内部积累相对于企业扩张需要的不足。因为债务筹资既能为企业带来财务杠杆效应，又能防止净资产收益率和每股收益的稀释。企业资产规模的快速扩张，也往往会使企业的资产收益率在一个较长时期内表现为相对的低水平，因此，快速扩张型财务战略一般会表现出"高负债、低收益、少分配"的特征。

2. 稳健发展型财务战略

稳健发展型财务战略，是指以实现企业财务绩效的稳定增长和资产规模的平稳扩张为目的的财务战略。实施稳健发展型财务战略企业，一般将尽可能优化现有资源的配置和提高现有资源的使用效率及效益作为首要任务，将利润积累作为实现企业资产规模扩张的基本资金来源。为了防止过重的利息负担，这类企业对利用负债实现企业资产规模从而经营规模的扩张往往持十分谨慎的态度。所以，实施稳健发展型财务战略企业的一般财务特征是"低负债、高收益、中分配"。

3. 防御收缩型财务战略

防御收缩型财务战略是指以预防出现财务危机和求得生存及发展为目的的财务战略。实施防御收缩型财务战略的企业，一般将尽可能地减少现金流出和尽可能地增加现金流入作为首要任务，通过采取削减分部和精简机构等措施，盘活存量资产，节约成本支出，集中一切可以集中的人力、物力和财力，用于企业的主导业务，以增强企业主导业务的市场竞争力。由于这类企业多在以往的发展过程中曾经遭遇挫折，也很可能曾经实施过快速扩张的财务战略，因而历史上所形成的负债包袱和当前经营上所面临的困难，就成为迫使其采取防御收缩型财务战略的两个重要原因。"低负债、低收益、少分配"是实施这种财务战略的企业的基本财务特征。

三、企业财务战略选择

财务战略制定得是否科学，直接决定了企业整体战略的实施，因此，选择什么样的战略至关重要。主要有以下几种理论用于指导财务战略的选择。

(一) 基于生命周期分析的财务战略选择

1. 企业生命周期不同阶段特点

该理论认为，任何企业的产品都要经过引入、成长、成熟和衰退四个阶段的发展过程，完成从无到有，再到消亡的生命历程，因此称为产品生命周期理论。

(1) 企业初创期的特点。初创期的产品用户很少，只有高收入顾客才会对这些产品产生兴趣。虽然产品设计独特，但是质量这方面还有待提高。由于初创期产品刚刚出现，有很少的竞争对手，为了说服顾客去购买，企业就必须增加营销成本，投入更多的广告费用。新产品的销量小，产能过剩，造成生产成本过高，产品的新颖性和顾客的高收入使价格弹性小，因而，企业可能在这 时期采用高价格、高毛利政策，但是销量小，使企业的净利润较低。初创期企业的战略目标是扩大市场份额，主要投资于研究与开发和技术改进，从而提高产品的质量。这时期的经营风险相当高，企业研制的产品是否能被顾客接受，还存在很大的不确定性，一般情况下，新产品只有成功和失败两种结果，成功后进入成长期，失败则无法收回前期的投入资本。

（2）企业成长期的特点。到成长期时，产品销量不断上涨，购买产品的顾客范围随之扩大。随着产品的不断出现，消费者接受的产品质量各不相同，相应的对产品质量要求不高。尽管广告费用还比较高，但是每单位销售收入分担的广告费用在下降。在这个时期，竞争者在不断进入该行业，企业之间开始争夺人才和资源，引发市场的动荡。市场出现供不应求，出现了产品的最高价格，单位产品净利润也较高。成长期企业的战略目标是争取最大的市场份额，要使产品能成功地进入成熟期，企业必须加强市场营销方面的工作。在这一时期，经营风险有所下降，但是经营风险还处于较高的水平，由于行业竞争加剧，市场的不确定性就相应地增加。

（3）企业成熟期的特点。成熟期市场巨大，几乎接近饱和状态，该行业的企业之间出现了价格竞争，产品接近标准化，差异不明显，技术和质量改进缓慢，企业主要靠客户的重复购买，新顾客减少。产品价格开始呈下降趋势，毛利率和净利率也在下降。由于整个产业比较稳定，任何想扩大市场份额的竞争者，都会遇到对手的顽强反抗，从而引发价格战争。企业在这一时期，应该提高效率，降低成本。成熟期的经营风险进一步降低，达到中等水平，股东和企业想长期停留在能产生大量现金流入的成熟期，但是价格战随时会爆发，迟早会进入衰退期。

（4）企业衰退期的特点。在衰退期，产品的用户大多对产品的性价要求过高。各企业为了降低成本，在质量方面可能会出现问题，产能严重过剩，只有大批量生产并有自己销售渠道的企业才具有竞争力。企业在一时期的产品价格、毛利都很低，只有到后期，等大部分的企业退出市场，价格才有望回升。企业通过控制成本来维持正的现金流，因为企业在衰退期的经营战略目标是防御，获取最后的现金流。当企业缺乏成本控制优势时，就应该实施尽早退出行业的策略。进入衰退期后，经营风险会进一步降低，主要的悬念是在哪个时间产品将完全退出市场。

2. 企业在不同阶段的财务战略选择分析

（1）初创期的财务战略选择。在企业初创期，大多数公司认为经营风险比财务风险更重要。因此，从总体上看，创业期企业的财务战略安排应是关注经营风险，尽量降低财务风险。与此相适应，企业在该阶段应采取以下财务战略：

从筹资战略来看，企业初创期适宜通过权益资本筹资，建立牢固的财务基础，以保证企业的生存和未来的成长。初创期企业一般不宜采取负债筹资，这是因为一方面，初创期企业经营风险比较高，债权人要求的利率会较高，从而企业的筹资成本会很高；另一方面，企业在初创期的利润较少甚至是负数，用负债经营不会给企业带来节税效应。而对于权益筹资，由于初创期企业盈利能力较差，投资有完全失败的潜在可能，因此风险投资者在其中起很大作用。风险投资者之所以愿意将资本投资于企业，是因为预期企业的盈利能力未来会出现高增长。所以，企业应采用低财务风险策略，主要依靠股东投资，减少借款。

从投资战略来看，企业在初创期未能树立起企业的声誉和形象，得不到市场和消费者的广泛认同，因此，适宜采取集中化投资战略，利用有限的资金投资于某个特定市场。通过实施集中战略，主攻某个特定的顾客群，某产品系列的一个细分市场或某一地区市场，重点投资于特定目标，以更高的效率为某一狭窄的战略对象服务，有利于最大限度地发挥企业的能力，为企业以后的发展奠定基础。

从股利分配策略来看，创业期的企业利润减少，缺少支付股利的现金，留存收益是很多企业唯一的资金来源，企业出于稳健考虑需要进行大量积累，因此适宜采取少分或不分配利润的股利政策。

（2）成长期的财务战略选择。企业在此阶段应采取以下财务战略：从筹资策略来看，由于风险投资者要求在短期内获得因冒险投资成功而带来的高回报，一旦产品成功推向市场，他们就开始着手准备新的风险投资计划。因此，如果企业原始资本中存在风险资本，则企业必须找到其他适宜的外部融资来源将其取代，并为公司下一阶段的发展提供资本储备。由于公司的产品已经经受了市场的考验，而且公司经营已相对稳定，因此新投资者较风险投资者承担的风险要低，企业有可能从较广泛的潜在投资群体中搜寻新的权益资本。当然，权益筹资方式也包括提高税后收益的留存比率。如果两种融资途径都不能解决企业发展所需资金，最后可考虑采用负债融资方式，但是要注意资产负债率，保证企业的偿债能力。

从投资策略来看，企业成长期适宜采取一体化投资战略，即通过企业外部扩张或自身扩展等途径获得发展，扩大企业的规模，实现企业的规模经济。企业可适度增加营销投入，以维持现有的市场地位。此外，由于企业的现金储备充足，可以将现金转换为有价证券或对外股权投资，以获取投资收益，实现资本保值增值。

从股利分配策略来看，企业成长期收益水平有所提高，但现金流量不稳定，同时拥有较多有利可图的投资机会，需要大量资金。为增强筹资能力，企业不宜采取大量支付现金股利的政策，可以定期支付少量现金股利，而送股、转增股的使用较为普遍。

（3）成熟期的财务战略选择。企业在该阶段应采取以下财务战略：

从筹资战略来看，企业成熟期可采取积极的筹资战略，即采用相对较高的负债率，以有效利用财务杠杆。在企业成熟期，经营风险相对降低，同时盈利较多，采用负债筹资，会获得节税的好处，另外企业的经营状况良好，债权人愿意以较低的利率为企业提供资金，企业应扩大负债筹资的比例。同时企业开始出现大量正现金净流量，对成熟期企业而言，只要负债筹资导致的财务风险增加不会产生很高的总体风险，企业保持一个相对合理的资本结构，负债筹资就会为企业带来财务杠杆利益，同时提高权益资本的收益率。

从投资战略来看，此时企业的产品在技术上已经完全成熟，得到社会的广泛认可，继续发展的机会较小，这时可以采用多元化投资战略，开发其他产品。企业可以选择进入新的、与原有业务特性存在根本差别的业务活动领域，更多地占领市场和开拓新市场，或避免经营单一的风险，突破生命周期的制约，寻找继续成长的路径。从股利分配策略看，成熟期的企业盈利较多，现金流量充足，同时企业进入稳定发展阶段，不需要太多的投资资金，资金积累规模较大，具备较强的股利支付能力，而且投资者收益期望强烈，因此适宜采取高股利支付比率的现金股利政策。

（4）衰退期的财务战略选择。从总体上看，适应衰退期的风险特征，企业在该阶段应采取保守的财务战略：

从筹资战略来看，企业进入衰退期后，企业的经营状况逐渐恶化，经营风险加大，企业应该继续保持较高的负债筹资比例，而不必调整其扩张型的资本结构。一方面，衰退期既是企业的夕阳期，也是企业新活力的孕育期。在资本市场相对发达的情况下，如果新进行业的增长性及市场潜力巨大，则理性投资者会甘愿冒险，高负债率即意味着高收益率，如果新进行业并不理想，投资者会对未来投资进行自我判断，因为理性投资者及债权人完全有能力通过对企业未来前景的评价来判断其资产清算价值是否超过其债务面值。因此，这种市场环境为企业高负债融资创造了客观条件。另一方面，衰退期的企业具有一定的财务实力，高负债筹资战略对企业自身而言是可行的。

从投资战略来看，在这一阶段，市场上的替代品出现，市场份额不断减少，企业可以考虑实施并购重组战略，从而获得一定的财务回报。如果企业在市场中处于较强的竞争地位，则可以考虑通过兼并小的竞争对手来重组行业，直到拥有市场份额的控制权。通过市场控制权，企业可以获得比重组前更多的财务回报。采用这种战略，企业首先要确定某一局部市场在衰退期仍能有稳定的或者下降很慢的需求，而且在该市场中还能获得较高的收益。企业应当在这部分市场中建立起自己的地位，以后再视发展情况考虑进一步的对策。当然，在这种情况下，企业需要进行一定的投资，但必须注意投资成本不能太高。对于那些没有继续投资价值的产品，企业则可采取剥离或清算等退出战略，以增强在需要进入的新投资领域中的市场竞争力。

从股利分配策略来看，衰退期的企业投资需求很少，经营中的盈利可以全部用来分配股利，同时以前预留的盈余也要向股东分配，支付的股利甚至会超过本期盈利。这种股利回报既作为对现有股东投资机会的补偿，也作为对其初创期与发展期"高风险—低报酬"的一种补偿。当然，高回报应以不损害企业未来发展所需投资为限。

案例 海尔电器财务战略（案例内容见右侧二维码）

海尔电器
财务战略

（二）基于经济周期的财务战略选择

经济的周期性波动是以现代工商业为主体的经济总体发展过程中不可避免的现象，是经济系统存在和发展的表现形式。我国经济周期直观表现特征是：①周期长度不规则，发生频率高。有学者测算，过去我国的经济周期的平均长度为 4.6 年，高差为 1.9 年。②波动幅度大。我国经济周期波动系数的平均值为 11.33，高出发达国家几倍。③经济周期的波动呈收敛趋势，周期长度在拉长，波动幅度在减小。④经济周期各阶段呈现出不同的特征，在高涨阶段总需求迅速膨胀，在繁荣阶段过度繁荣，在衰退阶段进行紧缩性经济调整，严格控制总需求。

从财务的观点来看，经济的周期性波动要求企业顺应经济周期的过程和阶段，通过制定和选择富有弹性的财务战略，来抵御大起大落的经济震荡。以减少它对财务活动的影响，特别是减少经济周期中上升和下降抑制财务活动的负效应。财务战略的选择和实施要与经济运行周期相配合。

在经济复苏阶段应采取扩张型财务战略。增加厂房设备，采用融资租赁，开发新产品，增加劳动力。

在经济繁荣阶段应采取快速扩张型财务战略和稳健型财务战略结合。繁荣初期继续扩充厂房设备，采用融资租赁，提高产品价格，开展营销筹划，增加劳动力。繁荣后期采取稳健型财务战略。

在经济衰退阶段应采取防御收缩型财务战略。停止扩张，出售多余的厂房设备，停产不利产品，停止长期采购，削减存货，减少雇员。在经济萧条阶段，特别在经济处于低谷时期，建立投资标准，保持市场份额，压缩管理费用，放弃次要的财务利益，削减存货，减少临时性雇员。

总之，企业财务管理人员要根据时局的变化，对经济的发展阶段做出恰当的反应。要关注经济形势和经济政策，深刻领会国家的经济政策，特别是产业政策、投资政策等对企业财务活动可能造成的影响。

（三）基于企业经济增长方式的财务战略选择

长期以来，低水平重复建设与单纯数量扩张的经济增长，是我国企业经济增长的主要方式。这种增长方式在短期内容易见效，表现出短期高速增长的特征。但是，由于缺乏相应的技术水平和资源配置能力的配合，企业生产能力和真正的长期增长实际上受到了制约。因此，企业经济增长的方式客观上要求实现从粗放增长向集约增长的根本转变。为适应这种转变，财务战略需要从两个方面进行调整。

一方面，调整企业财务投资战略，加大基础项目的投资力度。企业经济真正的长期增长要求提高资源配置能力和效率，而资源配置能力和效率的提高取决于基础项目的发展。虽然基础项目在短期内难以带来较大的财务利益，但它为长期经济的发展提供了重要的基础。所以，企业在财务投资的规模和方向上，要实现基础项目相对于经济增长的超前发展。

另一方面，加大财务制度创新力度。通过建立与现代企业制度相适应的现代企业财务制度，既可以对追求短期数量增长的行动形成约束，又可以强化集约经营与技术创新的行为取向；通过明晰产权，从企业内部抑制掠夺性经营的冲动；通过以效益最大化和本金扩大化为目标的财务资源配置，限制高投入、低产出对资源的耗用，使企业经营集约化、高效率得以实现。

第八章　企业战略执行

战略执行是为实现企业战略目标而对战略规划的执行。企业在明晰了自己的战略目标后，就必须专注于如何将其落实转化为实际的行为并确保实现。本章从企业预算的制定开始，介绍了预算概念、种类及编制方法，然后从供应链管理、薪酬管理和成本控制角度介绍了预算的执行，最终介绍了企业预算执行制度保障。

第一节　企业预算的制定

一、预算的概念及种类

（一）预算的概念

财务预算是集中反映未来一定期间（预算年度）现金收支、经营成果和财务状况的预算。财务预算是企业经营预算的重要组成部分。财务预算的内容一般包括"现金预算""预计损益表"和"预计资产负债表"。其中，现金预算反映企业在预算期内，由于生产经营和投资活动所引起的现金收入、现金支出和现金余缺情况，预计损益表反映企业在预算期内的经营业绩，即销售收入、变动成本、固定成本和税后净收益等构成情况；预计资产负债表反映企业在预算期末的财务状况，即资金来源和资金占用以及它们各自的构成情况。

（二）预算的种类

1. 根据内容划分

（1）业务预算（即经营预算）。业务预算是指与企业日常经营活动直接相关的经营业务的各种预算。主要包括销售预算、生产预算、直接材料预算、直接人工预算、制造费用预算、产品成本预算、销售费用预算和管理费用预算。

（2）专门决策预算。专门决策预算是指企业不经常发生的、一次性的重要决策预算。专门决策预算直接反映相关决策的结果，是实际中选方案的进一步规划。如资本支出预算，其编制依据可以追溯到决策之前搜集到的有关资料，只不过预算比决策估算更细致、更精确。

（3）财务预算。财务预算是指企业在计划期内反映有关预计现金收支、财务状况和经营成果的预算，主要包括现金预算和预计财务报表。财务预算作为全面预算体系的最后环节，它是从价值方面总括地反映企业业务预算与专门决策预算的结果，在全面预算中占有举足轻重的地位。

2. 长期预算和短期预算

通常将预算期在 1 年以内（含 1 年）的预算称为短期预算，预算期在 1 年以上的预算称为长期预算。预算的编制时间可以视预算的内容和实际需要而定，可以是 1 周、1 月、1 季、1 年或若干年等。在预算编制过程中，往往应结合各项预算的特点，将长期预算和短期预算结合使用。一般情况下，企业的业务预算和财务预算多为 1 年期的短期预算，年内再按季或按月细分，而且预算期间往往与会计期间保持一致。

3. 固定预算和弹性预算

（1）固定预算。不论活动水平如何，固定预算都保持不变；而弹性预算是根据活动的程度而变化的。将固定预算与不同活动水平的实际结果进行比较，对控制目的没有多大用处。应使用弹性预算来显示实际活动水平的成本和收入。

（2）弹性预算。弹性预算是一种预算，它通过识别不同的成本行为模式，设计成随着产量的变化而变化的预算。弹性预算有两种用途：

其一，在计划阶段。例如，假设一家公司希望在明年销售 10000 台产品。将根据这些预期数量编制总预算（固定预算）。但是，如果该公司认为产量和销量可能低至 8000 台，也可能高至 12000 台，那么它可能会准备 8000 台、9000 台、11000 台和 12000 台的应急弹性预算。使用弹性预算进行规划有许多优点：如果产出高于预算，提前很长时间发现裁员工资、闲置时间等成本是可能的；如果产出低于预算，管理层可以决定是否有可能找到闲置产能的替代用途（如是否可以要求员工检修自己的机器，而不是付钱给外部承包商）；如果销售额超过固定预算，可以估算加班、分包或额外机器租用的成本。从这一点可以确定是否有一个限制因素会阻止实现大量的产出和销售。

其二，追溯。在每个月（控制期间）或年度结束时，可以使用弹性预算来比较实际取得的成果和在这种情况下应该取得的成果。弹性预算是预算控制的一个重要因素，它克服了预算控制系统监测中所遇到的实际问题：管理部门需要了解实际业绩有多好或有多差，才能提供业绩的衡量标准，必须有一个衡量实际业绩的尺度（预算或标准）；每一项业务都是动态的，不能期望实际产量完全符合固定预算。直接将实际成本与固定预算成本进行比较是没有意义的（除非实际活动水平与计划完全一致）；为了获得有用的控制资料，有必要将实际活动取得的实际结果与本应预期的这一级活动的结果进行比较，这些结果已由弹性预算显示。

二、预算编制

（一）总预算编制

总预算（Master Budget）是将组织视为整体的一种综合性财务计划。在通常情况下，总预算是为公司的一个财年（以一年为周期，年度预算可以细分为季度预算和月度预算）所做的预算。周期越短，越可以让经理人经常地比较实际数据和预算数据，有利于问题的早发现早解决。

有些组织奉行持续预算的理念。持续预算（Continuous Budget）是对移动的连续的 12 个月进行预算，当这一个月到期时，就会再加入一个月，保证公司的预算周期总是 12 个月，持续预算要求经理人连续不断地提前编制计划。

总预算分为经营预算和财务预算：

经营预算（Operating Budgets）描述的是公司产生收益的作业，包括销售、生产和产成品存货。经营预算的最终结果为预算利润表。

财务预算（Financial Budgets）描述的是现金流入、现金流出和公司的总体财务状况。现金预算表明预计的现金流入和现金流出，预计资产负债表显示预算期末的预期财务状况。

由于许多融资活动要在制定经营预算后才能确定，公司必须最先编制经营预算。对各个预算的描述解释有助于厘清它们之间的相互依赖性。图 8-1 揭示了总预算各组成部分的相互关系。

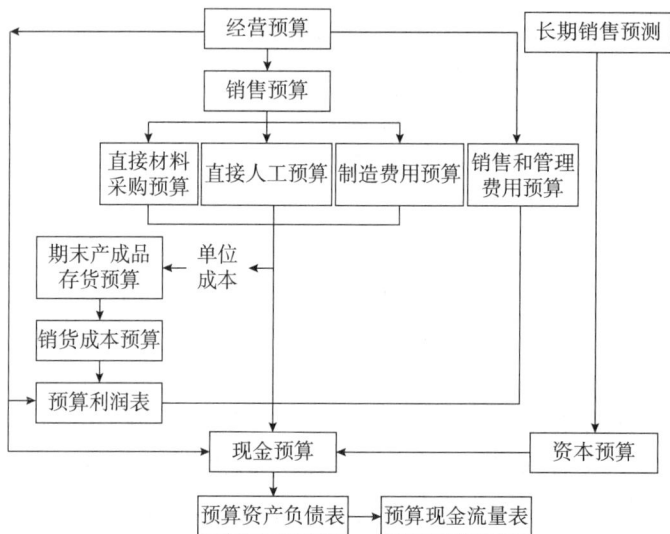

图 8-1　总预算及其组成部分的内在联系

（二）经营预算编制

经营预算包括预算利润表和如图 8-1 所示的相关附属预算：销售预算、生产预算、直接材料采购预算、直接人工预算、制造费用预算、销售和管理费用预算、期末产成品存货预算、销货成本预算。

（三）财务预算编制

总预算中的其余预算为财务预算，通常包括现金预算、预算资产负债表、资本支出预算。

1. 现金预算

现金预算（Cash Budget）的基本结构包括现金收入、现金支出、现金盈余/赤字和融资。简单来说，现金预算就是现金流入减去现金流出。假定某公司 6 月 1 日现金账户上有 3000 美元，而 6 月的现金销售额为 45000 美元，现金支出为 39000 美元，公司想在期末持有的最低现金余额为 2500 美元；该公司 6 月的现金预算如表 8-1 所示。

表 8-1 现金预算 单位：美元

预计期初余额	3000
加：现金收入	45000
可用现金	48000
减：现金支出	39000
预计期末余额	9000

2. 预算资产负债表

编制预算资产负债表需要当前资产负债表和总预算中其他预算的相关资料。

第二节 企业预算计划的执行

一、供应链管理

（一）供应链管理的定义

供应链管理是对供应链中的物流、信息流、资金流的增值管理，供应链管理采用了集成化的管理思想和方法，执行从供应商、生产商、销售商、零售商的最终用户的总体过程中的计划、组织、指挥、协调和控制职能。

供应链管理主要涉及四个主要领域：需求、供应、生产和物流。供应链管理是以同步化、集成化生产计划为向导，以多种管理技术和管理系统（如 ERP）为支持，围绕供应、生产作业、物流、满足需求来实施的。

（二）供应链管理的特点

供应链管理的特点主要体现如下：

其一，供应链管理把供应链中全部联盟节点企业看作一个有机整体，供应链管理涵盖整个物流从供应商直到终端用户的采购、制造、分销、零售等职能活动领域。

其二，供应链管理强调和依赖战略管理。"供应"是整个供应链联盟节点企业之间共享的、具有战略价值的概念，它决定了整个供应链的运营成本和市场占有份额。

其三，供应链管理不仅在于联盟节点企业之间资源的简单链接，而是营销整合思路方法的实际应用。

其四，供应链管理具有更高的目标，通过管理运输、库存和合作机制实现市场营销战略和计划。

(三) 供应链管理具体目标

1. 服务

物流系统直接联结着生产与再生产、生产与消费，因此要求有很强的服务性。这种服务性表现在本身有一定从属性，要以用户为中心，树立"用户第一"观念，不一定以利润为中心。物流业采取送货、配送等形式，就是服务性的体现。在技术方面，"准时供应方式"，也是其服务性的表现。

2. 快速、及时

及时性是服务性的延伸，是用户的要求，也是社会发展进步的要求。整个社会再生产的循环，取决于每一个环节，社会再生产不断循环进步推动社会的进步。物资流通时间越短，速度越快，社会再生产的周期越短，社会进步的速度越快。快速、及时是物流的既定目标，在现代经济环境中，这种特性更是物流活动的必备特性。如在物流领域采取直达物流，联合一贯运输、高速公路等技术和设施，就是这一目标的体现。

3. 节约

节约是经济领域的重要规律，在物流领域中除流通时间的节约外，由于流通过程消耗大而又基本上不增加或不提高商品的使用价值，所以依靠节约来降低投入，是提高相对产出的重要手段。物流过程作为"第三利润源"而言，这一利润的挖掘主要是依靠节约。要达到这一目标，可以通过推行集约化经营方式，提高物流的能力，采取各种节约、省力、降耗措施实现。

4. 规模优化

以物流规模作为物流系统的目标，是以此来追求规模效益。生产领域的规模生产是早已为社会所承认的。物流领域也存在规模效益，只是由于物流业比生产系统的稳定性差，因而难以形成标准的规模化模式。在物流领域以分散或集中等不同方式建立物流系统，研究物流集约化的程度，目的就是获得规模化效益。

5. 库存调节

库存调节性是及时性的延伸，也是物流业本身的要求，涉及物流的效益。物流是通过本身的库存，起到对千百家生产企业和消费者的需求保证作用，从而创造一个良好的社会外部环境。同时，物流又是国家进行资源配置的一环，系统的建立必须考虑国家进行资源配置，宏观调控的需要。在物流领域中正确确定库存方式，库存数量、库存结构、库存分布都是库存调节的具体问题。

(四) 供应链管理基本要求

1. 信息资源共享

信息是现代竞争的主要后盾。供应链管理采用现代科技方法，以最优流通渠道使信息迅速、准确地传递，在供应链商家和企业间实现资源共享。

2. 提高服务质量，扩大客户需求

供应链管理中，一起围绕"以客户为中心"的理念动作。消费者大多要求提供产品和

服务的前置时间越短越好，为此供应链管理通过生产企业内部、外部及流程企业的整体协作，大大缩短产品的流通周期，加快物流配送的速度，从而使客户个性化需求在最短的时间内得到满足。

3. 实现双赢

供应链管理把供应链的供应商、分销商、零售商等联系在一起，并对之优化，使各个相关企业形成了一个融会贯通的网络整体，在这个网络中，各企业仍保持着个体特性。但它们为整体利益的最大化共同合作，实现双赢的结果。有人预测，在未来的生产和流通中，将看不到企业，而只看到供应链。生产和流通的供应链化将成为现代生产和流通的主要方式。

二、薪酬管理

（一）薪酬管理的定义

薪酬管理是在组织发展战略指导下，对员工薪酬支付原则、策略、水平、结构以及薪酬构成进行确定、分配和调整的动态管理过程。

薪酬体系建立起来后，应密切关注薪酬日常管理中存在的问题，及时调整公司薪酬策略，调整薪酬水平、结构以及构成，以实现效率、公平、合法的薪酬目标，从而保证公司发展战略的实现。

（二）薪酬管理的具体目标

薪酬要发挥应有的作用，薪酬管理应达到以下三个目标：效率、公平、合法。达到效率和公平目标，就能促使薪酬激励作用的实现，而合法性是薪酬管理的基本要求，因为合法是公司存在和发展的基础。

1. 效率目标

效率目标包括两个层面：一是站在产出角度来看，薪酬能给组织绩效带来最大价值；二是站在投入角度来看，实现薪酬成本控制。薪酬效率目标的本质是用适当的薪酬成本给组织带来最大的价值。

2. 公平目标

公平目标包括三个层次：分配公平、过程公平、机会公平。

分配公平是指组织在进行人事决策、决定各种奖励措施时，应符合公平的要求。如果员工认为受到不公平对待，将会产生不满。

员工对于分配公平认知，来自其对工作的投入与所得进行主观比较而定，在这个过程中还会与过去的工作经验、同事、同行、朋友等进行对比。分配公平分为自我公平、内部公平、外部公平三个方面。自我公平，即员工获得的薪酬应与其付出成正比；内部公平，即同一企业中，不同职务的员工获得的薪酬应与其对企业做出的贡献成正比；外部公平，即同一行业、同一地区或同等规模的不同企业中类似职务的薪酬应基本相同。

过程公平是指在决定任何奖惩决策时，组织所依据的决策标准或方法符合公正性原则、程序公平一致、标准明确、过程公开等。

机会公平指组织赋予所有员工同样的发展机会，包括组织在决策前与员工互相沟通，组织决策考虑员工的意见，主管考虑员工的立场，建立员工申诉机制，等等。

3. 合法目标

合法目标是企业薪酬管理的前提，要求企业实施的薪酬制度符合国家、省份的法律法规、政策条例要求，如不能违反最低工资制度、法定保险福利、薪酬指导线制度等的规定。

（三）薪酬管理作用

薪酬不但关系到企业的成本控制，还与企业的产出或效益密切相关。虽然薪酬本身不能直接带来效益，但可以通过有效的薪酬战略及其实践，将薪酬交换劳动者的劳动，劳动力和生产资料结合创造出企业财富和经济效益。这样，薪酬就与企业的经济效益密不可分，对企业具有增值功能。

薪酬是企业人力资源管理的工具。管理者可以通过有效的薪酬战略及其实践，反映和评估员工的工作绩效，即将员工表现出来的不同工作绩效，报以不同的薪酬，从而促进员工工作数量的增加和质量的提高，保护和激励员工的工作积极性，以提高企业的生产效率。

薪酬的激励作用已受到越来越多人的重视，成为现代公司治理中的研究重心，薪酬激励机制的合理与否关系到员工的积极性，关系到公司的业绩，甚至是公司的未来发展。薪酬激励的方式大体分为两种形式，即年薪、奖金、津贴等的短期激励模式和包括股权激励、限制性股票、股票增值权、管理层持股、激励基金等中长期激励模式。

案例 企业薪酬（案例内容见右侧二维码）

企业薪酬

三、成本控制

（一）成本控制定义

成本控制是保证成本在预算估计范围内的工作。根据估算对实际成本进行检测，标记实际或潜在偏差，进行预测准备并给出保持成本与目标相符的措施。主要包括：①监督成本执行情况及对发现实际成本与计划的偏离；②将一些合理改变包括在基准成本中；③防止不正确、不合理、未经许可的改变包括在基准成本中；④把合理改变通知项目涉及方。在成本控制时，还必须和其范围控制、进度控制、质量控制等相结合。

（二）成本控制程序

成本控制的目标是使实际成本达到目标成本或计划成本的要求。在企业的发展战略中，成本控制在成本管理中起着极其重要的作用。如果同类产品的性能、质量相差无几，决定产品价格高低的主要因素是成本，因为只有降低了成本，才有可能降低产品的价格，企业才会在市场竞争中具有优势，此时，企业开展成本控制，可以事先限制各种物质消耗和各项费用的发生，有计划地控制成本的形成，使成本不超过预先制定的标准，达到降低成本的目的。为了发挥成本控制的作用，一般可按以下基本程序进行：

1. 制定成本标准

成本控制标准是对各项物质消耗和其他各项费用开支的数量界限，它是成本控制的准绳，主要是在产品生产之前，对影响成本的各有关因素进行分析研究，制定出一套适应企业具体情况的成本控制制度。在实际工作中，还需要将成本计划按生产部门、单位、产品、零部件或工序等，分解成更具体的小指标来控制。确定这些标准的方法主要包括定性和定量估算方法两类，而定性估算方法由于无法给出确切的成本估算值，在具体产品估算中应用较少，故不做重点介绍。

定量成本估算法就是利用数学、统计等量化的方法对产品成本进行估算。根据成本估算所依据的量化方法的原理不同，参考国内外学者的分类方法，本书将目前文献中出现的成本估算方法大致分为三类，分别是基于统计和参数拟合的成本估算法、分析估算法及基于特征的估算法。

（1）基于统计和参数拟合的成本估算法。这类成本估算方法的基本原理是根据已有产品信息，利用数学或统计分析手段，拟合或模拟产品信息与成本之间的关系，从而实现产品成本的估算。该类方法无须获知待估产品的详细结构信息，而且估算工作量较小，适用于产品设计早期阶段的成本估算。

学习曲线（Learning Curve）估算法是一种根据曲线效应理论估算产品成本的方法。学习曲线也称经验曲线，是随着产品累计产量的增加，单位产品的成本会以一定的比例下降。学习曲线（Learning Curve）是表示单位产品生产时间与所生产的产品总数量之间关系的一条曲线。该方法通过计算产品单位成本与累计产量变动率之间的对应关系，由此关系对产量变动情况下产品的单位成本进行估算。该估算方法的缺点在于由于某些学习现象非常复杂，较难测定学习效率，导致方法的适用性相对较差。

【例8-1】 某数码电子有限公司有一条手动插件生产线，该线有35名员工，手工插14英寸彩色电视机主板，日产量为1200块，每个主板的单位生产成本为9元。生产线管理人员要求，在一个星期内该生产线累计完成10000块。问每块主板的单位生产成本是多少？

如果该生产线的经验曲线为90%，那么，一星期内该生产线累计完成10000块主板的生产成本是：9×90% = 8.10（元）。

（2）分析估算法。分析估算法也称详细估算法，其在确定人工工时率、材料价格的基础上，根据所耗费人工工时和材料的数量计算作业或产品直接成本（直接材料、直接人工成本），然后按照一定分配率将管理费用、制造费用等间接成本分配到作业或产品，最后将直接成本和间接成本汇总得到产品总成本。这种估算方法需要完整的产品详细信息，因此更适合应用于所有产品特征细节和工艺过程都确定的产品设计的后期阶段的成本估算。

作业成本法（Activity Based Costing，ABC）又称作业成本计算法或作业量基准成本计算方法，该方法在"产品消耗作业，作消耗资源，资源消耗成本"的基本假定下，以作业（activity）为核心，首先根据作业的消耗资源将成本分配给相应的作业，其次根据成本动因，将作业分配到具体产品，最后依据产品作业消耗量确定产品成本。该方法的优点在于精度较高，而且能帮助成本管理者更好地理解成本因果关系，有利于成本管理和控制。该方法准确确定作业及其消耗的资源，因此需要大量的原始数据且必须在设计完成或产品投产之后才能进行估算。此外，成本的确定也不乏主观因素的存在，这些都导致该方法在应用上有局限性。

1）分析过程。首先，定义业务和成本核算对象（通常是产品，有时也可能是顾客、产品市场等）。这一过程很耗时间。如果两种产品满足的是顾客的同一种需求，那么在定义业务时，选择顾客要比选择单个产品更恰当。其次，确定每种业务的成本动因（即成本的决定因素，如订单的数量）。最后，将成本分配给每一成本核算对象，对各对象的成本和价格进行比较，从而确定其盈利能力的高低。

2）作业成本管理的意义。在现代企业实施作业成本管理有着重要的意义，具体如下：

其一，拓宽了成本核算的范围。作业成本法作为以作业为核心的成本核算方法，不仅核算最终产品成本，而且把作业、作业中心、顾客和市场都纳入了成本核算的范围，可以把握住资源向成本对象流动的关键，便于精确考核成本，有利于全面分析企业在特定产品、顾客与市场及其组合，以及各相应作业上增值性的差别。

其二，有助于调动各部门挖掘增值潜力的积极性。作业成本管理以作业成本为对象，重点放在每一作业的完成及其所耗费的资源上，便于明确与落实各作业环节所属部门的岗位责任，因而可极大地增强人员的成本意识，了解成本是何时及如何产生的，有助于管理人员不断挖掘增值潜力，优化经营管理决策，使作业处于不断改进的氛围中。

其三，可以有效地改进企业战略决策。作业成本管理非常重视产品设计和质量成本管理，力求根据技术与经济相统一的原则，不断改进产品设计和工艺设计，重新配置有限资源，把资源分配到能增加价值的项目上去，并为是否停止老产品生产、引进新产品和指导销售提供更加准确的信息，从而达到不断改善企业价值链的目标。因而实施作业成本管理将使现代企业的新产品开发能力和市场应变能力有一个大的提高，从而增加企业的发展能力、获利能力及工作效率。

企业是一个变化的实体，在作业成本正常运行后，还需要对作业成本核算模型进行维护，以使其能够反映企业的发展变化。伴随企业的运行，作业成本的运行、解释和行动是一个循环的过程。

（3）基于特征的估算法[①]。基于特征的估算法是在作业成本估算法的基础上开发的一种成本估算法，其继承了作业成本法的优点，又比作业成本法更容易实行，常被作为作业成本估算法的最佳替代。该估算方法将产品定义为一系列具有成本内涵的产品特征的集合，因此可以通过产品特征对成本进行估算。值得说明的是，这里的特征不仅是指产品的几何特征，而且将产品物理性质和属性及产品生产过程中涉及的过程和作业也包括在内。利用基于特征的估算法进行成本估算的具体步骤为：首先，确定构成公司产品的所有特征，这些特征通常具有层次结构，也就是说复杂的产品特征可以继续被细分为更小更简的特征。其次，由造价工程师确定形成这些产品特征所需要完成的作业（或活动）。一旦所有的作业被确定，还需计算出每个作业成本及所有作业的平均成本。接下来需要确定指定产品的特征，如车门的个数、汽车的颜色等，并将这些特征与产品（或作业）联系起来。最后，将产品包含的产品特征成本累加起来就可以得到总成本。

该估算方法的最大优势是使设计人员更清晰地理解产品特征与其总成本之间的显著关联，这使其成为通过优化设计产品目标成本的重要手段。与作业成本估算法不同的是，当

① 程晓娟．面向设计的产品生命周期成本控制研究［M］．西安：西安交通大学出版社，2017.

产品没有发生变化时，基于特征的估算法可以应用于产品设计阶段。该方法的缺点在于与产品特征对应的间接费用的收集困难，这将使成本估算的精度降低。此外，该估算方法用于非常复杂的或包含较少特征的产品的成本估算。

2. 监督成本

这就是根据控制标准，对成本形成的各个项目，经常地进行检查、评比和监督。不仅要检查指标本身的执行情况，而且还要检查和监督影响指标的各项条件，如设备、工艺、工具、工人技术水平、工作环境等。所以，成本日常控制要与生产作业控制等结合起来进行。成本日常控制的主要方面有材料费用的日常控制、工资费用的日常控制、间接费用的日常控制等。

3. 纠正差错

针对成本差异发生的原因，查明责任者，分别情况，分别轻重缓急，提出改进措施，加以贯彻执行。对于重大差异项目的纠正，一般采用下列程序：

（1）提出课题。从各种成本超支的原因中提出降低成本的课题。这些课题首先应当是那些成本降低潜力大、各方关心、可能实行的项目。提出课题的要求，包括课题的目的、内容、理由、根据和预期达到的经济效益。

（2）讨论和决策。课题选定以后，应发动有关部门和人员进行广泛的研究和讨论。对重大课题，可能要提出多种解决方案，然后进行各种方案的对比分析，从中选出最优方案。

（3）确定方案实施的方法步骤及负责执行的部门和人员。

（4）贯彻执行确定的方案。在执行过程中也要及时加以监督检查。方案实现以后，还要检查方案实现后的经济效益，衡量是否达到了预期的目标。

案例 成本控制（案例内容见右侧二维码）

成本控制

第三节 企业预算执行制度保障

一、内部控制定义

内部控制是指一个单位为了实现其经营目标，保护资产的安全完整，保证会计信息资料的正确可靠，确保经营方针的贯彻执行，保证经营活动的经济性、效率性和效果性而在单位内部采取的自我调整、约束、规划、评价和控制的一系列方法、手段与措施的总称。

二、内部控制要素

企业建立与实施有效的内部控制，应当包括下列要素：

内部环境。内部环境是企业实施内部控制的基础，一般包括治理结构、机构设置及权责分配、内部审计、人力资源政策、企业文化等。

风险评估。风险评估是企业及时识别、系统分析经营活动中与实现内部控制目标相关的风险，合理确定风险应对策略。

控制活动。控制活动是企业根据风险评估结果，采用相应的控制措施，将风险控制在可承受范围之内。

信息与沟通。信息与沟通是企业及时、准确地收集、传递与内部控制相关的信息，确保信息在企业内部、企业与外部之间进行有效沟通。

内部监督。内部监督是企业对内部控制建立与实施情况进行监督检查，评价内部控制的有效性，发现内部控制缺陷，应当及时加以改进。

三、内部控制基本结构

一般来说，企业资金的内部控制体系主要可以分为事前防范、事中控制和事后监督三个环节。

（一）事前防范

首先，企业需要建立一套严格的内控规章制度，包括《企业财务管理办法》《企业预算管理暂行办法》《资金计划管理办法》《企业资金授权审批管理办法》等与资金管理相关的制度。

其次，在企业的资金管理过程中，要合理设置职能部门，明确各部门的职责，各司其职，建立财务控制和职能分离体系。充分考虑不兼容职务和相互分离的制衡要求。各部门、各岗位形成相互制约、相互监督的格局。

最后，企业还应当建立严格的审批手续，授权批准制度，以减少不必要的开支。明确审批人对资金业务的授权批准方式、权限、程序、责任和相关控制措施，规定经办人办理资金业务的职责范围和工作要求。

（二）事中控制

事中控制主要体现在保障货币资金安全性、完整性、合法性和效益性资金安全性控制。包括现金、银行存款、其他货币资金、应收应付票据的控制。主要方法有账实盘点控制、库存限额控制、实物隔离控制等。

（三）事后监督

在资金管理过程中，除事前防范、事中控制环节外，资金的事后监督也是必不可少的环节。

在每个会计期间或每项重大经济活动完成之后，内部审计监督部门都应按照有效的监督程序，审计各项经济业务活动，及时发现内部控制的漏洞和薄弱环节；各职能部门也要将本部门在该会计期间或该项经济活动之后的资金变动状况的信息及时地反馈到资金管理部门，及时发现资金的筹集与需求量是否一致，资金结构、比例是否与计划或预算相符，产品的赊销是否严格遵守信用政策，存货的控制是否与指标一致，人、财、物的使用是否与计划或预算相符，产品的生产是否根据计划或预算合理安排，等等。

这样既保证了资金管理目标的适当性和科学性，也可根据反馈的实际信息，随时采取调整措施，以保证资金的管理更科学、合理、有效。同时，将各部门的资金管理状况与部门的业绩指标挂钩，做到资金管理的责、权、利相结合，调动资金管理部门和职工的积极性，更好地进行资金管理。

第九章 企业绩效评价与财务分析

战略决策和实施对企业将产生重大的持久的影响，错误的决策和执行，都会给企业发展带来严重的后果。由于对企业业绩的评价是对战略决策、战略实施和战略结果的研究和分析，以及对偏差进行纠正和控制。所以，业绩评价对企业发展具有重大的利害关系，在企业战略管理中必须给予重视。财务报表是对企业财务状况的一种呈现，我们必须要会从财务报表中挖掘信息，要具备财务分析的能力。

本章首先介绍了平衡计分卡、关键成功因素法和杠杆基准法等业绩评价方法，其次从财务报表勾稽关系入手，介绍了三大报表间的关系，进而介绍了财务分析的概念以及三大报表的详细分析方法，包括总体分析和财务比例分析。

第一节 企业绩效评价

战略决策和实施对企业将产生重大的持久的影响，错误的决策和错误的执行都会给企业发展带来严重的后果。由于对企业业绩的评价是对战略决策、战略实施和战略结果的研究和分析，以及对偏差进行纠正和控制。所以，业绩评价对企业发展具有重大的利害关系，在企业战略管理中必须给予重视。

一、平衡计分卡

（一）平衡计分卡总述

1992 年，哈佛大学商学院教授卡普兰和波士顿咨询公司的咨询顾问诺顿在《哈佛商业评论》上发表了《平衡计分卡：驱动绩效的评价指标体系》，正式提出了平衡计分卡的概念。

平衡计分卡是一种评价企业发展态势的分析评价模型。该模型从四个角度分析评价企业经营状况和发展趋势，即顾客角度、内部流程角度、学习与成长角度和财务角度四大方面对企业进行考察。

平衡计分卡作为一种战略管理工具，能有效评价企业战略实施的绩效；始终把企业战略置于中心位置，将企业的愿景、使命和发展战略与企业的业绩评价系统联系起来，把企业的使命和战略转变为具体的目标和测评方法。它将企业战略目标在四个方面依序展开成为具有因果关系的局部目标，并进一步发展对应的评价指标体系。

（二）平衡计分卡分析与应用

平衡计分卡主要从四个层面进行分析，如图9-1所示。

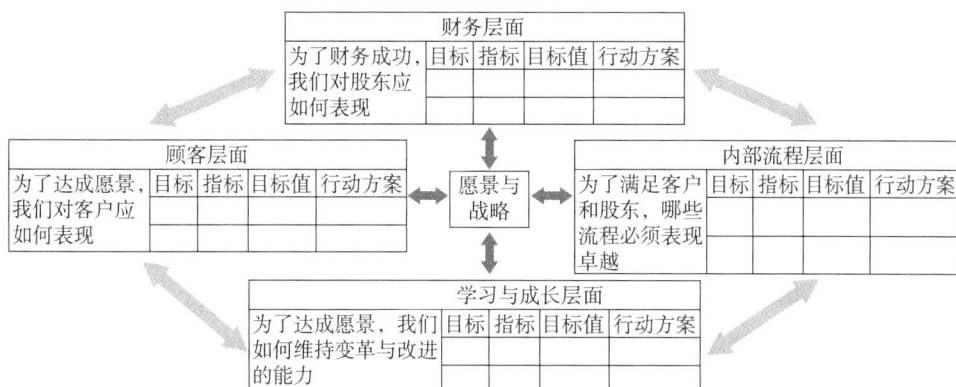

图 9-1　平衡计分卡的分析层面

1. 财务层面

我们应该怎样满足企业所有者？平衡计分卡要使企业的各个经营单位把自己的财务目标同企业的战略相联系，财务目标为其提供了焦点和纽带，这就是平衡计分卡分析的因果关系，因为企业的最终结果必然要提高财务绩效，所以，企业所有的改善归根结底都是财务目标的完成。

2. 顾客层面

顾客如何看我们？企业为了获得长远的发展，就必须创造出令顾客满意的产品和服务。平衡计分卡给出了两个层次的分析指标：一是企业在客户服务方面必须完成的各项指标（如市场份额、客户获得率、客户满意率等）；二是针对第一层次各项目标进行逐层细分，选定具体的量度分析指标体系。

3. 内部流程层面

我们必须擅长什么？以顾客为基础的衡量指标是非常重要的，但是只有当它们能够指明企业内部必须做什么时才有执行价值。因为优异的顾客绩效来源于企业内部所发生的决策、生产经营流程和工作质量。

4. 学习与成长层面

企业的创新、改进提高和不断的学习能力决定企业的长远发展，只有通过不断地为顾客开发新产品服务，为顾客创造新的价值并不断提高企业的生产效率，才能保持企业在竞争中的活力，推动企业发展，增加企业盈利。

（三）平衡计分卡基本理论与主要内容

1. 基本理论

平衡计分卡认为，传统的财务会计模式只能衡量过去发生的事情（落后的结果因素），但无法评估组织前瞻性的投资（领先的驱动因素）。在工业时代，注重财务指标的管理方法还是有效的。但在信息社会里，传统的业绩管理方法并不全面，组织必须通过在客户、供应商、员工、组织流程、技术和革新等方面的投资，获得持续发展的动力。正是基于这样的认识，平衡计分卡方法认为，组织应从四个角度审视自身业绩：学习与成长、业务流程、顾客、财务。

其中，平衡计分卡包含以下五项平衡：

（1）财务指标和非财务指标的平衡，企业考核的一般是财务指标，而对非财务指标（客户、内部流程、学习与成长）的考核很少，即使有对非财务指标的考核，也只是定性的说明，缺乏量化的考核，缺乏系统性和全面性。

（2）企业的长期目标和短期目标的平衡。平衡计分卡是一套战略执行的管理系统，如果以系统的观点来看平衡计分卡的实施过程，则战略是输入，财务是输出。

（3）结果性指标与动因性指标之间的平衡。平衡计分卡以有效完成战略为动因，以可衡量的指标为目标管理的结果，寻求结果性指标与动因性指标之间的平衡。

（4）企业组织内部群体与外部群体的平衡。在平衡计分卡中，股东与客户为外部群体，员工和内部业务流程是内部群体，平衡计分卡可以发挥在有效执行战略的过程中平衡这些群体间利益的重要性。

（5）领先指标与滞后指标之间的平衡。财务、客户、内部流程、学习与成长这四个方面包含了领先指标和滞后指标。财务指标就是一个滞后指标，只能反映公司上一年度发生的情况，不能告诉企业如何改善业绩和可持续发展。而对于后三项领先指标的关注，使企业达到了领先指标和滞后指标之间的平衡。

平衡计分卡的理论体系也在不断发展和完善。2000 年，卡普兰和诺顿在《实施战略有困难，那就画图吧》中提出了战略地图的概念，通过战略地图描述了实现战略的逻辑路径，使企业的员工了解公司战略、流程和系统以帮助他们实施战略。2008 年，罗伯特·卡普兰提出了"闭环管理系统"，它可以被视为一套架构在平衡计分卡上，进一步向无形资产的测量、管理，以及组织流程方向深入的实践系统。

具体分析，"闭环管理系统"是一个不断循环的战略执行系统：第一步是制定战略；第二步是通过战略地图和平衡计分卡将战略转化为运营方面的一些要素；第三步是确保公司内部步调一致，协同开展运营；第四步是使每一个员工都有自己的个人指标，以实现持续改进；第五步是对平衡计分卡的执行情况进行检查和跟进，通过员工、客户和流程层面实现提高；第六步是对以往制定的战略进行回顾和改进，最终又回到第一阶段。

平衡计分卡从最初的绩效管理工具，已经发展为战略描述和绩效管理相结合的工具。

2. 主要内容

平衡计分卡中的目标和评估指标来源于组织战略，它把组织的使命和战略转化为有形的目标和衡量指标。BSC 中的客户方面，管理者确认了组织将要参与竞争的客户和市场部分，并将目标转换成一组指标，如市场份额、客户留住率、客户获得率、顾客满意度、顾客获利水平等。BSC 中的内部经营过程方面，为吸引和留住目标市场上的客户，满足股东对财务回报的要求，管理者需关注对客户满意度和实现组织财务目标影响最大的那些内部过程，并为此设立衡量指标。在这一方面，BSC 重视的不是单纯的现有经营过程的改善，而是以确认客户和股东的要求为起点、以满足客户和股东要求为终点的全新的内部经营过程。BSC 中的学习和成长方面，确认了组织为了实现长期的业绩而必须进行的对未来的投资，包括对雇员的能力、组织的信息系统等方面的衡量。组织在上述各方面的成功必须转化为财务上的最终成功。产品质量、完成订单时间、生产率、新产品开发和客户满意度方面的改进只有转化为销售额的增加、经营费用的减少和资产周转率的提高，才能为组织带来利益。因此，BSC 的财务方面列示了组织的财务目标，并衡量战略的实施和执行是否为最终的经营成果的改善做出贡献。BSC 中的目标和衡量指标是相互联系的，这种联系不仅包括因果关系，而且包括结果的衡量和引起结果的过程的衡量相结合，最终反映组织战略。

（四）平衡计分卡组织适用性

平衡计分卡适用于具有以下特征的企业：①高层管理者有短期行为，或换了几任总经理仍然业绩不良；②缺乏有效的员工绩效管理系统；③对分公司业绩管理存在诸多问题：虚假利润、短期行为等；④希望实现突破性业绩；⑤需要转型或变革的国营企业；⑥希望实现长期发展，打造百年品牌；⑦规范化管理，提高整体管理水平；⑧提高组织战略管理能力；⑨二次创业的民营企业；⑩希望对市场有更快的反应速度等。

案例　美国西南航空的资源分配：平衡计分卡与战略
（案例内容见右侧二维码）

美国西南航空的
资源分配：平衡
计分卡与战略

二、关键成功因素法

（一）关键成功因素分析

关键成功因素（Critical Success Factors，CSF），是企业分析生存与发展时最需优先考虑的事项，是对企业成功起决定作用的某些战略要素的描述。关键成功因素总体来讲有以下特征：

在企业经营中，存在着多个变量影响系统目标的实现，其中若干个因素是关键的和主要的，是影响成功的关键变量。若能掌握这少数几项重要因素，便能使企业确保相当的竞争力，它是一组能力的组合。

关键成功因素是对成功起决定作用的某些战略要素的定性描述。关键成功因素能够辨别那些决定组织健康发展和生命力的问题。关键成功因素就是那些必须经常得到管理人员关注的区域，对这些区域的运行情况要不断地进行度量，并提供这些度量信息以供决策使用。

不论组织的规模有多大，它的关键成功因素一般被限制在 5~8 个，通常先开发 20~25 个主要成功因素，再进行优化。

（二）关键成功要素法设计绩效指标

关键成功要素法是设计关键绩效指标最常用的方法，在综合平衡计分卡以及其他的指标设计方法中都借鉴了关键成功要素法的思想。关键成功要素法是通过对企业关键成功领域（CSF）进行分析，找到一个企业成功或者阻碍成功的关键领域，并层层分解，从而选择考核的关键绩效指标。关键成功领域（CSF）表现为定性的描述，关键绩效指标（KPI）表现为对关键成功领域的定量描述。例如，我们设计的战略目标是加强与客户的关系，关键成功领域就是客户的满意程度，而关键绩效指标就可以在客户投诉率、客户满意率、投诉处理时间、重复购买率等之中进行选择，这些指标都是对定性因素客户满意程度的定量化表述。

通过关键成功要素法设计关键绩效指标，分为以下三个步骤。

1. 鱼骨图分析关键要素

首先明晰要获得优秀的业绩所必需的条件和要实现的目标。企业关键成功要素基本上涉及三方面的问题。第一，实现战略目标的标志是什么？也就是回答这个企业是如何定义成功的。第二，在过去那些成功要素之中，哪些能够使企业持续成功？哪些要素已经成为一个企业持续成功的障碍？第三，环境变化的主要压力是什么？在这三个问题的基础上进一步分析，其中最重要的方面是什么？上述问题答案中最优先解决的又是什么？在企业关键成功因素分析的基础上进一步分解和细化，形成企业经营成功要素可理解与实施的逻辑体系。

鱼骨图分解法是常用的关键成功因素开发方法之一。通过找出部门与公司战略目标的联系，按相互关联性整理，形成层次分明、条理清楚的图形，如图 9-2 所示。

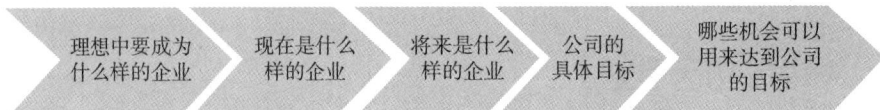

| 理想中要成为什么样的企业 | 现在是什么样的企业 | 将来是什么样的企业 | 公司的具体目标 | 哪些机会可以用来达到公司的目标 |

图 9-2　鱼骨图

鱼骨图中的鱼头表示"战略目标重点"，大鱼刺表示"主关键成功因素"，小鱼刺表示"次关键成功因素"，次关键成功因素是对主关键成功因素的进一步分解。通过对实现战略目标重点的关键成功因素分析，形成关键成功因素层次体系，将实现战略目标的影响因素具体化。必要时可利用鱼骨图进行多次分解。

2. 确定策略手段

关键成功领域经过鱼骨图的层层分解后，就可以确定对于某一具体的成功要素要采用什么样的手段来实现。策略手段分析是制定关键绩效指标（KPI）最关键的一个环节，但是往往最容易被忽视。

3. 确定关键绩效指标

对于一个关键成功要素，可能有众多用于反映其特性的指标，为了符合指标的属性和便于考核人员实际操作的原则，需要对众多的指标进行分析和筛选，最终确定绩效指标和关键绩效指标，如图 9-3 所示。

指标筛选的原则是：

（1）有效性，该项指标能够客观、最为集中地反映要素的要求。

（2）量化性，尽量使用定量化衡量指标，避免凭感觉、主观判断来影响考核结果的公平公正。

（3）可控性，该指标有直接的责任者，绩效考核结果能够反映责任者的工作成效。

（4）易测算性，考核测算的数据资料能够比较容易获得，并且计算过程尽量简单，有稳定的数据来源支持指标统计，指标数据不易被操纵。

关键成功因素　关键绩效指标　　　　关键成功因素　　　　　　　　关键绩效指标　　　　　主要负责部门

	关键成功因素	关键绩效指标	主要负责部门
	提高大客户的满意度	大客户的满意度	销售部门
	加强经销商管理，维护市场稳定	市场上由于经销商造成的冲货次数	销售部门
		对冲货进行制止的反应速度	销售部门
	提供市场所需要的产品	最终客户对产品评分的平均值	技术开发部门
	向客户提供高质量的产品	产品退货率	技术开发部门
	制定并维护合理的市场价格	产品价格发生变化的平均周期	销售部门
		产品价格发生变化的平均幅度	销售部门
	向客户提供高质量的售后服务	售后服务客户满意度	销售部门
	及时反馈客户提出的意见	对客户意见进行反馈的达成率	销售部门
	提高客户满意度调研水平	最终客户满意度调研次数	销售部门
		客户满意度问卷的质量评定级别	销售部门

提高最终客户满意度 — 最终客户满意度

关键绩效指标
绩效指标

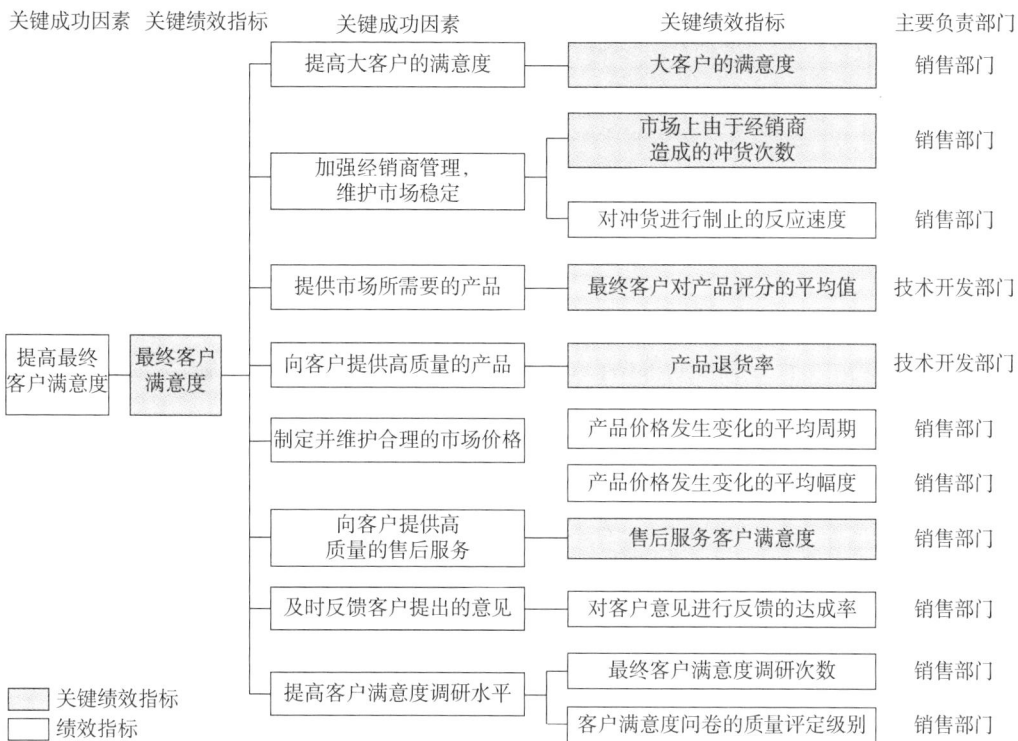

图9-3　确定关键绩效指标

三、杠杆基准法

（一）对标管理的一般操作

1. 概念

对标管理也称标杆管理，是指企业通过规范且连续地将自己发展和经营管理过程中的标志性指标及管理实践与标杆企业进行比较分析，来寻找、确认、跟踪、学习并超越标杆企业而进行的实践活动，是现代化公司进行管理的重要手段，是不断和竞争对手及行业中最优秀的公司比较实力、衡量差距的过程。

2. 分类

对标管理通常分为以下四种。

（1）内部对标。很多大公司内部不同的部门有相似的功能，通过比较这些部门，有助于找出内部业务的运行标准，这是最简单的对标管理。其优点是分享的信息量大，内部知识能立即运用，但同时易造成封闭、忽视其他公司信息的可能性。辨别企业内部最佳职能或流程及其实践，然后推广到组织的其他部门，不失为提高企业绩效最便捷的方法之一。

（2）竞争性对标。企业将直接竞争对手作为对标对象，因为两者有着相似的产品和市场。与竞争对手对标能够看到对标的结果，但不足是竞争对手一般不愿透露最佳案例的信息。

（3）行业或功能对标。就是公司与处于同一行业但不在一个市场的公司对标。这种对标的好处是，很容易找到愿意分享信息的对标对象，因为彼此不是直接竞争对手。但现在不少大公司受不了太多这样的信息交换请求，开始就此进行收费。

（4）类属或程序对标。即与不相关的公司就某个工作程序对标。相比而言，这种方法实施最困难。

3. 步骤

对标管理是一项系统性、持续性的评估过程，其实质是模仿与创新，是一个有目的、有目标的学习过程。

通常，对标管理法分为以下八个步骤：①确定对标管理主题；②组成对标管理团队；③选择标杆对象；④收集资料和数据；⑤进行标杆对比；⑥沟通与交流；⑦采取行动；⑧将对标管理作为一个持续的循环过程。

（二）标杆基准法开发指标

1. 概念

以上介绍了对标管理的一般步骤，企业通过选择竞争企业或那些在行业中领先的、最有名望的企业的关键业绩行为进行分析，在此基础上建立自身缩小与优秀标杆企业的差距并实现可持续发展的关键业绩标准及绩效改进的最优策略的程序与方法就称为标杆基准法。标杆基准法开发关键绩效指标成功的关键在于寻找业界最佳业绩标准作为参照的基准数据（如客户满意度、劳动生产率、资金周转速度等），确定最优绩效标准后，企业需以最优业绩标准为牵引，确定企业成功的关键领域，通过各部门及员工持续不断的学习与绩效改进，缩小与最优基准之间的差距。

2. 分类

（1）标杆的分类方式。标杆基准通常有两种分类方式：

第一种，按照特性或者按照参照的对象可以分为三类：第一类为战略与战术的标杆系统，主要从总体战略标准、职能战略标准、产品标准、职能标准、最佳实践标准等方面进行；第二类为管理职能的标杆系统，主要聚焦于管理职能的最佳实践，如在市场营销、人力资源、生产作业等方面的成功做法；第三类为跨职能的标杆系统，主要指客户标准、成本标准等。

第二种，按照标杆参照的对象可以分为三类：个体行为标杆、流程标杆、系统标杆。

（2）采用外部标杆开发绩效指标的基本程序。

第一，详细了解企业关键业务流程与管理策略，从构成这些流程的关链节点切入，找出企业运营的瓶颈。

第二，选择与研究行业中几家领先企业的业绩，剖析行业领先者的共性特征，构建行业标杆的基本框架。

第三，深入分析标杆企业的经营模式，从系统的角度剖析与归纳其竞争优势的来源（包括个体行为标杆、流程标杆与系统标杆），总结其成功的关键要领。

第四，将标杆企业的优秀业绩行为与本企业的业绩行为进行比较与分析，找出存在的差异，借鉴其成功经验，确定企业成功的关键领域，通过各部门及员工持续不断的学习与绩效改进，缩小与最优基准之间的差距。

第二节　财务分析

一、财务报表勾稽关系

（一）勾稽关系的概念及种类

1. 勾稽关系概念

勾稽关系指账簿和会计报表中有关数字之间存在的，可据以相互查考、核对的关系。例如，每一总分类账户的期末余额与其所属各二级账户或明细分类账户的期末余额之和，存在着相互一致可以核对的关系。又如，产品销售明细表的销售收入、销售税金、销售工厂成本、销售费用、技术转让费、销售利润的合计数和利润表的同一项目的金额也存在着相互核对的关系。

所谓基于报表勾稽关系的财务报表分析是指，分析者以财务报表中各个项目之间的勾稽关系作为主要分析工具，通过考察报表中某项目的金额及相关项目的金额来分析企业的会计政策选择、账务处理思路以及报表数字背后的交易或事项，并从报表及其附注中来证实或证伪自己的假设，进而对企业的财务状况、经营成果和现金流量状况做出判断。

2. 勾稽关系种类

概括会计报表的勾稽关系主要有以下几种：

（1）平衡勾稽关系。资金平衡表分左右两方：一方反映资金占用，另一方反映资金来源，两方必须保持平衡。

（2）对应勾稽关系。根据复式记账法对每项经济业务用相等金额在两个或两个以上互相关联的账户中登记，表明资金运动的来龙去脉以及相互对应关系固定不变。

（3）和差勾稽关系。报表中的有些勾稽关系表现为一个指标等于其他几个指标的和或者差。

（4）积商勾稽关系。报表中有些勾稽关系表现为一个项目等于其他几个项目的积或商。

（5）动静勾稽关系。专用基金及专用拨款表等为"动态表"，而资金平衡表为"静态表"。"静态表"与"动态表"所反映的某些指标具有一致性，由此在报表中形成勾稽关系。

（6）补充勾稽关系。报表中反映的某些指标，为了解它的明细核算资料和计算，依据另设项目加以补充说明。

（二）表内勾稽关系

表内勾稽关系如图 9-4 所示。

资产负债表最重要的一个勾稽关系就是：资产＝负债+所有者权益

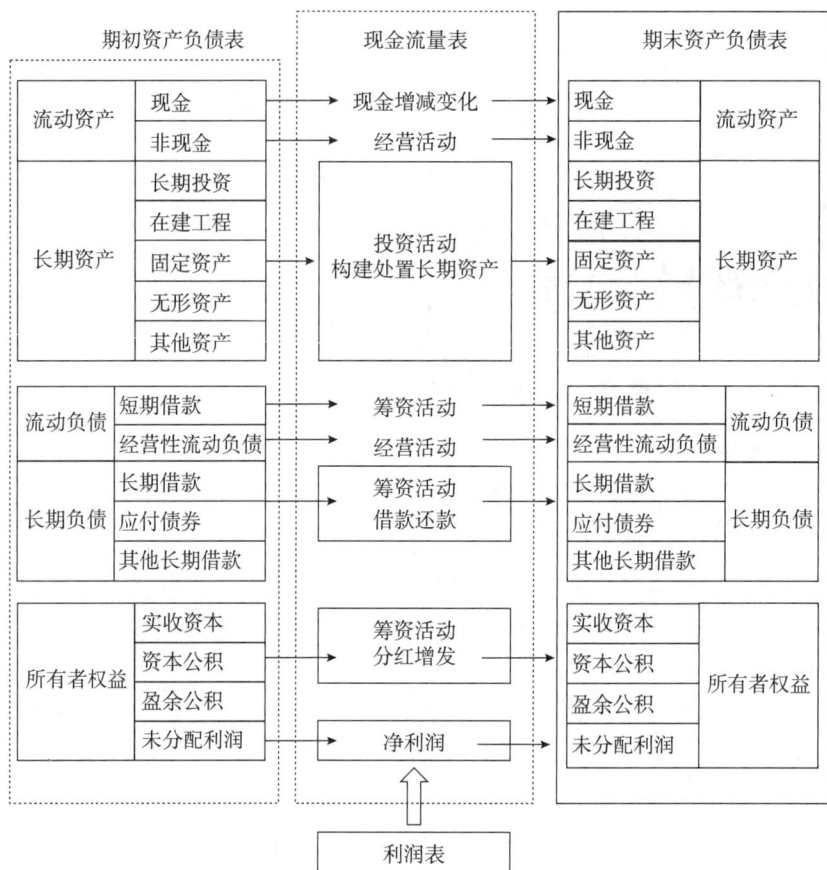

图 9-4 表内勾稽关系

利润表最重要的一个勾稽关系就是：

收入-费用=利润

现金流量表最重要的一个勾稽关系是：

流入现金-流出现金=现金净流量

现金流量表内部的勾稽关系：①正表中按直接法列报的"经营活动产生的现金流量净额"必须与补充资料中按间接法列报的"经营活动产生的现金流量净额"相等；②正表中的"现金及现金等价物净增加额"必须与补充资料中的"现金及现金等价物净增加额"相等；③正表中"收到的增值税销项税和退回的增值税款"项目与"支付的增值税款"项目之差必须与补充资料中"增值税增加净额（减：减少）"项目相等。

（三）表面勾稽关系

表面勾稽关系如图 9-5 所示。

1. 资产负债表与利润表的勾稽关系

根据资产负债表中短期投资、长期投资，复核、匡算利润表中"投资收益"的合理性。如关注是否存在资产负债表中没有投资项目而利润表中却列有投资收益，以及投资收益大大超过投资项目的本金等异常情况。

根据资产负债表中固定资产、累计折旧金额，复核、匡算利润表中"管理费用——折

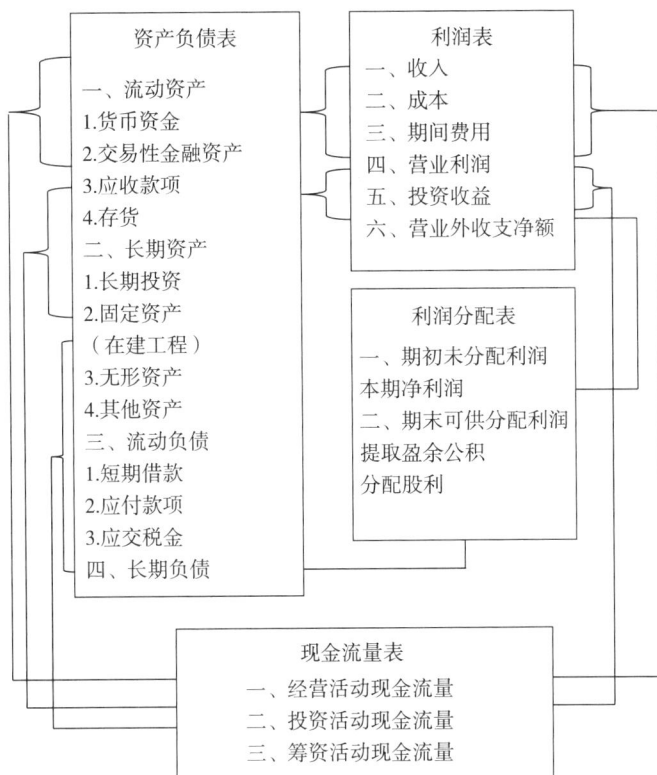

图 9-5　表面勾稽关系

旧费"的合理性。结合生产设备的增减情况和开工率、能耗消耗，分析主营业务收入的变动是否存在产能和能源消耗支撑。

利润及利润分配表中"未分配利润"项目与资产负债表"未分配利润"项目数据勾稽关系是否恰当。注意利润及利润分配表中，"年初未分配利润"项目"本年累计数"栏的数额应等于"未分配利润"项目"上年数"栏的数额，应等于资产负债表"未分配利润"项目的期初数。

2. 现金流量表与资产负债表、利润表勾稽关系

（1）确定补充资料的"现金及现金等价物的净增加额"。

现金的期末余额＝资产负债表"货币资金"期末余额

现金的期初余额＝资产负债表"货币资金"期初余额

现金及现金等价物的净增加额＝现金的期末余额－现金的期初余额

一般企业很少有现金等价物，故该公式未考虑此因素，如有则应相应填列。

（2）确定主表的"筹资活动产生的现金流量净额"。

1）吸收投资所收到的现金＝（实收资本或股本期末数－实收资本或股本期初数）+（应付债券期末数－应付债券期初数）。

2）借款收到的现金＝（短期借款期末数－短期借款期初数）+（长期借款期末数－长期借款期初数）。

3）收到的其他与筹资活动有关的现金。如投资人未按期缴纳股权的罚款现金收入等。

4）偿还债务所支付的现金＝（短期借款期初数－短期借款期末数）+（长期借款期初数－

长期借款期末数）（剔除利息）+（应付债券期初数−应付债券期末数）（剔除利息）。

5）分配股利、利润或偿付利息所支付的现金＝应付股利借方发生额+利息支出+长期借款利息+在建工程利息+应付债券利息−预提费用中"计提利息"贷方余额−票据贴现利息支出。

6）支付的其他与筹资活动有关的现金。

3. 现金流量表与期末资产负债表勾稽关系

（1）现金流量表附注中的"递延税款贷项（减借项）"必须与年末资产负债表中递延税款贷项年末年初之差减递延税款借项年末年初之差的差相等。

（2）在现金流量表的编制基础不包括现金等价物的情况下，年末资产负债表中货币资金的年末年初之差必须与现金流量表正表的最末一行和补充资料中的最末一行相等。

（3）在没有发生坏账转销和已转销的坏账又收回的情况下，年末资产负债表中坏账准备的年末数与年初数之差必须与现金流量表补充资料中的"计提的坏账准备和转销的坏账"项目相等。

（4）在没有发生固定资产处置、以固定资产投资等情况下，现金流量表补充资料中的"固定资产折旧"项目必须与资产负债表中累计折旧的年末数和年初数之差相等。

（5）在没有购入无形资产、无形资产处置和以无形资产投资等情况下，现金流量表补充资料中的"无形资产摊销"项目必须与年末资产负债表中无形资产的年末数和年初数之差相等。

（6）在没有用存货偿还非经营性负债，没有用存货对外投资和用存货交换固定资产、无形资产和其他长期资产的情况下，现金流量表补充资料中的"存货的减少（减增加）"必须与资产负债表中存货的年末与年初之差相等。

（7）现金流量表与年度利润表之间的勾稽关系。现金流量表附注中的"净利润"和"投资损失（减收益）"项目必须与年度利润表中的同名项目相等。

案例 勾稽关系（案例内容见右侧二维码）

勾稽关系

二、财务分析

（一）财务分析概述

1. 财务分析的概念

财务分析是以会计核算和报表资料及其他相关资料为依据，采用一系列专门的分析技术和方法，对企业等经济组织过去和现在有关筹资活动、投资活动、经营活动的偿债能力、盈利能力和营运能力状况进行分析与评价，为企业的投资者、债权人、经营者及其他关心企业的组织或个人了解企业过去、评价企业现状、预测企业未来，做出正确决策提供准确的信息或依据的经济应用学科。

财务分析的主体，包括权益投资人、债权人、经理人员、政府机构和其他与企业有利益关系的人士。他们出于不同目的使用财务报表，需要不同的信息，采用不同的分析程序。

财务分析的对象是企业的各项基本活动。财务分析就是从报表中获取符合报表使用人分析目的的信息，认识企业活动的特点，评价其业绩，发现其问题。

财务分析的一般目的可以概括为：评价过去的经营业绩、衡量现在的财务状况、预测未来的发展趋势。根据分析的具体目的，财务分析可以分为流动性分析、盈利性分析、财务风险分析、专题分析（如破产分析、审计人员的分析性检查程序）。

2. 财务分析的步骤

有效的财务分析一般包括两个主要步骤：总体分析以及财务比例分析。

（1）总体分析。总体分析着眼于对公司财务状况和经营状况的综合和整体评估，以便向报表使用者提供一个对公司整体和结论性印象。总体分析一般分为水平分析及垂直分析。水平分析指将反映企业报告期财务状况的信息（也就是会计报表信息资料）与反映企业前期或历史某一时期财务状况的信息进行对比，研究企业各项经营业绩或财务状况的发展变动情况。垂直分析指在一张财务报表中，用表中各项目的数据与总体（或称报表合计数）相比较，以得出该项目在总体中的位置、重要性与变化情况，更注重于报表内部各项目的内在结构分析。

（2）财务比例分析。财务比例分析即财务指标分析，它是根据同一时期财务报表中两个或多个项目之间的关系，计算其比率，以评价企业的财务状况和经营成果。财务比例可以评价某项投资在各年之间收益的变化，也可以在某一时点比较某一行业的不同企业。财务比率分析可以消除规模的影响，用来比较不同企业的收益与风险，从而帮助投资者和债权人做出理智的决策。

（二）资产负债表分析

资产负债表分析是指基于资产负债表进行的财务分析。即把定量分析和定性分析结合起来，全面分析各种因素对资产负债的影响，使资产负债表的阅读者获得必要的信息。资产负债表账户在当期内变化的分析已由财务状况变动表完成资产负债表的分析，着重于对一些经过计算的相对比率或相对指标进行对比。

资产负债表反映了公司在特定时点的财务状况，是公司的经营管理活动结果的集中体现。通过分析公司的资产负债表，能够揭示出公司偿还短期债务的能力、公司经营稳健与否或经营风险的大小以及公司经营管理总体水平的高低等。

资产负债表分析的目的：①揭示资产负债表及相关项目的内涵。②了解企业财务状况的变动情况及变动原因。③评价企业会计对企业经营状况的反映程度。④评价企业的会计政策。⑤修正资产负债表的数据。

1. 总体分析

资产负债表总体分析包括资产负债表水平分析和资产负债表垂直分析。

（1）资产负债表水平分析。资产负债表水平分析包括资产负债表水平分析表的编制与资产负债表变动情况的分析评价。

1）资产负债表水平分析表的编制。将分析期的资产负债表各项目数值与基期（上年或计划、预算）数进行比较，计算出变动额、变动率以及该项目对资产总额、负债总额和所有者权益总额的影响程度。

2）资产负债表变动情况的分析评价。

第一，从投资或资产角度进行分析评价。分析总资产规模的变动状况以及各类、各项资产的变动状况；发现变动幅度较大或对总资产影响较大的重点类别和重点项目；分析资产变动的合理性与效率性；考察资产规模变动与所有者权益总额变动的适应程度，进而评价企业财务结构的稳定性和安全性；分析会计政策变动的影响。

第二，从筹资或权益角度进行分析评价。分析权益总额的变动状况以及各类、各项筹资的变动状况；发现变动幅度较大或对权益影响较大的重点类别和重点项目；注意分析评价表外业务的影响。

第三，资产负债表变动原因的分析评价。负债变动型；追加投资变动型；经营变动型；股利分配变动型。

案例 资产负债表水平分析（案例内容见右侧二维码）

资产负债表
水平分析

（2）资产负债表垂直分析。资产负债表垂直分析包括资产负债表垂直分析表的编制、资产负债表结构变动情况的分析评价、资产结构、负债结构、股东权益结构的具体分析评价以及资产结构与资本结构适应程度的分析评价。

1）资产负债表垂直分析表的编制。通过计算资产负债表中各项目占总资产或权益总额的比重，分析评价企业资产结构和权益结构变动的合理程度。

静态分析，以本期资产负债表为对象。动态分析，将本期资产负债表与选定的标准进行比较。

2）资产负债表结构变动情况的分析评价。

A. 资产结构的分析评价。从静态角度观察企业资产的配置情况，通过与行业平均水平或可比企业的资产结构比较，评价其合理性；从动态角度分析资产结构的变动情况，对资产的稳定性做出评价。

B. 资本结构的分析评价。从静态角度观察资本的构成，结合企业盈利能力和经营风险，评价其合理性；从动态角度分析资本结构的变动情况，分析其对股东收益产生的影响。

3）资产结构、负债结构、股东权益结构的具体分析评价。

A. 资产结构的具体分析评价。经营资产与非经营资产的比例关系；固定资产和流动资产的比例关系：适中型、保守型、激进型；流动资产的内部结构。

B. 负债结构的具体分析评价。

a. 负债结构分析应考虑的因素：负债结构与负债规模；负债结构与负债成本；负债结构与债务偿还期限；负债结构与财务风险；负债结构与经济环境；负债结构与筹资政策。

b. 典型负债结构分析评价：负债期限结构分析评价；负债方式结构分析评价；负债成本结构分析评价。

C. 权益结构的具体分析评价。

a. 股东权益结构分析应考虑的因素：股东权益结构与股东权益总量；股东权益结构与企业利润分配政策；股东权益结构与企业控制权；股东权益结构与权益资本成本；股东权益结构与经济环境。

b. 股东权益结构分析评价。

4）资产结构与资本结构适应程度的分析评价。

A. 保守性结构分析。保守性结构指企业全部资产的资金来源都是长期资本，即所有者权益和非流动负债。

优点：风险较低。缺点：资本成本较高；筹资结构弹性较弱。

适用范围：很少被企业采用。

B. 稳健型结构分析。稳健型结构指非流动资产依靠长期资金解决，流动资产需要长期资金和短期资金共同解决。

优点：风险较小，负债资本相对较低，并具有一定的弹性。

适用范围：大部分企业。

C. 平衡型结构：非流动资产用长期资金满足，流动资产用流动负债满足。

优点：当二者适应时，企业风险较小，且资本成本较低。

缺点：当二者不适应时，可能使企业陷入财务危机。

适用范围：经营状况良好，流动资产与流动负债内部结构相互适应的企业。

D. 风险型结构：流动负债不仅用于满足流动资产的资金需要，且用于满足部分非流动资产的资金需要。

优点：资本成本最低。

缺点：财务风险较大。

适用范围：企业资产流动性很好且经营现金流量较充足。

案例 资产负债表垂直分析（案例内容见右侧二维码）

资产负债表
垂直分析

2. 财务比例分析

（1）偿债能力分析之短期偿债能力分析。

1）流动比率。

流动比率＝流动资产÷流动负债

分析要点

①比率越高，短期偿债能力越强。②过高会影响获利能力，并非好现象。③西方会计界过去认为比率为 2 比较合理，但到 90 年代之后，平均值已降为 1.5：1 左右。④一般而言，流动比率的高低与营业周期有很大的关系：营业周期越短，流动比率就越低；反之，则越高。⑤比率多高合适，应视不同行业的具体情况而定。如酿酒业高于 2 是正常现象，零售业低于 2 也可能是正常现象。所以，在进行流动比率分析时，与行业平均水平比较是十分必要的。⑥流动比率的横向或纵向比较，只能反映高低差异，但不能解释原因，欲知原因，则须具体分析应收账款、存货及流动负债相对水平的高低。如果应收账款或存货的量不少，但其流动性（即质量）存在问题，则应要求更高的流动比率。⑦流动比率的局限：未考虑流动资产的质量和结构，易于被操纵。

长期以来，此指标作为银行是否向债务人发放贷款的一个重要因素。

2）速动比率。

速动比率＝速动资产÷流动负债；

速动资产＝流动资产－存货

以此作补充的原因是，流动比率计算中所包含的存货往往存在流动性问题。

📋 分析要点

①比率越高，偿债能力越强。②比率过高，并非好现象。③比流动比率更科学。④西方会计界过去认为结果为 1 比较合适，即经验值为 1：1，但 20 世纪 90 年代以来已降为 0.8：1 左右。⑤比率多高合适，应视不同行业具体情况而定。在有些行业，很少有赊销业务，故很少有应收账款，因此，速动比率低于一般水平，并不意味着缺乏流动性。⑥速动比率的局限：未考虑应收账款的可回收性和期限，易于被操纵。因此，在计算分析该指标之前，应先分析应收账款的周转率等。

【例 9-1】 华能国际 2001～2003 年资产负债表简表，如表 9-1 所示。

表 9-1　华能国际资产负债表简表

日期	2003-12-31	2002-12-31	2001-12-31
1. 应收账款余额	235683	188908	125494
2. 存货余额	80816	94072	73946
3. 流动资产合计	830287	770282	1078438
4. 固定资产合计	3840088	4021516	3342351
5. 资产总计	5327696	4809875	4722970
6. 应付账款	65310	47160	36504
7. 流动负债合计	824657	875944	1004212
8. 长期负债合计	915360	918480	957576
9. 负债总计	1740017	1811074	1961788
10. 股本	602767	600027	600000
11. 未分配利润	1398153	948870	816085
12. 股东权益总计	3478710	2916947	2712556

根据上表中数据计算出华能国际 2001～2003 年的流动比率与速动比率，如表 9-2 所示。

表 9-2　2001～2003 年华能国际流动比率与速动比率

	2001-12-31	2002-12-31	2003-12-31
流动比率	1.07	0.88	1.01
速动比率	1	0.77	0.91

📋 分析要点

华能国际 2001～2003 流动比率先降后升，但与绝对标准 2：1 有很大差距，与行业平均水平（约 1.35）也有差距，值得警惕，特别是 2004 年是华能国际还款的一个小高峰，到期的借款比较多，必须预先做好准备。公司速动比率与流动比率发展趋势相似。并且 2003 年数值 0.91 接近于 1，与行业标准基本相同，表明存货较少，这与电力行业特征也有关系。

3）保守速动比率。

保守速动比率=(现金+短期证券+应收账款净额)÷流动负债

由于保守速动比率的计算，除了扣除存货以外，还从流动资产中去掉其他一些可能与当前现金流量无关的项目（如待摊费用）和影响速动比率可信性的重要因素项目（信誉不高客户的应收款净额），因此，能够更好地评价企业变现能力的强弱和偿债能力的大小。

4）现金比率。

现金比率=(货币资金+现金等价物)÷流动负债

这是最严格、最稳健的短期偿债指标。在企业已将应收账款和存货作为抵押品的情况下或者当分析者怀疑企业的应收账款和存货存在流动性问题时，以该指标评价企业短期偿债能力是最适当的选择。就正常情况下的企业而言，该比率过高，可能意味着该企业没有充分利用现金资源，当然也有可能是因为已经有了现金使用计划（如厂房扩建等）。

5）营运资金。营运资金从会计的角度看是指流动资产与流动负债的净额。为可用来偿还支付义务的流动资产，减去支付义务的流动负债的差额。计算公式为：

营运资金=流动资产–流动负债

营运资金可以用来衡量公司或企业的短期偿债能力，其金额越大，代表该公司或企业对于支付义务的准备越充足，短期偿债能力越好。当营运资金出现负数，也就是一家企业的流动资产小于流动负债时，这家企业的营运可能随时因周转不灵而中断。

（2）偿债能力分析之长期偿债能力分析。

1）资产负债率。资产负债率是企业负债总额占企业资产总额的百分比。这个指标反映了在企业的全部资产中由债权人提供的资产所占比重的大小，反映了债权人向企业提供信贷资金的风险程度，也反映了企业举债经营的能力。计算公式为：

资产负债率=负债÷资产×100%

🔲 分析要点

资产负债率是否越低越好？

债权人：负债比率越低，则股东或所有者权益越大，说明企业的财务实力越强，债权人的保证程度越高，故希望越低越好。

投资人：如果资本利润率高，则高些好；反之，则低些好。

经营者：资产负债率高表明企业更有活力；反之则保守。

2）产权比率。

产权比率=负债÷所有者权益×100%

意义：对债权人来说，产权比率越低，表明企业长期偿债能力越强，债权人承担的风险越小；从投资者角度看，只要资金报酬率大于债务利息率，这个比率就越高越好。因此，企业在评价该比率是否适当时，应该综合考虑，即在保障偿债能力的前提下，尽可能提高产权比率。

🔲 分析要点

其一，揭示了负债占所有者权益（股东权益）的比例，从而可以在企业清算时，确定对债权人利益的保障程度。

其二，产权比率高好还是低好？

一般来说，负债与所有者权益比率越低，表示企业的负债有较多的资本作为偿债保证，企业的偿债能力越强，对债权人权益的保障也越可靠，并有利于稳定市场秩序；相反，这个比率越高，则表示企业的偿债能力越弱，债权人为企业承担了较大的风险，债权人资金的安全性和市场稳定性就较低。

案例 资产负债表偿债能力（案例内容见右侧二维码）

资产负债表
偿债能力

3）有形资产负债率。

有形资产负债率是负债总额与总资产扣除无形资产之后余额的比值。这项指标是资产负债率的延伸，是一项更为客观地评价企业偿债能力的指标。企业的无形资产如商标、专利权、非专利技术、商誉等，不一定能用来偿还债务，可以将其视为不能偿债的资产，从资产总额中扣除。计算公式为：

有形资产债务率=有形资产负债率=负债总额÷（资产总额-无形资产净值）×100%

【例 9-2】 表 9-3 是 XYZ 公司的资产负债表。

表 9-3 XYZ 公司的资产负债表

编制单位：XYZ 公司　　　　　　　2002 年 12 月 31 日　　　　　　　单位：万元

资产	年初数	年末数	负债及所有者权益	年初数	年末数
流动资产：			流动负债：		
货币资金	125	250	短期借款	225	300
短期投资	60	30	应付票据	20	25
应收票据	55	40	应付账款	545	500
应收账款	995	1990	预收账款	20	50
预付账款	20	60	其他应付款	60	35
其他应收款	110	110	应付工资	5	10
存货	1630	595	应付福利费	80	60
待摊费用	55	200	未交税金	20	25
一年内到期的长期债权投资	0	225	未付利润	50	140
流动资产合计	3050	3500	其他未交款	5	35
长期投资			预提费用	25	45
固定资产：			待扣税金	20	10
固定资产原价	225	150	一年内到期的长期负债	0	250
减：累计折旧	8085	10000	其他流动负债	25	15
固定资产净值	3310	3810	流动负债合计	1100	1500
固定资产清理	4775	6190	长期负债：		
在建工程	60	0	长期借款	1225	2250
固定资产合计	175	90	应付债券	1300	1200
无形及递延资产：	5010	6280	其他长期负债	375	350

资产	年初数	年末数	负债及所有者权益	年初数	年末数
无形资产	40	30	长期负债合计	2900	3800
递延资产	75	25	所有者权益：		
其他长期资产	0	15	实收资本	3000	3000
			资本公积	50	80
			盈余公积	200	370
			未分配利润	1150	1250
			所有者权益合计	4400	4700
资产总计	8400	10000	负债及所有者权益总计	8400	10000

XYZ 公司的有形资产负债率

$$=\frac{1500+3800}{10000-（30+25+200）}\times100\%=\frac{5300}{9745}\times100\%=54.4\%$$

4）有形净值债务率。

有形净值债务率＝债务总额÷（股东权益无形资产−长期待摊费用）

📊 分析要点

其一，用于测量债权人在企业破产时受保障的程度。

其二，之所以将无形资产从股东权益中扣除，是因为从保守的观点看，这些资产不会提供给债权人任何资源。

5）权益乘数。权益乘数又称股本乘数，是指资产总额相当于股东权益的倍数。表示企业的负债程度，权益乘数越大，企业负债程度越高。计算公式为：

权益乘数＝资产总额÷股东权益总额

📊 分析要点

其一，权益乘数较大，表明企业负债较多，一般会导致企业财务杠杆率较高，财务风险较大，在企业管理中就必须寻求一个最优资本结构，以获取适当的 EPS/CEPS，从而实现企业价值最大化。再如在借入资本成本率小于企业的资产报酬率时，借入资金首先会产生避税效应（债务利息税前扣除），提高 EPS/CEPS，同时杠杆扩大，使企业价值随债务增加而增加。但杠杆扩大也使企业的破产可能性上升，而破产风险又会使企业价值下降等。其二，权益乘数越大，代表公司向外融资的财务杠杆倍数也越大，公司将承担较大的风险。但是，若公司营运状况刚好处于向上趋势中，较高的权益乘数反而可以创造更高的公司获利，通过提高公司的股东权益报酬率，对公司的股票价值产生正面激励效果。

6）股东权益比率。

股东权益比率＝所有者权益÷资产×100%＝所有者权益÷（负债+所有者权益）×100%

📊 分析要点

其一，股东权益率可以表明在企业所融通的全部资金中，有多少是由所有者（或股东）提供的，它揭示了所有者对企业资产的净权益。

其二，这个比率越高，说明所有者对企业的控制权越稳固，而债权人的权益越有保障，对市场秩序的稳定也越有利，企业还可面临较低的偿债本息的压力。

其三，资产权益率+资产负债率=1（有优先股除外）。

其四，资产权益率是从另一个侧面来反映企业长期财务状况和长期偿债能力的。

7）长期资本负债率。长期资本负债率是指非流动负债占长期资本的百分比。长期资本负债率反映企业的长期资本的结构。计算公式为：

长期资本负债率＝非流动负债÷（非流动负债+股东权益）×100%

【例9-3】 表9-4、表9-5是A公司与B公司的长期资本负债率情况。

表9-4 A公司长期资本负债率

年份	2010	2009	2008	2007
流动负债（万元）	57902.85	44460.55	41156.56	47991.60
非流动负债（万元）	1200.66	828.04	0.00	0.00
负债总额（万元）	59103.51	45288.59	41156.56	47991.60
股东权益（万元）	71790.05	64402.17	58136.41	54755.72
资产总额（万元）	130893.56	109690.76	99292.97	102747.32

表9-5 B公司长期资本负债率

年份	2010	2009	2008	2007
流动负债（万元）	20122.24	20901.63	13624.11	9238.70
非流动负债（万元）	9878.40	4900.00	1258.00	858.00
负债总额（万元）	30000.64	25801.63	14882.11	10096.70
股东权益（万元）	29736.75	32009.63	33274.23	32011.21
资产总额（万元）	59737.39	57811.26	48156.34	42107.91

长期资本负债率比较：

A公司的长期资本负债率很低，所以偿还长期债务并没有压力；B公司目前的长期负债率很高，2010年9月30日为24.94%，这意味着企业1元的长期资本中约有0.25元是长期债务资金。所以，B公司的长期偿债压力比较大。

8）长期债务与营运资金比率。长期债务与营运资金比率就是企业的长期债务与营运资金相除所得的比率，是反映公司偿还债务能力的一项指标。计算公式：

长期债务与营运资金比率＝长期负债÷（流动资产−流动负债）×100%

分析要点

一般情况下，长期债务不应超过营运资金。长期债务会随时间推移而不断转化为流动负债，并需动用流动资产来偿还。保持长期债务不超过营运资金，就不会因这种转化而造成流动资产小于流动负债，从而使长期债权人和短期债权人感到贷款有安全保障。长期负债与营运资金比率越低，不仅表明企业的短期偿债能力较强，而且还预示着企业未来偿还长期债务的保障程度也较强。

（3）盈利能力。

1）股利支付率。股利支付率（Dividend Payout Ratio）又称股利发放率，是指普通股每股股利与普通股每股收益的比率。计算公式为：

股利支付率＝普通股每股股利÷普通股每股收益×100%

其中，每股股利＝股利总额（扣除优先股股利后的数额）÷普通股每股收益。

股利支付率反映公司的股利分配政策和股利支付能力。股利支付率是投资者关心的指标。不同投资者对股利支付率的要求是不一样的，有的投资者希望近期盈利多，多得股利；但有的投资者则愿意将利润用于企业发展，以获得更大股利。在实际工作中，股利支付率一般应根据企业经营发展、资金需要量的具体情况而定。

【例9-4】甲公司2006年实现净利616.40万元，年末流通在外的普通股数为8000万股，无优先股，发放普通股现金股利0.05元。请计算股利支付率。

解答：普通股每股收益＝616.40÷8000＝0.07705

股利支付率＝0.05÷0.07705×100%＝64.89%

2）每股净资产。每股净资产（Net Assets per Share）是指股东权益与总股数的比率。计算公式为：

每股净资产＝股东权益÷股本总额

每股净资产反映了每股股票代表的公司净资产价值，是支撑股票市场价格的重要基础。每股净资产值越大，表明公司每股股票代表的财富越雄厚，通常创造利润的能力和抵御外来因素影响的能力越强。

从财务报表上看，上市公司的每股净资产主要由股本、资本公积金、盈余公积金和未分配利润组成。该指标显示了发行在外的每一普通股股份所能分配的公司账面净资产价值。每股净资产指标反映了在会计期末每一股份在公司账面上到底值多少钱，在公司性质相同、股票市价相近的条件下，如某一公司股票的每股净资产越高，则公司发展潜力与其股票的投资价值越大，其投资者承担的风险越小。

3）市盈率。市盈率（Price Earnings Ratio，P/E Ratio）也称本益比、股价收益比率或市价盈利比率（简称市盈率）。市盈率是某种股票每股市价与每股盈利的比率。计算公式为：

市盈率＝普通股每股市价÷普通股每股收益

🔬 分析要点

市盈率通常用来比较不同价格的股票是否被高估或者低估。一般认为，如果一家公司股票的市盈率过高，那么该股票的价格有泡沫价值被高估。当一家公司增长速度以及未来的业绩增长非常看好时，股票目前的高市盈率可能恰好准确地估量了该公司的价值。市盈率越低，代表投资者能够以较低的价格购入股票以获得回报。

【例9-5】假设某股票的市价为24元，而过去一年的每股盈利为3元，则市盈率为24÷3＝8。

该股票被视为有8倍的市盈率，即在假设该企业以后每年净利润和去年相同的基础上，回本期为8年，折合平均年回报率为12.5%（1/8），投资者每付出8元可分享1元的企业盈利。

4）市净率。市净率（Market-to-Book Ratio）指的是每股股价与每股净资产的比率，反映市场对资产价值的评价。计算公式为：

市净率＝每股市价÷每股净资产

👤 分析要点

市净率作为评价获利能力的指标之一，等于每股市价与每股净资产的比值，分母的每股净资产反映的是公司发行的每股普通股所代表的所有者权益，而分子的每股市价反映的则是公司发行的普通股在证券市场上的价格。净资产的多少是由股份公司经营状况决定的，股份公司的经营业绩越好，其资产增值越快，股票净值就越高，股东所拥有的权益也就越多。市价高于账面价值时企业资产的质量较好，有发展潜力；反之，则资产质量差，没有发展前景。

5）每股收益。每股收益（Earnings Per Share，EPS）又称每股税后利润、每股盈余，指税后利润与股本总数的比率。计算公式为：

每股收益＝可供普通股股东分配的净收益÷发行在外的普通股股数

每股收益反映了每股创造的税后利润，比率越高，表明所创造的利润就越多。若公司只有普通股时，净收益是税后净利，股份数是指流通在外的普通股股数。如果公司还有优先股，应是从税后净利中扣除后分派给优先股股东的利息。每股收益是测定股票投资价值的重要指标之一，是分析每股价值的一个基础性指标，是综合反映公司获利能力的重要指标。

【例9-6】 甲公司2012年的净利润为616.40万元，年末普通股股数为8000万元，计算该公司的普通股每股收益。

解答：基本每股收益＝616.40÷8000＝0.07705（元/股）

该公司的基本每股收益为0.07705元，这表明该公司在2012年度每一股普通股盈利0.07705元，基本每股收益越大，说明每一股创造的利润越多，股东的投资收益越大。

（4）发展能力。

1）资本保值增值率。资本保值增值率是财政部制定的评价企业经济效益的十大指标之一，资本保值增值率反映了企业资本的运营效益与安全状况。其计算公式为：

资本保值增值率＝（年末所有者权益÷年初所有者权益）×100%

资本保值增值率等于100%，为资本保值；资本保值增值率大于100%，为资本增值。

【例9-7】 表9-6是2005~2008年我国煤炭及其子行业资本保值增值率分析。

表9-6 2005~2008年我国煤炭及其子行业资本保值增值率　　　　单位：%

年份	2005	2006	2007	2008
煤炭开采和洗选业	119.5	130.85	125.4	140.68
烟煤和无烟煤的开采洗选	118.02	131.25	124.76	139.46
褐煤的开采洗选	158.9	121.51	139.43	152.35

从煤炭行业历年资本保值增值率的走势来看，行业实现了资本的增值。资本保值增值

率均在 115% 以上。从煤炭各个子行业来看，褐煤的开采洗选行业资产增值较快，2008 年资本保值增值率为 152.35%，实现资本增值。而烟煤和无烟煤的开采洗选行业则略低于行业平均水平。

2）资本积累率。资本积累率是指企业本年所有者权益增长额同年初所有者权益的比率。资本积累率表示企业当年资本的积累能力，是评价企业发展潜力的重要指标。计算公式为：

资本积累率＝本年所有者权益增长额÷年初所有者权益×100%

📊 分析要点

其一，资本积累率反映了投资者投入企业资本的保全性和增长性，该指标越高，表明企业的资本积累越多，企业资本保全性越强，应付风险、持续发展的能力越大。如果期末期初都为负数，期末负数的绝对值比期初负数的绝对值大，指标虽为正数，实际是亏损的。

其二，该指标如为负值，表明企业资本受到侵蚀，所有者利益受到损害，应予充分重视。

【例 9-8】　表 9-7 是某企业的资本积累率的分析。

表 9-7　某企业的资本积累率的分析

项目	2002 年	2003 年
年初所有者权益	11546	12556
年末所有者权益	12556	14190
所有者权益增长额	1010	1634
资本积累率（%）	8.7	13.0

结合上表显示，2003 年该企业的资本积累率有大幅度增加，该企业具有进行扩大再生产的能力。该指标反映了企业当年资本的积累程度，是评价企业发展潜力的重要指标。

3）固定资产增长率。固定资产增长率是指一定时期内增加的固定资产原值对原有固定资产数额的比率。计算公式为：

固定资产增长率＝（期末固定资产总值－期初固定资产总值）÷期初固定资产总值×100%

📊 分析要点

对于生产性企业而言，固定资产的增长反映了公司产能的扩张，特别是供给存在缺口的行业，产能的扩张直接意味着公司未来业绩的增长。在分析固定资产增长时，投资者需分析增长部分固定资产的构成，对于增长的固定资产大部分还处于在建工程状态，投资者需关注其预计竣工时间，待其竣工，必将对竣工当期利润产生重大影响；如果增长的固定资产在本年度较早月份已竣工，则其效应已基本反映在本期报表中，投资者希望其未来收益在此基础上再有大幅增长已不太现实。

4）总资产增长率。总资产增长率是企业本年总资产增长额同年初资产总额的比率，反映企业本期资产规模的增长情况。计算公式为：

总资产增长率=本年总资产增长额÷年初资产总额×100%

其中，本年总资产增长额=年末资产总额-年初资产总额

📊 分析要点

总资产增长率越高，表明企业一定时期内资产经营规模扩张的速度越快。但在分析时，需要关注资产规模扩张的质和量的关系，以及企业的后续发展能力，避免盲目扩张。

【例9-9】 表9-8是对桂林旅游的总资产增长率的分析。

表9-8 桂林旅游的总资产增长率的分析

项目	2002年	2003年
年初所有者权益	11546	12556
年末所有者权益	12556	14190
所有者权益增长额	1010	1634
资本积累率（%）	8.7	13.0

桂林旅游从2006年开始总资产的增加额在大幅度提高，说明企业的资产规模在扩大，自身发展能力在增强，而2009年又大幅度的下降，说明企业之前的大幅度扩张对企业产生了负荷导致后面对总资产的投入进行缩减。所以，企业应该注意资产规模扩张的质和量的关系，以及企业的后续发展能力，避免资产盲目扩张。

5）所有者权益增长率。

所有者权益增长率=（所有者权益本期期末值-所有者权益本期期初值）÷所有者权益本期期初值

【例9-10】 表9-9是某企业2017年12月31日的资产负债表（简表）。

表9-9 某企业资产负债表（简表）   单位：万元

资产	期末数	负债及所有者权益	期末数
货币资金	300	应付账款	300
应收账款	900	应付票据	600
存货	1800	长期借款	2700
固定资产	2100	实收资本	1200
无形资产	300	留存收益	600
资产总计	5400	负债及所有者权益总计	5400

该企业2017年的营业收入为6000万元，营业净利率为10%，净利润的50%分配给投资者。预计2018年营业收入比2017年增长25%，为此需要增加固定资产200万元、无形资产100万元，根据有关情况分析，企业流动资产项目和流动负债项目将随营业收入同比例增减。假定该企业2018年的营业净利率和利润分配政策与2017年保持一致，该年度长期借款不发生变化；2018年末固定资产和无形资产合计为2700万元。2018年企业需要增加对外筹集的资金由股东增加投入解决（假设不考虑折旧与摊销的影响）。

请预测 2018 年的所有者权益增长率。

答：2018 年的所有者权益增长率＝（2625－1800）÷1800×100%＝45.83%

6）每股净资产增长率。每股净资产增长率是资产企业本期净资产增加额与上期净资产总额的比率，反映股东权益的收益水平，用以衡量公司运用自有资本的效率，是整体资产影响整体水平。计算公式为：

每股净资产增长率＝（每股净资产本期期末值－每股净资产上年同期期末值）÷每股净资产上年同期期末值

（三）利润表分析

利润表分析也称损益表分析，是以利润表为对象进行的财务分析。在分析企业的盈利状况和经营成果时，必须从利润表中获取财务资料，即使分析企业偿债能力，也应结合利润表，因为一个企业的偿债能力同其获利能力密切相关。

损益表反映了公司在一定时期内的经营成果，解释了公司财务状况发生变动的主要原因。分析损益表可直接了解公司的盈利状况和获利能力，并通过收入、成本费用的分析，较具体地把握导致公司获利能力高低的原因。就业主而言，它有助于分析公司管理收费的合理性及其使用效益。

利润表分析的目的：①能了解企业利润的构成及主要来源。②能了解成本支出数额及成本支出的构成。③能了解企业收益水平。

1. 总体分析

（1）利润表各项目的增减变动分析。利润表各项目的增减变动分析是对企业盈利状况及其变化趋势所进行的总体性分析。增减变动分析一般采用比较分析法，通过编制比较利润表来进行横向分析。

具体有两种方式：①利润表水平分析；②利润表趋势分析。

利润表水平分析是通过编制利润的水平分析表，将企业利润表中各项目的实际数与计划（预算）数进行比较，说明企业完成经营计划（经营预算）的程度；将利润表各项目的本期数与上期数进行比较，说明企业各损益项目增减变动的情况；将本企业利润表各项目的实际数与同行业的平均水平进行比较，说明企业收益在同行业中的水平。水平分析表的编制可以采用增减变动额（绝对额）和增减变动百分比（相对数）相结合的方式。

利润表趋势分析：利润表趋势分析是通过编制利润的趋势分析表，将企业利润表中各项目连续若干期的实际数进行比较，说明企业各损益项目增减变动的趋势。趋势比较可以采用环比比较，也可以采用定基比较。

环比增长率＝（本期实际数－上期实际数）÷上期实际数

某期趋势百分比＝某期实际数÷基期实际数

（2）利润表各项目的结构变动分析。企业利润表各项目的结构变动分析是对企业盈利构成状况及其变化所进行的总体性分析。一般采用比较分析法，通过编制共同比利润表来进行纵向分析。具体有三种方式：

1）利润表垂直分析。利润表垂直分析是通过编制利润的垂直分析表，将企业利润表中各项目的实际数与共同的基准项目实际数（一般为营业收入）进行比较，计算各利润项目占基准项目的百分比，分析说明企业财务成果的结构及其增减变化的合理程度。垂直分析表的编制多采用百分比（相对数）的形式，也称共同比利润表。

2）利润收支结构分析。利润收支结构反映企业一定时期各项收入、各项支出与利润的关系，以及不同性质收支与总收入和总支出的关系。利润收支结构分析可以通过编制利润收支结构分析表，计算各收入项目占总收入的比重和各支出项目占总支出的比重，分析说明企业收支的水平及其稳定性、必要性、合理性。

3）利润业务结构分析。利润业务结构反映企业一定时期不同性质利润之间的关系，如营业利润、利润总额、净利润等。利润业务结构分析可以通过编制利润业务结构分析表，计算不同性质利润占利润总额或净利润的比重，分析说明企业构成的合理性及其盈利水平和收益变化状况。

2. 财务比例分析

（1）盈利能力分析。

1）销售毛利率。销售毛利率是指毛利占销售收入的百分比，简称毛利率，其中毛利是销售收入与销售成本的差额。计算公式为：

销售毛利率＝销售毛利÷销售收入×100%

＝（销售收入－销售成本）÷销售收入×100%

销售收入＝销售量×单位售价

销售成本＝销售量×单位成本

销售毛利率表示每一元销售收入扣除销售成本后，有多少钱可以用于各项期间费用和形成盈利。销售毛利率是销售净利率的基础，没有足够多的毛利率便不能盈利。销售毛利率越高，说明企业销售成本在销售收入净额中所占的比重越小，在期间费用和其他业务利润一定的情况下，营业利润就越高。销售毛利率还与企业的竞争力和企业所处的行业有关。

案例 盈利能力分析（案例内容见右侧二维码）

盈利能力分析

2）销售净利率。销售净利率是指净利润与营业收入的比率，它反映企业营业收入创造净利润的能力。计算公式为：

销售净利率＝净利润÷营业收入×100%

销售净利率是企业销售的最终获利能力指标，比率越高，说明企业的获利能力越强。但是它受行业特点影响较大，通常来说，越是资本密集型企业，营业净利率就越高；反之，资本密集程度较低的企业，营业净利率也较低。该比率分析应结合不同行业的具体情况进行。

案例 销售净利率（案例内容见右侧二维码）

销售净利率
案例分析

3）销售利润率。销售利润率是指企业的营业利润与营业收入的比率。它是衡量企业经营效率的指标，反映了在不考虑非营业成本的情况下，企业管理者通过经营获取利润的能力。计算公式为：

营业利润率＝营业利润÷营业收入（商品销售额）×100%

销售利润率越高，说明企业百元商品销售额提供的营业利润越多，企业的盈利能力越强；反之，此比率越低，说明企业盈利能力越弱。

4）销售费用率。销售费用率是指公司的销售费用与营业收入的比率。它体现企业为取得单位收入所花费的单位销售费用，或者销售费用占据了营业收入的多大比例。计算公式为：

$$销售费用率 = \frac{销售费用}{营业收入} \times 100\%$$

5）管理费用率。管理费用率是指管理费用与主营业务收入的百分比。管理费用是影响企业盈利能力的重要因素，反映了企业经营管理水平。如果管理费用率高，说明企业的利润被组织、管理性的费用消耗得太多，必须加强管理费用的控制才能提高盈利水平。计算公式为：

$$管理费用率 = \frac{管理费用}{营业收入} \times 100\%$$

在进行管理费用率分析时，应注意以下两点：其一，因为管理费用中绝大部分属于不变成本，所以随着销售额的增长，管理费用率应呈现下降趋势。其二，一般情况下，管理费用率会因为行业不同而存在较大差异。例如，零售行业一般较低，金融行业一般较高。在计算管理费用率时，零售行业销售收入为包含成本的销售总额，而金融行业的营业收入并非营业收入总额，而是用营业收入总额减去利息支出。由此可见，不同行业的管理费用率不具有可比性。

6）财务费用率。财务费用率是指财务费用与主营业务收入的百分比。目前，我国企业财务费用负担往往较重，企业应通过这个指标的计算，分析企业的财务负担，调整筹资渠道，改善资金结构，提高盈利水平。计算公式为：

$$财务费用率 = \frac{财务费用}{营业收入} \times 100\%$$

7）销售期间费用率。销售期间费用率是指期间费用与销售收入净额之间的比率。该指标越低越好，当销售期间费用率大于销售毛利率时，说明企业盈利相当困难。计算公式为：

$$销售期间费用率 = \frac{管理费用 + 销售费用 + 财务费用}{主营业务收入} \times 100\%$$

8）成本费用利润率。成本费用利润率是企业一定期间的利润总额与成本费用总额的比率。成本费用利润率指标表明每付出一元成本费用可获得多少利润，体现了经营耗费所带来的经营成果。该项指标越高，利润就越大，反映企业的经济效益越好。其计算公式为：

$$成本费用利润率 = \frac{利润总额}{成本费用总额} \times 100\%$$

成本费用一般指主营业务成本、主营业务税金及附加和期间费用。

成本费用利润率是从总耗费角度来考察获利情况的指标，是反映企业成本费用与利润之间关系的指标。当获利总额不变时，成本费用总额越小，成本费用利润率越高；当成本费用总额不变时，利润总额越大，成本费用率越高。由于成本费用总额的大小反映了企业的所费，而利润总额的大小代表企业最终所得。所以，成本费用利润率指标是所得与所费的直接比较，它综合反映了企业效益的好坏。

9）总资产报酬率（Return on Total Assets Ratio）

总资产报酬率又称总资产利润率、总资产回报率、资产总额利润率，是指企业息税前利润与平均总资产之间的比率，用以评价企业运用全部资产的总体获利能力，是评价企业资产运营效益的重要指标。计算公式为：

总资产报酬率=（利润总额+利息支出）÷平均总资产×100%

其中，平均总资产=（期初资产总额+期末资产总额）÷2

总资产报酬率越高，表明资产利用效率越高，说明企业在增加收入、节约资金使用等方面取得了良好的效果；该指标越低，说明企业资产利用效率越低，应分析差异原因，提高销售利润率，加速资金周转，提高企业经营管理水平。

根据总资产报酬率指标的经济内容，可将其做如下分解：

总资产报酬率=（销售收入/平均总资产）×（利润总额+利息支出）÷销售收入

=总资产周转率×销售息税前利润率

可见，影响总资产报酬率的因素有两个：一是总资产周转率，该指标作为反映企业运营能力的指标，可用于说明企业资产的运用效率，是企业资产经营效果的直接体现；二是销售息税前利润率，该指标反映了企业商品生产经营的盈利能力，产品盈利能力越强，销售利润率越高。可见，资产经营盈利能力受商品经营盈利能力和资产运营效率两方面影响。

在上述总资产报酬率因素分解式的基础上，运用连环替代法或定基替代法分析总资产周转率和销售息税前利润率变动对总资产报酬率的影响。

此外，将总资产报酬率与本行业平均指标或同类企业对比，有助于解释变动的趋势。

案例 总资产报酬率的计算（案例内容见右侧二维码）

总资产报酬率
的计算

10）资产收益率（Return On Assets，ROA）。资产收益率也称资产回报率，它是用来衡量每单位资产创造多少净利润的指标。其计算公式为：

资产收益率=净利润÷平均资产总额×100%

资产收益率是业界应用最广泛的衡量银行盈利能力的指标之一，该指标越高，表明企业资产利用效果越好，说明企业在增加收入和节约资金使用等方面取得了良好的效果；否则相反。

资产收益率的局限性在于它不能反映银行的资金成本，而资本收益率弥补了资产收益率指标的不足。

11）股本回报率（Return on Equity，ROE）是一种类似于投资回报率（Return on Investment）的会计计算方法，是用以评估公司盈利能力的指标，可以用作比较同一行业内不同企业盈利能力的拥有指标。计算公式为：

股本回报率=净收入÷股东股本×100%

股本回报率是指税后净利润对股本投资额的比值。

股本回报率根据其计算公式，由于作为分子的净收入并不能真实反映企业绩效，所以ROE的最终值也并不是决定企业价值成功与否的一个可靠指标。然而，这一公式仍然出现在许多公司的年报里。

公司的股权收益高不代表盈利能力强。部分行业由于不需要太多资产投入，所以通常都有较高 ROE，例如咨询公司。有些行业需要投入大量基础建筑才能产生盈利，如炼油厂。所以，不能单以 ROE 判定公司的盈利能力。一般而言，资本密集行业的进入门槛较高，竞争较少，相反高 ROE 但低资产的行业则较容易进入，面对较大竞争。所以 ROE 应用作比较相同行业。

至少以下五个方面的原因造成了股本回报率夸大了企业的经济价值：①项目的寿命长度。项目寿命越长，经济价值被夸大的程度就越高。②资本化政策。如果投资总额被分割得越小，经济价值被夸大的程度就越高。③账面折旧率。账面折旧的速度如果快于直线法折旧的话，将会导致较高的股本回报率。④投资支出与投资收益之间的延迟。如果延迟的时间越长，高估的程度则越大。⑤新投资的增长率。快速成长的公司的股本回报率一般较低。

在各种原因中，最关键的一点是股本回报率本身是一个敏感的杠杆因素：因为股本回报率的前提假设是投资回报率会大于借贷利率，所以它自身就有一种增长趋势。

12）投资收益率（Rate of Return on Investment）。投资收益率又称投资利润率是指投资收益（税后）占投资成本的比率。

投资收益率＝投资收益÷投资成本×100%

投资收益率的优点是计算公式最简单；缺点是没有考虑资金时间价值因素，不能正确反映建设期长短及投资方式不同和回收额的有无对项目的影响，分子、分母计算口径的可比性较差，无法直接利用净现金流量信息。只有投资收益率指标大于或等于无风险投资收益率的投资项目才具有财务可行性。

投资收益率反映投资的收益能力。当该比率明显低于公司净资产收益率时，说明其对外投资是失败的，应改善对外投资结构和投资项目；而当该比率远高于一般企业净资产收益率时，则存在操纵利润的嫌疑，应进一步分析各项收益的合理性。

13）净资产收益率。净资产收益率（Rate of Return on Common Stockholders' Equity）又称股东权益报酬率、净值报酬率、权益报酬率、权益利润率、净资产利润率，是衡量上市公司盈利能力的重要指标，是指利润额与平均股东权益的比值，该指标越高，说明投资带来的收益越高；净资产收益率越低，说明企业所有者权益的获利能力越弱。该指标体现了自有资本获得净收益的能力。

企业资产包括两部分：一部分是股东的投资，即所有者权益（它是股东投入的股本、企业公积金和留存收益等的总和），另一部分是企业借入和暂时占用的资金。企业适当地运用财务杠杆可以提高资金的使用效率，借入的资金过多会增大企业的财务风险，但一般可以提高盈利，借入的资金过少会降低资金的使用效率。净资产收益率是衡量股东资金使用效率的重要财务指标。计算公式为：

净资产收益率＝净利润÷平均净资产×100%

其中，平均净资产＝（年初净资产+年末净资产）÷2。分母是"平均净资产"，也可以使用"年末净资产"。如公开发行股票公司的净资产收益率可按下面公式计算：

净资产收益率＝净利润÷年度末股东权益×100%

杜邦公式：

净资产收益率（ROE）＝净利润÷所有者权益

$$=销售净利润率×资产周转率×权益乘数（财务杠杆）$$

销售净利润率=净利润÷销售收入　（盈利能力）

资产周转率=销售收入÷总资产　（营运能力）

权益乘数=资产总额÷股东权益总额=1÷（1-资产负债率）　（偿债能力）

　　净资产收益率是评价企业资本经营效率的核心指标，体现了自有资本获得净收益的能力，可以从总体上衡量企业的盈利能力。该指标越高，说明投资人投入资本带来的收益越高，资本运营效率也就越高，从而投资人与债权人的利益受保障程度也就会越高。权益净利率充分考虑了筹资方式对企业获利能力的影响，因此，它所反映的获利能力是企业经营能力、财务决策和筹资方式等多种因素综合作用的结果。另外，净资产收益率是从所有者角度来考察企业盈利水平高低的，在相同的总资产收益率水平下，企业采用不同的资本结构形式，即不同负债与所有者权益比例，会造成不同的净资产收益率。

　　不同使用者对该指标的使用如下：①普通股股东可用该指标与自己要求的收益率进行对比，决定是否对该企业进行继续投资。②管理层用该指标与企业的贷款利率进行对比，如果贷款利率高，则说明企业很好地利用了财务杠杆为股东创造了更多的价值。此外，净资产收益率又是杜邦分析体系中的核心指标，净资产收益率=销售净利率×总资产周转率×权益乘数。由此公式可以看出，决定净资产收益率高低的因素有三个：销售净利率、总资产周转率和权益乘数。销售净利率反映企业的盈利能力，总资产周转率反映企业的营运能力，而权益乘数则反映了企业的偿债能力，可从以上三个方面提高净资产收益率，即提高销售净利率、加速资产周转和提高企业的财务杠杆，进一步还可从影响企业这三个比率的方面进行分析，确定需要提高哪些方面。

　　影响净资产收益率的因素主要有总资产报酬率、负债利息率、企业资本结构和所得税率等。

　　净资产是企业全部资产的一部分，因此，净资产收益率必然受企业总资产报酬率的影响。在负债利息率和资本构成等条件不变的情况下，总资产报酬率越高，净资产收益率就越高。

　　负债利息率之所以影响净资产收益率，是因为在资本结构一定情况下，当负债利息率变动使总资产报酬率高于负债利息率时，将对净资产收益率产生有利影响；反之，在总资产报酬率低于负债利息率时，将对净资产收益率产生不利影响。

　　当总资产报酬率高于负债利息率时，提高负债与所有者权益之比，将使净资产收益率提高；反之，降低负债与所有者权益之比，将使净资产收益率降低。

　　因为净资产收益率的分子是净利润即税后利润，因此，所得税率的变动必然引起净资产收益率的变动。通常，所得税率提高，净资产收益率下降；反之，则净资产收益率上升。

　　下式可反映出净资产收益率与各影响因素之间的关系：

净资产收益率=净利润÷平均净资产

$$=（息税前利润-负债×负债利息率）×（1-所得税率）÷净资产$$

$$=（总资产×总资产报酬率-负债×负债利息率）×（1-所得税税率）÷净资产$$

$$=（总资产报酬率+总资产报酬率×负债÷净资产-负债利息率×负债÷净资产）×（1-所得税税率）$$

= ［总资产报酬率+（总资产报酬率−负债利息率）×负债÷净资产］×（1−所得税税率）

明确了净资产收益率与其影响因素之间的关系，运用连环替代法或定基替代法，可分析各因素变动对净资产收益率的影响。

案例　净资产收益率因素（案例内容见右侧二维码）

净资产收益率
因素

14）资本回报率（Return on Invested Capital，ROIC）是指投出和/或使用资金与相关回报（回报通常表现为获取的利息和/或分得利润）之比例。用于衡量投出资金的使用效果。

资本回报率是用来评估一个公司或其事业部门历史绩效的指标。贴现现金流，正如我们所知，它决定着任何公司的最终（未来）价值，它也是对公司进行评估的一个最主要的指标。

然而，在短期内，现金流对评估公司绩效就显得不那么有用了，因为现金流很容易受人为操控。例如，延迟现金支付、推迟广告活动或者削减研发费用等。资本回报率是一个落后指标（Lagging Indicator），就是说它所提供的信息反映的是公司的历史绩效。计算公式为：

资本回报率=（税后利润+财务费用）÷（净资产+有息负债）

资本回报率通常用来直观地评估一个公司的价值创造能力。（相对）较高的 ROIC 值，往往被视作公司强健或者管理有方的有力证据。必须注意：资本回报率值高，也可能是管理不善的表现，如过分强调营收，忽略成长机会，牺牲长期价值。

15）资本收益率。资本收益率（Rate of Earnings on Shareholders Equity）又称资本利润率，是指企业净利润（税后利润）与股本（或实收资本）的比率。计算公式为：

资本收益率=净利润÷实收资本平均额×100%

资本收益率越高，说明企业自有投资的经济效益越好，投资者的风险越少，值得投资和继续投资；对股份有限公司来说，就意味着股票升值，因此，它是投资者和潜在投资者进行投资决策的重要依据。对企业经营者来说，如果资本收益率高于债务资金成本率，则适度负债经营对投资者来说是有利的；反之，如果资本收益率低于债务资金成本率，则过高的负债经营就将损害投资者的利益。

（2）偿债能力分析。

利息保障倍数（Interest Coverage Ratio）又称已获利息倍数（或者叫作企业利息支付能力比较容易理解），是指企业生产经营所获得的息税前利润与利息费用的比率（企业息税前利润与利息费用之比）。计算公式为：

利息保障倍数=息税前利润÷利息费用×100%

利息保障倍数=（净销售额−营业费用）÷利息费用×100%

利息保障倍数=（销售收入总额−变动成本总额−固定经营成本）÷利息费用×100%

利息保障倍数是通过比较企业息税前利润及利息费用的大小来衡量企业长期偿债能力的，其中分子息税前利润可以表示为净销售额与营业费用的差额，也可以表示为销售收入总额减去变动成本、固定成本之后的余额。此外，分母利息费用在计算时需注意，我国的会计实务中将利息费用计入财务费用，并不单独记录，所以作为外部使用者通常得不到准确的利息费用的数据，分析人员通常用财务费用代替利息费用进行计算，所以存在误差。

对企业长期偿债能力的分析可以分为两个层面：一是对企业还本能力的衡量，这类指标主要包括前文中提到的资产负债率、长期资本负债率、产权比率、权益乘数等，企业的长期债务短期内并不需要还本，但是需要每期按时付息，因此对企业长期偿债能力分析的另一类指标是对企业付息能力的衡量。利息保障倍数就属于此类指标。

利息保障倍数表明每1元利息支付有多少倍的息税前利润做保障，它可以反映债务政策的风险大小。如果企业一直保持按时付息的信誉，则长期负债可以延续，举借新债也比较容易。利息保障倍数越大，利息支付越有保障。如果利息支付尚且缺乏保障，归还本金就更难指望。因此，利息保障倍数可以反映长期偿债能力。如果利息保障倍数小于1，表明自身产生的经营收益不能支持现有的债务规模。利息保障倍数等于1也很危险，因为息税前利润受经营风险的影响很不稳定，而利息支付却是固定的。利息保障倍数越大，公司拥有的偿还利息的缓冲资金越多。

（3）营运能力分析。

1）应收账款周转率、应收账款周转天数。应收账款周转率是指在一定时期内（通常为一年）应收账款转化为现金的平均次数。

应收账款周转率又称收账比率，是用于衡量企业应收账款流动程度的指标，它是企业在一定时期内（通常为一年）赊销净额与应收账款平均余额的比率。

应收账款周转率是销售收入除以平均应收账款的比值，也就是年度内应收账款转为现金的平均次数，它说明应收账款流动的速度。用时间表示的周转速度是应收账款周转天数，也叫平均应收账款回收期或平均收现期，表示企业从取得应收账款的权利到收回款项、转换为现金所需要的时间，等于360除以应收账款周转率。

销售收入为扣除折扣和折让后的销售净额。

平均应收账款是指未扣除坏账准备的应收账款金额，是期初应收账款余额与期末应收账款的平均数。有人认为，销售净额应扣除现金销售部分，即使用赊销净额来计算，理论上更加完备，但是数据难以得到。

一般来说，应收账款周转率越高，平均收账期越短，说明应收账款的收回越快。否则，企业的营运资金会过多地呆滞在应收账款上，影响正常的资金周转。存在一些影响该指标正确计算的因素：季节性经营的企业使用这个指标时不能反映实际情况；大量使用分期付款结算方式；大量地使用现金结算的销售；年末大量销售或年末销售大幅度下降。这些因素都会对计算结果产生较大的影响。财务报表的外部使用人可以将计算出的指标与该企业前期指标、行业平均水平或其他类似企业的指标相比较，判断该指标的高低。但仅根据指标的高低分析不出上述各种原因。

应收账款周转率公式有理论和运用之分：

理论公式：

应收账款周转率＝赊销收入净额÷应收账款平均余额

$$= \frac{（当期销售净收入 - 当期现销收入）}{（期初应收账款余额 + 期末应收账款余额）÷ 2}$$

应收账款周转天数＝365÷应收账款周转率

运用公式：

$$应收账款周转率 = \frac{当期销售净收入}{（期初应收账款余额 + 期末应收账款余额）÷ 2}$$

应收账款周转天数 = 365÷应收账款周转率

两者的区别仅在于销售收入是否包括现销收入。我们可以把现销业务理解为赊销的同时收回货款，这样，销售收入包括现销收入的运用公式，同样符合应收账款周转率指标的含义。

销售净收入 = 销售收入 – 销售退回

赊销收入净额 = 销售收入 – 销售退回 – 现销收入

案例　**应收账款周转率**（案例内容见右侧二维码）

应收账款
周转率

2）存货周转率、存货周转天数。存货周转率是企业一定时期销货成本与平均存货余额的比率，是分析企业营运能力的重要指标之一。它用于反映存货的周转速度，即存货的流动性及存货资金占用量是否合理，促使企业在保证生产经营连续性的同时，提高资金的使用效率，增强企业的短期偿债能力。存货周转天数是指企业从取得存货开始，至消耗、销售为止所经历的天数。周转天数越少，说明存货变现的速度越快。

存货周转率不仅可以用来衡量企业生产经营各环节中存货运营效率，而且还被用来评价企业的经营业绩，反映企业的绩效。计算公式为：

成本基础的存货周转率 = 营业成本÷平均存货余额

收入基础的存货周转率 = 营业收入÷存货平均余额

存货周转天数 = 360÷存货周转次数

平均存货余额 = （期初存货总额+期末存货总额）÷2

计算存货周转率时，使用"销售收入"还是"销售成本"作为周转额，是根据分析目的来区分的。如果分析目的是用来判断企业的短期偿债能力的，应采用销售收入。如果分析目的是用来评估存货管理业绩的，应当使用销售成本。

存货周转率指标的好坏反映企业存货管理水平的高低，它影响企业的短期偿债能力，是整个企业管理的一项重要内容。一般来讲，存货周转速度越快，存货的占用水平越低，企业资金的流动性越强，存货转换为现金或者应收账款的速度越快。因此提高存货周转率可以提高企业的变现能力。但是存货周转率过高，也可能说明企业管理方面存在其他的一些问题，如存货水平太低，甚至经常缺货，或者采购次数过于频繁、采购批量太小等。存货周转率低说明企业存货管理不良，存货的流动性弱以及存货资金占用量不合理，存货的利用效率较低等问题。

案例　**存货周转率**（案例内容见右侧二维码）

存货周转率

3）应收账款平均占用变动率。应收账款平均占用变动率是将本期应收账款平均占用额与上一期应收账款平均占用额相比。计算公式为：

应收账款平均占用变动率 = 本期应收账款平均占用额÷上期应收账款平均占用额

该指标反映应收账款占用的变化情况，可用于对应收账款周转率的补充说明。如果该指标大于1，说明企业本期应收账款实际资金平均占用额大于上期；如果该指标小于1，则说明相反的情况。如果该指标过大，说明企业应收账款资金占用明显大于上期，假定企业销售额没有明显增长的话，也说明企业应收账款资金利用效率较差，需要查明原因。

【例9-11】 2010~2012年甲公司的应收账款年末余额分别为3559.69万元、3278.07万元、3845.80万元，试计算分析甲公司2012年的应收账款平均占用变动率。

分析：应收账款平均占用变动率=[（3278.07+3845.80）÷2]÷[（3559.69+3278.07）÷2]=1.04

应收账款平均占用变动率为1.04，说明2012年应收账款平均占用额大于2011年，但是变化并不大。

4）营运资金（资本）周转率。营运资本周转率是比较一段期间营运资金的消耗相对产生销售的指标。计算公式为：

营运资本周转率=营业收入÷平均营运资金

平均营运资金=[（流动资产期末余额-流动负债期末余额）+（流动资产期初余额-流动负债期初余额）]÷2

营运资本周转率表明企业营运资本的经营效率，反映企业每投入1元营运资本所能获得的销售收入，同时也反映了每年每1元销售收入需要配备多少营运资金。一般而言，营运资本周转率越高，说明每1元营运资本所带来的销售收入越多，企业营运资本的运用效率也就越高；反之，营运资本周转率越低，说明企业营运资本的运用效率越低。同时营运资本周转率还是判断企业短期偿债能力的辅助指标。一般情况下，企业营运资本周转率越高，所需的营运资本水平就越低，此时会观测到企业的流动比率或速动比率等可能处于较低的水平，但是由于营运资本周转速度快，企业的偿债能力仍然能够保持较高的水平。因此，在判断企业短期偿债能力时也需要对营运资本的周转情况进行分析。

营运资本周转率不存在通用的衡量标准，只有将这一指标与企业的历史数据或者同行业其他企业的平均水平相比才有意义。如果营运资本周转率过低，表明营运资本使用率太低，即相对于营运资本来讲，销售不足，有潜力可挖；如果营运资本周转率过高，则表明资本不足，业务处于清偿债务危机之中。

但是，营运资本周转率也具有局限性，例如，营运资本的周转率的影响因素是很复杂的，不能根据营运资本的高低直接得出相关结论，而需要进行具体分析。例如，较低的营运资本周转率可能是企业所拥有的高额存货或者高额应收款所导致的，也有可能是大额现金余额造成的；较高的比率可能是企业加强了应收账款和存货的管理，也有可能是企业投放于日常生产经营的资金不足。

5）现金周转率。现金周转率是指企业主营业务收入与现金平均余额的比率。计算公式为：

现金周转率=主营业务收入÷现金平均余额

其中，现金包括库存现金和可随时支取的银行存款；现金平均余额=（期初现金+期末现金）÷2

持有现金主要目的是满足日常的交易需要，并且作为一个流动储备以弥补现金流入和流出不平衡时出现的短缺。较高的现金周转率意味着企业对现金的利用效率较好，但并不说明这一比率越高越好。

【例9-12】 根据A公司的资产负债表和利润表，A公司的现金周转次数计算见表9-10。

表 9-10 现金周转次数计算表 单位：万元

项目	2001 年	2002 年	2003 年
主营业务收入	527672	693673	750796
现金平均余额	68233	72729	89511
现金周转率	7.3	9.54	8.39

注：2000 现金平均余额为 76740 万元。

从表中可以看出，该公司 2003 年现金周转率较 2002 年有所下降，其原因是主营业务收入的增长幅度低于平均流动资产的增长幅度，表明现金资产利用效率较 2002 年有所降低。另外，从表中还可以看出，该公司的现金平均余额相对较大，影响了现金周转水平。对此，应当进一步结合行业性质和平均水平进行分析。

6）流动资产周转率是销售收入与流动资产平均余额的比率，它反映的是全部流动资产的利用效率。流动资产周转率是分析流动资产周转情况的一个综合指标，流动资产周转得快，可以节约资金，提高资金的利用效率。

流动资产周转率=销售收入÷流动资产平均余额

流动资产平均余额=（期初流动资产+期末流动资产）÷2

=（营业成本÷流动资产平均余额）×（销售收入÷营业成本）

=流动资产垫支周转率×成本收入率

流动资产周转率反映流动资产的周转速度。周转速度快，会相对节约流动资产，等于相对扩大资产投入，增强企业盈利能力；而延缓周转速度，需要补充流动资产参加周转，形成资金浪费，降低企业盈利能力。该指标越高，说明企业流动资产的利用效率越好。

【分析提示】流动资产周转率要结合存货、应收账款一并进行分析，和反映盈利能力的指标结合在一起使用，可全面评价企业的盈利能力。

案例 流动资产周转率（案例内容见右侧二维码）

流动资产周转率

7）固定资产周转率（Fixed Assets Turnover）。固定资产周转率又称固定资产利用率，是指企业年产品销售收入净额与固定资产平均净值的比率。它是反映企业固定资产周转情况，从而衡量固定资产利用效率的一项指标。该比率越高，表明固定资产利用效率高，利用固定资产效果好。

固定资产利用率=产品销售收入净额÷固定资产平均净值

其中，固定资产平均净值=（期初净值+期末净值）÷2

固定资产周转率主要用于分析对厂房、设备等固定资产的利用效率，比率越高，说明利用率越高，管理水平越好。如果固定资产周转率与同行业平均水平相比偏低，则说明企业对固定资产的利用率较低，可能会影响企业的获利能力。

8）总资产周转率。总资产周转率是指企业在一定时期内销售（营业）收入同平均资产总额的比值。

总资产周转率是综合评价企业全部资产的经营质量和利用效率的重要指标。周转率越大，说明总资产周转越快，反映出销售能力越强。企业可以通过薄利多销的办法，加速资产的周转，带来利润绝对额的增加。计算公式为：

总资产周转率＝销售收入总额÷平均资产总额

总资产周转率综合反映了企业整体资产的营运能力，一般来说，资产的周转次数越多或周转天数越少，表明其周转速度越快，营运能力也就越强。在此基础上，应进一步从各个构成要素进行分析，以便查明总资产周转率升降的原因。企业可以通过薄利多销的办法，加速资产的周转，带来利润绝对额的增加。存货周转率分析的目的是从不同的角度和环节上找出存货管理中的问题，使存货管理在保证生产经营连续性的同时，尽可能少地占用经营资金，提高资金的使用效率，增强企业短期偿债能力，促进企业管理水平的提高。

9）股东权益周转率。股东权益周转率即权益周转率，是销售收入与平均股东权益的比值。计算公式为：

股东权益周转率＝销售收入÷平均股东权益

注：平均股东权益＝（期初股东权益＋期末股东权益）÷2

该指标说明公司运用所有者的资产的效率。该比率越高，表明所有者资产的运用效率高，营运能力强。

与股东权益周转率相近的指标——股东权益报酬率是衡量上市公司盈利能力的重要指标，是指利润额与平均股东权益的比值。该指标越高，说明投资带来的收益越高；净资产利润率越低，说明企业所有者权益的获利能力越弱。

（4）发展能力分析。

1）净利润增长率。净利润增长率是指企业本期净利润额与上期净利润额的比率。净利润是指在利润总额中按规定缴纳了所得税后公司的利润留成，一般也称为税后利润或净收入。

净利润增长率反映了企业实现价值最大化的扩张速度，是综合衡量企业资产营运与管理业绩，以及成长状况和发展能力的重要指标。计算公式为：

净利润增长率＝（本期净利润额－上期净利润额）÷上期净利润额×100%

案例 发展能力（案例内容见右侧二维码）

发展能力

2）营业利润增长率。营业利润增长率是企业本年营业利润增长额与上年营业利润总额的比率，反映企业营业利润的增减变动情况。计算公式为：

营业利润增长率＝本年营业利润增长额÷上年营业利润总额×100%

其中，本年营业利润增长额＝本年营业利润总额－上年营业利润总额

3）利润总额增长率。利润总额增长率是指企业实现的全部利润（包括企业当年的营业利润、投资收益、补贴收入、营业外收支净额和所得税等项内容）的持续增长能力。

利润总额增长率反映利润总额的增长速度和趋势，计算公式为：

利润总额增长率＝本年利润增长额÷上年利润总额×100%

该指标应与销售（营业）增长率指标结合起来加以分析，以便分析企业利润是否随着销售（营业）额的增长呈同步增长趋势，如果二者没有同步增长，尤其是利润的增长滞后于销售（营业）额的增长时，就要对企业的成本费用控制情况加以分析。

4）营业收入增长率。营业收入增长率（Sales Growth Rate）是指企业本期的营业收入增长额与上期营业收入总额的比率。计算公式为：

营业收入增长率＝本期营业收入增长额÷上期营业收入总额×100%

本期营业收入增长额＝期末营业收入总额－期初营业收入总额

营业收入增长率是衡量企业经营情况和市场份额占有能力的重要指标，也有助于预测企业经营业务拓展的趋势，为企业扩张增量资本和存量资本奠定了基础。营业收入增长率越高，说明企业的增长速度越快，市场前景越好，发展能力越强。

利用营业收入增长率法可以判断出产品处于生命周期的哪个阶段，即以产品销售量的年增长率来划分产品生命周期的各阶段。一般而言，企业在初创期和成长期的营业收入增长率较高，在成熟期和衰退期的营业收入增长率较低，甚至有可能出现负增长。

营业收入增长率的提高并不一定意味着企业在经营业绩上具有良好的发展潜力，所以在分析企业营业收入增长率的同时，还应该将其与企业的总资产增长率做比较，如果企业的营业收入增长率低于总资产增长率则说明企业销售能力的提高主要是由于资产投入的增加，而不是经营效率的提高，这种增长方式是不具有可持续发展能力的；如果企业的营业收入增长率高于总资产增长率，则说明企业在销售收入方面的管理能力较强，发展潜力较高。

案例　营业收入增长率（案例内容见右侧二维码）

营业收入增长率

5）每股收益增长率。每股收益增长率（Earnings Per Share Growth Rate）是指企业本期每股收益增长额与上期每股收益的比率。计算公式为：

每股收益增长率＝本期每股收益增长额÷ABS（期初每股收益）×100%

本期每股收益增长额＝本期每股收益－上期每股收益

每股收益＝净利润÷总股本

每股收益增长率反映了每一份公司股权可以分得的利润的增长程度，是判别个股成长性的重要指标之一，也是检验个股有无成长性的试金石。一般来说，每股收益增长率越高，说明投资者可分得利润的增长速度越快，企业的发展能力越强。值得关注的是，每股收益增长率在企业扭亏为盈和由盈转亏或起始年度每股收益极低的时候会失去指导意义。

分析一个企业的每股收益增长率时，可以将其与同一行业的其他公司比较，以明确企业在同行业中所处的位置；与整个市场的每股收益增长率比较，以掌握市场每股收益率的增长情况和企业在整个市场的地位；与企业自身的历史每股收益增长率比较，以分析企业的发展趋势和未来前景；与企业自身的销售收入增长率比较，以科学地衡量企业未来的成长潜力，因为每股收益的增长往往伴随着销售收入的增长，否则可能只是因为削减成本或一次性收益等无法持续的因素造成，并不能体现企业持续的发展能力。

每股收益增长率反映了企业的中期业绩增长预期，是市盈率（PE）等估值指标的驱动力量。通过杜邦比率分析来看，EPS 增长率自身的影响因素包括资本性开支（CAPEX）、资产周转率、营业利润率、净负债比率和股息分配率。一般来说，当每股收益增长时，前三项因素也呈增长趋势，而后两项因素则呈下降趋势。

6）可持续增长率。可持续增长率（Self-sustainable Growth Rate）是指在不增发新股并保持目前经营效率和财务政策的条件下，公司销售可以实现的最高增长率。此处的经营效率指的是销售净利率和资产周转率，财务政策指的是股利支付率和资本结构。计算公式为：

可持续增长率＝股东权益收益率×自留率

自留率＝1-股利支付率

可持续增长率代表了企业当前经营效率和财务政策决定的内在增长能力，它是保持目前财务比率的增长率，按现有财务结构增加借款，目的是维持当前的财务杠杆和风险水平。

实际增长率大于可持续增长率意味着企业现金短缺。处于初创期和成熟期的企业最容易发生现金短缺。如果管理者认为，企业的增长速度超过可持续增长率只是短期状况，不久，随着企业逐步进入成熟阶段，企业的增长率将会降下来。从财务角度来看，这种短缺问题最简单的解决办法是增加负债，当企业在不久的将来增长率下降时，用多余现金还掉借款，就会自动平衡。如果管理者认为企业将长期保持高速增长，这时从财务角度来看，可将下面的几种办法综合起来进行运用，以谋求平衡：增加权益资本、提高财务杠杆、降低股利支付率、非核心业务剥离、寻求外购以及兼并。

实际增长率小于可持续增长率意味着企业有多余现金。处于成熟期和衰退期的企业容易产生多余现金。当企业的实际增长率达不到可持续增长率时，企业的现金将出现富余而缺少适当的投资机会，企业所处的这种状况常常令现金短缺企业极为羡慕，但实际上也同样是个棘手的问题。当出现多余现金时，管理者首先应该判断较低的增长率是否会持久，即是短期现象还是长期现象。如果管理者认为这种现象是暂时的，在不久的将来企业仍将出现较大的增长，但当这种现象长期存在时，管理者必须从根本上给予解决。

预期的低增长，一种情况是行业性的影响，即该行业已经进入了成熟期，市场容量难以快速扩大；另一种情况是企业自身的问题，常常表现为增长速度落后于行业整体增长率，市场份额逐渐缩小。这时企业管理者应该检讨自己的经营方针和经营方式，找出内部妨碍企业快速增长的因素，并尽力予以消除。这往往要包括战略的改变、组织结构的改变及业务构架的改变等一系列过程。这一过程应该在很短的时间内产生效果，否则这种劣势难以改变。当企业无法从内部挖掘增长潜力时，对多余的现金通常有四种选择：继续投资于回报率很低的核心业务、坐享闲置现金资源、提高股利支付率或股票回购以及投资处于成长期的行业。

案例 可持续增长率（案例内容见右侧二维码）

可持续增长率

（四）现金流量表分析

现金流量表分析是基于现金流量表的财务分析，是指对现金流量表上的有关数据进行比较、分析和研究，从而了解企业的财务状况，发现企业在财务方面存在的问题，预测企业未来的财务状况，为报表使用者科学决策提供依据。例如，现金流量表提供了有关现金流量的数据资料（这是债权人判断企业偿债能力的重要依据），但根据这些数据还不能直接对企业的偿债能力做出评价，因而也不能据此做出决策。报表使用者应根据自己的需要，运用各种专门的方法，对财务报表提供的数据资料进行进一步加工、整理、分析和研究，从中得出有用的信息，从而为决策提供正确的依据。

现金流量表分析的目的：①从动态上了解企业现金变动情况和变动原因；②判断企业获取现金的能力；③评价企业盈利的质量。

1. 总体分析

现金流量表总体分析包括趋势分析，具体分为水平分析和垂直分析（结构分析）。

（1）现金流量表水平分析。现金流量表水平分析主要是指通过对比不同时期的各项现金流量变动情况，揭示企业当期现金流量水平及其变动情况，反映企业现金流量管理水平与特点。

案例　现金流量表水平分析（案例内容见右侧二维码）

现金流量表
水平分析

（2）现金流量表垂直分析（结构分析）。现金流量表垂直分析即结构分析，就是通过对现金流量表不同项目之间的比较，分析企业现金流入和流出的来源与方向，评价各种现金流量的形成原因。现金流量结构分析包括：现金流入结构分析、现金流出结构分析、现金流入流出结构分析。

1）现金流入垂直结构分析。表 9-11 是 M 公司 2001 年现金流量表。

表 9-11　现金流量表

编制单位：M 公司　　　　　　　　　　　2001 年度　　　　　　　　　　单位：元

项目	行次	金额
一、经营活动产生的现金流量		
销售商品、提供劳务收到的现金	1	1342737
收到的税费返还	3	229500
现金流入小计	9	1572237
购买商品、接受劳务支付的现金	10	1227400
支付给职工以及为职工支付的现金	12	40000
支付的各项税费	13	280617
支付的其他与经营活动有关的现金	18	18000
现金流出小计	20	1566017
经营活动产生的现金流量金额	21	6220
二、投资活动产生的现金流量		
收回投资所收到的现金	22	8250
取得投资收益所收到的现金	23	4025
处置固定资产所收到的现金净额	25	750
现金流入小计	29	13025
购建固定资产所支付的现金	30	114900
投资所支付的现金	31	10000
现金流出小计	36	124900
投资活动产生的现金流量净额	37	-111875
三、筹资活动的现金流量		
吸收投资所收到的现金	38	25000

续表

项目	行次	金额
借款所收到的现金	40	150000
收到的其他与筹资活动有关的现金	43	5000
现金流入小计	44	180000
偿还债务所支付的现金	45	21200
分配股利、利润或偿付利息所支付的现金	46	25250
现金流出小计	53	46450
筹资活动产生的现金流量净额	54	133550
四、汇率变动对现金的影响	55	0
五、现金及现金等价物净增加额	56	27895
补充资料	行次	金额
1. 将净利润调节为经营活动现金流量		
净利润	57	103572
加：计提的资产减值准备	58	198
固定资产折旧	59	7300
无形资产摊销	60	2025
长期待摊费用摊销	61	3000
处置固定资产、无形资产和其他长期资产的损失（减：收益）	66	2250
财务费用	68	6200
投资损失（减：收益）	69	−4025
存货的减少（减：增加）	71	−125800
经营性应收项目的减少（减：增加）	72	5900
经营性应付项目的增加（减：减少）	73	5600
经营活动产生的现金流量净额	75	6220
2. 不涉及现金收支的投资和筹资活动		
债务转为资本	76	47500
一年内到期的可转换公司债券	77	15017
3. 现金及现金等价物净增加情况		
现金的期末余额	79	55000
减：现金的期初余额	80	24450
加：现金等价物的期末余额	81	27345
减：现金等价物的期初余额	82	30000
现金及现金等价物净增加额	83	27895

M 公司的现金流入垂直结构百分比分析如表 9-12 所示。

表 9-12 现金流入垂直结构百分比分析

项目	金额	部分结构百分比（%）	总体结构百分比（%）
经营活动现金流入	1572237	100	89.1
主营业务收入	1342737	85.4	
税费返还	229500	14.6	
投资活动现金流入	13025	100	0.7
收回投资	8250	63.3	
投资收益	4025	30.9	
处置固定资产	750	5.8	
筹资活动现金流入	180000	100	10.2
吸收投资	25900	13.9	
借款	150000	83.3	
其他	5000	2.8	
现金流入合计	1765262		100

🔷 分析要点

其一，经营活动现金流入占现金流入总量的 89.1%，是其主要来源。其中，主营业务收入占 85.4%，税费返还占 14.6%，都比较正常。

其二，投资活动现金流入占现金流入总量的 0.7%，说明企业投资活动获取的现金较少。其中，收回投资占 63.3%，取得投资收益占 30.9%，说明企业投资现金流入大部分为回收资金，而非获利。

其三，筹资活动占现金流入总量的 10.2%，也占有相当地位，其中主要来自借款融资。

综上所述，维持该公司运行、支撑公司发展所需要的大部分现金是在经营过程中产生的，这无疑是企业财务状况良好的一个标志。而收回投资、分得股利取得的现金以及银行借款、发行债券、接受外部投资取得的现金对公司的运行起到了辅助性或补充性的融资作用。

2）现金流出垂直结构分析。在一个公司的现金流出中，其经营活动的现金流出如购买商品、接受劳务等活动支出的现金往往要占到较大的比重，投资活动和筹资活动的现金流出则因公司的财务政策不同而存在很大的差异。一般来说，在公司正常的经营活动中，其经营活动的现金流出具有一定的稳定性，各期变化幅度不会太大，但投资和筹资活动的现金流出稳定性较差，甚至具有相当的偶发性。随着交付投资款、偿还到期债务、支付股利等活动的发生，当期该类活动的现金流出便会呈现剧增。

与现金流入结构分析类似，在 M 公司本期的现金流出量中，经营活动所付现金占 74.6%，投资活动所付现金占 6.0%，筹资活动所付现金占 2.2%。将此现金流出量与现金流入量相结合，可以发现该公司的现金流入与流出主要来自经营活动所得，用于经营活动所费；公司进行固定资产投资，支付投资者利润等现金需要，主要来源于外部筹资，特别是举债筹资。从总体上看，该公司的运行是健康的，发展是稳定的。但应特别注意公司以举债筹资扩大投资所带来的财务风险及其偿还能力。

3）净现金流量纵向结构分析。它是反映公司经营活动、投资活动及筹资活动的现金净流量占公司全部净现金流量的百分比，以及公司本年度创造的现金及现金等价物净增加额中，以上三类活动的贡献程度。通过分析，可以明确体现出本期的现金净流量主要由哪类活动产生，以此说明现金净流量形成的原因是否合理。

在对其分析中，当企业的现金净增加额为正数时，如主要是由经营活动产生的现金流量净额引起的，可以反映企业收现能力强，坏账风险小，其营销能力一般不错；如主要由投资活动或处置非流动资产引起的，可以反映出企业生产能力正在衰退，从而处置资产以缓解资金压力，但也可能是企业在调整资产结构，应结合上市公司公告的其他资料进行判断；如主要是由于筹资活动引起的，则意味着企业在未来将负担更多的股息或利息。除非该企业在未来产生更大的现金流量，否则将承受更大的财务风险。

当企业现金净增加额为负数，但如果企业经营活动产生的现金流量净额为正数，且数额较大，则这一般是由于企业扩大投资或购置生产设备等所致，反映企业并非经营状况不佳，反而是未来可能有更大的现金流入。

通过以上分析，还可进一步推断出，对现金流量结构的总体分析可以认定出企业生命周期所在阶段。总量相同的现金流量在经营活动、投资活动、筹资活动之间分布不同，则意味着不同的财务状况。一般情况下：

其一，当经营活动现金净流量为负数、投资活动现金净流量为负数、筹资活动现金净流量为正数时，表明该企业处于产品初创期。在这个阶段企业需要投入大量资金，形成生产能力，开拓市场，其资金来源只有举债、融资等筹资活动。

其二，当经营活动现金净流量为正数、投资活动现金净流量为负数、筹资活动现金净流量为正数时，可以判断企业处于高速发展期。这时产品迅速占领市场，销售呈现快速上升趋势，表现为经营活动中大量货币资金回笼，同时为了扩大市场份额，企业仍需要大量追加投资，而仅靠经营活动现金流量净额可能无法满足所需投资，必须筹集必要的外部资金作为补充。

其三，当经营活动现金净流量为正数、投资活动现金净流量为正数、筹资活动现金净流量为负数时，表明企业进入产品成熟期。在这个阶段产品销售市场稳定，已进入投资回收期，但很多外部资金需要偿还，以保持企业良好的资信程度。

其四，当经营活动现金净流量为负数、投资活动现金净流量为正数、筹资活动现金净流量为负数时，可以认为企业处于衰退期。这个时期的特征是：市场萎缩、产品销售的市场占有率下降、经营活动现金流入小于流出，同时企业为了应付债务不得不大规模收回投资以弥补现金的不足。

在 M 公司本期的净现金流量结构中，投资活动引起现金净流量减少 11875 元，而经营活动只增加现金净流量 6220 元，其余的现金缺口则是通过筹资活动得以弥补。筹资活动引起现金净流量增加 133550 元，用于投资活动后尚有些许剩余。该公司经营活动现金净流量为正数、投资活动现金净流量为负数、筹资活动现金净流量为正数，说明其正处于成长发展期。这时销售呈现上升趋势，为了扩大市场份额，企业仍需要大量追加投资，但仅靠经营活动现金流量净额无法满足所需投资，因此通过外部所筹资金作为必要补充。但这将意味着在未来将负担更多的股息或利息，承受更大的财务风险。

2. 财务比例分析

（1）偿债能力分析。偿债能力分析主要评价企业偿付债务的能力，主要考虑经营现金净流量对某种债务的比率关系，即经营现金净流量除以某种债务的比重。

在分析企业偿债能力时，首先要看企业当期取得的现金收入在满足生产经营所需现金支出后，是否有足够的现金用于偿还到期债务。在拥有资产负债表和利润表的基础上，可以用以下比率来分析：

1）现金到期债务比。

现金到期债务比=经营现金净流量÷本期到期债务

本期到期债务是指本期到期的长期债务和本期的应付票据，通常这两种债务是不能展期的。

📊 分析要点

通常作为企业到期的长期负债和本期应付票据是不能延期的，到期必须如数偿还，企业设置的标准值为 1.5。该比率越高，企业资金流动性越好，企业到期偿还债务的能力就越强。

2）现金流动负债比、流动负债偿还期。

现金流动负债比=经营活动现金流量净额÷流动负债

经营活动现金流量净额与流动负债之比，这个指标是债权人非常关心的，它反映企业偿还短期债务的能力，是衡量企业短期偿债能力的动态指标。其值越大，表明企业的短期偿债能力越好；反之，则表示企业短期偿债能力差。

流动负债偿还期=流动负债÷经营活动现金流量净额

流动负债偿还期是以流动负债除以经营活动现金流量净额的比率。这一指标表明如果用经营活动产生的现金流量净额来偿还企业流动负债需要几年的时间。流动负债偿还期是一个反指标，偿还期越短，说明企业的财务风险越小，偿债能力越强；反之，则说明企业的财务风险越大，偿债能力越弱。

【例 9-13】 表 9-13 是对五粮液股份有限公司的现金流动负债比率进行分析。

表 9-13　五粮液股份有限公司的现金流动负债比率分析　　　　单位：元

报表日期	2007-12-31	2008-12-31	2009-12-31	2010-12-31
经营活动产生的现金流量净额	1665545943.71	1972636550.81	6054009663.00	7703120285.26
流动负债合计	1942914142.93	2040483851.52	6263747969.98	10288335820.39
现金流动负债比率（%）	85.72	96.67	96.65	74.87

从表 9-13 数据可以得出下列结论：

2007~2010 年五粮液连续 4 年的现金流动负债比率都超过了国际标准 50%，说明五粮液经营产生的现金净流量可以偿还 80% 以上的短期负债，只有 2010 年略低，说明了五粮液短期偿债能力很强，风险很低。

3）现金债务总额比、全部负债偿还期。

现金债务总额比=经营活动现金流量净额÷总负债

经营活动现金流量净额与企业总债务之比，反映企业用经营活动中所获现金偿还全部债务的能力，比率越高，说明偿还全部债务的能力越强。

全部负债偿还期=负债总额÷经营活动现金流量净额

全部负债偿还期是以负债总额除以经营活动现金流量净额的比率。这一指标指的是如果用经营活动产生的现金流量净额来偿还企业全部负债需要几年的时间。全部负债偿还期是一个反指标，偿还期越短，说明企业的财务风险越小，偿债能力越强；反之，则说明企业的财务风险越大，偿债能力越弱。

以上三个比率值越大，表明企业偿还债务的能力越强。但是并非这两个比率值越大越好，这是因为现金的收益性较差，若现金流量表中"现金增加额"项目数额过大，则可能是企业现在的生产能力不能充分吸收现有资产，使资产过多地停留在盈利能力较低的现金上，从而降低了企业的获利能力。

需要说明一点：此处分析偿债能力时，没有考虑投资活动和筹资活动产生的现金流量。因为企业是以经营活动为主，投资活动与筹资活动作为不经常发生的辅助理财活动，其产生的现金流量占总现金流量的比例较低，而且如果企业经营活动所取得的现金在满足了维持经营活动正常运转所必须发生的支出后，其节余不能偿还债务，还需向外筹措资金来偿债的话，说明企业已经陷入了财务困境，很难筹措到新的资金。即使企业筹措到新的资金，但债务本金的偿还最终还取决于经营活动现金流量。

4）现金流量利息保障倍数。现金流量利息保障倍数是指经营现金流量为利息费用的倍数。它比收益基础的利息保障倍数更可靠，因为实际用以支付利息的是现金而非收益。计算公式为：

现金流量利息保障倍数=经营现金流量÷利息费用

分析要点

①该比率表明1元的利息费用有多少倍的经营现金流量做保障。②该比率比以收益为基础的利息保障倍数更可靠。

【例9-14】 表9-14、表9-15是对A公司和B公司的现金流量利息保障倍数的分析。

表9-14 A公司现金流量利息保障倍数

	2010年	2009年	2008年	2007年
利息费用（万元）	-262.41	-125.10	756.67	1235.20
经营活动现金净流量（万元）	27191.69	28986.10	16773.20	13868.86
现金流量利息保障倍数	无穷大	无穷大	22.17	11.23

表 9-15　B 公司现金流量利息保障倍数

	2010 年	2009 年	2008 年	2007 年
利息费用（万元）	709.57	724.08	473.19	447.22
经营活动现金净流量（万元）	−790.53	171.54	51.70	−245.02
现金流量利息保障倍数	−1.11	0.24	0.11	−0.55

A 公司的现金流量利息保障倍数 2009 年与 2010 年为无穷大，原因是利息费用为负数。从近几年的数据来看，A 公司的偿还利息的能力很强，2009 年与 2010 年已经没有偿还利息的负担。

B 公司的现金流量利息保障倍数很不理想，因为企业经营活动产生现金流量的能力很弱。2007 年与 2010 年为负数，只有 2008 年与 2009 年为正数，且企业的利息费用近几年基本呈增长态势。所以，B 公司的长期偿债能力是非常弱的。

（2）盈利能力分析。

1）销售现金比率。销售现金比率是指企业经营活动现金流量净额与企业销售收入的比值。它能够准确反映每元销售额所能得到的现金。计算公式为：

销售现金比率＝经营现金净收入÷同期销售额。

🔲 分析要点

该比率反映每元销售收入得到的现金流量净额，其数值越大越好，表明企业的收入质量越好，资金利用效果越好。计算结果要与过去比、与同业比才能确定高与低。企业设置的标准值一般为 0.2。

2）盈余现金保障倍数。盈余现金保障倍数又称盈利现金比率，是指企业一定时期经营现金净流量同净利润的比值，反映了企业当期净利润中现金收益的保障程度，真实地反映了企业的盈余质量。盈余现金保障倍数从现金流入和流出的动态角度，对企业收益的质量进行评价，对企业的实际收益能力再一次修正。计算公式为：

盈余现金保障倍数＝经营现金净流量÷净利润

🔲 分析要点

①盈余现金保障倍数是从现金流入和流出的动态角度，对企业收益的质量进行评价，对企业的实际收益能力进行再次修正。②盈余现金保障倍数在收付实现制基础上，充分反映出企业当期净收益中有多少是有现金保障的，挤掉了收益中的水分，体现出企业当期收益的质量状况，同时，减少了权责发生制会计对收益的操纵。③一般而言，当企业当期净利润大于 0 时，该指标应当大于 1。该指标越大，表明企业经营活动产生的净利润对现金的贡献越大。但是，由于指标分母变动较大，致使该指标的数值变动也比较大，所以，对该指标应根据企业实际效益状况有针对性地进行分析。

3）每股现金流量总资产现金报酬率。

每股现金流量总资产现金报酬率＝支付利息和所得税前的经营净流量÷平均资产总额

此比率是对现行财务分析中总资产报酬率的进一步分析，用以衡量总资产产生现金的能力，它表明企业使用资源创造现金的能力，也是投资评价的关键之一。对于一个企业来说，评价其获利能力最终要落实到现金流入能力的保证上，即通过对现金流量的分析来对企业的获利能力进行客观分析。

（3）发展能力分析。

经营活动现金净流量增长率。经营活动现金净流量是经营现金毛流量扣除经营营运资本增加后企业可提供的现金流量。计算公式为：

经营活动现金净流量增长率＝（本期经营活动现金净流量－上期经营活动现金净流量）÷上期经营活动现金净流量×100%

【例 9-15】 下面是对中国石化公司的经营活动现金净流量增长率分析。

2013 年，中国石化经营活动现金净流量为 1518.93 亿元。2012 年，中国石化经营活动现金净流量为 1434.62 亿元。经营活动现金净流量增长率 =（1518.93 - 1434.62）÷ 1434.62×100% = 5.88%。

2013 年，中国石化经营活动现金净流量为 1518.93 亿元，与 2012 年全年经营活动现金净流量 1434.62 亿元相比增加了 84.31 亿元，增长率为 6%。在销售业绩增长的情况下，显然中国石化 2013 年经营活动现金净流量好于 2012 年。

（五）杜邦分析

杜邦分析法是指将若干个用以评价企业经营效率和财务状况的比率按其内在联系有机地结合起来，形成一个完整的指标体系，并最终通过权益收益率来综合反映企业运行状态的一种综合分析方法。杜邦分析法可以通过主要财务指标之间的关系，直接、明了地反映出企业的财务状况，了解企业发展战略中资金运动和收益情况，便于对战略的关键环节进行控制。

1. 基本思路

（1）权益净利率也称权益报酬率，是一个综合性最强的财务分析指标，是杜邦分析系统的核心。

（2）资产净利率是影响权益净利率最重要的指标，具有很强的综合性，而资产净利率又取决于销售净利率和总资产周转率的高低。总资产周转率是反映总资产的周转速度。对资产周转率的分析，需要对影响资产周转的各因素进行分析，以判明影响公司资产周转的主要问题在哪里。销售净利率反映销售收入的收益水平。扩大销售收入、降低成本费用是提高企业销售利润率的根本途径，而扩大销售，同时也是提高资产周转率的必要条件和途径。

（3）权益乘数表示企业的负债程度，反映了公司利用财务杠杆进行经营活动的程度。资产负债率高，权益乘数就大，这说明公司负债程度高，公司会有较多的杠杆利益，但风险也高；反之，资产负债率低，权益乘数就小，这说明公司负债程度低，公司会有较少的杠杆利益，但相应所承担的风险也低。

2. 财务关系

杜邦分析法中的几种主要的财务指标关系为：

净资产收益率＝资产净利率（净利润÷总资产）×权益乘数（总资产÷总权益资本）

资产净利率（净利润÷总资产）＝销售净利率（净利润÷总收入）×资产周转率（总收入÷总资产）

即：

净资产收益率＝销售净利率（NPM）×资产周转率（AU，资产利用率）×权益乘数（EM）

其中：

（1）净资产收益率是整个分析系统的起点和核心。该指标的高低反映了投资者的净资产获利能力的大小。净资产收益率是由销售报酬率、总资产周转率和权益乘数决定的。

（2）权益系数表明了企业的负债程度。该指标越大，企业的负债程度越高，它是资产权益率的倒数。

（3）总资产收益率是销售利润率和总资产周转率的乘积，是企业销售成果和资产运营的综合反映，要提高总资产收益率，必须增加销售收入，降低资金占用额。

（4）总资产周转率反映企业资产实现销售收入的综合能力。分析时，必须综合销售收入分析企业资产结构是否合理，即流动资产和长期资产的结构比率关系。同时还要分析流动资产周转率、存货周转率、应收账款周转率等有关资产使用效率指标，找出总资产周转率高低变化的确切原因。

杜邦模型是国际上成熟的通用的财务比率综合分析评价模型，主要是从所有者的角度对企业经营状况进行分析、评价和管理。在业绩评价中，可以看出战略实施后企业的价值运动结果，并根据财务分解过程，可对企业整体情况和具体环节进行分析、评价和控制。

3. 局限性

从企业绩效评价的角度来看，杜邦分析法只包括财务方面的信息，不能全面反映企业的实力，有很大的局限性，在实际运用中需要加以注意，必须结合企业的其他信息加以分析。主要表现在：

（1）对短期财务结果过分重视，有可能助长公司管理层的短期行为，忽略企业长期的价值创造。

（2）财务指标反映的是企业过去的经营业绩，衡量工业时代的企业能够满足要求。但在信息时代，顾客、供应商、雇员、技术创新等因素对企业经营业绩的影响越来越大，而杜邦分析法在这些方面是无能为力的。

（3）在市场环境中，企业的无形知识资产对提高企业长期竞争力至关重要，杜邦分析法却不能解决无形资产的估值问题。

4. 运用建议

首先，深刻理解杜邦分析法与公司理财目标公司代理关系，以及公司金字塔风险之间的内在联系。充分认识杜邦分析法对实现公司理财目标，缓解公司代理冲突，化解公司金字塔风险所具有的重要作用。只有深刻理解这种内在联系并充分认识这种重要作用，公司才有可能会想方设法去用足、用好杜邦分析法。

其次，完善财务与会计的各项基础工作，建立健全财务与会计的各种规章制度，保证财务与会计信息的真实性、完整性、可靠性、及时性，提高财务与会计信息的质量。

再次，加强杜邦分析法与公司长期战略目标以及近期目标责任之间的沟通和联系，把杜邦分析法的功能从事后财务分析延伸到事前战略规划和事前目标责任管理，最大限度地用足、用好杜邦分析法。

最后，注意杜邦分析系统中各项财务指标的递进影响关系和动态发展趋势。根据这种递进影响关系来平衡影响某一财务指标变动的各个要素之间的关系，使之协调发展。同时，根据这种动态发展趋势来观测公司近期目标责任的落实情况和长期战略目标的实施情况，并适时对之进行合理的调整，使近期目标责任和长期战略目标之间形成一个和谐、统一、相互支持、相互促进、共同实现的经营管理目标体系。

案例 杜邦分析法（案例内容见右侧二维码）

杜邦分析法

第四篇

财务分析案例

　　本篇以上市公司硅宝科技股份有限公司为分析对象，运用前文中财务报告分析的理论基础，从硅宝科技股份有限公司的基本情况以及财务策略入手，对公司的财务报表从总体分析、重要项目分析、财务指标分析等方面进行了全面的横向、纵向比较，并得出公司运作情况的结论。

第十章 硅宝科技财务分析报告

第一节 公司简介

一、发展历程

硅宝科技（股票代码 300019）成立于 1998 年，地处中国有机硅工业的发源地四川，主要从事有机硅室温胶、硅烷及专用设备的研究开发、生产销售；于 2009 年 10 月在中国创业板上市。硅宝科技历经 20 余年的技术和品牌沉淀，已发展成为拥有 9 家全资子公司（硅宝新材、硅宝防腐、硅宝好巴适、硅宝股权投资、安徽硅宝、硅宝美国公司、硅宝深圳研发中心、拓利科技、硅特自动化）的新材料集团企业。

2019 年，硅宝科技发明专利荣获中国知识产权领域最高荣誉——中国专利奖，是中国有机硅橡胶行业唯一获奖的企业。硅宝科技新增 15 项国家专利，截至目前，硅宝科技已获 125 项国际、国家专利授权（全部为有效专利，其中包含 1 项美国发明专利）。而且，由硅宝科技牵头承担的"十三五"国家重点研发计划项目通过国家科技部组织的中期检查。

二、经营范围

公司的经营范围主要是生产（工业行业另设分支机构或另择经营场地经营）、销售化工产品（不含危险化学品）、建筑材料（不含危险化学品）、机电设备（不含汽车）、消防器材、安防产品；技术及信息开发、转让、咨询、服务；货物进出口、技术进出口；设备安装、工程安装（凭资质许可证经营）；环保工程、防腐保温工程、质检技术服务。

三、公司理念

硅宝科技秉承"对客户负责、对员工负责、对社会负责、对投资者负责"的管理理念，坚持"技术不断创新、品质精益求精、服务及时有效"的经营方针。另外，硅宝公司确立了"以质取信，追求卓越"的质量方针，每种优质原材料的选用是制造高品质产品的基础，每个生产工序的严格控制是制造高品质产品的核心，每件产品的严格检验是提供高品质产品的保障。坚持"服务及时有效"的宗旨，为客户提供全程的追踪服务，提供专业的技术支持，力争实现"打造有机硅材料国际知名品牌"的公司愿景。

第二节 企业战略与财务战略

一、企业战略

（一）发展战略

公司将立足于新材料行业，形成以有机硅材料为主、其他新型材料为辅的业务板块，充分利用在生产规模、资金实力、品牌知名度、创新平台、人才聚集等方面的领先优势，坚持创新驱动发展战略，促进行业产品结构调整。通过自身业务发展和投资并购成为新材料产业集团，实现业绩持续增长，保持行业领先地位。

1. 巩固建筑用胶市场龙头地位

近年来，随着房地产行业的发展，品牌房企和幕墙装饰企业的集中度提高，更加关注密封胶企业的品牌、技术和综合实力。公司凭借强大的技术和品牌优势，建筑类用胶产品在报告期实现营业收入 77822.02 万元，同比增长 21.43%，销量超 5 万吨，销售业绩大幅增长。

2. 提高工业用胶领域市场占有率

公司将重点发展汽车制造、新能源、轨道交通、电子电器、动力电池等工业领域用胶，公司将充分发挥深圳研发中心优势，贴近市场需求，更快、更好地服务客户；充分利用公司在行业中的品牌地位，快速提升现有产品在工业领域的市场占有率；同时依托公司国家企业技术中心，研发更多高附加值产品，为客户提供更全面的产品解决方案；公司还将依托上市公司平台，通过投资并购等方式拓宽工业胶的应用领域。

3. 拓宽防腐领域市场

硅宝防腐继续以防腐材料销售与防腐工程相结合的经营模式，利用丰富的研发经验和项目管理优势，加大海外电力防腐市场的开拓力度。积极开拓新的防腐应用领域，在海洋防腐、工业防腐等领域寻找新的业绩增长点。针对各防腐领域对防腐材料的不同需求，为客户提供定制化的防腐材料及工程施工方案。

4. 加快并购步伐，加速外延发展

公司秉承"内生式增长、外延式发展"战略，将依托大股东四川发展（控股）有限责任公司等各方优势资源，在保证内生增长的同时，积极利用资本市场，通过并购等多种方式加快外延式发展，努力打造新材料产业集团，力争每年实现收入大幅增长。

（二）品牌战略

企业品牌是企业的一张名片，体现了企业的经营理念、企业文化、企业价值以及对消费者的态度。在硅宝二十多年的发展历程中，从早期的技术模仿到如今的自主研发，从只有几个人的"作坊"到如今员工数超过 700 人，从成都走向全国，乃至在海外开拓市场，作为一家企业、一个品牌，硅宝成功形成了三个特质鲜明的标签：独立自主，企业责任，引领潮流。

国内有机硅技术最早限制在军事领域应用，直到 20 世纪末才开始民用推广，1998 年原晨光化工研究院的一些技术人员创立硅宝，这是硅宝诞生的渊源。1999 年，硅宝 119 硅酮防火密封胶经公安部检验中心的检测，达到 FV-O 级的最高防火级别，这是当时国内唯一达到该级别的硅酮防火密封胶，技术居国内领先水平。2000 年，硅宝 997 硅酮石材密封胶通过省级新产品鉴定并获得了成都市科技进步奖，居国内领先水平，并获得国家科技发明专利。2001 年，硅宝牌高速分散真空搅拌机，获得国家实用新型专利。这些设备提高了硅酮密封胶的生产效率和产品质量。2002 年，硅宝科技通过国家经贸委"硅酮结构密封胶生产企业"认定。2009 年，硅宝科技成为创业板上市公司，为行业首家上市公司。2012 年，"硅宝"商标被国家工商行政管理总局商标局认定为"中国驰名商标"，通过中国国家工商行政管理总局认定。2014 年，硅宝公司检验中心通过国家实验室认可（CNAS），硅宝科技连续三年参加中国工业经济行业企业社会责任报告发布会，并荣获"首届中国工业企业履责五星级企业"。2015 年，成立硅宝投资、硅宝防腐、硅宝好巴适 3 家子公司，此时硅宝科技已形成拥有 6 家子公司的新材料集团化公司。2016 年，国家发展改革委、科技部、财政部、海关总署、国家税务总局联合发文认定硅宝科技技术中心为"国家企业技术中心"，国家工信部、财政部联合发文认定硅宝科技为"国家技术创新示范企业"。截至 2020 年 6 月，已获 152 项境内专利，4 项境外专利，技术实力处于行业领先水平。

硅宝的发展紧跟潮流，用自己的行动诠释了三个"负责"，即对客户负责、对员工负责、对社会负责，并打造了独属于自己的品牌。

（三）发展型战略

硅宝科技成长迅速，始终稳健发展着，其发展性战略主要包括一体化战略和密集型成长战略。

1. 一体化战略

一体化战略包括纵向一体化战略和横向一体化战略。硅宝的一体化战略截至目前主要是横向一体化，获得与自身生产同类产品的企业的所有权或加强对它们的控制。截至 2020 年 5 月，企业集团拥有 10 家子公司和 1 家合营企业。子公司中有 7 家为设立取得，安徽硅宝有机硅新材料有限公司和江苏硅宝有机硅新材料有限公司为非同一控制下企业合并取得，持股比例均为 100%。2020 年 5 月，公司成功收购同行业拓利科技，扩大了公司在工业用胶的占有率。其业务均为化工产品生产、销售等，属于同类产品，所以硅宝科技截至目前均通过横向一体化实现扩张。

2. 密集型成长战略

密集型成长战略也称为加强型成长战略，是指企业以快于过去的增长速度来增加某个组织现有产品或业务的销售额、利润额及市场占有率。包括三种类型：市场渗透战略、市场开发战略和产品开发战略。硅宝科技采用的主要是后两种，市场开发战略和产品开发战略。在全球化、全面化的竞争环境中，硅宝科技始终以产品为核心，加大科研投入，以消费者的健康、安全为己任；向内生长，将科研技术实力作为企业的核心竞争力进行全力打造；在经营上，对企业的规范化、标准化、流程化上下大力气打造，做高分子新材料胶粘剂标准先行者。同时积极拓展新应用领域，探索有机硅橡胶在汽车轮胎、输送带等行业中的应用，促进硅橡胶替代传统橡胶，减少传统橡胶对石油资源的依赖，拓展硅橡胶新的应用领域，实现有机硅橡胶应用市场数量级的增长。

（四）竞争型战略

1. 差异化战略

差异化战略就是企业设法使自己的产品或服务乃至经营理念、管理方法、技术等有别于其他企业，在全行业范围内树立起别具一格的经营特色，从而在竞争中获取有利地位。硅宝科技的差异化战略体现在以下方面：

（1）品牌建设与市场推广。公司从建立时一直努力打造"硅宝"品牌，并逐渐得到全国乃至国际认可。

公司持续加大市场品牌推广力度，"硅宝"作为国家工商总局认定的"中国驰名商标"，深受政府、行业、市场、客户的广泛认可，通过二十多年的成长和积淀逐步成长为行业领军企业。公司已先后入围万达集团、恒大地产、绿地集团、龙湖地产、世茂地产、碧桂园等大型房地产品牌库，2019 年新入围房地产品牌 16 个。2019 年，公司获得房地产总工之家"十大供应商品牌"排名第一，中国建筑金属结构协会改革开放 40 年功勋人物、全国建筑幕墙行业优质产品、四川省绿色环保建材名录等诸多荣誉，并连续两年荣获中国房地产供应商行业"建筑胶类推荐率"第一，极大地提升了公司的品牌知名度和美誉度。

公司通过电视媒体、平面媒体、互联网、微信公众号、成都交通频道等多媒体平台，全方位、多维度展示公司产品和品牌，提升公司品牌形象。公司高度关注市场动态，深入推进市场推广工作。先后参加中国国际玻璃展、第 25 届铝门窗幕墙新产品博览会、FBC 中国国际门窗幕墙博览会、2019 深圳国际锂电技术展览会（IBTE）、第十七届印度 ZAK 国际玻璃工业展等大型展会；主办、承办 2019 年中国建筑玻璃与工业玻璃年会、全国建筑幕墙门窗标准化委员会年会等大型行业会议；多次组织大型技术交流会，进一步提高了公司在行业中的地位及品牌影响力。

（2）技术研发与自主创新。公司始终将技术创新作为企业核心竞争力，从未停止创新的脚步。

公司搭建了国内一流的创新平台，拥有国家企业技术中心、国家实验室认可（CNAS）检验中心、国家装配式建筑产业基地等国家级平台，以及四川省有机硅密封胶及装备工程技术研究中心、四川省国际科技合作基地、四川省博士后创新实践基地、四川省知识产权试点企业等省级平台，建立成都市院士（专家）工作站、成都市制造业创新示范中心和硅宝新能源材料研发中心。

由公司牵头承担的"十三五"国家重点研发计划"新型功能性复合弹性体制备技术"项目，顺利通过了国家科技部组织的中期检查。项目的实施将有力提升我国橡胶产业技术创新能力，促进产业转型升级，将推动有机硅行业在新领域的发展，为我国基础材料提升和产业化提供强有力的支撑。

截至 2019 年 12 月 31 日，公司获得授权专利共计 126 项，其中国际发明专利 1 项，国家发明专利 56 项，实用新型专利 66 项。2019 年，公司新申请专利 24 项，其中发明专利 14 项、实用新型专利 10 项；新获得国家授权专利 16 项，其中国家发明专利 9 项；荣获中国专利奖 1 项。

（3）完善激励体系，优化人才队伍。"结志同之士、致高远之志"。公司自上市以来，人才集聚效应得以强化，引进了一批有激情、有创造力的专业人才，人才结构更趋合理，人才优势更加明显。报告期内，公司换届选举的高级管理人员更加年轻、有朝气、负有创新管理精神，对公司未来发展充满信心和激情。目前，公司形成了以博士、硕士为主的中青年研发团队，并积极引进海外人才，同时聘请行业知名专家作为技术顾问，为公司技术创新提供坚实的后盾。公司人才获得"2019 年四川企业技术创新突出贡献人物""2019 年度成都市优秀企业家""成都工匠"等荣誉称号。

建立了主动有效的考核与激励制度，积极实施人才培养战略，持续引进高端人才，搭建人才梯队，满足公司发展的需要。

（4）积极承担社会责任。硅宝科技始终秉承着"对客户负责、对员工负责、对社会负责、对投资者负责"的管理理念；积极承担社会责任。作为一个负责的上市公司，硅宝不仅是一家材料供应商，更肩负起了对环境、对社会、对员工、对客户、对投资者的强烈责任感，不遗余力地为保护环境和创造高品质生活做出贡献。截至 2014 年，硅宝科技连续三年参加中国工业经济行业企业社会责任报告发布会，并荣获"首届中国工业企业履责五星级企业"。截至 2016 年，硅宝科技三度蝉联"中国工业企业履责五星级企业"称号，2019 年，硅宝科技荣获"四川省诚信示范企业"等。

2. 专一化战略

专一化战略依靠的前提思想是：公司业务的专一化能够以更高的效率、更好的效果为某一狭窄的战略对象服务，从而超过在较广阔范围内竞争的对手。但专一化战略常常意味着限制了可以获取的整体市场份额。专一化战略必然地包含着利润率与销售额之间互以对方为代价的关系。

硅宝科技的专一性在于始终专一做有机硅，将技术创新作为企业核心竞争力，主营业务包括四大类：有机硅密封胶、防腐材料及工程、硅烷偶联剂、设备制造及工程服务等。即使寻求扩张也均为横向一体化战略，即投资同行业企业，并未扩大产品范围，而是在现有产品上不断创新，为现有产品不断寻求应用的新领域。公司坚持以市场需求为导向，通过自主研发开发出系列高性能有机硅密封胶产品，形成具有自主知识产权的核心技术，技术水平达到国际先进水平，部分领域超过国际同行企业，产品满足了高端建筑、汽车制造、新能源、电子电器、轨道交通、电力防腐等行业的市场需求，减少国内高端产品对国外进口品牌的依赖，促进了国内产品结构调整。公司先后与中国科学院、北京化工大学、四川大学、电子科技大学等科研院校、重点大学开展产学研合作，利用企业产业化基地促进高校院所的科技成果转化和产业化，利用高校院所雄厚的研发基础和技术实力，加快企业的科技创新步伐，使企业的技术研究更为系统和全面。有效地将产学研深度融合，加快了公司产品研发创新速度。

二、企业财务战略

（一）投资战略

作为一家成熟型的上市公司，企业的产品在技术上已经完全成熟，得到了社会的广泛认可，继续发展的机会较小，这时可以采用多元化投资战略，开发其他产品。企业可以选择进入新的、与原有业务特性存在根本差别的业务活动领域，更多地占领市场和开拓新市场，或避免经营单一的风险，突破生命周期的制约，寻找继续成长的路径。硅宝科技在保证内生增长的同时，积极寻求外延式增长。公司紧跟行业前沿技术发展趋势及发展机遇，围绕公司战略规划，充分利用上市公司平台，通过资本运作、投资并购等方式，重点在有机硅材料领域、粘合剂行业，寻求与拥有新产品、新技术企业的合作，提升公司规模和整体实力。

（二）融资战略

从筹资战略看，企业成熟期可采取积极的筹资战略，即采用相对较高的负债率，以有效利用财务杠杆。在企业成熟期，经营风险相应降低，同时盈利较多，采用负债筹资，会获得节税的好处，另外企业的经营状况良好，债权人愿意以较低的利率为企业提供资金，企业应扩大负债筹资的比例。同时企业开始出现大量正现金净流量，对成熟期企业而言，只要负债筹资导致的财务风险增加不会产生很高的总体风险，企业保持一个相对合理的资本结构，负债筹资就会为企业带来财务杠杆利益，同时提高权益资本的收益率。

表 10-1 2015~2019 年硅宝科技产权比率一览表

年份	2015	2016	2017	2018	2019
硅宝科技	0.36	0.26	0.31	0.34	0.28

由表 10-1 可知，硅宝科技的产权比率在 0.26~0.36 波动，表示企业的负债有较多的资本作为偿债保证，企业的偿债能力较强；同时 2016~2018 年，产权比率不断上升，说明负债占比越来越高，符合成熟期企业的融资战略选择。

（三）股利分配战略

从股利分配策略看，成熟期的企业盈利较多，现金流量充足，同时企业进入稳定发展阶段，不需要太多的投资资金，资金积累规模较大，具备较强的股利支付能力，而且投资者收益期望强烈，因此适宜采取高股利支付比率的现金股利政策。

公司近 3 年（包括本报告期）的普通股股利分配方案（预案）、资本公积金转增股本方案（预案）情况。

1. 2017 年度利润分配预案

以 2017 年末总股本 330901951 股为基数，向公司全体股东每 10 股派送现金 1.0 元

（含税），合计派送现金 33090195.1 元。

2.2018 年度利润分配预案

2018 年度，公司通过集中竞价方式回购股份支付的总金额为 21520147.99 元，占公司 2018 年度可供分配利润的 33.04%。根据《深圳证券交易所上市公司股份回购实施细则》及公司《章程》规定，公司 2018 年已实施的回购股份金额超过实现的可供分配利润的 20%。结合公司持续发展考虑，董事会拟定 2018 年度不派发现金红利，不送红股，不以公积金转增股本。

3.2019 年度利润分配预案

2019 年末总股本 330901951 股扣减公司回购专用账户中剩余股份 500000 股，最终以 330401951 股为基数，向全体股东每 10 股派发现金股利人民币 1.5 元（含税），共计派发现金股利人民币 49560292.65 元（含税），不进行资本公积转增股本，剩余未分配利润结转以后年度分配。在分配方案实施前，公司股本由于股份回购、股票回购注销等原因而发生变化的，公司将按照"分红总额不变"的原则，对分配比例进行调整。

可以发现，硅宝科技的股利支付比率确实在逐年升高。

第三节　企业财务分析

以下财务分析的基础资料详见硅宝科技相关年度对外公告的年度报告。

一、总体分析

（一）资产负债表

1. 水平分析

流动资产本期增加 126256959.22 元，增长幅度为 24.56%，使总资产规模增长了 12.41%。非流动资产本期增加 3310641.86 元，增长幅度为 0.66%，使总资产规模增长了 0.33%。二者合计使总资产增加了 129567601.08 元，增长幅度为 12.74%。

表 10-2　硅宝科技资产负债水平分析　　单位：元

项目	2019 年 12 月 31 日	2018 年 12 月 31 日	变动情况		对总资产的影响（%）
			变动额	变动率（%）	
流动资产					
货币资金	158266054.49	143441485.73	14824568.76	10.33	1.46
应收票据	154217163.51	67445947.79	86771215.72	128.65	8.53
应收账款	174469941.68	185043948.46	-10574006.78	-5.71	-1.04
预付款项	5921327.27	5436307.43	485019.84	8.92	0.05
其他应收款	2654716.23	2120272.80	534443.43	25.21	0.05

续表

项目	2019 年 12 月 31 日	2018 年 12 月 31 日	变动情况		对总资产的 影响（%）
			变动额	变动率(%)	
流动资产					
存货	139060711. 66	102350890. 66	36709821	35. 87	3. 61
其他流动资产	5763929. 61	8258032. 36	−2494102. 75	−30. 20	−0. 25
流动资产合计	640353844. 45	514096885. 23	126256959. 22	24. 56	12. 41
非流动资产					
长期股权投资	10311672. 84	12207164. 37	−1895491. 53	−15. 53	−0. 19
固定资产	389995513. 94	373507690. 30	16487823. 64	4. 41	1. 62
在建工程	20619143. 60	36939446. 63	−16320303. 03	−44. 18	−1. 60
无形资产	52501504. 79	53648636. 33	−1147131. 54	−2. 14	−0. 11
商誉		4590474. 05	−4590474. 05	−100. 00	−0. 45
长期待摊费用	1149373. 85	1481324. 59	−331950. 74	−22. 41	−0. 03
递延所得税资产	10817628. 25	8519556. 97	2298071. 28	26. 97	0. 23
其他非流动资产	20998431. 55	12188333. 72	8810097. 83	72. 28	0. 87
非流动资产合计	506393268. 82	503082626. 96	3310641. 86	0. 66	0. 33
资产总计	1146747113. 27	1017179512. 19	129567601. 08	12. 74	12. 74
流动负债					
短期借款	8956502. 50	47950000. 00	−38993497. 50	−81. 32	−3. 83
应付票据	4473000. 00	25398349. 66	−20925349. 66	−82. 39	−2. 06
应付账款	101948167. 74	84131569. 57	17816598. 17	21. 18	1. 75
预收款项	43032848. 61	16883703. 90	26149144. 71	154. 88	2. 57
应付职工薪酬	28295717. 92	19791020. 45	8504697. 47	42. 97	0. 84
应交税费	19469686. 53	10793993. 61	8675692. 92	80. 38	0. 85
其他应付款	16433095. 96	2516958. 14	13916137. 82	552. 90	1. 37
一年内到期的非流动负债	2000000. 00	19000000. 00	−17000000. 00	−89. 47	−1. 67
流动负债合计	224609019. 26	226465595. 33	−1856576. 07	−0. 82	−0. 18
非流动负债					
长期借款		2000000. 00	−2000000. 00	−100. 00	−0. 20
预计负债	1217741. 40	983829. 88	233911. 52	23. 78	0. 02
递延收益	28221126. 82	28203701. 10	17425. 72	0. 06	0. 00
非流动负债合计	29438868. 22	31187530. 98	−1748662. 76	−5. 61	−0. 17
负债合计	254047887. 48	257653126. 31	−3605238. 83	−1. 40	−0. 35
所有者权益					
股本	330901951. 00	330901951. 00	0. 00	0. 00	0. 00
资本公积	44093003. 53	49477383. 51	−5384379. 98	−10. 88	−0. 53

续表

项目	2019 年 12 月 31 日	2018 年 12 月 31 日	变动情况		对总资产的 影响（%）
			变动额	变动率（%）	
所有者权益					
减：库存股	14618716.34	21520147.99	−6901431.65	−32.07	−0.68
其他综合收益	205698.31	173130.00	32568.31	18.81	0.00
专项储备	535646.42	524202.01	11444.41	2.18	0.00
盈余公积	56976841.09	53226057.68	3750783.41	7.05	0.37
未分配利润	473427668.21	345613834.53	127813833.68	36.98	12.57
归属于母公司所有者权益合计	891522092.22	758396410.74	133125681.48	17.55	13.09
少数股东权益	1177133.57	1129975.14	47158.43	4.17	0.00
所有者权益合计	892699225.79	759526385.88	133172839.91	17.53	13.09
负债和所有者权益总计	1146747113.27	1017179512.19	129567601.08	12.74	12.74

　　本期总资产的增长主要体现在流动资产的增长上。如果仅从这一变化来看，该公司资产的流动性有所增强。尽管流动资产的各项目都有不同程度的增减变动，但其变化主要体现在以下几个方面：一是货币资金的增长，货币资金的增长额为14824568.76元，增长幅度为10.33%，对总资产的影响为1.46%。货币资金的增长对提高企业的偿债能力、满足资金流动性需要都是有利的。二是应收票据增加。应收票据的增长额为86771215.72元，增长幅度为128.65%。从应收票据的增加与企业的营业收入变动幅度联系来看属于合理变动。三是存货的增加。存货的增长额为36709821元，增长幅度达到了35.87%，结合固定资产的变动情况可以认为这种变化有助于形成现实的生产能力（见表10-2）。

　　非流动资产的变动主要体现在以下几个方面：一是在建工程减少，减少了16320303.03元，下降幅度为44.18%，对总资产的影响力为1.60%，主要系公司全资子公司成都硅宝新材料有限公司"5万吨/年有机硅材料生产基地项目"部分设备完工转固所致。二是固定资产的增加，2019年共有4.41%的增长，增长额为16487823.64元，主要系公司全资子公司成都硅宝新材料有限公司"5万吨/年有机硅材料生产基地项目"部分设备完工转固所致，与上述所提到的在建工程的减少相对应，在财务上存在合理性。三是长期股权投资的减少，长期股权投资年末较年初减少189.55万元，降低15.53%，主要系根据合伙协议约定，公司本年按实际出资比例收回169万元，减少股权投资成本所致。四是商誉的减少，商誉系公司2012年收购安徽硅宝有机硅新材料有限公司60.00%股权时形成。2019年，安徽硅宝受行业竞争加剧以及成本费用投入的增加等各种不利因素的影响，盈利能力下降，年末商誉存在减值迹象，经减值测试后公司收购安徽硅宝60.00%股权形成的商誉在2019年12月31日已发生减值，本年计提商誉减值准备4590474.05元。负债本期减少了3605238.83元，下降幅度为1.40%；所有者权益本期增加了133172839.91元，增长幅度为17.53%，使权益总额增长了13.09%。综合作用下两者合计使权益总额本期增加129567601.08元，增长幅度为12.47%。

　　本期权益总额的增长主要体现在所有者权益的增长上，负债部分总体呈现下降趋势。流动负债的本期减少额为1856576.07元，变动率为0.82%，对总资产的影响为0.18%。

流动负债的变动主要表现在三个方面：一是短期借款的减少。短期借款本期下降额为 38993497.50 元，变动率为 81.32%。二是应付票据的减少。应付票据本期下降额为 20925349.66 元，变动率为 82.39%。三是预收款项。预收款项年末较年初增加 26149144.71 元，增长了 154.88%，主要系公司本年加大先款后货的营销政策，年末预收的销货款较年初增加所致。四是应付职工薪酬。应付职工薪酬年末较年初增加 8504697.47 元，增长了 42.97%，年末无属于拖欠性质的应付职工薪酬，主要系根据公司奖金计提办法，本年计提的年终奖较上年同期增加所致。五是应交税费。应交税费年末较年初增加 8675692.92 元，增长了 80.38%，主要系公司本年经营业绩增幅较大导致本年尚未缴纳的税费增加所致。六是其他应付款。其他应付款年末较年初增加 13916137.82 元，增长了 552.90%，主要系公司本年授予限制性股票确认回购义务负债导致了年末其他应付款增加。股东权益本期增加了 133125681.48 元，增长幅度为 17.55%，使权益总额增长了 13.09%。在其所涵盖项目中，未分配利润是造成增长的主要原因：增长幅度为 36.98%，占总资产的 12.57%。权益性的变动既可能是由企业经营活动造成的，也可能是由企业会计政策变更造成的。公司 2020 年 3 月 30 日召开第五届董事会第十次会议，通过 2019 年度利润分配预案：以公司总股本 330901951 股扣减公司回购专用账户中剩余股份 500000 股，最终以 330401951 股为基数，向全体股东每 10 股派发现金股利人民币 1.5 元（含税），共计派发现金股利人民币 49560292.65 元（含税）。结合企业的利润表可知，未分配利润的增长幅度与营业收入相匹配，这样的变动是有益的。

2. 垂直分析

2018 年，在资产结构方面，流动资产的比例为 50.54%，非流动资产的比例为 49.46%，2019 年，流动资产的比例为 55.84%，非流动资产的比例为 44.16%，可见硅宝科技的资产结构属于典型的稳健型资产结构，非流动资产依靠长期资金解决，流动资产需要长期资金和短期资金共同解决。在这样的资本结构下硅宝科技承担的风险较小，负债资本相对较低，并具有一定的弹性。2019 年，流动资产的比例维持在一个稳定的程度，经营比较稳健，资本扩张速度较慢。在流动资产中，应收票据、应收账款的变化最大。2019 年应收票据占总资产的比例为 13.45%，比上期增加 6.82%，应收账款本期占总资产比例为 15.21%，比上期减少 2.98%；非流动资产中，固定资产占总资产的比例由 36.72% 下降到 34.01%，没有过大的变化，保持在相对稳定的状态，无形资产占总资产的比例下降 0.70%。总的来说，硅宝科技 2019 年的流动资产和非流动资产的变动幅度都不大，资产流动性没有大的变化（见表 10-3、表 10-4）。

表 10-3　硅宝科技资产负债垂直分析表　　　　　　　单位：元

项目	2019 年 12 月 31 日	2018 年 12 月 31 日	静态分析（%）		动态分析（%）
流动资产					
货币资金	158266054.49	143441485.73	13.80	14.10	-0.30
应收票据	154217163.51	67445947.79	13.45	6.63	6.82
应收账款	174469941.68	185043948.46	15.21	18.19	-2.98
预付款项	5921327.27	5436307.43	0.52	0.53	-0.02

续表

项目	2019 年 12 月 31 日	2018 年 12 月 31 日	静态分析（%）		动态分析（%）
流动资产					
其他应收款	2654716.23	2120272.80	0.23	0.21	0.02
存货	139060711.66	102350890.66	12.13	10.06	2.06
其他流动资产	5763929.61	8258032.36	0.50	0.81	-0.31
流动资产合计	640353844.45	514096885.23	55.84	50.54	5.30
非流动资产					
长期股权投资	10311672.84	12207164.37	0.90	1.20	-0.30
固定资产	389995513.94	373507690.30	34.01	36.72	-2.71
在建工程	20619143.60	36939446.63	1.80	3.63	-1.83
无形资产	52501504.79	53648636.33	4.58	5.27	-0.70
商誉		4590474.05	0.00	0.45	-0.45
长期待摊费用	1149373.85	1481324.59	0.10	0.15	-0.05
递延所得税资产	10817628.25	8519556.97	0.94	0.84	0.11
其他非流动资产	20998431.55	12188333.72	1.83	1.20	0.63
非流动资产合计	506393268.82	503082626.96	44.16	49.46	-5.30
资产总计	1146747113.27	1017179512.19	100.00	100.00	0.00
流动负债					
短期借款	8956502.50	47950000.00	0.78	4.71	-3.93
应付票据	4473000.00	25398349.66	0.39	2.50	-2.11
应付账款	101948167.74	84131569.57	8.89	8.27	0.62
预收款项	43032848.61	16883703.90	3.75	1.66	2.09
应付职工薪酬	28295717.92	19791020.45	2.47	1.95	0.52
应交税费	19469686.53	10793993.61	1.70	1.06	0.64
其他应付款	16433095.96	2516958.14	1.43	0.25	1.19
一年内到期的非流动负债	2000000.00	19000000.00	0.17	1.87	-1.69
流动负债合计	224609019.26	226465595.33	19.59	22.26	-2.68
非流动负债					
长期借款		2000000.00	0.00	0.20	-0.20
预计负债	1217741.40	983829.88	0.11	0.10	0.01
递延收益	28221126.82	28203701.10	2.46	2.77	-0.31
非流动负债合计	29438868.22	31187530.98	2.57	3.07	-0.50
负债合计	254047887.48	257653126.31	22.15	25.33	-3.18
所有者权益					
股本	330901951.00	330901951.00	28.86	32.53	-3.68
资本公积	44093003.53	49477383.51	3.85	4.86	-1.02
减：库存股	14618716.34	21520147.99	1.27	2.12	-0.84
其他综合收益	205698.31	173130.00	0.02	0.02	0.00

续表

项目	2019 年 12 月 31 日	2018 年 12 月 31 日	静态分析（%）		动态分析（%）
所有者权益					
专项储备	535646.42	524202.01	0.05	0.05	0.00
盈余公积	56976841.09	53226057.68	4.97	5.23	-0.26
未分配利润	473427668.21	345613834.53	41.28	33.98	7.31
归属于母公司所有者权益合计	891522092.22	758396410.74	77.74	74.56	3.18
少数股东权益	1177133.57	1129975.14	0.10	0.11	-0.01
所有者权益合计	892699225.79	759526385.88	77.85	74.67	3.18
负债和所有者权益总计	1146747113.27	1017179512.19	100.00	100.00	0.00

表 10-4　硅宝科技资产变动表　　　　　　　　　　　单位：元

项目	2019 年	2018 年	2019 年 资产结构（%）	2018 年 资产结构（%）	动态变动情况（%）
流动资产	640353844.45	514096885.23	55.84	50.54	5.30
非流动资产	506393268.82	503082626.96	44.16	49.46	-5.30

2019 年的负债余额为 254047887.48 元，占总资产的比例为 22.15%，2018 年的负债余额为 257653126.31 元（见表 10-5）。

表 10-5　硅宝科技资产负债情况　　　　　　　　　　单位：元

项目	2019 年 12 月 31 日	2018 年 12 月 31 日
资产合计	1146747113.27	1017179512.19
负债合计	254047887.48	257653126.31
资产负债率（%）	22.15	25.33

通过资本结构分析表可以看出，硅宝科技主要以自有资本为主，自有资本高达 70% 以上，资本结构比较保守。从连续两年的数据看，硅宝科技的资产负债率远远低于国际公认标准的 50%，一方面说明硅宝科技的自有资本实力强，抗风险能力强；另一方面也说明其资本结构较为保守，没能充分利用财务杠杆来获取利润。所有者权益占总资产的比重由 2018 年的 74.67% 上升到 2019 年的 77.85%，增长幅度为 3.18%，主要原因是未分配利润的大幅度上涨。未分配利润增加的主要原因是净利润增加所致。

（二）利润表

1. 水平分析

从净利润分析来看，硅宝科技 2019 年实现净利润 131611775.52 元，关键原因是公司营业利润比 2018 年增长了 79745661.14 元，增长率为 118.48%；所得税费用本年较 2018 年增加 12185613.63 元，增长率为 171.82%，主要系公司本年经营业绩增长较大，相应的当期所得税费用较上年增加所致。两者共同作用下导致净利润增长 66467922.14 元（见表 10-6）。

表 10-6　利润表水平分析表

单位：元

项目	2019 年	2018 年	增减额	增减率（%）
一、营业总收入	1018035009.07	870572981.41	147462027.66	16.94
其中：营业收入	1018035009.07	870572981.41	147462027.66	16.94
二、营业总成本	862713779.82	800742733.52	61971046.30	7.74
其中：营业成本	688236929.66	657575031.13	30661898.53	4.66
税金及附加	9014368.16	8293664.41	720703.75	8.69
销售费用	80475175.79	64170945.49	16304230.30	25.41
管理费用	43401702.08	32008215.52	11393486.56	35.60
研发费用	41387270.33	37674107.97	3713162.36	9.86
财务费用	198333.80	1020769.00	−822435.20	−80.57
其中：利息费用	2429574.24	2358215.65	71358.59	3.03
利息收入	2369605.78	1339819.08	1029786.70	76.86
加：其他收益	5501480.06	3843075.46	1658404.60	43.15
投资收益（损失以"−"填列）	−38283.63	5709.77	−43993.40	−770.49
信用减值损失（损失以"−"填列）	−8324345.15		−8324345.15	
资产减值损失（损失以"−"填列）	−5225524.70	−661200.47	−4564324.23	690.31
三、营业利润	147055669.07	67310007.93	79745661.14	118.48
加：营业外收入	3978565.21	5094962.91	−1116397.70	−21.91
减：营业外支出	144899.15	169171.48	−24272.33	−14.35
四、利润总额	150889335.13	72235799.36	78653535.77	108.88
减：所得税费用	19277559.61	7091945.98	12185613.63	171.82
五、净利润	131611775.52	65143853.38	66467922.14	102.03
归属于母公司所有者的净利润	131564617.09	65131467.83	66433149.26	102.00
少数股东损益	47158.43	12385.55	34772.88	280.75

　　从利润总额分析来看，硅宝科技 2019 年利润总额增长 78653535.77 元，关键原因是公司营业利润比 2018 年增长了 79745661.14 元，增长率为 118.48%。同时营业外收入减少 1116397.70 元，营业外支出减少 24272.33 元，共同作用下导致了利润总额的增长。

　　从营业利润分析来看，硅宝科技营业利润比上年增加了 79745661.14 元，增长率为 118.48%。营业收入增长是营业利润增长的一个重要因素，营业收入比 2018 年增长了 147462027.66 元，增长率为 16.94%。同时，管理费用本年较 2018 年增加了 11393486.56 元，增长 35.60%，主要系公司本年经营业绩增长，根据考核办法本年奖金增加导致工资薪酬总额增加所致。销售费用 2019 年较 2018 年增加了 16304230.30 元，增长 25.41%，主要系公司本年经营业绩增长，根据考核办法本年奖金增加导致工资薪酬总额增加，以及随着经营规模的扩大，本年销售货物的运输费等较 2018 年增加较大所致。总体作用下营业收入的增长远快于营业成本的增长，最终实现了营业利润的大幅增长。

2. 垂直分析

（1）动态分析。从表 10-6 和表 10-7 可以看出，硅宝科技本年度营业利润占营业收入的比重为 14.45%，比 2018 年度的 7.73% 增长了 6.71%；本年度利润总额占营业收入的比重为 14.82%，比 2018 年度的 8.30% 增长了 6.52%；本年度净利润占营业收入的比重为 12.93%，比 2018 年的 7.48% 增长了 5.45%。可见，从企业利润的构成情况上看，盈利能力比上年度都有所提高。各项财务成果结构增长的原因，从营业利润结构增长看，主要是营业成本和财务费用结构下降所致，说明营业成本结构比重下降是提高营业利润比重的根本原因，但是利润总额结构增长的原因，除受营业利润影响外，还有营业外收入和营业外支出综合作用的结果。营业外收入较 2018 年减少 1116397.70 元，降低了 21.91%，主要系本年确认的政府补助较 2018 年减少所致；信用减值损失本年较 2018 年增加 8324345.15 元，主要系本年按照新金融工具准则的规定将坏账损失调整至信用减值损失所致，在财务上存在合理性。

表 10-7　利润表动态分析　　　　　　　　　单位：元

项目	2019 年度	2018 年度	2019 年度占营业收入的比重（%）	2018 年度占营业收入的比重（%）	变化幅度（%）
一、营业总收入	1018035009.07	870572981.41	100.00	100.00	0
其中：营业收入	1018035009.07	870572981.41	100.00	100.00	0
二、营业总成本	862713779.82	800742733.52	84.74	91.98	-7.24
其中：营业成本	688236929.66	657575031.13	67.60	75.53	-7.93
税金及附加	9014368.16	8293664.41	0.89	0.95	-0.07
销售费用	80475175.79	64170945.49	7.90	7.37	0.53
管理费用	43401702.08	32008215.52	4.26	3.68	0.59
研发费用	41387270.33	37674107.97	4.07	4.33	-0.26
财务费用	198333.80	1020769.00	0.02	0.12	-0.10
其中：利息费用	2429574.24	2358215.65	0.24	0.27	-0.03
利息收入	2369605.78	1339819.08	0.23	0.15	0.08
加：其他收益	5501480.06	3843075.46	0.54	0.44	0.10
投资收益（损失以 "-" 填列）	-38283.63	5709.77	0	0	0
信用减值损失（损失以 "-" 填列）	-8324345.15		-0.82	0.00	-0.82
资产减值损失（损失以 "-" 填列）	-5225524.70	-661200.47	-0.51	-0.08	-0.44
三、营业利润	147055669.07	67310007.93	14.45	7.73	6.71
加：营业外收入	3978565.21	5094962.91	0.39	0.59	-0.19
减：营业外支出	144899.15	169171.48	0.01	0.02	-0.01
四、利润总额	150889335.13	72235799.36	14.82	8.30	6.52

续表

项目	2019 年度	2018 年度	2019 年度占营业收入的比重（%）	2018 年度占营业收入的比重（%）	变化幅度（%）
减：所得税费用	19277559.61	7091945.98	1.89	0.81	1.08
五、净利润	131611775.52	65143853.38	12.93	7.48	5.45
归属于母公司所有者的净利润	131564617.09	65131467.83	12.92	7.48	5.44
少数股东损益	47158.43	12385.55	0.00	7.48	-7.48

（2）收支结构分析。经过分析，建筑类用胶仍是公司营业收入的主要来源。硅宝科技在 2019 年度报告期内实现了建筑类用胶销售业绩的稳定增长。公司建筑类用胶产品实现营业收入 77822.02 万元，同比增长 21.43%。工业类用胶实现营业收入 7721.57 万元，同比增长 43.38%。但是，因硅烷偶联剂行业龙头企业不断扩产，产品价格下降，本年实现销售收入 10789.92 万元，增速放缓（见表 10-8）。

表 10-8 营业收入构成 单位：元

项目	2019 年		2018 年		同比增减（%）
	金额	占营业收入的比重（%）	金额	占营业收入的比重（%）	
营业收入合计	1018035009.07	100	870572981.41	100	16.94
建筑类用胶	778220188.86	76.45	640888157.70	73.62	21.43
工业类用胶	77215739.51	7.58	53854928.95	6.19	43.38
硅烷偶联剂	107899221.89	10.60	107887427.19	12.39	0.01
防腐材料及工程	44894192.80	4.41	51303280.30	5.89	-12.49
化工设备制造销售	7575564.27	0.74	13797055.80	1.58	-45.09
其他产品	2230101.74	0.22	2842131.47	0.33	-21.53

在防腐材料及工程方面，硅宝科技顺利完成了 2018 年中标的中国石化项目防腐工程，2019 年再次中标该集团后续防腐工程。在化工设备制造销售方面，制胶设备行业处于稳定发展时期，由于目前体量较小，尚未形成规模效应，对硅宝科技的业绩影响不明显。

表 10-9 费用类科目分析 单位：元

类别	2019 年	2018 年	同比增减（%）
销售费用	80475175.79	64170945.49	25.41
管理费用	43401702.08	32008215.52	35.60
财务费用	198333.80	1020769.00	-80.57
研发费用	41387270.33	37674107.97	9.86

销售费用 2019 年较 2018 年增加了 1630.43 万元，增长 25.41%，主要系本年经营业绩增长所致，根据考核办法本年奖金增加导致工资薪酬总额增加，以及随着经营规模的扩

大，本年销售货物的运输费等较上年增加较大所致。管理费用较 2018 年增加了 1139.35
万元，增长 35.60%，主要系公司本年经营业绩增长，工资薪酬总额增加所致。研发费用
较 2018 年增加了 371.32 万元，增长 9.86%，主要系公司本年经营业绩增长，工资薪酬总
额增加所致。总体来看，在财务上存在合理性（见表 10-9）。

（3）业务结构分析。从表 10-10 可以看出，硅宝科技本年度营业利润占营业收入的
比重为 14.45%，比 2018 年的 7.73%增长了 6.71%。营业外收入较 2018 年减少 111.64 万
元，主要系本年确认的政府补助较上年减少所致；信用减值损失较 2018 年增加 832.43 万
元，主要系本年按照新金融工具准则的规定将坏账损失调整至信用减值损失所致。本年度
利润总额占营业收入的比重为 14.82%，比 2018 年的 8.30%增长了 6.52%；本年度净利润
占营业收入的比重为 12.93%，比 2018 年的 7.48%增长了 5.45%。营业成本结构比重下降
是提高营业利润比重的根本原因，存在财务上的合理性。

表 10-10　业务结构分析 单位：元

项目	2019 年	2018 年	2019 年占营业收入的比重（%）	2018 年占营业收入的比重（%）	增减幅度（%）
三、营业利润	147055669.07	67310007.93	14.45	7.73	6.71
加：营业外收入	3978565.21	5094962.91	0.39	0.59	-0.19
减：营业外支出	144899.15	169171.48	0.01	0.02	-0.01
四、利润总额	150889335.13	72235799.36	14.82	8.30	6.52
减：所得税费用	19277559.61	7091945.98	1.89	0.81	1.08
五、净利润	131611775.52	65143853.38	12.93	7.48	5.45

（三）现金流量表

1. 水平分析

从现金流量表水平分析中可以看出，2019 年净现金流量比 2018 年增加了 13113085.76
元。经营活动、投资活动和筹资活动产生的净现金流量较 2018 年的变动额分别是
13545319.43 元、-4081694.52 元、-1990759.94 元（见表 10-11）。

表 10-11　现金流量表水平分析 单位：元

项目	2019 年度	2018 年度	增减额	增减（%）
一、经营活动产生的现金流量				
销售商品、提供劳务收到的现金	605657597.73	467979650.57	137677947.16	29.42
收到的税费返还	830203.13	329482.36	500720.77	151.97
收到其他与经营活动有关的现金	14646704.56	15922418.53	-1275713.97	-8.01
经营活动现金流入小计	621134505.42	484231551.46	136902953.96	28.27
购买商品、接受劳务支付的现金	329025829.75	243360188.29	85665641.46	35.20
支付给职工以及为职工支付的现金	89169871.52	76358415.61	12811455.91	16.78

项目	2019 年度	2018 年度	增减额	增减(%)
支付的各项税费	53849157.76	39599338.07	14249819.69	35.98
支付其他与经营活动有关的现金	67427024.12	56796306.65	10630717.47	18.72
经营活动现金流出小计	539471883.15	416114248.62	123357634.53	29.65
经营活动产生的现金流量净额	81662622.27	68117302.84	13545319.43	19.89
二、投资活动产生的现金流量				
收回投资收到的现金	1688275.86		1688275.86	
处置固定资产、无形资产和其他长期资产收回的现金净额	1000.00	800600.00	−799600.00	−99.88
收到其他与投资活动有关的现金		261000.00	−261000.00	−100.00
投资活动现金流入小计	1689275.86	1061600.00	627675.86	59.13
购建固定资产、无形资产和其他长期资产支付的现金	21266577.74	16557207.36	4709370.38	28.44
投资活动现金流出小计	21266577.74	16557207.36	4709370.38	28.44
投资活动产生的现金流量净额	−19577301.88	−15495607.36	−4081694.52	26.34
三、筹资活动产生的现金流量				
取得借款收到的现金	8956502.50	47950000.00	−38993497.50	−81.32
收到其他与筹资活动有关的现金	11595884.00		11595884.00	
筹资活动现金流入小计	20552386.50	47950000.00	−27397613.50	−57.14
偿还债务支付的现金	66950000.00	37950000.00	29000000.00	76.42
分配股利、利润或偿付利息支付的现金	2568193.86	35454899.43	−32886705.57	−92.76
支付其他与筹资活动有关的现金		21520147.99	−21520147.99	−100.00
筹资活动现金流出小计	69518193.86	94925047.42	−25406853.56	−26.77
筹资活动产生的现金流量净额	−48965807.36	−46975047.42	−1990759.94	4.24
四、汇率变动对现金及现金等价物的影响	−6427.27	178411.82	−184839.09	−103.60
五、现金及现金等价物净增加额	13113085.76	5825059.88	7288025.88	125.12
加：期初现金及现金等价物余额	142601230.93	136776171.05	5825059.88	4.26
六、期末现金及现金等价物余额	155714316.69	142601230.93	13113085.76	9.20

经营活动净现金流量比 2018 年增长了 13545319.43 元，增长率为 19.89%。经营活动现金流入量与流出量分别 621134505.42 元和 539471883.15 元，增长率分别为 28.27% 与 29.65%。经营活动现金流入量的增长大于经营活动现金流出量的增长，致使经营活动现金净流量有了增长。经营活动现金流入量的增加主要是因为销售商品、提供劳务收到的现金增加了 137677947.16 元，增长率为 29.42%。根据利润表信息，2019 年营业收入增长率为 16.94%，低于销售商品、提供劳务收到的现金的增长率，说明企业的销售状况有所改善。经营活动现金流出量的增加主要因为购买商品、接受劳务支付的现金增加 85665641.46 元，增长率为 35.20%；支付给职工以及为职工支付的现金增加了 12811455.91 元，增长率为 16.78%。

投资活动现金净流出量比 2018 年减少了 4081694.52 元。投资活动现金流入量的减少主要来源于处置固定资产、无形资产和其他长期资产收回的现金净额减少了 799600.00 元，减少率为 99.88%。

筹资活动净现金流量本年比 2018 年减少 1990759.94 元，主要是因为筹资活动现金流入的增加额比筹资活动现金流出的增加额要小。本期公司负债偿还的债务多于上期，2019 年偿还债务支付的现金比 2018 年增长了 29000000.00 元。

2. 垂直分析

(1) 现金流入垂直结构分析。经过分析可以看出：经营活动现金流入占现金流入总量的 96.54%，是硅宝科技的主要来源。其中，销售商品、提供劳务收到的现金占 97.51%，税费返还占 0.13%，收到其他与经营活动有关的现金占 2.36%，都处于合理区间内（见表 10-12）。

表 10-12　现金流入垂直结构分析　　　　　　　　　　　　　单位：元

项目	金额	部分结构百分比(%)	总体结构百分比（%）
经营活动现金流入	621134505.42	100.00	
销售商品、提供劳务收到的现金	605657597.73	97.51	96.54
收到的税费返还	830203.13	0.13	
收到其他与经营活动有关的现金	14646704.56	2.36	
投资活动现金流入	1689275.86	100.00	
收回投资收到的现金	1688275.86	99.94	0.26
处置固定资产、无形资产和其他长期资产收回的现金净额	1000.00	0.06	
筹资活动现金流入	20552386.50	100.00	
取得借款收到的现金	8956502.50	43.58	3.19
收到其他与筹资活动有关的现金	11595884.00	56.42	

投资活动现金流入占现金流入总量的 0.26%，说明硅宝科技投资活动获取的现金较少。其中，收回投资占 99.94%，说明企业投资现金流入大部分为回收资金，而非获利。

筹资活动占现金流入总量的 3.19%，也占有相当地位。

综上所述，维持硅宝科技运行、支撑公司发展所需要的大部分现金是在经营过程中产生的，这无疑是企业财务状况良好的一个标志。而收回投资、分得股利取得的现金以及银行借款、发行债券、接受外部投资取得的现金对公司的运行起到了辅助性或补充性的融资作用。

(2) 现金流出垂直结构分析。在硅宝科技 2019 年度的现金流出量中，经营活动所付现金占 86%，投资活动所付现金占 3.0%，筹资活动所付现金占 11%。将此现金流出量与现金流入量相结合来分析，可以发现该公司的现金流入主要来自经营活动所得，现金流出主要用于经营活动。从总体上看，该公司的运行是健康的，发展是比较稳定的（见表 10-13）。

表 10-13　现金流出垂直结构分析 单位：元

项目	金额	部分结构百分比（％）	总体结构百分比（％）
经营活动现金流出	539471883.15	100.00	
购买商品、接受劳务支付的现金	329025829.75	60.99	
支付给职工以及为职工支付的现金	89169871.52	16.53	86.00
支付的各项税费	53849157.76	9.98	
支付其他与经营活动有关的现金	67427024.12	12.50	
投资活动现金流出	21266577.74	100.00	
购建固定资产、无形资产和其他长期资产支付的现金	21266577.74	100.00	3.00
筹资活动现金流出	69518193.86	100.00	
偿还债务支付的现金	66950000.00	96.31	11.00
分配股利、利润或偿付利息支付的现金	2568193.86	3.69	

（3）净现金流量纵向结构分析。在硅宝科技本期的净现金流量结构中，投资活动引起现金净流量减少 1958 万元，而经营活动增加现金净流量 8166 万元，筹资活动引起现金净流量减少 4897 万元，该公司经营活动现金净流量为正数，投资活动现金净流量为负数，筹资活动现金净流量为负数，说明这时销售呈现上升趋势，为了扩大市场份额，企业追加了相应投资。相对而言硅宝科技的现金周转能力较强，财务风险较低。

表 10-14　现金流出垂直结构分析 单位：元

项目	金额
经营活动产生的现金流量净额	81662622.27
投资活动产生的现金流量净额	-19577301.88
筹资活动产生的现金流量净额	-48965807.36
汇率变动对现金及现金等价物的影响	-6427.27
现金及现金等价物净增加额	13113085.76

二、重要项目分析

（一）资产负债表

如表 10-15 所示，通过对硅宝科技的资产负债表的各项资产、负债、所有者权益所占资产比重和变化趋势进行排序，以结构比重较高或结构比重适中且同期趋势比较高、与公司生产经营密切相关作为挑选重要项目的标准，挑选出十个重要项目进行分析，分别有货币资金、应收票据、应收账款、存货、固定资产、无形资产、应付账款、预收账款、其他应付款、未分配利润。

表 10-15　2019 年硅宝科技资产负债表结构比及趋势比分析（节选）　　单位：元

项目	2019 年 12 月 31 日	2018 年 12 月 31 日	结构比(%)	结构比排名	趋势比(%)	趋势比排名
未分配利润	473427668.2	345613834.5	41.28	1	36.98	7
固定资产	389995513.9	373507690.3	34.01	2	4.41	17
股本	330901951	330901951	28.86	3	0.00	21
应收账款	174469941.7	185043948.5	15.21	4	−5.71	23
货币资金	158266054.5	143441485.7	13.80	5	10.33	14
应收票据	154217163.5	67445947.79	13.45	6	128.65	3
存货	139060711.7	102350890.7	12.13	7	35.87	8
应付账款	101948167.7	84131569.57	8.89	8	21.18	12
盈余公积	56976841.09	53226057.68	4.97	9	7.05	16
无形资产	52501504.79	53648636.33	4.58	10	−2.14	22
资本公积	44093003.53	49477383.51	3.85	11	−10.88	24
预收款项	43032848.61	16883703.9	3.75	12	154.88	2
应付职工薪酬	28295717.92	19791020.45	2.47	13	42.97	6
递延收益	28221126.82	28203701.1	2.46	14	0.06	20
其他非流动资产	20998431.55	12188333.72	1.83	15	72.28	5
在建工程	20619143.6	36939446.63	1.80	16	−44.18	29
应交税费	19469686.53	10793993.61	1.70	17	80.38	4
其他应付款	16433095.96	2516958.14	1.43	18	552.90	1
减：库存股	14618716.34	21520147.99	1.27	19	−32.07	28

1. 资产负债表重要项目纵向分析

2015～2019 年硅宝科技资产负债表重要项目变动趋势如表 10-16 所示。

从表 10-16 可以看出，2015～2019 年，硅宝科技货币资金、应收票据、应收账款均存在较大的波动性。存货项目除了 2015 年负增长，2016～2019 年持续增长，且增长速度逐年提高。固定资产项目在 2015～2017 年呈现较高增长水平，在 2018 年、2019 年波动幅度较小。应付账款、预收账款和其他应付款项目则每年都有较大幅度的上下波动，企业的未分配利润在 2015～2019 年逐年增长。

资产负债表重要项目变动趋势分项目分析。

（1）货币资金。从图 10-1 可以看出，2015～2019 年硅宝科技的货币资金变动总体呈上升趋势，各年变动的幅度在 −14.53%～21.30%，货币资金是企业流动性最强的资产，是维持企业正常经营周转的重要环节，货币资金的变动主要是由于当年经营活动、投资活动、筹资活动所造成。硅宝科技的货币资金波动处于一个正常的波动范围，且总体呈现上升趋势，说明硅宝科技的资金使用率较高，能够保证企业的货币资金持有量控制在合理水平。

单位：元

表 10-16　2015～2019 年资产负债表重要项目变动趋势

项目	2015 年		2016 年		2017 年		2018 年		2019 年	
	金额	变动率（%）	金额	变动率（%）	金额	变动率（%）	金额	变动率（%）	金额	变动率（%）
货币资金	126725736.9	-14.53	129121166.4	1.89	156628625.5	21.30	143441485.7	-8.42	158266054.5	10.33
应收票据	93226785	111.14	83164348.27	-10.79	66132621.41	-20.48	67445947.79	1.99	154217163.5	128.65
应收账款	141893810.6	19.84	135284188	-4.66	146045799	7.95	185043948.5	26.70	174469941.7	-5.71
存货	66542165.84	-5.97	71658547.04	7.69	81635453.08	13.92	102350890.7	25.38	139060711.7	35.87
固定资产	207256000.8	26.67	286182836.9	38.08	390699323.7	36.52	373507690.3	-4.40	389995513.9	4.41
无形资产	47519180.91	-2.27	46432750.15	-2.29	45376096.39	-2.28	53648636.33	18.23	52501504.79	-2.14
应付账款	70813939.48	22.56	55120224.79	-22.16	80403955.48	45.87	84131569.57	4.64	101948167.7	21.18
预收账款	16767367.65	-16.41	11056026.66	-34.06	10550682.23	-4.57	16883703.9	60.02	43032848.61	154.88
其他应付款	1592713.27	38.18	6273628.74	293.90	2482547.77	-60.43	2516958.14	1.39	16433095.96	552.90
未分配利润	264246661.5	23.53	300691978.3	13.79	316918917.5	5.40	345613834.5	9.05	473427668.2	36.98

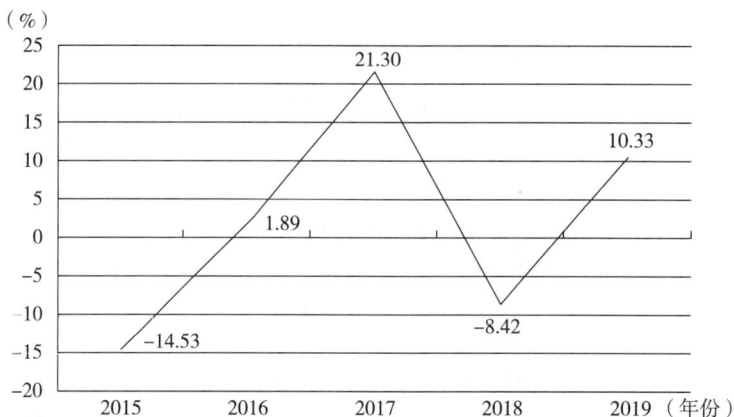

图 10-1　2015～2019 年硅宝公司货币资金增长率

（2）应收票据。从图 10-2 可以看出，硅宝科技在 2015～2019 年的应收票据变动率为 −20.48%～128.65%，总体波动幅度较大，总体呈现 2015 年先增长、2016～2017 年小幅下降、2018 年小幅上升、2019 年度大幅上涨趋势，表明 2015 年和 2019 年，硅宝科技为了扩大市场占有率进行了更多的以应收票据结算的赊销业务。

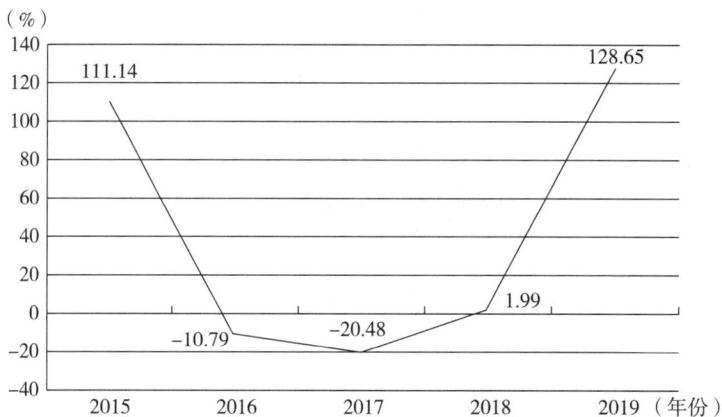

图 10-2　2015～2019 年硅宝公司应收票据增长率

（3）应收账款。从图 10-3 可以看出，硅宝科技在 2015～2019 年的应收账款变动率在

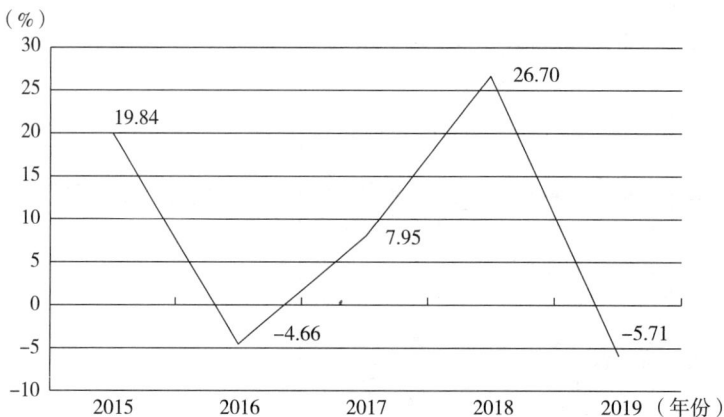

图 10-3　2015～2019 年硅宝公司应收账款增长率

-5.71%~26.70%的范围变动，总体呈现在2015年先增长、2016年小幅下降、2017~2018年逐年上升、2019年度小幅下降趋势，可以看出硅宝科技在各年的应收账款上升年份的变动率高于下降年份的变动率，总体呈上升趋势，说明企业对于下游企业的议价能力较弱，赊销业务比例较高。

（4）存货。从图10-4可以看出，硅宝科技在2015~2019年存货变动率除了2015年小幅下降，2016~2019年呈现逐年增长，且增长速度加快（从2016年的7.69%到2019年的35.87%），表明硅宝科技的存货持有量随着企业扩张而增长，过多的存货持有会产生更多的持有成本及存货跌价风险，说明硅宝科技的存货管理水平较差。

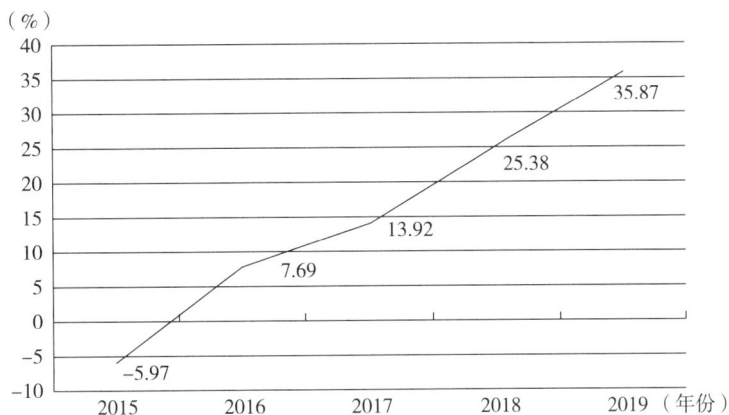

图10-4　2015~2019年硅宝科技存货增长率

（5）固定资产。从图10-5可以看出，硅宝科技在2015~2019年固定资产变动率除了2018年小幅下降，其余年份均呈现上涨趋势，2015~2017年每年的增长幅度均在26.67%~38.08%，表明企业在2015~2017年加大了对固定资产的投资，扩大了企业的生产经营规模。

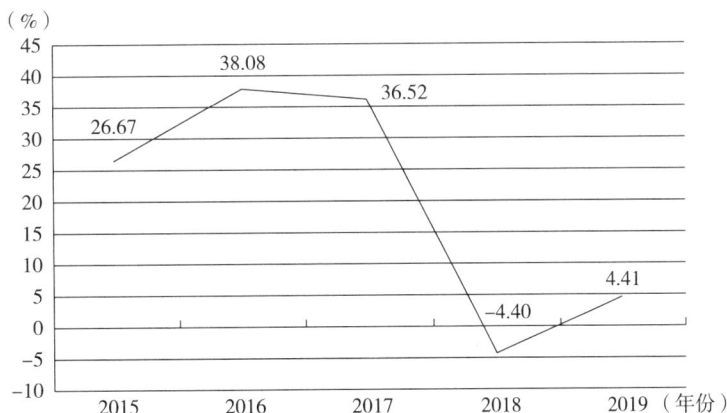

图10-5　2015~2019年硅宝科技固定资产增长率

（6）无形资产。从图10-6可以看出，硅宝科技在2015~2019年除了2018年大幅增加外，其余年份在-2%的波动率小幅下降，说明企业在2018年加大了对企业无形资产的投资。经了解，系公司于2018年购买了海特曼的商标和技术。

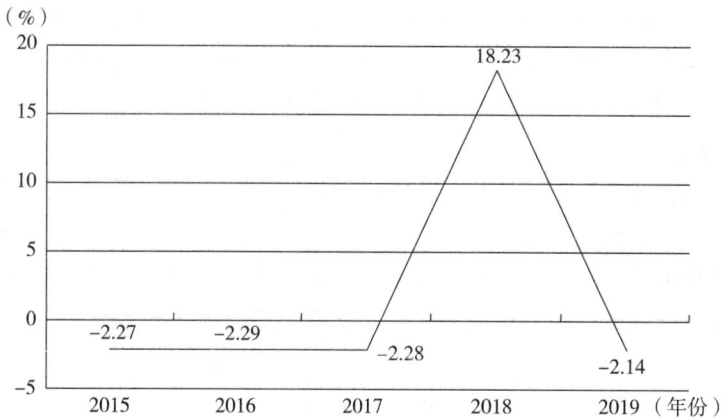

图 10-6　2015~2019 年硅宝科技无形资产增长率

（7）应付账款。从图 10-7 可以看出，硅宝科技在 2015~2019 年应付账款的增长率在 −22.16%~45.87%的范围变动，除 2016 年下降外，总体呈上升趋势，说明硅宝科技的赊购业务在增加，对上游企业具有较强的议价能力。

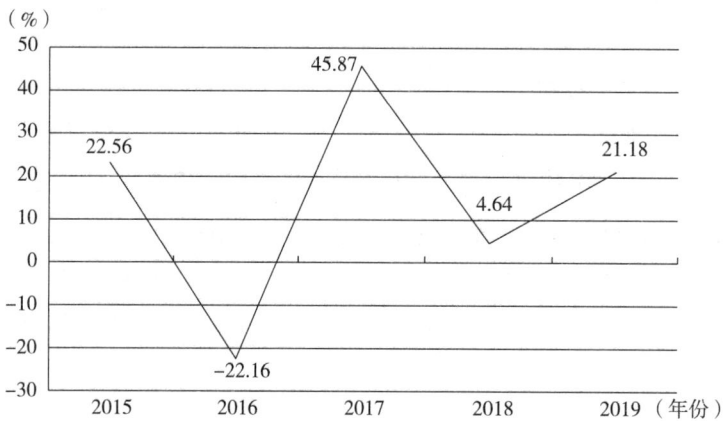

图 10-7　2015~2019 年硅宝科技应付账款增长率

（8）预收账款。从图 10-8 可以看出，硅宝科技在 2015~2019 年预收账款的变动率在 −34.06%~154.88%的范围波动，波动的幅度较大，总体呈现 2015~2017 年下降，2018

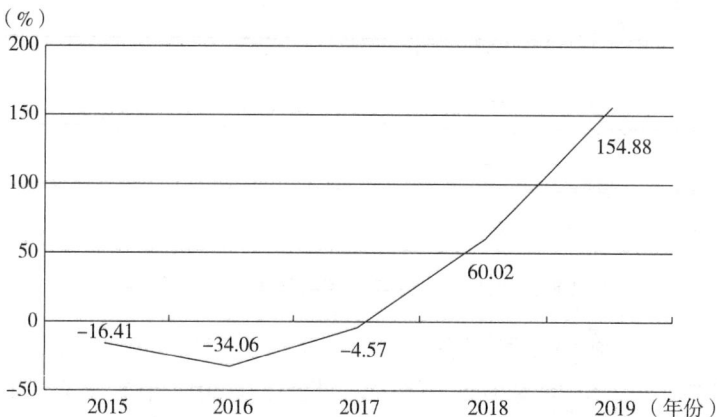

图 10-8　2015~2019 年硅宝科技预收账款增长率

年、2019 年大幅上升的趋势。预收账款的增加表明企业能预先占用他方资金，赚取货币的时间价值。

（9）其他应付款。从图 10-9 可以看出，硅宝科技在 2015～2019 年其他应付款在 -60.43%～552.90% 的范围大幅波动，总体呈上涨趋势，且在 2016 年和 2019 年上涨幅度较大，可能与当年公司战略与盈余管理活动有关。

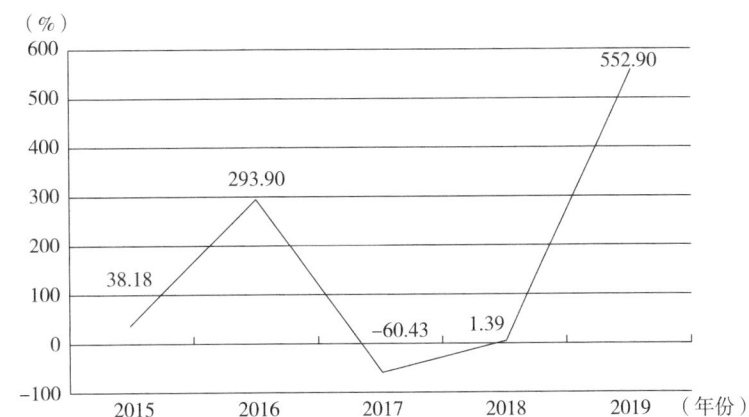

图 10-9　2015～2019 年硅宝科技其他应付款增长率

（10）未分配利润。从图 10-10 可以看出，硅宝科技在 2015～2019 年的未分配利润每年均呈现上升趋势，变动范围在 5.40%～36.98%，表明硅宝科技的经营状况较好，每年实现的利润留存在增加。

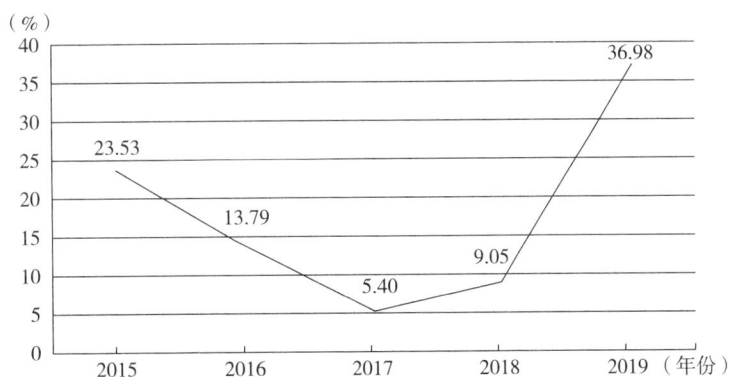

图 10-10　2015～2019 年硅宝科技未分配利润增长率

2. 资产负债表重要项目结构分析

从表 10-17 可以看出，硅宝科技 2015～2019 年货币资金、应收账款和应收票据在总资产中的占比较高且变动较为稳定，存货占总资产比在逐年增加，在资产项目中，固定资产占比最高，无形资产占比稳定维持在大约 5% 水平。在应付账款、预收账款、其他应付款中，应付账款在 2016 年度占比下降，其余年度均维持在 8% 上下的水平，预收账款和其他应付款项目在 2019 年有所提高。未分配利润占总资产比均维持在较高水平，且在 2019 年有较大幅度增加。

单位：元

表 10-17 2015～2019 年硅宝科技重要项目结构变动趋势

项目	2015 年		2016 年		2017 年		2018 年		2019 年	
	金额	占总资产比（%）	金额	占总资产比（%）	金额	占总资产比（%）	金额	占总资产比（%）	金额	占总资产比（%）
货币资金	126725736.9	14.10	129121166.4	13.99	156628625.5	16.02	143441485.7	14.10	158266054.5	13.80
应收票据	93226785	10.37	83164348.27	9.01	66132621.41	6.76	67445947.79	6.63	154217163.5	13.45
应收账款	141893810.6	15.79	135284188	14.66	146045799	14.94	18043948.5	18.19	174469941.7	15.21
存货	66542165.84	7.40	71658547.04	7.76	81635453.08	8.35	102350890.7	10.06	139060711.7	12.13
固定资产	207256000.8	23.06	286182836.9	31.01	390699323.7	39.96	373507690.3	36.72	389995513.9	34.01
无形资产	47519180.91	5.29	46432750.15	5.03	45376096.39	4.64	53648636.33	5.27	52501504.79	4.58
应付账款	70813939.48	7.88	55120224.79	5.97	80403955.48	8.22	84131569.57	8.27	101948167.7	8.89
预收账款	16767367.65	1.87	11056026.66	1.20	10550682.23	1.08	16883703.9	1.66	43032848.61	3.75
其他应付款	1592713.27	0.18	6273628.74	0.68	2482547.77	0.25	2516958.14	0.25	16433095.96	1.43
未分配利润	264246661.5	29.40	300691978.3	32.58	316918917.5	32.41	345613834.5	33.98	473427668.2	41.28

资产负债表重要项目结构变动分析。

（1）货币资金占总资产比。从图 10-11 可以看出，硅宝科技在 2015～2019 年货币资金占比较为稳定，维持在13.99%～16.02%的范围内，表明企业对货币资金管理水平较好，现金维持在合适的范围内，既可以防范风险，又可以避免过度持有现金造成大额现金的闲置。

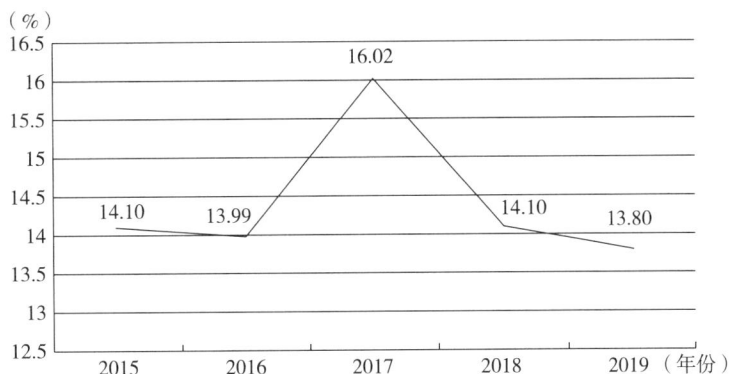

图 10-11 2015～2019 年硅宝科技货币资金占总资产比

（2）应收票据占总资产比。从图 10-12 可以看出，硅宝科技在 2015～2019 年应收票据占比在 2015～2018 年逐年下降，在 2019 年有较大幅度的提升，表明企业可能在 2019 年进行了更多的以应收票据结算的赊销业务。

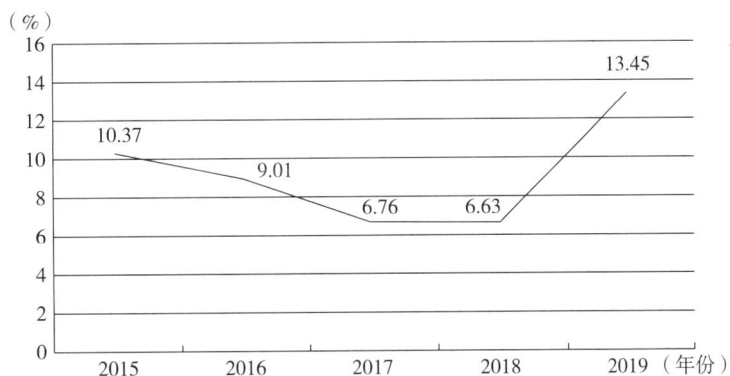

图 10-12 2015～2019 年硅宝科技应收票据占总资产比

（3）应收账款占总资产比。从图 10-13 可以看出，硅宝科技在 2015～2019 年的应收

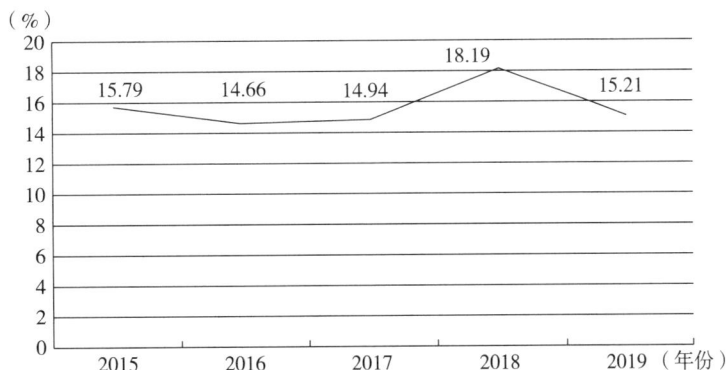

图 10-13 2015～2019 年硅宝科技应收账款占总资产比

账款占比在 14.66%~18.19%变动，表明企业以应收账款结算的赊销业务较为稳定。

（4）存货占总资产比。从图 10-14 可以看出，硅宝科技在 2015~2019 年的存货占比呈上升趋势，从 7.40%上升到 12.13%，表明企业的存货周转率和存货管理效率降低，过多持有存货会占用企业运营资金，降低企业的资金使用效率。

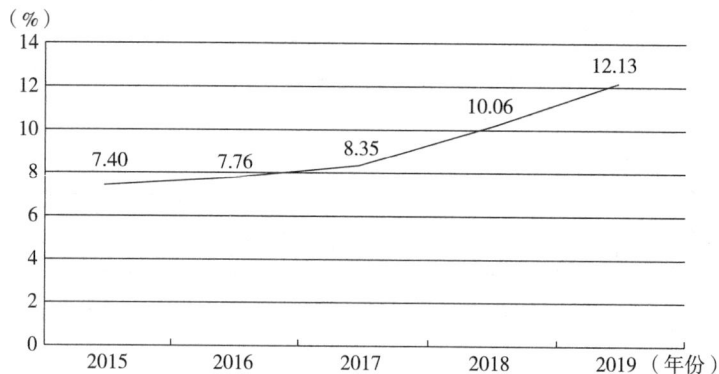

图 10-14　2015~2019 年硅宝科技存货占总资产比

（5）固定资产占总资产比。从图 10-15 可以看出，硅宝科技在 2015~2017 年的固定资产占比从 23.06%上升到 39.96%，然后 2018~2019 年有所下降，表明硅宝科技在近两年减少了对固定资产的投资，进行了产能升级。

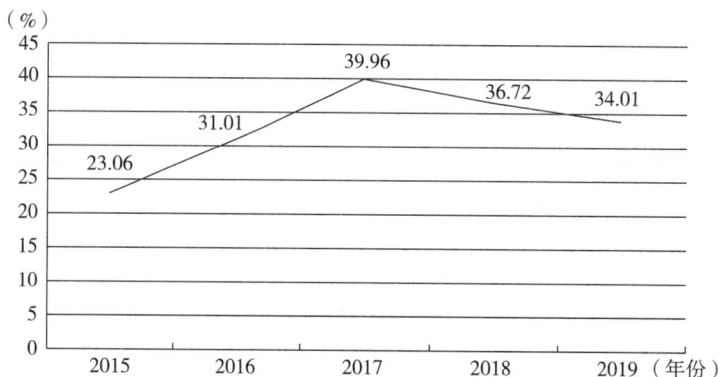

图 10-15　2015~2019 年硅宝科技固定资产占总资产比

（6）无形资产占总资产比。从图 10-16 可以看出，硅宝科技对无形资产的投资在 2015~2019 年保持稳定，在 5%上下浮动。

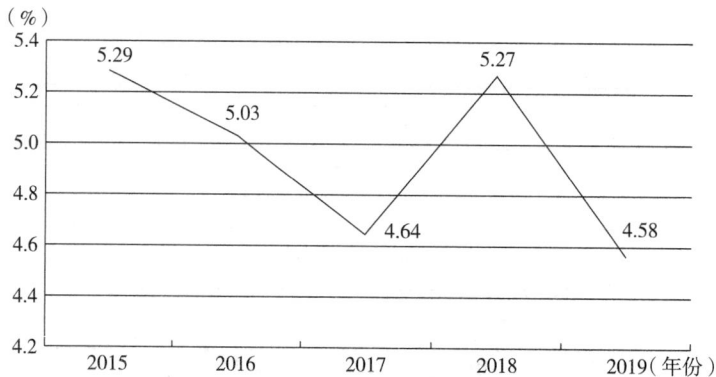

图 10-16　2015~2019 年硅宝科技无形资产占总资产比

（7）应付账款占总资产比。从图 10-17 可以看出，硅宝科技 2015~2019 年应付账款呈现先下降后上升的趋势，表明企业在 2017 年后对上游企业议价能力提高，进行了更多的赊购业务。

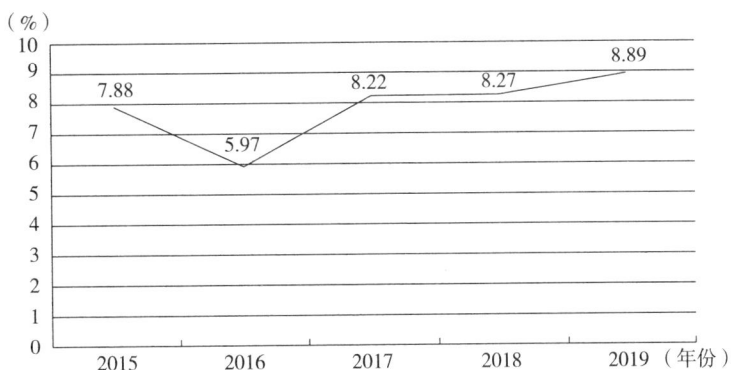

图 10-17　2015~2019 年硅宝科技应付账款占总资产比

（8）预收账款占总资产比。从图 10-18 可以看出，硅宝科技在 2015~2019 年预收账款占总资产比总体呈先下降后上升趋势，且 2019 年上升幅度较大，说明企业在近两年通过预收账款进行销售的能力增强，能够预先地占用其他企业资金。

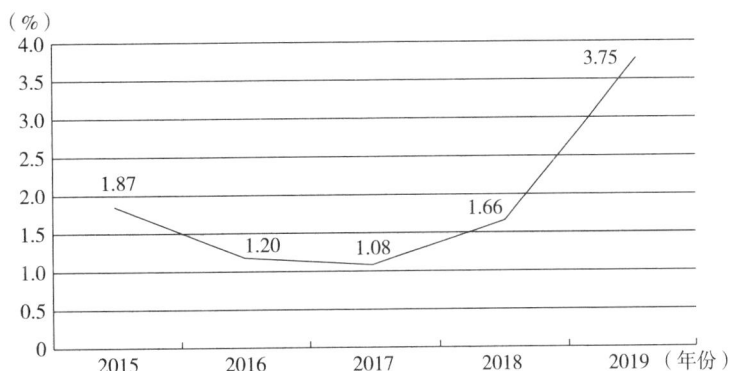

图 10-18　2015~2019 年硅宝科技预收账款占总资产比

（9）其他应付款。从图 10-19 可以看出，硅宝科技在 2015~2019 年其他应付款占比在 2015~2018 年变动幅度不大且占比不高，2019 年有较大幅度的提高，可以关注硅宝科技 2019 年导致其他应付款增加的业务。

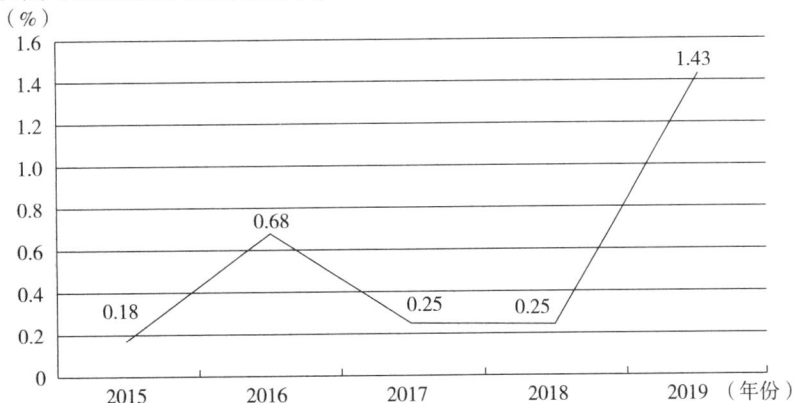

图 10-19　2015~2019 年硅宝科技其他应付款占总资产比

（10）未分配利润占比。从图 10-20 可以看出，硅宝科技在 2015~2019 年未分配利润占总资产比逐年上升，说明企业经营状况良好，从而有更多的盈余留存在企业内部。

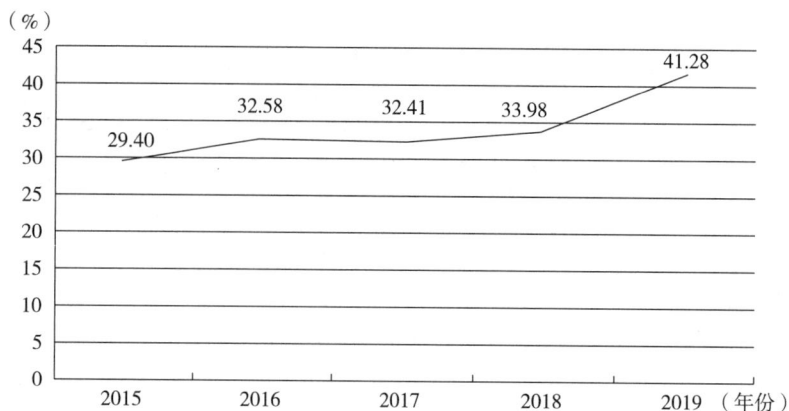

图 10-20　2015~2019 年硅宝科技未分配利润占总资产比

3. 资产负债表重要项目横向分析

（1）货币资金占总资产比。从表 10-18 可以看出，硅宝科技 2015~2019 年货币资金占比与同行业可比公司进行比较中，2015 年、2016 年货币资金占比小于可比公司均值，2017~2019 年货币资金占比大于可比公司均值，说明近三年公司的货币资金管理效率低于同行业可比公司。

现金占比行业
同型分析

表 10-18　2015~2019 年硅宝科技货币资金占比与同行业比较　　　单位：%

年份	2015	2016	2017	2018	2019
硅宝科技	14.10	13.99	16.02	14.10	13.80
可比公司均值	14.54	18.33	14.66	11.93	9.48
高盟新材	28.38	12.43	8.45	14.92	4.16
康达新材	11.10	49.83	25.36	10.12	15.80
回大新材	13.50	12.83	22.05	19.67	13.27
天赐材料	13.64	8.48	8.75	4.36	3.94
新安股份	6.09	8.07	8.69	10.59	10.20

（2）应收票据占总资产比。从表 10-19 可以看出，硅宝科技 2015~2019 年应收票据占比与同行业可比公司比较中，均高于可比公司均值，且 2019 年处于同行业可比公司的最高水平，说明硅宝科技对下游企业的议价能力较低，赊销业务占比高。

应收票据占比
行业同型分析

表 10-19　2015~2019 年硅宝科技应收票据占比与同行业比较　　　单位：%

年份	2015	2016	2017	2018	2019
硅宝科技	10.37	9.01	6.76	6.63	13.45

续表

年份	2015	2016	2017	2018	2019
可比公司均值	8.08	7.36	6.69	6.84	0.23
高盟新材	15.11	11.91	9.16	8.99	0.00
康达新材	2.70	5.15	6.37	10.71	0.00
回天新材	6.99	10.34	9.75	4.49	0.59
天赐材料	5.33	5.13	5.64	6.30	0.56
新安股份	15.11	11.91	9.16	8.99	0.00

（3）应收账款占总资产比。从表10-20可以看出，硅宝科技2015~2019年应收账款占比与同行业可比公司比较中，2015年、2016年低于可比公司均值，2017~2019年均高于可比公司均值，表明公司赊销业务比例与同行业相比有所增加，企业对下游企业的议价能力较低。

表10-20　2015~2019年硅宝科技应收账款占比与同行业比较　　　单位：%

年份	2015	2016	2017	2018	2019
硅宝科技	15.79	14.66	14.94	18.19	15.21
可比公司均值	18.89	16.08	14.78	15.86	14.80
高盟新材	18.27	20.92	13.64	10.97	8.91
康达新材	30.05	12.41	15.11	26.36	21.59
回天新材	23.47	20.89	21.08	20.02	20.39
天赐材料	16.38	18.97	18.44	14.80	16.91
新安股份	6.31	7.18	5.62	7.14	6.20

（4）存货占总资产比。从表10-21可以看出，硅宝科技2015~2019年应收账款占比与同行业可比公司比较中，2015~2017年低于可比公司均值，2018年、2019年均高于可比公司均值，说明企业的存货管理效率有所下降，低于行业平均水平。

存货占比
行业同型分析

预付款占比
行业同型分析

表10-21　2015~2019年硅宝科技存货占比与同行业比较　　　单位：%

年份	2015	2016	2017	2018	2019
硅宝科技	7.40	7.76	8.35	10.06	12.13
可比公司均值	9.23	8.48	9.10	9.94	8.99
高盟新材	7.47	8.75	6.34	4.40	4.67
康达新材	10.03	4.14	5.15	6.66	6.06
回天新材	9.08	10.77	10.89	10.03	9.78
天赐材料	7.68	8.01	8.99	14.15	11.28
新安股份	11.90	10.73	14.11	14.47	13.17

（5）固定资产占总资产比。从表 10-22 可以看出，硅宝科技 2015~2019 年固定资产占比与同行业可比公司进行比较中，除了 2015 年低于可比公司均值，其余年份均高于可比公司均值，说明硅宝科技对固定资产的投资较高，可能是为了扩大产能，提高企业竞争力。

运营资产占比行业同型分析

固定资产占比行业同型分析

表 10-22　2015~2019 年硅宝科技固定资产占比与同行业比较　　　单位:%

年份	2015	2016	2017	2018	2019
硅宝科技	23.06	31.01	39.96	36.72	34.01
可比公司均值	31.83	26.59	22.68	22.22	24.64
高盟新材	24.06	24.55	16.22	13.45	11.74
康达新材	27.04	13.84	13.97	12.45	19.01
回天新材	34.70	33.34	25.33	24.06	22.61
天赐材料	29.54	22.67	21.99	22.70	34.07
新安股份	43.80	38.55	35.88	38.44	35.78

（6）无形资产占总资产比。从表 10-23 可以看出，硅宝科技 2015~2019 年无形资产占比与同行业可比公司进行比较中，2015~2017 年略低于可比公司均值，2018 年、2019 年略高于可比公司均值，表明硅宝科技无形资产投资处于行业平均水平，且有所提高。

无形资产占比行业同型分析

表 10-23　2015~2019 年硅宝科技无形资产占比与同行业比较　　　单位:%

年份	2015	2016	2017	2018	2019
硅宝科技	5.29	5.03	4.64	5.27	4.58
可比公司均值	5.43	5.48	5.17	4.99	4.47
高盟新材	2.02	1.88	1.84	1.76	1.53
康达新材	4.20	4.84	4.68	3.91	3.20
回天新材	9.56	9.52	7.49	7.48	6.58
天赐材料	4.37	3.65	5.46	6.00	5.99
新安股份	7.02	7.50	6.39	5.79	5.03

（7）应付账款占总资产比。从表 10-24 可以看出，硅宝科技 2015~2019 年应付账款占比与同行业可比公司比较中，2015 年、2016 年低于可比公司均值，2017~2019 年均高于可比公司均值，表明硅宝科技对上游企业的议价能力增强，且企业进行赊购业务的比例有所增加。

股权投资占比行业同型分析

产能投资占比行业同型分析

表 10-24　2015~2019 年硅宝科技应付账款占比与同行业比较　　　单位:%

年份	2015	2016	2017	2018	2019
硅宝科技	7.88	5.97	8.22	8.27	8.89

年份	2015	2016	2017	2018	2019
可比公司均值	9.21	8.54	7.97	7.70	9.24
高盟新材	5.46	6.73	4.70	4.34	4.21
康达新材	11.43	2.96	3.58	4.47	7.34
回天新材	6.92	8.64	6.49	6.62	8.52
天赐材料	9.66	12.28	11.54	11.69	13.91
新安股份	12.56	12.10	13.53	11.39	12.23

（8）预收账款占总资产比。从表 10-25 可以看出，硅宝科技 2015～2019 年预收账款占比与同行业可比公司比较中，硅宝科技预收账款占总资产比均高于可比公司均值，且在 2019 年处于行业可比公司的最高水平，表明企业的预收款项进行销售的业务比例较高。

表 10-25　2015～2019 年硅宝科技预收账款占比与同行业比较　　　　单位：%

年份	2015	2016	2017	2018	2019
硅宝科技	1.87	1.20	1.08	1.66	3.75
可比公司均值	0.86	1.11	0.97	0.80	0.59
高盟新材	0.17	0.31	0.10	0.28	0.14
康达新材	0.69	0.05	0.11	0.05	0.08
回天新材	0.82	1.62	1.15	0.99	0.37
天赐材料	0.64	0.81	0.38	0.36	0.34
新安股份	1.96	2.74	3.08	2.31	2.03

（9）其他应付款占总资产比。从表 10-26 可以看出，硅宝科技 2015～2019 年其他应付款占总资产比与同行业可比公司比较中，2015～2018 年均低于可比公司均值，2019 年度增长较大且高于可比公司均值，管理者可以关注引起其他应付款占总资产比增长的公司有关活动。

经营性负债占比
行业同型分析

金融性负债占比
行业同型分析

表 10-26　2015～2019 年硅宝科技其他应付款占比与同行业比较　　　　单位：%

年份	2015	2016	2017	2018	2019
硅宝科技	0.18	0.68	0.25	0.25	1.43
可比公司均值	1.95	1.38	2.15	2.37	0.82
高盟新材	0.21	0.19	5.56	5.57	0.12
康达新材	0.24	0.09	0.60	2.24	0.12
回天新材	0.71	0.75	0.44	0.79	0.73
天赐材料	6.97	4.60	1.44	0.70	1.58
新安股份	1.63	1.24	2.70	2.53	1.54

（10）未分配利润占总资产比。从表 10-27 可以看出，硅宝科技 2015～2019 年未分配利润占总资产比与同行业可比公司比较中，均高于同行业可比公司均值且处于可比公司最高水平，表明企业的盈利状况较好，同时也可能是因为硅宝科技的盈余公积和股利分配比例较低，可以适当提高。

表 10-27　2015～2019 年硅宝科技未分配利润占比与同行业比较　　　单位：%

年份	2015	2016	2017	2018	2019
硅宝科技	29.40	32.58	32.41	33.98	41.28
可比公司均值	22.64	22.69	20.22	20.69	21.13
高盟新材	13.42	14.01	6.86	8.15	13.45
康达新材	28.41	17.30	18.87	17.60	19.94
回天新材	22.25	25.01	21.55	15.95	17.60
天赐材料	22.63	30.73	25.67	26.35	21.95
新安股份	26.50	26.43	28.15	35.42	32.73

（二）利润表

如表 10-28 所示，通过对硅宝科技的利润表的各项收入类、成本费用类、利润类账户所占总收入比重和变化趋势进行排序，以结构比重较高或结构比重适中且同期趋势比较高、与公司生产经营密切相关作为挑选重要项目的标准，挑选出九个重要项目进行分析，分别为：营业收入、营业成本、销售费用、管理费用、研发费用、营业利润、利润总额、所得税费用、净利润。

表 10-28　2019 年硅宝科技利润表结构比及趋势比分析表（节选）　　　单位：元

项目	2019 年 12 月 31 日	2018 年 12 月 31 日	结构比（%）	结构比排名	趋势比（%）	趋势比排名
其中：营业收入	1018035009	870572981.4	100.00	1	16.94	14
营业成本	688236929.7	657575031.1	67.60	2	4.66	17
四、利润总额（亏损总额以"－"填列）	150889335.1	72235799.36	14.82	3	108.88	5
三、营业利润（亏损以"－"填列）	147055669.1	67310007.93	14.45	4	118.48	4
五、净利润（净亏损以"－"填列）	131611775.5	65143853.38	12.93	5	102.03	6
持续经营净利润（净亏损以"－"填列）	131611775.52	65143853.38	12.93	6	102.03	7
归属于母公司所有者的综合收益总额	131597185.40	65304597.83	12.93	7	101.51	9

续表

项目	2019 年 12 月 31 日	2018 年 12 月 31 日	结构比（％）	结构比排名	趋势比（％）	趋势比排名
归属于母公司所有者的净利润	131564617.09	65131467.83	12.92	8	102.00	8
销售费用	80475175.79	64170945.49	7.90	9	25.41	13
管理费用	43401702.08	32008215.52	4.26	10	35.60	12
研发费用	41387270.33	37674107.97	4.07	11	9.86	15
减：所得税费用	19277559.61	7091945.98	1.89	12	171.82	3

1. 利润表重要项目纵向分析

从表 10-29 可以看出，2015～2019 年，硅宝科技营业收入逐年增加。除 2017 年营业成本增长率大于营业收入增长率外，其余年份营业成本增长率均小于营业收入增长率，说明硅宝科技营业收入增加的同时，营业成本有所下降，营收质量有所提升。销售费用增长率在 2016 年、2017 年、2019 年增长率均大于营业收入增长率，说明销售费用增长率存在较快速度增长。管理费用在 2017 年、2018 年经历连续两年负增长后，2019 年存在较大幅度反弹，说明管理费用存在较大的不稳定性。研发费用仅披露了近三年数据，但可以看出研发费用呈逐年上升趋势。营业利润、利润总额、净利润的增长率在 2017 年度存在较大幅度下跌，但 2019 年这几项利润指标均大幅度提升，说明公司的利润指标存在较大波动性。

2. 利润表重要项目变动趋势分项目分析

（1）营业收入。从图 10-21 可以看出，硅宝科技 2015～2019 年营业收入增长率呈总体上升趋势，但是各年度增长率变化幅度较大，说明硅宝科技的营业收入虽然处于增长环境，但是存在不稳定性。

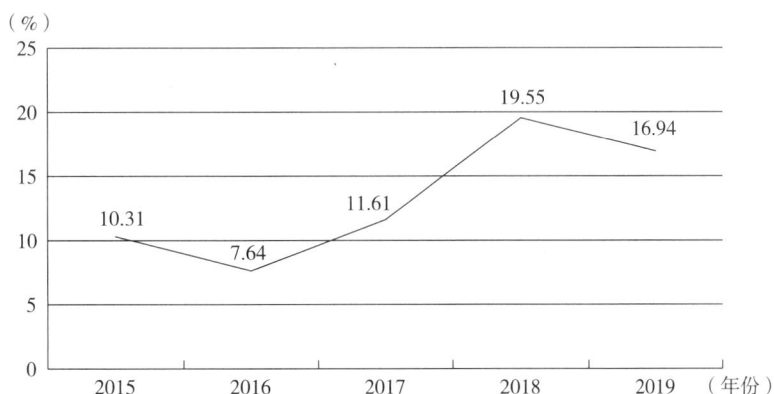

图 10-21　2015～2019 年硅宝科技营业收入增长率

（2）营业成本。从图 10-22 可以看出，硅宝科技 2015～2019 年营业成本增长率变化幅度较大，在 2017 年营业成本增长率存在一个较大幅度的提升，随后的 2018 年、2019 年营业成本增长率逐年稳定下降，说明 2018 年、2019 年企业面临的成本环境有所改善。经了解，系原材料价格于 2017～2018 年大幅上涨，而 2019 年价格开始下降所致。

表 10-29 2015～2019 年硅宝科技利润表重要项目变动趋势

单位：元

项目	2015 年		2016 年		2017 年		2018 年		2019 年	
	金额	变动率（%）	金额	变动率（%）	金额	变动率（%）	金额	变动率（%）	金额	变动率（%）
营业收入	606156362.25	10.31	652473398.92	7.64	728230612.72	11.61	870572981.41	19.55	1018035009.07	16.94
营业成本	406794879.84	9.86	431739018.24	6.13	551533675.67	27.75	657575031.13	19.23	688236929.66	4.66
销售费用	46297711.00	10.14	53017714.23	14.51	60348322.71	13.83	64170945.49	6.33	80475175.79	25.41
管理费用	56890145.47	6.05	66062772.39	16.12	61833439.86	-6.40	32008215.52	-48.23	43401702.08	35.60
研发费用	未披露	—	未披露	—	33799621.19	—	37674107.97	11.46	41387270.33	9.86
营业利润	90298990.44	7.82	93732889.71	3.80	54376629.05	-41.99	67310007.93	23.78	147055669.07	118.48
利润总额	103909614.22	12.43	105428555.94	1.46	59364009.29	-43.69	72235799.36	21.68	150889335.13	108.88
所得税费用	14623656.53	13.93	14591367.64	-0.22	7775991.45	-46.71	7091945.98	-8.80	19277559.61	171.82
净利润	89285957.69	12.18	90837188.30	1.74	51588017.84	-43.21	65143853.38	26.28	131611775.52	102.03

图 10-22　2015～2019 年硅宝科技营业成本增长率

（3）销售费用。从图 10-23 可以看出，硅宝科技 2015～2019 年销售费用总体呈上升趋势，但 2018 年销售费用增长率有所放缓。但在 2019 年销售费用增长率出现了较大幅度的增长，说明相对于 2018 年销售费用的低增长，2019 年销售费用增长率有所反弹。经了解，系销量增加、运输费用增加所致。

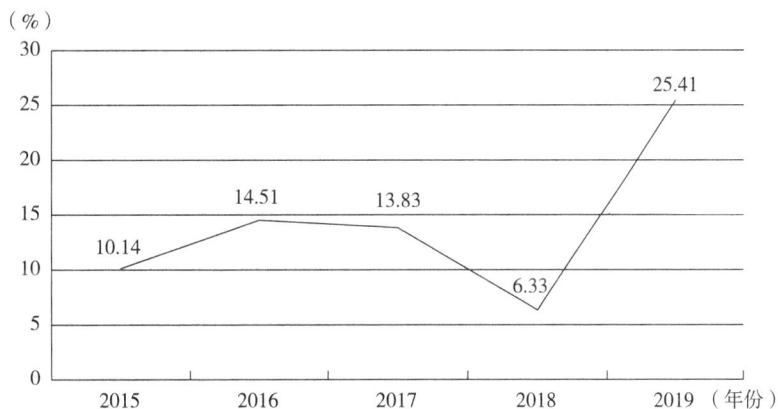

图 10-23　2015～2019 年硅宝科技销售费用增长率

（4）管理费用。从图 10-24 可以看出，硅宝科技 2015～2019 年管理费用增长率存在

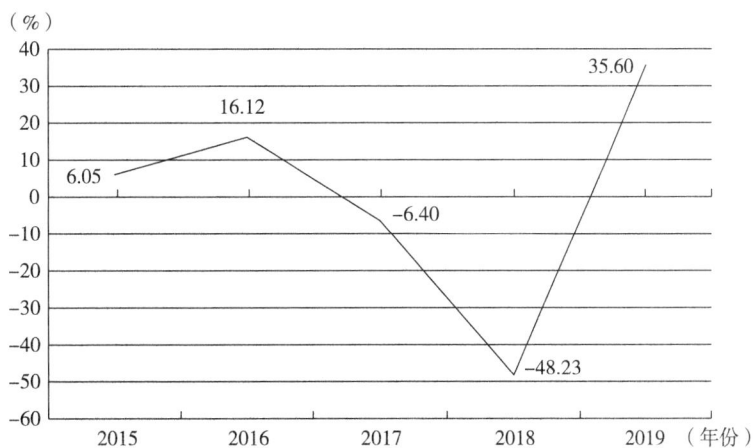

图 10-24　2015～2019 年硅宝科技管理费用增长率

较大波动，2017 年、2018 年经历了连续两年的管理费用负增长，且 2018 年管理费用负增长比率较大。但在 2019 年管理费用增长率出现反弹，呈现了较大幅度的正增长。

（5）研发费用。由于研发费用在 2017 年以前未披露数据，因此我们仅分析 2018 年、2019 年硅宝科技研发费用的增长率。从图 10-25 可以看出，2018 年、2019 年硅宝科技的研发费用均处于增长态势，但 2019 年增长速度较 2018 年有所放缓。

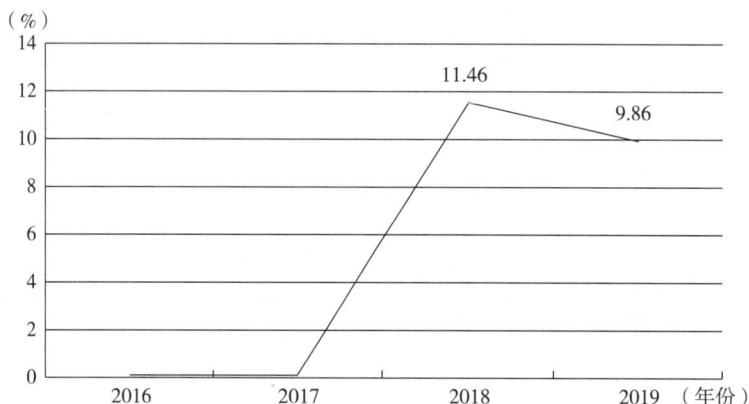

图 10-25　2016~2019 年硅宝科技研发费用增长率

（6）营业利润。从图 10-26 可以看出，硅宝科技 2015~2019 年营业利润增长率变动幅度较大，营业利润增长率在 2017 年存在较大幅度下降。但在 2018 年、2019 年营业利润增长率出现反弹，且 2019 年营业利润较 2018 年实现了翻倍增长。

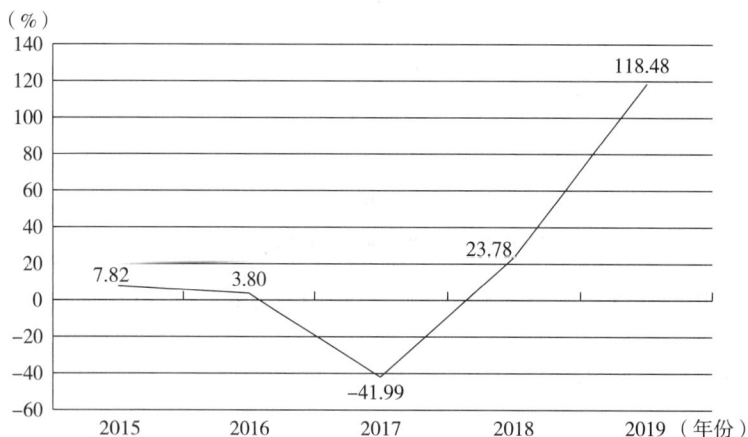

图 10-26　2015~2019 年硅宝科技营业利润增长率

（7）利润总额。从图 10-27 可以看出，硅宝科技 2015~2019 年利润总额增长率变动幅度大致和营业利润增长率变动幅度相同，说明硅宝科技在 2015~2019 年不存在较大的营业外收支，利润来源主要是主业经营。

（8）所得税费用。从图 10-28 可以看出，硅宝科技 2015~2019 年的所得税费用增长率大致与公司的营业利润增长率趋势保持一致。但是，所得税费用增长率变动的绝对值要明显大于公司营业利润增长率变动的绝对值，说明较小营业利润的变动会引起较大的所得税费用的变动。

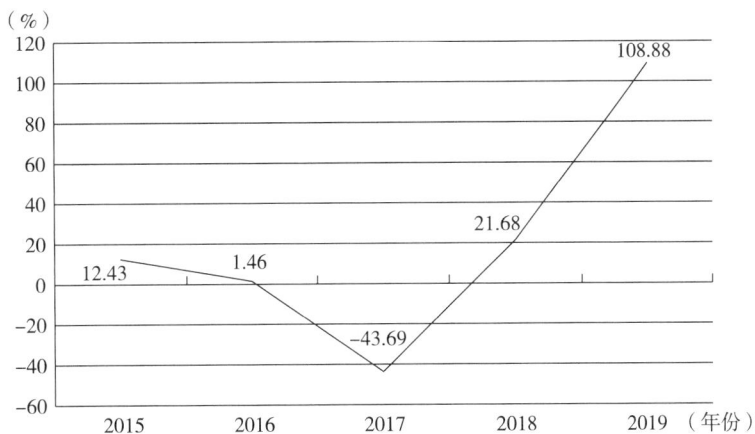

图 10-27　2015~2019 年硅宝科技利润总额增长率

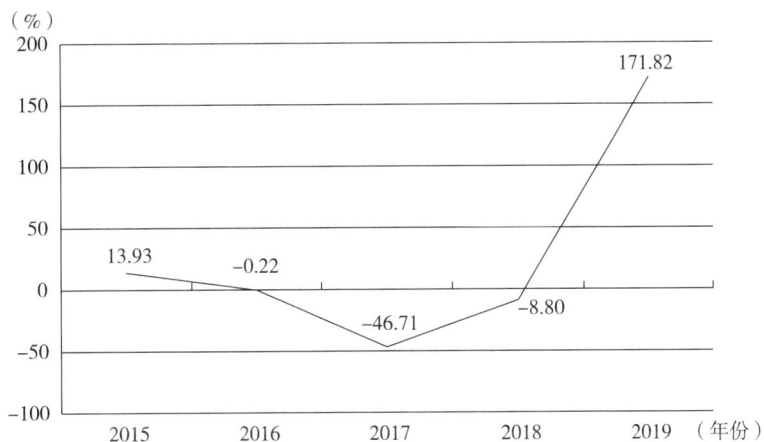

图 10-28　2015~2019 年硅宝科技所得税费用增长率

（9）净利润。从图 10-29 可以看出，硅宝科技 2015~2019 年的净利润增长率和营业利润增长率趋势也大体一致。但是在扣除所得税费用增长率的影响后，公司的净利润增长率变动幅度要小于营业利润的变动幅度。

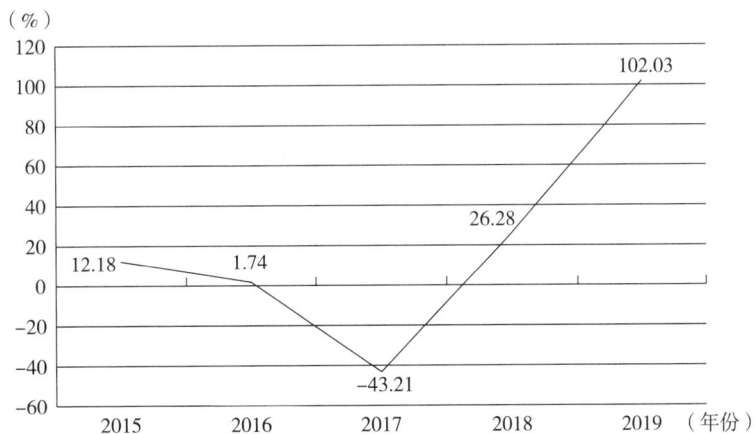

图 10-29　2015~2019 年硅宝科技净利润增长率

3. 利润表重要项目结构分析

从表 10-30 可以看出, 2015 ~ 2019 年, 硅宝科技营业成本占营业收入比在 2015 年、2016 年、2019 年较为稳定, 但在 2017 年、2018 年营业成本占营业收入比存在较大幅度提升。销售费用在 2015 ~ 2019 年占营业收入比重较为稳定, 说明销售费用基本随收入增长。管理费用在 2018 年、2019 年占营业收入比较前三年大幅度降低。研发费用在披露的三年数据中占营业收入比重较为稳定。在营业利润、利润总额、净利润指标中, 占营业收入比在 2017 年、2018 年存在较大幅度的下降, 其余年份基本保持稳定。

(1) 营业成本占营业收入比。从图 10-30 可以看出, 硅宝科技 2015 ~ 2019 年的营业成本占营业收入的比在 2017 年、2018 年有一定幅度的上升, 但在 2019 年又下降到 2015 年、2016 年的水平。说明公司 2017 年、2018 年面临了较大变化的成本环境。

(2) 销售费用占营业收入比。从图 10-31 可以看出, 硅宝科技 2015 ~ 2019 年销售费用占营业收入的比在 2015 ~ 2017 年逐年稳步上升, 但在 2018 年存在小幅度下降。总体而言, 硅宝科技销售费用占营业收入的比重较稳定。

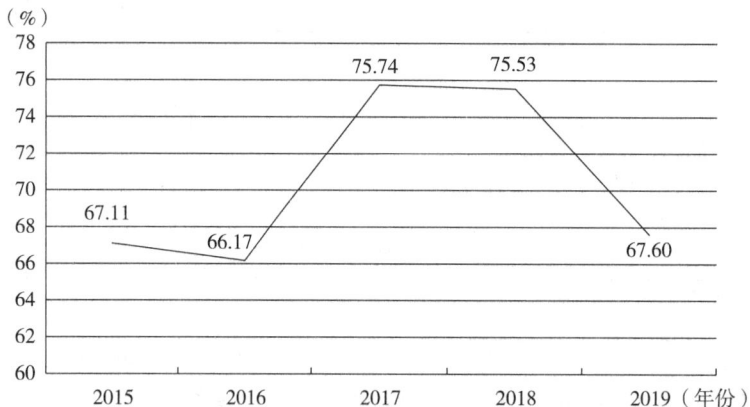

图 10-30　2015 ~ 2019 年硅宝科技营业成本占营业收入比

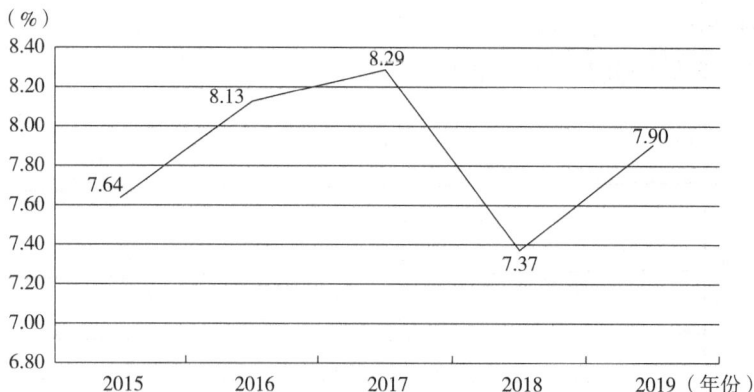

图 10-31　2015 ~ 2019 年硅宝科技销售费用占营业收入比

(3) 管理费用占营业收入比。从图 10-32 可以看出, 硅宝科技 2015 ~ 2019 年管理费用占营业收入的比总体而言呈现稳定下降的趋势。经了解, 系 2018 年根据相关规定, 将研发费用单独列出所致。

单位：元

表 10-30　2015~2019 年硅宝科技重要项目结构变动趋势

项目	2015 年		2016 年		2017 年		2018 年		2019 年	
	金额	占营业收入比（%）	金额	占营业收入比（%）	金额	占营业收入比（%）	金额	占营业收入比（%）	金额	占营业收入比（%）
营业收入	606156362.25	100.00	652473398.92	100.00	728230612.72	100.00	870572981.41	100.00	1018035009.07	100.00
营业成本	406794879.84	67.11	431739018.24	66.17	551533675.67	75.74	657575031.13	75.53	688236929.66	67.60
销售费用	46297711.00	7.64	53017714.23	8.13	60348322.71	8.29	64170945.49	7.37	80475175.79	7.90
管理费用	56890145.47	9.39	66062772.39	10.12	61833439.86	8.49	32008215.52	3.68	43401702.08	4.26
研发费用	未披露	—	未披露	—	33799621.19	4.64	37674107.97	4.33	413387270.33	4.07
营业利润	90298990.44	14.90	93732889.71	14.37	54376629.05	7.47	67310007.93	7.73	147055669.07	14.45
利润总额	103909614.22	17.14	105428555.94	16.16	59364009.29	8.15	72235799.36	8.30	150889335.13	14.82
所得税费用	14623656.53	2.41	14591367.64	2.24	7775991.45	1.07	7091945.98	0.81	19277559.61	1.89
净利润	89285957.69	14.73	90837188.30	13.92	51588017.84	7.08	65143853.38	7.48	131611775.52	12.93

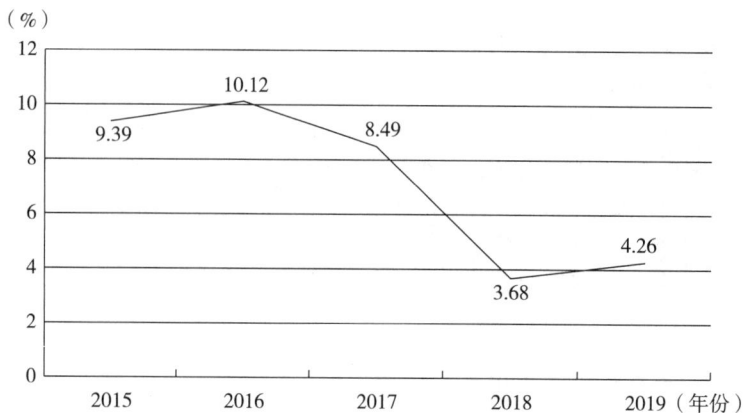

图 10-32 2015~2019 年硅宝科技管理费用占营业收入比

（4）研发费用占营业收入比。由于研发费用在 2017 年以前未披露数据，因此我们仅分析 2017 年、2018 年、2019 年硅宝科技研发费用占营业收入的比。从图 10-33 我们可以看出，硅宝科技 2017~2019 年研发费用占营业收入比大致保持稳定，但存在小幅下降的趋势。

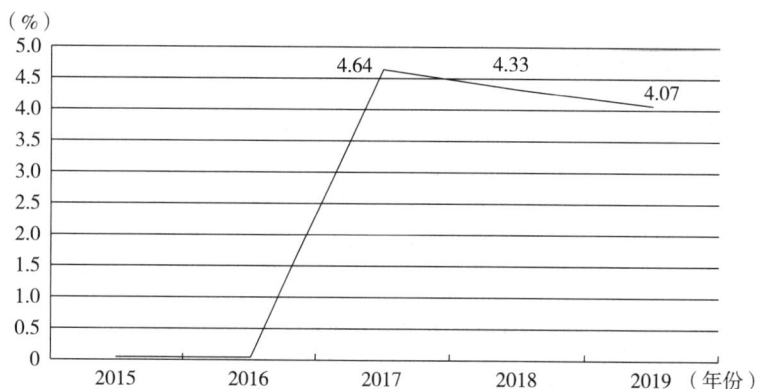

图 10-33 2015~2019 年硅宝科技研发费用占营业收入比

（5）营业利润占营业收入比（营业利润率）。从图 10-34 我们可以看出，硅宝科技 2015~2019 年营业利润占营业收入比在 2017 年、2018 年存在较大幅度的下降，2019 年恢复至 2015 年、2016 年水平，说明公司 2017 年、2018 年营业成本占营业收入比的提升导致公司营业利润占营业收入比的下降。

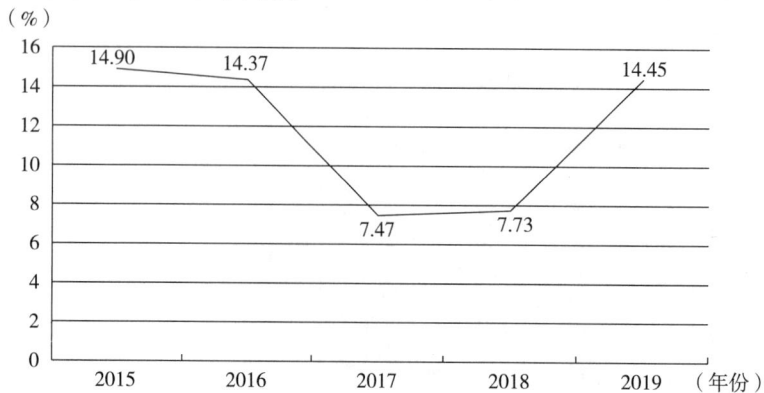

图 10-34 2015~2019 年硅宝科技营业利润占营业收入比

（6）利润总额占营业收入比。从图 10-35 我们可以看出，硅宝科技 2015~2019 年利润总额占营业收入比的总体趋势与营业利润占营业收入比保持一致，但是比率有所提升。说明公司的营业外收支为公司的利润总额提升做出了贡献。

（％）

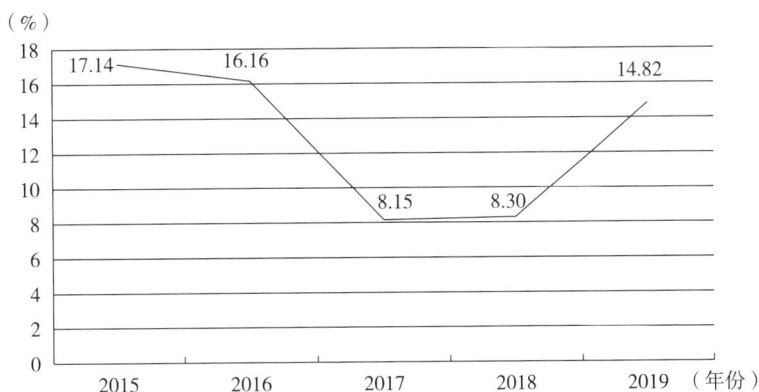

图 10-35 2015~2019 年硅宝科技利润总额占营业收入比

（7）所得税费用占营业收入比。从图 10-36 我们可以看出，硅宝科技 2015~2019 年所得税费用占营业收入的比与营业利润占营业收入的比大致保持一致。这说明营业利润的变动会引起公司所得税费用的变动。

（％）

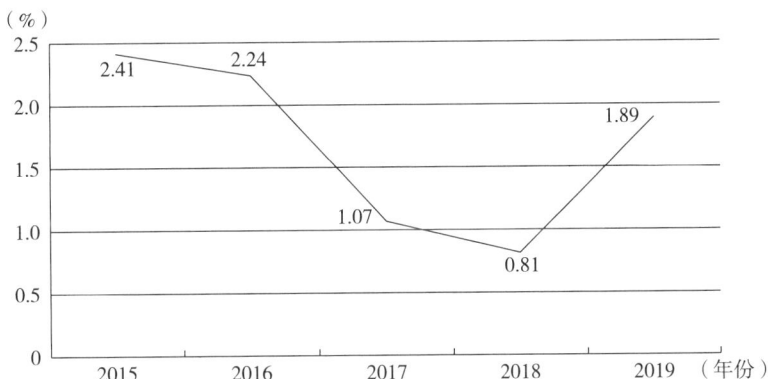

图 10-36 2015~2019 年硅宝科技所得税费用占营业收入比

（8）净利润占营业收入比。从图 10-37 我们可以看出，硅宝科技 2015~2019 年净利润占营业收入的比与营业利润占营业收入的比大致保持一致。说明营业利润的变动扣除营业外收支和所得税费用的影响后，会对公司的净利润产生影响。

（％）

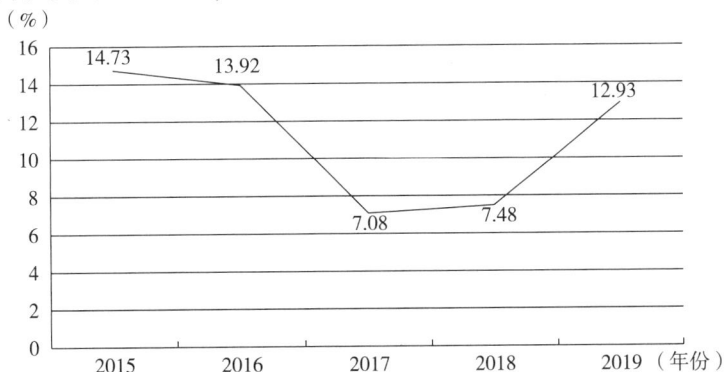

图 10-37 2015~2019 年硅宝科技净利润占营业收入比

4. 利润表重要项目横向分析

（1）营业成本占营业收入比。从表 10-31 可以看出，硅宝科技 2015~2019 年营业成本占营业收入比与行业可比公司进行比较中，2015 年、2016 年、2019 年营业成本与营业收入比小于可比公司均值，2017 年、2018 年营业成本与营业收入比大于可比公司均值，这说明 2017 年、2018 年的成本管理效果低于行业可比公司。

毛利率行业
同型分析

总资产与总销售
行业同型分析

表 10-31　2015~2019 年硅宝科技营业成本占营业收入比与同行业比较　　单位:%

年份	2015	2016	2017	2018	2019
硅宝科技	67.11	66.17	75.74	75.53	67.60
可比公司均值	71.75	69.12	73.70	73.18	69.16
高盟新材	66.51	67.31	74.03	68.48	57.14
康达新材	65.65	64.88	73.57	71.17	62.43
回天新材	67.16	66.41	72.74	74.66	68.04
天赐材料	68.98	60.23	66.09	75.68	74.36
新安股份	90.45	86.75	82.05	75.91	83.84

（2）销售费用占营业收入比。从表 10-32 可以看出，硅宝科技 2015~2019 年销售费用占营业收入比与行业可比公司进行比较中，总体而言，硅宝科技的销售费用占营业收入比大于同行业可比公司均值。说明硅宝科技在营销方面的支出占销售收入比高于同行业可比公司均值。

销售费用与营业
税金率行业同型分析

表 10-32　2015~2019 年硅宝科技销售费用占营业收入比与同行业比较　　单位:%

年份	2015	2016	2017	2018	2019
硅宝科技	7.64	8.13	8.29	7.37	7.90
可比公司均值	7.79	7.43	6.66	5.84	6.84
高盟新材	9.47	9.47	6.82	6.30	7.62
康达新材	7.80	7.80	8.94	6.13	7.73
回天新材	11.56	11.56	8.30	8.37	10.71
天赐材料	6.35	6.35	5.19	5.21	4.67
新安股份	3.77	3.77	4.04	3.17	3.48

（3）管理费用占营业收入比。从表 10-33 可以看出，硅宝科技 2015~2019 年管理费用占营业收入比与同行业可比公司进行比较中，2016 年、2017 年管理费用占销售收入比均高于同行业可比公司均值。2015 年、2018 年、2019 年管理费用占销售收入比低于同行业可比公司均值，这说明硅宝科技 2018 年后经营管理水平有所提升，高于同行业可比公司水平。

管理费用率
行业同型分析

表 10-33 2015~2019 年硅宝科技管理费用占营业收入比与同行业比较 单位:%

年份	2015	2016	2017	2018	2019
硅宝科技	9.39	10.12	8.49	3.68	4.26
可比公司均值	10.16	9.95	5.83	5.69	6.54
高盟新材	10.67	10.40	5.40	5.97	8.17
康达新材	6.62	9.02	6.49	5.58	7.01
回天新材	13.18	12.38	6.17	4.93	5.75
天赐材料	12.90	10.34	5.55	8.01	7.54
新安股份	7.42	7.63	5.55	3.98	4.23

（4）研发费用占营业收入比。由于研发费用在 2017 年以前未披露数据，因此我们仅分析 2017 年、2018 年、2019 年硅宝科技研发费用占营业收入比与同行业可比公司研发费用占营业收入比。从表 10-34 可以看出，硅宝科技研发费用占营业收入比低于同行业可比公司均值，且硅宝科技研发支出占营业收入比连续三年小幅降低，说明公司研发投入强度有所降低。

表 10-34 2015~2019 年硅宝科技研发费用占营业收入比与同行业比较 单位:%

年份	2015	2016	2017	2018	2019
硅宝科技	—	—	4.64	4.33	4.07
可比公司均值	—	—	4.73	4.65	4.99
高盟新材	—	—	4.99	5.04	5.70
康达新材	—	—	6.33	5.96	6.93
回天新材	—	—	4.45	4.19	4.90
天赐材料	—	—	5.16	5.27	4.57
新安股份	—	—	2.73	2.80	2.85

（5）营业利润占营业收入比。从表 10-35 可以看出，硅宝科技 2015 ~2019 年营业利润占营业收入比与行业可比公司进行比较中，2015 年、2016 年、2019 年营业利润与营业收入比高于同行业可比公司均值，说明这三年公司盈利能力高于同行业可比公司平均水平；2017 年、2018 年营业利润与营业收入比低于同行业可比公司均值，说明 2017 年、2018 年公司的盈利能力不及同行业可比公司平均水平。

运营利润率
行业同型分析

表 10-35 2015~2019 年硅宝科技营业利润占营业收入比与同行业比较 单位:%

年份	2015	2016	2017	2018	2019
硅宝科技	14.90	14.37	7.47	7.73	14.45
可比公司均值	8.92	12.35	9.31	13.43	10.48
高盟新材	13.00	12.12	5.85	10.62	22.40
康达新材	17.92	15.23	7.30	9.97	14.76

年份	2015	2016	2017	2018	2019
回天新材	6.20	8.63	8.65	7.55	9.69
天赐材料	10.03	24.86	17.37	26.05	0.48
新安股份	-2.55	0.92	7.38	12.96	5.09

（6）利润总额占营业收入比。从表 10-36 可以看出，硅宝科技 2015~2019 年利润总额占营业收入比与同行业可比公司进行比较中，其比较趋势大致与营业利润占营业收入比相同。

表 10-36　2015~2019 年硅宝科技利润总额占营业收入比与同行业比较　　单位：%

年份	2015	2016	2017	2018	2019
硅宝科技	17.14	16.16	8.15	8.30	14.82
可比公司均值	10.12	13.26	9.73	13.29	10.34
高盟新材	13.23	12.66	6.24	10.55	22.22
康达新材	18.21	15.96	8.49	9.93	14.71
回天新材	9.68	10.23	8.48	7.76	9.76
天赐材料	12.16	25.28	17.33	25.61	0.01
新安股份	-2.69	2.18	8.09	12.60	5.00

（7）所得税费用占营业收入比。从表 10-37 可以看出，硅宝科技 2015~2019 年所得税费用占营业收入比与行业可比公司进行比较中，2015 年、2016 年、2019 年所得税费用占营业收入比高于同行业可比公司均值；2017 年、2018 年所得税费用占营业收入比低于同行业可比公司均值。说明 2017 年、2018 年营业成本占营业收入比提升带来的所得税费用占营业收入比降低。

表 10-37　2015~2019 年硅宝科技所得税费用占营业收入比与同行业比较　　单位：%

年份	2015	2016	2017	2018	2019
硅宝科技	2.41	2.24	1.07	0.81	1.89
可比公司均值	1.72	2.06	1.30	1.99	1.59
高盟新材	2.27	1.88	1.17	2.32	2.85
康达新材	2.73	2.05	0.59	1.34	1.71
回天新材	1.12	1.70	1.17	0.94	1.35
天赐材料	1.65	3.76	2.69	4.11	1.06
新安股份	0.82	0.89	0.87	1.23	0.98

（8）净利润占营业收入比。从表 10-38 可以看出，硅宝科技 2015~2019 年净利润占营业收入比与同行业可比公司进行比较中，其比较趋势大致与营业利润占营业收入比相同。

表 10-38　2015~2019 年硅宝科技净利润占营业收入比与同行业比较　　　单位：%

年份	2015	2016	2017	2018	2019
硅宝科技	14.73	13.92	7.08	7.48	12.93
可比公司均值	8.40	11.20	8.43	11.30	8.75
高盟新材	10.96	10.77	5.08	8.23	19.36
康达新材	15.48	13.91	7.90	8.59	13.00
回天新材	8.56	8.53	7.32	6.82	8.41
天赐材料	10.51	21.52	14.64	21.50	-1.05
新安股份	-3.51	1.28	7.21	11.37	4.02

净利率行业
同型分析

三、财务指标分析

如表 10-39 所示，通过对硅宝科技的现金流量表的各项现金流入项目占总流入比重、现金流出账户占总流出比重和变化趋势进行排序，以结构比重较高或结构比重适中且同期趋势比较高、与公司生产经营密切相关作为挑选重要项目的标准，挑选出七个重要项目进行分析，分别为销售商品、提供劳务收到的现金；购买商品、接受劳务支付的现金；支付给职工以及为职工支付的现金；支付其他与经营活动有关的现金；偿还债务支付的现金；支付的各项税费；购建固定资产、无形资产和其他长期资产支付的现金。同时还选取组成现金流量表的三大现金活动的流入合计与流出合计（经营活动流入、经营活动流出、投资活动流入、投资活动流出、筹资活动流入、筹资活动流出）作为重要项目分析各大类现金活动在硅宝科技现金活动所占比重及变动趋势。

表 10-39　2019 年硅宝科技现金流量表结构比及趋势比分析（节选）　　　单位：元

项目	2019 年 12 月 31 日	2018 年 12 月 31 日	结构比（%）	结构比排名	趋势比（%）	趋势比排名
销售商品、提供劳务收到的现金	60565759773.00	46797965057.00	94.14	1	29.42	8
购买商品、接受劳务支付的现金	32902582975.00	24336018829.00	52.20	2	35.20	6
支付给职工以及为职工支付的现金	8916987152.00	7635841561.00	14.15	3	16.78	15
支付其他与经营活动有关的现金	6742702412.00	5679630665.00	10.70	4	18.72	14
偿还债务支付的现金	6695000000.00	3795000000.00	10.62	5	76.42	3
支付的各项税费	5384915776.00	3959933807.00	8.54	6	35.98	5
购建固定资产、无形资产和其他长期资产支付的现金	2126657774.00	1655720736.00	3.37	7	28.44	9
收到其他与经营活动有关的现金	1464670456.00	1592241853.00	2.28	8	-8.01	19
取得借款收到的现金	895650250.00	4795000000.00	1.39	9	-81.32	21

1. 现金流量表重要项目纵向分析

从表 10-40 可以看出，2015~2019 年，硅宝科技现金流量表各项关键指标变动幅度较大，且变动方向有正有负。

单位：元

表 10-40　2015～2019 年硅宝科技现金流量表重要项目变动趋势

项目	2015 年		2016 年		2017 年		2018 年		2019 年	
	金额	变动率（%）	金额	变动率（%）	金额	变动率（%）	金额	变动率（%）	金额	变动率（%）
销售商品，提供劳务收到的现金	364060568.6	6.63	386356025.1	6.12	418327051	8.28	467979650.6	11.87	605657597.7	29.42
经营活动现金流入	384793763.3	9.33	397476118.9	3.30	440258993.1	10.76	484231551.5	9.99	621134505.4	28.27
投资活动现金流入	4459000.00	38.16	5889300.00	32.08	1246062.49	-78.84	1061600.00	-14.80	1689275.86	59.13
筹资活动现金流入	17800000.00	-78.56	52275568.98	193.68	9950000.00	-80.97	47950000.00	381.91	20552386.50	-57.14
购买商品，接受劳务支付的现金	162649500.8	6.24	138179356.7	-15.04	172436763.8	24.79	243360188.3	41.13	329025829.8	35.20
支付给职工以及为职工支付的现金	64551295.87	15.28	73366435.78	13.66	75754654.93	3.26	76358415.61	0.80	89169871.52	16.78
支付的各项税费	50957234.61	-12.51	53839812.07	5.66	43744491.63	-18.75	39599338.07	-9.48	53849157.76	35.98
支付其他与经营活动有关的现金	40297187.23	2.42	53899058.75	33.75	56191994.17	4.25	56796306.65	1.08	67427024.12	18.72
经营活动现金流出	318455218.5	3.84	319284663.3	0.26	348127904.5	9.03	416114248.6	19.53	539471883.2	29.65
购建固定资产，无形资产和其他长期资产支付的现金	53115255.86	-51.84	55490358.68	4.47	30160222.28	-45.65	16557207.36	-45.10	21266577.74	28.44
投资活动现金流出	59865255.86	-45.72	61507661.01	2.74	40839914.41	-33.60	16557207.36	-59.46	21266577.74	28.44
偿还债务支付的现金	17700000.00	82.47	19700000.00	11.30	20950000.00	6.35	37950000.00	81.15	66950000.00	76.42
筹资活动现金流出	50532309.00	19.18	69615712.95	37.76	54794110.85	-21.29	94925047.42	73.24	69518193.86	-26.77

（1）销售商品、提供劳务收到的现金。从图10-38可以看出，2015~2019年，硅宝科技销售商品、提供劳务收到的现金呈现逐年上升趋势，且在2018~2019年有较大幅度的上升，说明销售商品、提供劳务收到的现金是企业现金流入的重要来源。

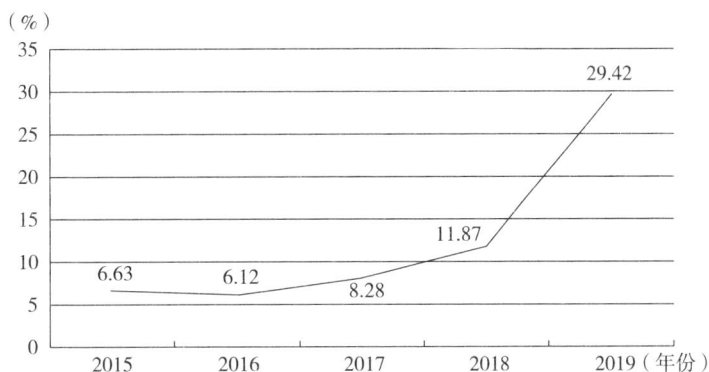

图10-38 2015~2019年硅宝科技销售商品、提供劳务收到的现金增长率

（2）经营活动现金流入。从图10-39可以看出，硅宝科技2015~2019年经营活动所产生的现金流入呈现逐年上升的趋势，且在2019年有较大幅度上升，这主要是由于销售商品、提供劳务收到的现金有大幅上升引起的。

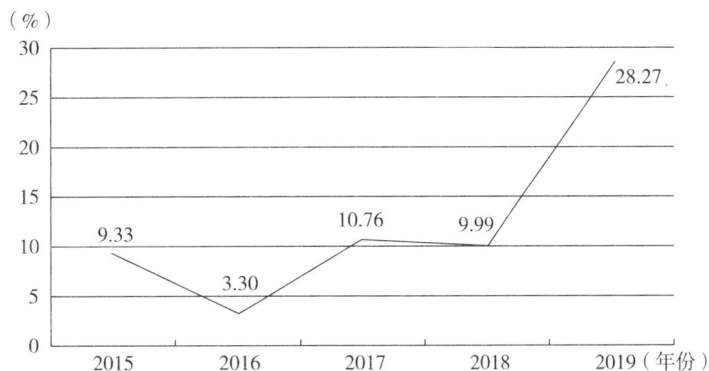

图10-39 2015~2019年硅宝科技经营活动现金流入增长率

（3）投资活动现金流入。从图10-40可以看出，硅宝科技2015~2019年投资活动引起的现金流入各年度之间存在较大差异。其中，2017年、2018年投资活动引起的现金流入增长率为负，其余年份投资活动引起的现金流入增长率均为正。

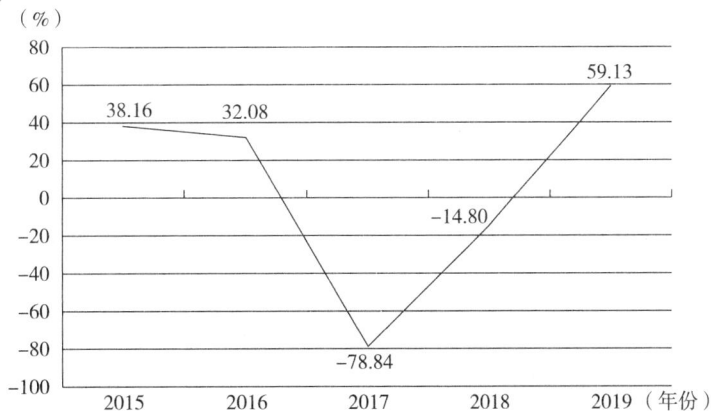

图10-40 2015~2019年硅宝科技投资活动现金流入增长率

（4）筹资活动现金流入。从图 10-41 可以看出，硅宝科技 2015～2019 年筹资活动引起的现金流入增长率各年度之间变动幅度较大。其中，2015 年、2017 年、2019 年筹资活动现金流入增长率为负，2016 年、2018 年筹资活动现金流入增长率为正。

（％）

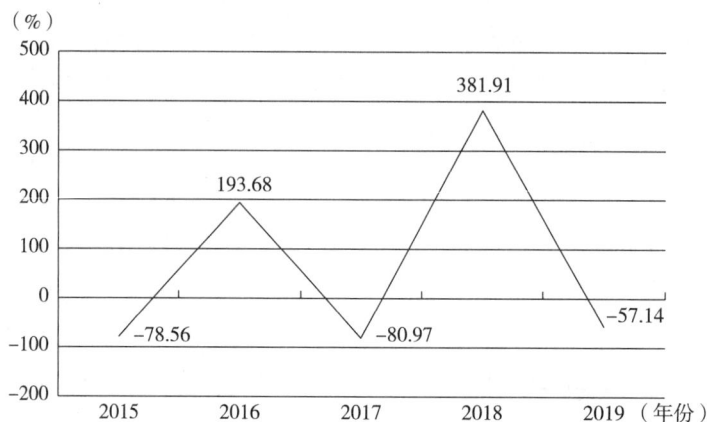

图 10-41　2015～2019 年硅宝科技筹资活动现金流入增长率

（5）购买商品、接受劳务支付的现金。由图 10-42 可以看出，硅宝科技 2015～2019 年购买商品、接受劳务支付的现金波动幅度较大，除 2016 年下降外，其余年份均呈现上升趋势，且在 2017 年、2018 年和 2019 年有较大幅度的上升，说明企业购买商品、接受劳务所支付的现金在逐年增加。

（％）

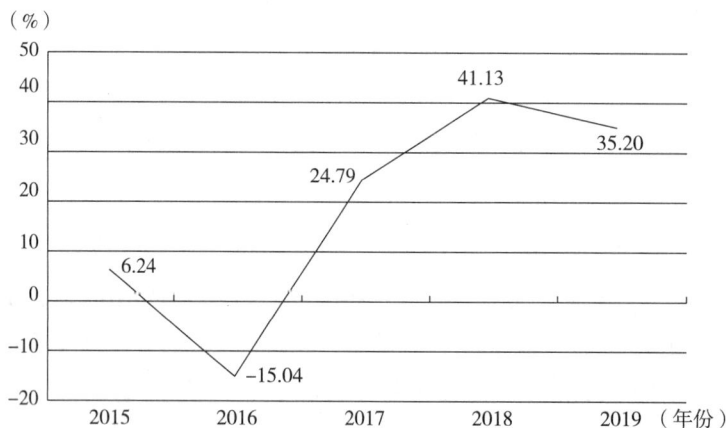

图 10-42　2015～2019 年硅宝科技购买商品、接受劳务支付的现金增长率

（6）支付给职工以及为职工支付的现金。由图 10-43 可以看出，硅宝科技 2015～2019 年支付给职工以及为职工支付的现金呈增长的趋势，但增长速度在 2015～2018 年逐渐放缓，2019 年又呈大幅的上涨趋势。

（7）支付的各项税费。由图 10-44 可以看出，硅宝科技 2015～2019 年支付的各项税费的现金流出波动范围较大，有涨有跌，在 2019 年有一个较大幅度的增长。

（8）支付其他与经营活动有关的现金。由图 10-45 可以看出，硅宝科技 2015～2019 年支付的其他与经营活动有关的现金呈增长趋势，但是增长速度有较大的波动性。

（9）经营活动现金流出。由图 10-46 可以看出，硅宝科技 2015～2019 年经营活动现金流出逐年增长，且在 2016 年后增长速度越来越快，是企业现金流出的主要活动。

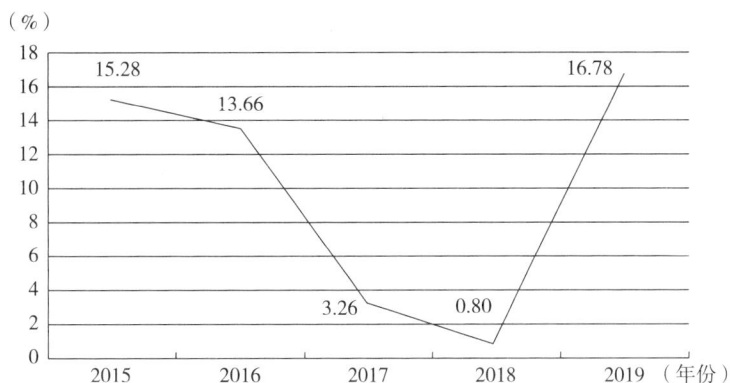

图 10-43　2015～2019 年硅宝科技支付给职工以及为职工支付的现金增长率

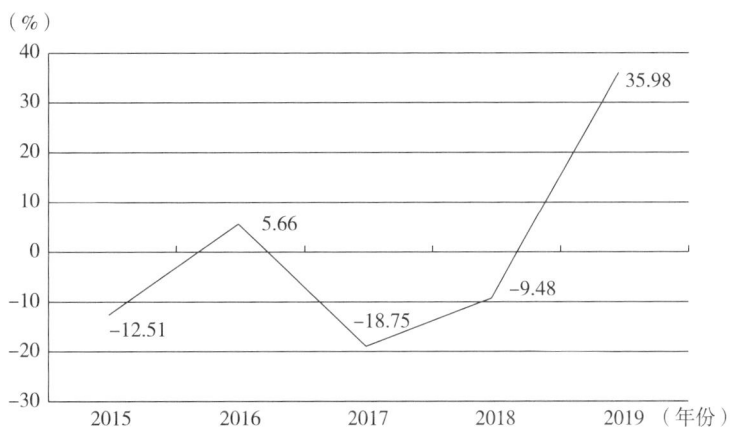

图 10-44　2015～2019 年硅宝科技支付的各项税费增长率

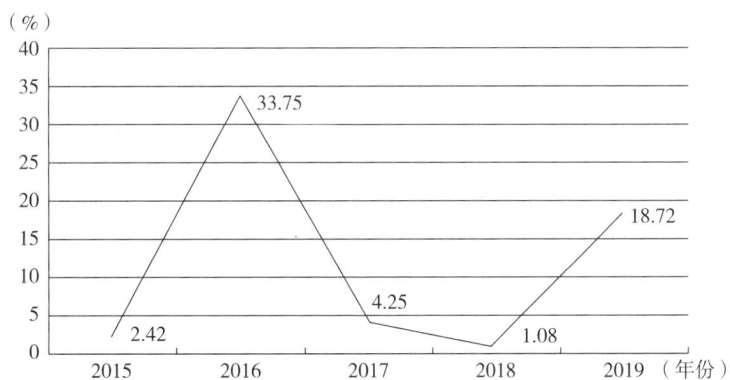

图 10-45　2015～2019 年硅宝科技支付其他与经营活动有关的现金增长率

（10）购建固定资产、无形资产和其他长期资产支付的现金。从图 10-47 可以看出，硅宝科技 2015～2019 年购建固定资产、无形资产和其他长期资产支付的现金的增长率变动幅度较大。2016 年、2019 年购建固定资产、无形资产和其他长期资产支付的现金增长率较前一年大幅度增长。

（11）投资活动现金流出。从图 10-48 可以看出，硅宝科技 2015～2019 年投资活动现

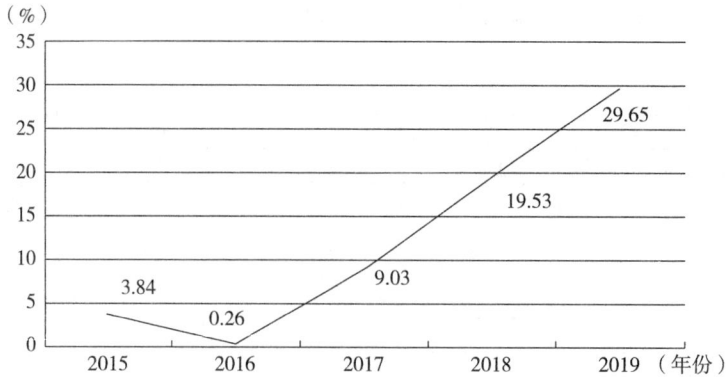

图 10-46　2015～2019 年硅宝科技经营活动现金流出增长率

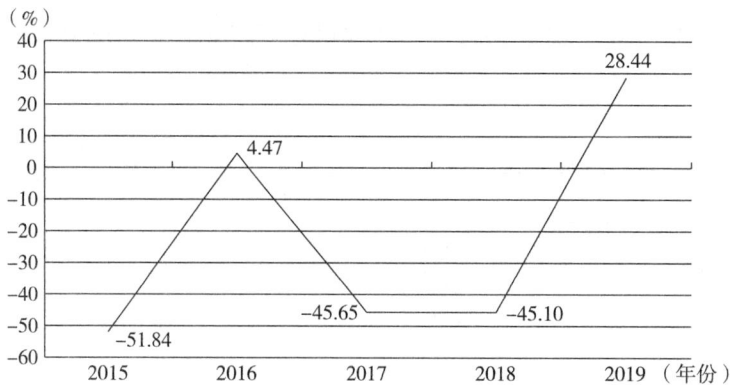

图 10-47　2015～2019 年硅宝科技购建固定资产、无形资产和其他长期资产支付的现金增长率

金流出与购建固定资产、无形资产和其他长期资产支付的现金增长率的变动趋势基本保持一致，说明企业的投资活动现金流出主要是用于购建固定资产、无形资产和其他长期资产。

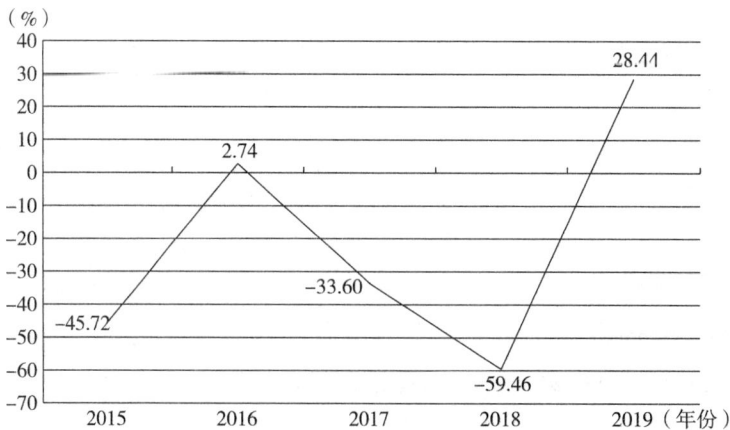

图 10-48　2015～2019 年硅宝科技投资活动现金流出增长率

（12）偿还债务支付的现金。从图 10-49 可以看出，硅宝科技 2015～2019 年偿还债务支付的现金增长率各年份之间变化较大，但各年增长率均为正。说明硅宝科技每一年份偿还债务支付的现金均有增长，但各年增长幅度的波动较大。

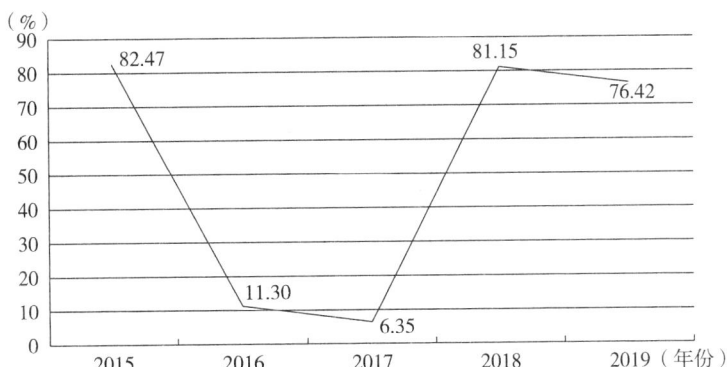

图 10-49　2015～2019 年硅宝科技偿还债务支付的现金增长率

（13）筹资活动现金流出。从图 10-50 可以看出，硅宝科技 2015～2019 年筹资活动现金流出增长率各年份之间变化较大，且各年之间正负不一。说明硅宝科技各年筹资活动现金流出增长率存在较大幅度的变动，企业筹资活动现金流出变动较大。

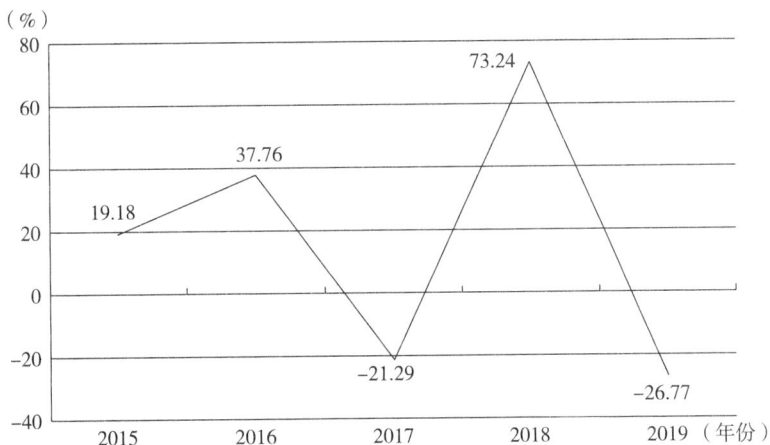

图 10-50　2015～2019 年硅宝科技筹资活动现金流出增长率

2. 现金流量表重要项目结构分析

从表 10-41 可以看出，硅宝科技 2015～2019 年三大类现金活动中，经营活动现金流入占比较高，均在 90% 左右，主要为销售商品、提供劳务所产生的现金流入。投资活动现金流入占现金流入比较小且存在下降趋势。筹资活动现金流入占现金流入比各年之间变动幅度较大。购建固定资产、无形资产和其他长期资产支付的现金占现金流出比总体而言呈下降趋势。经营活动现金流出占总流出比重最高，总体呈现上升趋势。投资活动占现金流出比总体也呈下降趋势。偿还债务支付的现金占现金流出比总体而言呈上升趋势。筹资活动现金流出占现金流出比各年之间变动趋势较大。

（1）销售商品、提供劳务收到的现金占现金流入比。由图 10-51 可以看出，2015～2019 年，硅宝科技销售商品、提供劳务收到的现金占现金流入比较高，企业的现金流入基本由销售商品、提供劳务产生，表明企业主要通过主营业务来实现资金流通。

表 10-41 2015～2019 年硅宝科技现金流量表重要项目变动趋势

单位：元

项目	2015 年		2016 年		2017 年		2018 年		2019 年	
	金额	占现金流入比（%）	金额	占现金流入比（%）	金额	占现金流入比（%）	金额	占现金流入比（%）	金额	占现金流入比（%）
销售商品、提供劳务收到的现金	364060568.6	89.44	386356025.1	84.79	418327051	92.66	467979650.6	87.76	605657597.7	94.14
经营活动现金流入	384793763.3	94.53	397476118.9	87.23	440258993.1	97.52	484231551.5	90.81	621134505.4	96.54
投资活动现金流入	4459000.00	1.10	5889300.00	1.30	1246062.49	0.23	1061600.00	0.20	1689275.86	0.26
筹资活动现金流入	17800000.00	4.37	52275568.98	11.58	9950000.00	1.87	47950000.00	8.99	20552386.50	3.19
购买商品、接受劳务支付的现金	162649500.8	37.93	138179356.7	30.68	172436763.8	38.86	243360188.3	46.13	329025829.8	52.21
支付给职工以及为职工支付的现金	64551295.87	15.05	73366435.78	16.29	75754654.93	17.07	76358415.61	14.47	89169871.52	14.15
支付的各项税费	50957234.61	11.88	53839812.07	11.95	43744491.63	9.86	39599338.07	7.51	53849157.76	8.54
支付其他与经营活动有关的现金	40297187.23	9.40	53899058.75	11.97	56191994.17	12.66	56796306.65	10.77	67427024.12	10.70
经营活动现金流出	318455218.5	74.26	319284663.3	70.89	348127904.5	78.45	416114248.6	78.87	539471883.2	85.60
购建固定资产、无形资产和其他长期资产支付的现金	53115255.86	12.39	55490358.68	12.50	30160222.28	5.72	16557207.36	3.14	21266577.74	3.37
投资活动现金流出	59865255.86	13.96	61507661.01	13.86	40839914.41	7.74	16557207.36	3.14	21266577.74	3.37
偿还债务支付的现金	17700000.00	4.13	19700000.00	4.44	20950000.00	3.97	37950000.00	7.19	66950000.00	10.62
筹资活动现金流出	50532309.00	11.78	69615712.95	15.69	54794110.85	10.39	94925047.42	17.99	69518193.86	11.03

注：现金流入为现金流量表经营活动现金流入、投资活动现金流入、筹资活动现金流入的和；现金流出为现金流量表经营活动现金流出、投资活动现金流出、筹资活动现金流出的和。

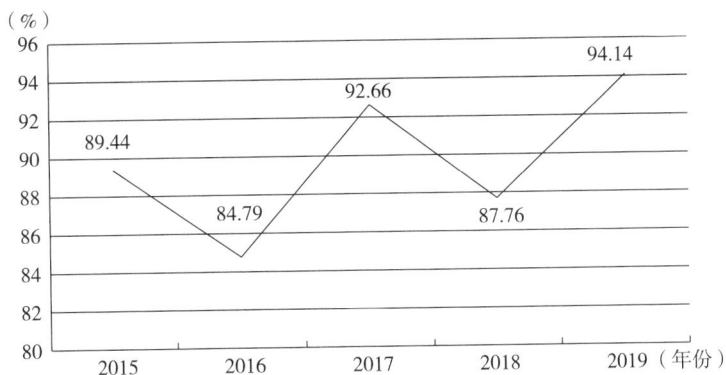

图 10-51　2015~2019 年硅宝科技销售商品、提供劳务收到的现金占现金流入比

（2）经营活动现金流入占现金流入比。由图 10-52 可以看出，2015~2019 年硅宝科技经营活动现金流入占现金流入比在 90% 上下趋于稳定且占比极高，表明经营活动是企业获取现金的主要活动，经营活动维持企业的偿债、获利能力和支付股利能力。

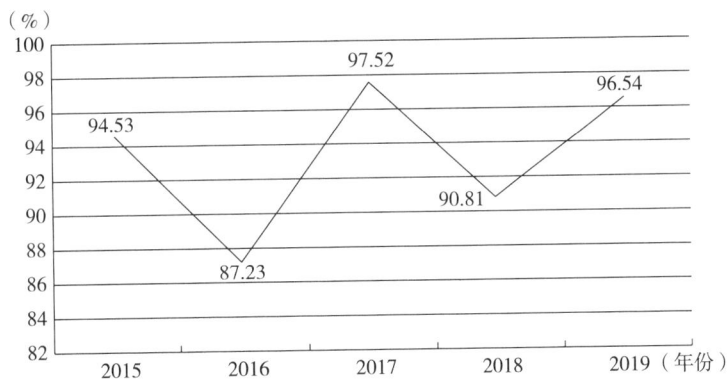

图 10-52　2015~2019 年硅宝科技经营活动现金流入占现金流入比

（3）投资活动现金流入占现金流入比。从图 10-53 可以看出，2015 ~2019 年硅宝科技投资活动现金流入占现金流入比较小，且在 2017 年度较大幅度下降后一直趋于稳定。说明投资活动带来的现金流入不是企业现金流入的主要部分。

经营活动净现金流与
投资活动净现金流
行业同型分析

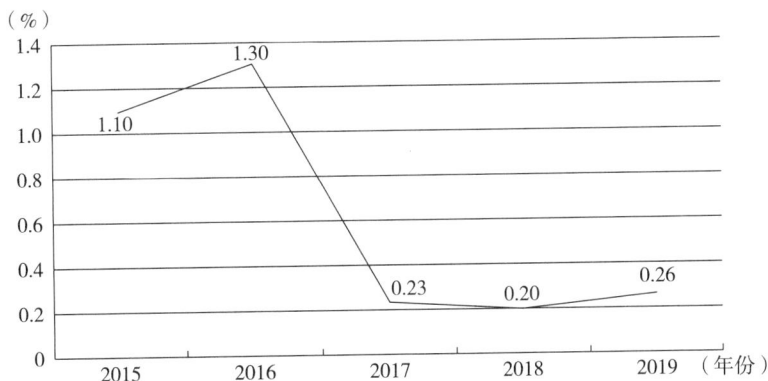

图 10-53　2015~2019 年硅宝科技投资活动现金流入占现金流入比

（4）筹资活动现金流入占现金流入比。从图 10-54 可以看出，硅宝科技 2015~2019 年筹资活动现金流入占现金流入比较小，各年份变动幅度较大，且大于投资活动现金流入占现金流入比。这说明筹资活动相对于投资活动而言为企业带来了更多的现金流入。

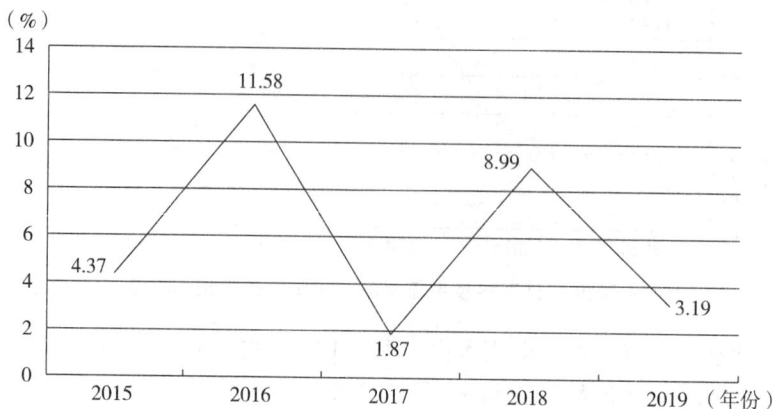

图 10-54　2015~2019 年硅宝科技筹资活动现金流入占现金流入比

（5）购买商品、接受劳务支付的现金占现金流出比。从图 10-55 可以看出，硅宝科技 2015~2019 年购买商品、接受劳务支付的现金占现金流出比较高，除了 2016 年小幅下降外，2017~2019 年逐年上升，2019 年购买商品、接受劳务支付的现金占现金流出比超过 50%，成为企业现金流出最主要的方式。

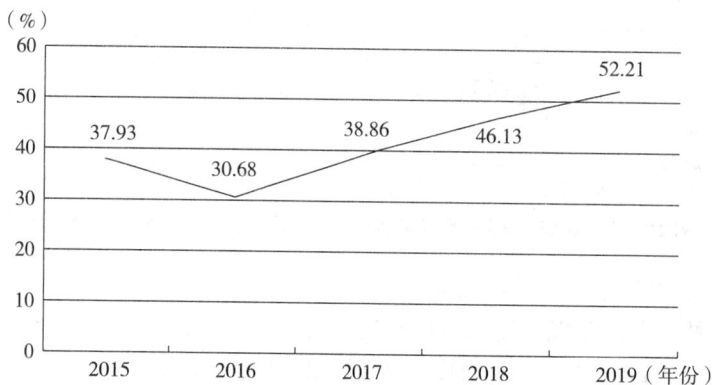

图 10-55　2015~2019 年硅宝科技购买商品、接受劳务支付的现金占现金流出比

（6）支付给职工以及为职工支付的现金占现金流出比。由图 10-56 可以看出，硅宝科技

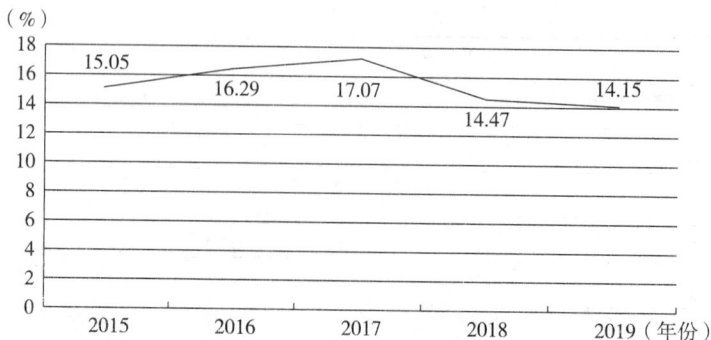

图 10-56　2015~2019 年硅宝科技支付给职工以及为职工支付的现金占现金流出比

2015～2019年支付给职工以及为职工支付的现金占现金流出比呈现先上升后下降的趋势，表明企业在雇用职工的支出方面有所减少，但总体趋于稳定，保证企业正常的生产经营活动。

（7）支付的各项税费占现金流出比。由图10-57可以看出，硅宝科技2015～2019年支付的各项税费占现金流出比总体呈现平稳下降态势，这可能是由于国家的减税降费政策及企业税务筹划所产生的成果。

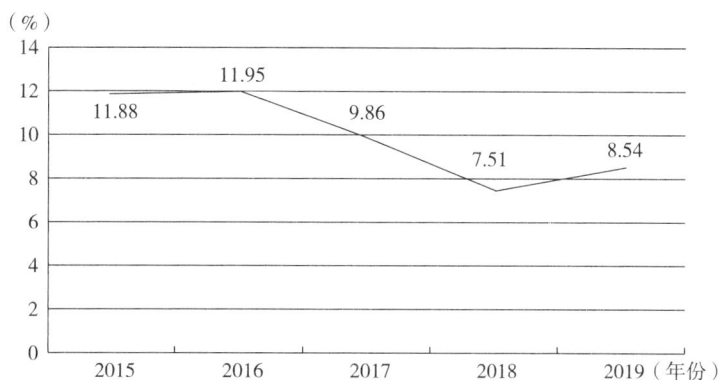

图 10-57　2015～2019 年硅宝科技支付的各项税费占现金流出比

（8）支付其他与经营活动有关的现金占现金流出比。由图10-58可以看出，硅宝科技2015～2019年支付其他与经营活动有关的现金占现金流出比总体呈现先上升后下降并保持在10%上下的趋势，变动幅度不大。

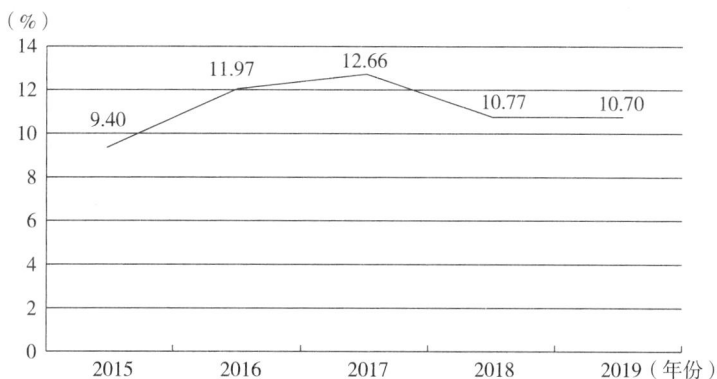

图 10-58　2015～2019 年硅宝科技支付其他与经营活动有关的现金占现金流出比

（9）经营活动现金流出占现金流出比。由图10-59可以看出，硅宝科技2015～2019年经营活动现金流出占现金流出比较高（70%以上）且总体呈现上升趋势，远高于投资活动和筹资活动所产生的现金流出，表明企业的现金流出主要由经营活动产生。

（10）购建固定资产、无形资产和其他长期资产支付的现金占现金流出比。从图10-60可以看出，硅宝科技2015～2019年购建固定资产、无形资产和其他长期资产支付的现金占现金流出比逐年呈下降态势，说明企业自2015年以来用于购建固定资产、无形资产和其他长期资产支付的现金占现金流出比总体呈下降趋势。

（11）投资活动现金流出占现金流出比。从图10-61可以看出，硅宝科技2015～2019年投资活动现金流出占现金流出比呈逐年下降态势，与购建固定资产、无形资产和其他长

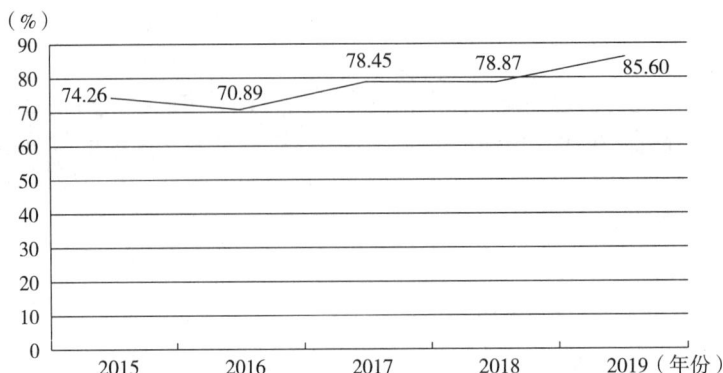

图 10-59　2015~2019 年硅宝科技经营活动现金流出占现金流出比

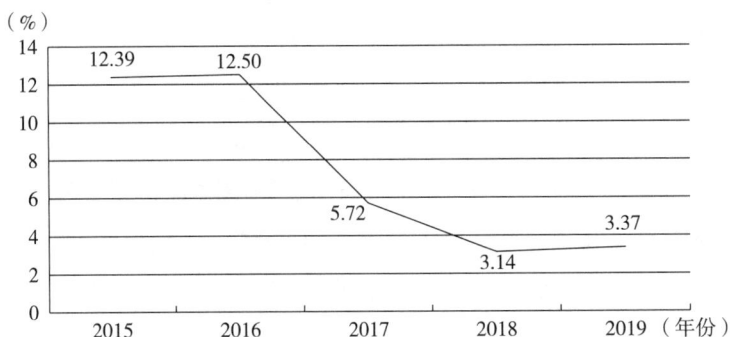

图 10-60　2015~2019 年硅宝科技购建固定资产、无形资产和
其他长期资产支付的现金占现金流出比

期资产支付的现金占现金流出比趋势保持一致。且从二者之间占现金流出比可以看出，公司投资活动现金流出主要用于购建固定资产、无形资产和其他长期资产。

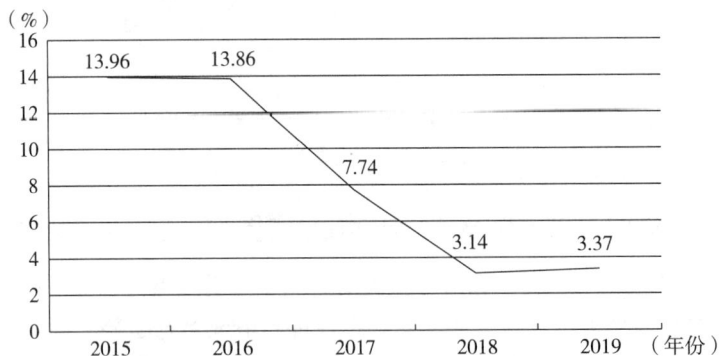

图 10-61　2015~2019 年硅宝科技投资活动现金流出占现金流出比

　　（12）偿还债务支付的现金占现金流出比。从图 10-62 可以看出，硅宝科技 2015~2019 年偿还债务支付现金占现金流出比在前三年保持较为稳定的比例，后两年呈现出较大幅度的上涨。说明公司现金流出中用于偿还债务的部分有所上升。

　　（13）筹资活动现金流出占现金流出比。从图 10-63 可以看出，硅宝科技 2015~2019 年筹资活动现金流出占现金流出比呈现较大的波动性，且与筹资活动现金流入占现金流入

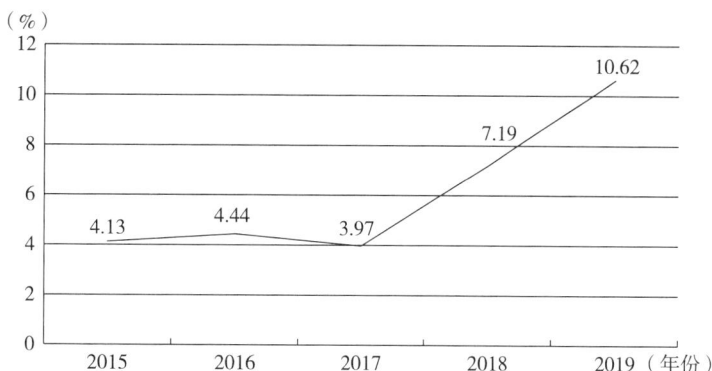

图 10-62 2015~2019 年硅宝科技偿还债务支付的现金占现金流出比

比保持一致趋势。

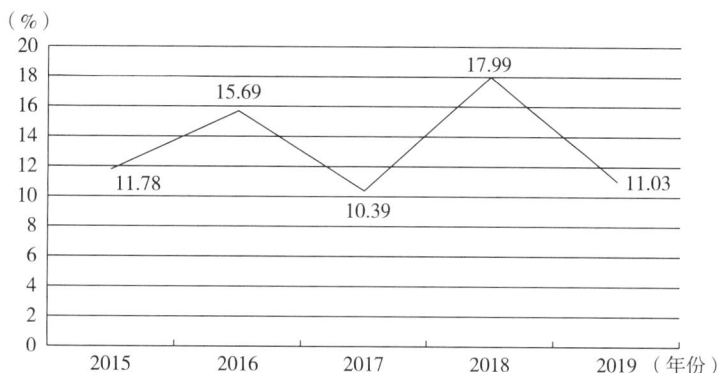

图 10-63 2015~2019 年硅宝科技筹资活动现金流出占现金流出比

3. 现金流量表重要项目横向分析

（1）销售商品、提供劳务收到的现金占现金流入比。从表 10-42 可以看出，硅宝科技 2015~2019 年销售商品、提供劳务收到的现金占现金流入比与同行业可比公司比较中，硅宝科技销售商品、提供劳务收到的现金占现金流入比高于行业可比公司均值，说明相对于同行业可比公司而言，硅宝科技的现金流入主要来源于销售商品、提供劳务。

表 10-42 销售商品、提供劳务收到的现金占现金流入比　　　　单位：%

年份	2015	2016	2017	2018	2019
硅宝科技	89.44	84.79	92.66	87.76	94.14
可比公司均值	70.54	67.87	57.93	60.81	52.09
高盟新材	98.59	47.31	46.95	60.53	49.78
康达新材	81.16	39.67	39.91	45.40	33.27
回天新材	44.08	95.49	78.88	77.60	54.48
天赐材料	55.29	81.91	54.33	41.11	53.71
新安股份	73.57	74.96	69.58	79.39	69.19

（2）经营活动现金流入占现金流入比。从表 10-43 可以看出，硅宝科技 2015～2019 年经营活动现金流入远高于同行业可比公司均值，说明与同行业其他公司相比，硅宝科技经营活动在企业三大现金活动中比重最高。

表 10-43　经营活动现金流入占现金流入比　　　　　　　单位：%

年份	2015	2016	2017	2018	2019
硅宝科技	94.53	87.23	97.52	90.81	96.54
可比公司均值	72.46	69.25	59.75	62.46	53.73
高盟新材	99.96	47.66	48.01	61.04	50.54
康达新材	81.65	40.00	40.82	46.14	33.65
回天新材	46.85	97.48	81.14	80.55	56.99
天赐材料	59.35	84.88	56.45	43.23	55.69
新安股份	74.46	76.26	72.32	81.35	71.78

（3）投资活动现金流入占现金流入比。从表 10-44 可以看出，硅宝科技 2015～2019 年投资活动现金流入占现金流入比与同行业可比公司比较中，硅宝科技投资活动现金流入占现金流入比低于同行业可比公司均值，这说明相对于同行业可比公司而言，硅宝科技的投资活动占现金流入比在同行业可比公司中处于低水平。

表 10-44　投资活动现金流入占现金流入比　　　　　　　单位：%

年份	2015	2016	2017	2018	2019
硅宝科技	1.10	1.30	0.23	0.20	0.26
可比公司均值	1.80	12.87	18.86	20.41	27.13
高盟新材	0.04	52.34	27.56	37.52	49.46
康达新材	0.19	0.06	56.37	46.39	57.30
回天新材	0.04	0.17	0.15	0.08	22.70
天赐材料	3.09	5.01	1.52	14.17	0.02
新安股份	5.63	6.75	8.70	3.88	6.18

（4）筹资活动现金流入占现金流入比。从表 10-45 可以看出，硅宝科技 2015～2019 年筹资活动现金流入占现金流入比与同行业可比公司比较中，硅宝科技筹资活动现金流入占现金流入比低于可比公司均值，这说明相对于同行业可比公司而言，硅宝科技的筹资活动现金流入在同行业可比公司中处于低水平。

表 10-45　筹资活动现金流入占现金流入比　　　　　　　单位：%

年份	2015	2016	2017	2018	2019
硅宝科技	4.37	11.58	1.87	8.99	3.19
可比公司均值	23.62	16.24	21.37	18.82	16.88

年份	2015	2016	2017	2018	2019
高盟新材	0.00	0.00	24.43	1.44	0.00
康达新材	18.15	59.94	2.80	7.46	9.05
回天新材	53.11	2.35	18.71	19.37	9.05
天赐材料	26.94	1.92	42.04	42.61	44.29
新安股份	19.91	16.99	18.89	23.24	22.03

（5）购买商品、接受劳务支付的现金占现金流出比。从表10-46可以看出，硅宝科技2015~2017年购买商品、接受劳务支付的现金占现金流出比低于可比公司均值，而2018年、2019年高于可比公司均值，且2019年硅宝科技购买商品、接受劳务支付的现金占现金流出比处于可比公司最高水平，表明企业购买商品、接受劳务支付的现金占现金流出比在提高，且成为现金流出的主要活动。

表10-46　购买商品、接受劳务支付的现金占现金流出比　　　　单位:%

年份	2015	2016	2017	2018	2019
硅宝科技	37.93	30.68	38.86	46.13	52.21
可比公司均值	47.48	43.76	40.58	39.44	29.11
高盟新材	58.49	25.84	33.04	29.52	18.61
康达新材	58.60	50.70	20.98	35.96	19.99
回天新材	25.68	46.93	56.84	47.91	21.08
天赐材料	35.04	36.74	36.95	32.43	35.65
新安股份	59.61	58.61	55.09	51.37	50.22

（6）支付给职工以及为职工支付的现金占现金流出比。从表10-47可以看出，硅宝科技2015~2019年支付给职工以及为职工支付的现金占现金流出比均高于同行业可比公司均值，且处于同行业可比公司最高水平，说明硅宝科技支付职工薪酬水平是高于同行业可比公司的。

表10-47　支付给职工以及为职工支付的现金占现金流出比　　　　单位:%

年份	2015	2016	2017	2018	2019
硅宝科技	15.05	16.29	17.07	14.47	14.15
可比公司均值	7.98	8.06	7.19	7.22	6.46
高盟新材	9.58	4.21	5.40	6.70	4.36
康达新材	6.67	8.04	3.72	4.85	4.15
回天新材	10.47	14.22	11.62	10.47	7.96
天赐材料	7.54	8.20	8.47	6.37	8.45
新安股份	5.66	5.62	6.75	7.71	7.40

(7) 支付的各项税费占现金流出比。从表 10-48 可以看出,硅宝科技 2015~2019 年支付的各项税费占现金流出比均高于可比公司均值,且处于同行业可比公司最高水平,这是由于硅宝科技经营活动比重高于同行业可比公司,所以税费较高。

表 10-48　支付的各项税费占现金流出比　　　　单位:%

年份	2015	2016	2017	2018	2019
硅宝科技	11.88	11.95	9.86	7.51	8.54
可比公司均值	5.22	6.16	4.42	4.23	3.52
高盟新材	6.32	2.35	3.26	6.96	4.21
康达新材	7.12	5.48	1.52	1.44	2.07
回天新材	6.87	10.02	8.82	6.80	3.93
天赐材料	3.91	10.96	6.67	3.12	4.56
新安股份	1.89	1.98	1.85	2.82	2.84

(8) 支付其他与经营活动有关的现金占现金流出比。从表 10-49 可以看出,硅宝科技 2015~2019 年支付其他与经营活动有关的现金占现金流出比与同行业可比公司比较中,硅宝科技各年支付其他与经营活动有关的现金占现金流出比均高于可比公司均值。

表 10-49　支付其他与经营活动有关的现金占现金流出比　　　　单位:%

年份	2015	2016	2017	2018	2019
硅宝科技	9.40	11.97	12.66	10.77	10.70
可比公司均值	8.09	8.31	7.73	7.33	6.06
高盟新材	8.23	3.57	4.21	6.38	3.59
康达新材	5.63	4.99	3.15	2.93	3.45
回天新材	12.72	15.15	13.84	11.16	8.87
天赐材料	8.98	12.73	11.63	8.57	7.75
新安股份	4.88	5.10	5.79	7.61	6.63

(9) 经营活动现金流出占现金流出比。从表 10-50 可以看出,硅宝科技 2015~2019 年支付其他与经营活动有关的现金占现金流出比与同行业可比公司比较中,硅宝科技经营活动现金流出占现金流出比均高于可比公司均值,且在 2018 年、2019 年处于同行业可比公司的最高水平,表明硅宝科技经营活动在公司的三大活动中所占的比重较大。

表 10-50　经营活动现金流出占现金流出比　　　　单位:%

年份	2015	2016	2017	2018	2019
硅宝科技	74.26	70.89	78.45	78.87	85.60
可比公司均值	68.78	66.29	59.92	58.22	45.15
高盟新材	82.62	35.97	45.91	49.56	30.76

年份	2015	2016	2017	2018	2019
康达新材	78.02	69.21	29.37	45.18	29.65
回天新材	55.75	86.31	91.13	76.34	41.84
天赐材料	55.47	68.64	63.72	50.50	56.41
新安股份	72.03	71.31	69.47	69.51	67.09

（10）购建固定资产、无形资产和其他长期资产支付的现金占现金流出比。从表10-51可以看出，硅宝科技2015~2019年购建固定资产、无形资产和其他长期资产支付的现金占现金流出比与同行业可比公司比较中，2015年、2016年公司购建固定资产、无形资产和其他长期资产支付的现金占现金流出比高于同行业可比公司均值，2017年、2018年、2019年低于行业均值。说明近年来公司现金支出中用于购建固定资产、无形资产和其他长期资产比例较同行业可比公司有所降低。

自由现金流量
行业同型分析

表 10-51　购建固定资产、无形资产和其他长期资产支付的现金占现金流出比　单位:%

年份	2015	2016	2017	2018	2019
硅宝科技	12.39	12.50	5.72	3.14	3.37
可比公司均值	5.77	4.48	6.79	8.66	4.47
高盟新材	5.79	2.43	1.31	1.05	0.56
康达新材	4.00	10.42	4.42	6.83	2.61
回天新材	14.27	3.61	3.42	6.46	3.65
天赐材料	0.96	0.86	16.22	21.37	8.66
新安股份	3.82	5.10	8.58	7.58	6.87

（11）投资活动现金流出占现金流出比。从表10-52可以看出，硅宝科技2015~2019年投资活动现金流出占现金流出比与同行业可比公司比较中，硅宝科技投资活动现金流出占现金流出比呈下降趋势，但同行业可比公司投资活动现金流出占现金流出比呈上升趋势。说明硅宝科技投资活动现金流出占现金流出比与同行业可比公司之间的差距逐渐增大。

表 10-52　投资活动现金流出占现金流出比　单位:%

年份	2015	2016	2017	2018	2019
硅宝科技	13.96	13.86	7.74	3.14	3.37
可比公司均值	13.24	19.94	31.23	28.70	42.55
高盟新材	10.07	61.10	50.13	44.42	66.45
康达新材	4.00	13.24	64.17	48.93	63.08
回天新材	18.34	4.46	3.43	6.79	63.08
天赐材料	24.79	10.72	25.75	27.81	9.20
新安股份	9.00	10.18	12.65	15.56	10.93

（12）偿还债务支付现金占现金流出比。从表 10-53 可以看出，硅宝科技 2015~2019 年偿还债务支付现金占现金流出比与同行业可比公司比较中，硅宝科技偿还债务支付现金占现金流出比低于同行业可比公司的平均水平，但硅宝科技偿还债务支付现金占现金支出比总体呈上升趋势。

表 10-53　偿还债务支付现金占现金流出比　　　　　　　　单位：%

年份	2015	2016	2017	2018	2019
硅宝科技	4.13	4.44	3.97	7.19	10.62
可比公司均值	12.28	5.74	5.66	8.57	11.28
高盟新材	0.00	0.00	0.00	2.18	0.00
康达新材	16.07	12.12	5.51	4.42	5.17
回天新材	21.68	0.64	0.00	0.00	5.17
天赐材料	6.03	0.64	6.49	12.20	27.89
新安股份	17.63	15.30	16.29	24.04	18.16

（13）筹资活动现金流出占现金流出比。从表 10-54 可以看出，硅宝科技 2015~2019 年筹资活动支付现金占现金流出比与同行业可比公司比较中，2015 年、2019 年硅宝科技筹资活动支付现金占现金流出比小于同行业可比公司均值。2016 年、2017 年、2018 年硅宝科技筹资活动支付现金占现金流出比大于同行业可比公司均值。

表 10-54　筹资活动现金流出占现金流出比　　　　　　　　单位：%

年份	2015	2016	2017	2018	2019
硅宝科技	11.78	15.69	10.39	17.99	11.03
可比公司均值	15.56	8.72	8.85	15.39	14.74
高盟新材	7.31	2.93	3.96	6.03	2.79
康达新材	17.98	17.55	6.46	5.11	7.28
回天新材	25.91	2.32	5.44	16.86	7.28
天赐材料	7.63	2.32	10.54	21.69	34.39
新安股份	18.97	18.50	17.87	27.25	21.98

（一）偿债能力指标分析

企业偿债能力是指偿还到期债务的能力，是反映企业财务状况与经营能力的重要指标。通常从短期偿债能力、长期偿债能力两个方面反映企业偿债能力。短期偿债能力是指企业流动资产偿付流动负债的能力，是衡量企业财务能力的重要指标。评价企业短期偿债能力的指标主要包括流动比率、速动比率及现金比率、保守速动比率、营运资金等。长期偿债能力是指企业支付长期债务的能力，主要评价指标包括资产负债率、产权比率、有形资产负债率、权益乘数、长期资本负债率、长期债务与营运资金比率、利息保障倍数、现金流动负债比、现金流量债务总额比等。

1. 短期偿债能力

（1）流动比率。如表 10-55 所示，硅宝科技 2015~2019 年的流动比率波动较频繁，但始终高于经验值 2，说明其短期偿债能力较为优异。与硅宝科技相比，回天新材前三年的流动比率以较高的水平稳步提升，具有优势，但 2017~2019 年的流动比率波动下跌，最终跌至低于经验值 2，说明回天新材的短期偿债能力开始变弱。总体而言，硅宝科技的流动资产储备更为充足，对偿还流动负债的保障程度更高。新安股份的流动比率在五年间逐步提高，但总体仍低于一般标准值，说明其短期偿债能力略显不足。在前几年，高盟新材的流动比率水平很高，但呈现大幅下跌的趋势，说明高盟新材用流动资产偿还流动负债的能力在减弱，2017 年后，该公司短期偿债能力开始回升，虽然五年间波动较大，但相比于硅宝科技，高盟新材的短期偿债能力更强。康达新材的流动比率在 2015~2017 年稳步上涨，2017 年后开始下跌，但五年间始终高于硅宝科技，说明其短期偿债能力始终优于硅宝科技。天赐材料的流动比率始终低于一般标准值 2，且近三年在逐步下降，说明其短期偿债能力较弱。

表 10-55　2015~2019 年硅宝科技与同行业可比公司流动比率

年份	2015	2016	2017	2018	2019
硅宝科技	2.94	3.81	3.17	2.27	2.85
回天新材	3.90	4.42	4.12	2.43	1.62
新安股份	0.91	1.04	1.00	1.38	1.38
高盟新材	10.43	7.75	2.72	3.31	3.99
康达新材	3.38	7.79	9.36	4.01	3.66
天赐材料	1.84	1.67	1.82	1.35	1.09
行业平均值	2.60	2.71	2.66	2.48	2.69

（2）速动比率。如表 10-56 所示，硅宝科技 2015~2019 年速动比率均超过经验值 1，但整体呈下降趋势，表明目前硅宝科技偿还短期负债的速动资产储备较为充足，但其短期偿债能力在下降。与硅宝科技相比，回天新材前四年的速动比率均更高，拥有更强的短期偿债能力。新安股份的速动比率基本上低于经验值 1，相比于硅宝科技，其短期偿债能力较弱。高盟新材与康达新材五年间速动比率整体呈现下降趋势，但均高于硅宝科技，说明高盟新材和康达新材的短期偿债能力更强。前四年内，天赐材料的速动比率均大于 1，较为稳定，但始终低于硅宝科技，说明其短期偿债能力虽然强，但弱于硅宝科技。

表 10-56　2015~2019 年硅宝科技与同行业可比公司速动比率

年份	2015	2016	2017	2018	2019
硅宝科技	2.50	3.18	2.62	2.27	2.23

年份	2015	2016	2017	2018	2019
回天新材	3.22	3.53	3.41	2.43	1.35
新安股份	0.61	0.77	0.67	1.38	0.98
高盟新材	9.35	6.82	2.31	3.31	3.61
康达新材	2.88	7.38	8.65	4.01	3.29
天赐材料	1.55	1.40	1.49	1.35	0.80
行业平均值	2.07	2.19	2.15	2.00	2.20

（3）现金比率。由表 10-57 可知，硅宝科技 2015~2019 年的现金比率在 0.63~1.14 波动，短期偿债能力较强。2015~2017 年回天新材现金比率逐年提高，反映出相较于流动负债，回天新材储备的可立即动用的资金（库存现金、银行活期存款、短期有价证券等）逐年增加，而在 2017 年达到最高值 1.33 后逐年下降，说明近两年来回天新材用资金偿还流动负债的能力减弱，但整体而言强于硅宝科技。近五年新安股份的现金比率在 0.14~0.28 波动，水平较低，相比较而言，硅宝科技可立即动用的资金更为充足，具有更强的短期偿债能力。天赐材料的现金比率近五年来逐年下降且水平较低，相较于硅宝科技而言短期偿债能力更弱。

表 10-57　2015~2019 年硅宝科技与同行业可比公司现金比率

年份	2015	2016	2017	2018	2019
硅宝科技	0.82	1.14	0.93	0.63	0.69
回天新材	0.95	1.06	1.33	0.72	0.23
新安股份	0.14	0.19	0.20	0.17	0.28
高盟新材	4.09	1.30	0.55	1.09	0.34
康达新材	0.55	4.88	3.51	0.67	0.98
天赐材料	0.50	0.28	0.31	0.10	0.09
行业平均值	0.89	0.92	0.78	0.70	0.81

（4）保守速动比率。保守速动比率即用企业的超速动资产（货币资金、短期证券、应收账款净额）来反映和衡量企业变现能力的强弱，评价企业短期偿债能力的大小。由表 10-58 可知，硅宝科技 2015~2016 年保守速动比率上升，之后两年下降，2019 年又上升，但水平均高于行业平均值，说明硅宝科技的短期偿债能力较为优秀，但不够稳定。康达新材的保守速动比率始终高于硅宝科技，但是波动较大，说明康达新材的短期偿债能力比硅宝科技更强。

表 10-58　2015~2019 年硅宝科技与同行业可比公司保守速动比率

年份	2015	2016	2017	2018	2019
硅宝科技	2.40	3.06	2.50	1.75	2.17

年份	2015	2016	2017	2018	2019
回天新材	2.99	3.22	3.23	1.94	0.94
新安股份	0.44	0.51	0.47	0.72	0.62
高盟新材	8.22	4.03	1.61	2.16	3.34
康达新材	2.80	7.26	6.88	3.01	2.54
天赐材料	1.42	1.31	1.36	0.77	0.55
行业平均值	1.58	1.63	1.52	1.48	1.83

（5）营运资金。由表10-59可以看出，硅宝科技在五年间营运资金总体呈上升趋势，表明其规模总量上偿付短期债务的能力是逐年增长的。回天新材的营运资金在2017年达到峰值后逐步下降，但均处于较高水平，总体而言比硅宝科技的偿付短期债务的能力更强。新安股份的营运资金始终维持在较低水平，值得注意的是，在2015年，其营运资金为负数，说明新安股份在近几年内短期偿债能力较差，企业运营情况不佳。高盟新材的营运资金维持在较为稳定的水平，且均高于硅宝科技，说明其短期偿债能力较为稳定，且比硅宝科技强。康达新材与天赐材料的营运资金均在稳步提升，整体用现金偿付短期债务的能力比硅宝科技更强。

表10-59　2015~2019年硅宝科技与同行业可比公司营运资金

年份	2015	2016	2017	2018	2019
硅宝科技	292043145.4	319371757.41	319740440.28	287631289.90	415744825.19
回天新材	682416355.32	754354838.62	1075465332.67	897724518.61	606416099.16
新安股份	（287046744.59）	124799755.73	10854906.79	1277789793.26	1348271898.70
高盟新材	546773432.5	551370506.53	455878973.75	560535289.54	690922831.37
康达新材	432914477.34	1243981636.33	1065729794.57	1027642504.97	1093752923.00
天赐材料	357454318.56	463145717.22	819321722.28	648659355.56	179943078.99

（6）现金流动负债比。由表10-60可知，硅宝科技连续五年的现金流动负债比均超过行业均值，说明经营产生的现金净流量可以偿还80%以上的短期负债，风险较低。在同行业可比公司中，回天新材、新安股份、天赐材料的现金流动负债比均更低，说明硅宝科技的偿债能力更强。而高盟新材虽然在2015年、2016年、2019年的数值较高，但整体波动较大，说明偿债能力没有硅宝科技稳定。

表10-60　2015~2019年硅宝科技与同行业可比公司现金流动负债比

年份	2015	2016	2017	2018	2019
硅宝科技	0.44	0.69	0.63	0.30	0.36
回天新材	（0.13）	0.49	0.21	0.08	0.23
新安股份	0.05	0.19	0.10	0.30	0.25

年份	2015	2016	2017	2018	2019
高盟新材	1.35	1.32	0.19	0.95	1.33
康达新材	(0.17)	0.29	0.44	(0.24)	0.46
天赐材料	0.21	0.34	(0.08)	(0.17)	(0.01)
行业平均值	0.11	0.09	0.08	0.11	0.13

2. 长期偿债能力

（1）资产负债率。由表 10-61 可知，近几年硅宝科技的资产负债率在 0.21~0.26 波动，较为稳定，这表明硅宝科技的资金偿付能力较为稳定且良好。新安股份的资产负债率维持在 0.40 左右，说明它比硅宝科技更倾向于使用负债解决资金问题，长期偿债能力更强。高盟新材的资产负债率始终较弱，说明它比硅宝科技的长期偿债能力更弱。

表 10-61　2015~2019 年硅宝科技与同行业可比公司资产负债率

年份	2015	2016	2017	2018	2019
硅宝科技	0.26	0.21	0.23	0.25	0.22
回天新材	0.15	0.13	0.16	0.27	0.38
新安股份	0.45	0.45	0.46	0.38	0.41
高盟新材	0.08	0.10	0.16	0.14	0.13
康达新材	0.20	0.10	0.07	0.15	0.16
天赐材料	0.27	0.30	0.28	0.40	0.44
行业平均值	0.43	0.42	0.41	0.43	0.45

（2）产权比率。由表 10-62 可知，硅宝科技的产权比率在 0.26~0.36 波动，表示企业的负债有较多的资本作为偿债保证，企业的偿债能力较强；在同行业可比公司中，高盟新材的产权比率在 0.09~0.19 波动，比硅宝科技的产权比率更低，这说明它的偿债能力比硅宝科技更强、更稳定。新安股份的产权比率维持在 0.61~0.85，公司的产权比率较高，表明企业采用了高风险、高报酬的资本结构，债权人的利益受保护程度较小，企业财务风险较大。与行业平均值相比，这几家公司的产权比率均更低，说明这几家公司的偿债能力在行业中属于较优秀的。

表 10-62　2015~2019 年硅宝科技与同行业可比公司产权比率

年份	2015	2016	2017	2018	2019
硅宝科技	0.36	0.26	0.31	0.34	0.28
回天新材	0.17	0.15	0.19	0.37	0.60
新安股份	0.80	0.80	0.85	0.61	0.70
高盟新材	0.09	0.12	0.19	0.17	0.15
康达新材	0.26	0.12	0.08	0.18	0.20

年份	2015	2016	2017	2018	2019
天赐材料	0.36	0.43	0.40	0.66	0.79
行业平均值	1.34	1.39	1.36	3.15	1.23

（3）有形资产负债率。有形资产负债率是负债总额与总资产扣除无形资产之后余额的比值。这项指标是资产负债率的延伸，是一项更为客观地评价企业偿债能力的指标。硅宝科技的有形资产负债率在近五年内稳定在 0.25 左右，始终低于行业平均值，说明硅宝科技的长期偿债能力较强，不能偿债的可能性小。与同行业可比公司相比，新安股份的有形资产负债率与行业平均值相似，比硅宝科技的长期偿债能力弱。

表 10-63　2015~2019 年硅宝科技与同行业可比公司有形资产负债率

年份	2015	2016	2017	2018	2019
硅宝科技	0.28	0.22	0.25	0.27	0.23
回天新材	0.16	0.15	0.18	0.29	0.40
新安股份	0.48	0.49	0.50	0.41	0.44
高盟新材	0.08	0.11	0.27	0.24	0.20
康达新材	0.21	0.11	0.08	0.19	0.19
天赐材料	0.31	0.33	0.31	0.44	0.48
行业平均值	0.47	0.46	0.46	0.49	0.50

（4）权益乘数。由表 10-64 可知，硅宝科技的权益乘数在 1.26~1.36 波动，较为稳定且始终低于行业平均值，说明硅宝科技的长期偿债能力在行业间处于优秀的地位。在同行业可比公司中，回天新材的权益乘数在 2015~2017 年均低于硅宝科技，但 2018~2019 年权益乘数在上升，说明回天新材的长期偿债能力在变弱，且最近两年弱于硅宝科技。

表 10-64　2015~2019 年硅宝科技与同行业可比公司权益乘数

年份	2015	2016	2017	2018	2019
硅宝科技	1.36	1.26	1.31	1.34	1.28
回天新材	1.17	1.15	1.19	1.37	1.60
新安股份	1.80	1.80	1.85	1.61	1.70
高盟新材	1.09	1.12	1.19	1.17	1.15
康达新材	1.26	1.12	1.08	1.18	1.20
天赐材料	1.36	1.43	1.40	1.66	1.79
行业平均值	2.34	2.39	2.36	4.15	2.23

（5）长期资本负债率。由表 10-65 可知，硅宝科技的长期资本负债率在逐年下降，却仍高于另外几家同行业可比公司，说明硅宝科技的长期偿债能力在这几家公司中是最强的，但就行业平均水平而言，其长期偿债能力较弱。

表 10-65 2015~2019 年硅宝科技与同行业可比公司长期资本负债率

年份	2015	2016	2017	2018	2019
硅宝科技	0.11	0.10	0.10	0.04	0.03
回天新材	0.01	0.02	0.01	0.01	0.02
新安股份	0.07	0.07	0.06	0.07	0.13
高盟新材	0.01	0.01	0.01	0.01	0.01
康达新材	0.00	0.00	0.00	0.00	0.00
天赐材料	0.01	0.01	0.02	0.04	0.08
行业平均值	0.15	0.14	0.13	0.14	0.13

（6）长期债务与营运资金比率。长期债务与营运资金比率就是企业的长期债务与营运资金相除所得的比率，是反映公司偿还债务能力的一项指标。由表 10-66 可知，硅宝科技的长期债务与营运资金比率在逐年下降，且基本低于年行业平均值，说明硅宝科技的短期偿债能力较强，而且还预示着企业未来偿还长期债务的保障程度也较强。与同行业可比公司相比，回天新材、高盟新材、康达新材的长期债务与营运资金比率更低，说明它们的偿债能力比硅宝科技强。而新安股份的比率变化幅度太大，说明偿债能力并不稳定。

表 10-66 2015~2019 年硅宝科技与可比公司长期债务与营运资金比率

年份	2015	2016	2017	2018	2019
硅宝科技	0.29	0.25	0.26	0.11	0.07
回天新材	0.03	0.03	0.02	0.02	0.05
新安股份	(1.17)	2.65	31.21	0.35	0.70
高盟新材	0.02	0.02	0.02	0.01	0.01
康达新材	0.01	0.00	0.00	0.00	0.01
天赐材料	0.03	0.02	0.06	0.20	1.52
行业平均值	0.46	(2.82)	0.05	1.06	0.92

（7）利息保障倍数。利息保障倍数表明每 1 元利息支付有多少倍的息税前利润做保障，它可以反映债务政策的风险大小。硅宝科技近几年的利息保障倍数均超过行业均值，但是波动较大，说明硅宝科技拥有的偿还利息的缓冲资金较多，偿还利息的能力较强，但是不够稳定。与同行业公司对比，新安股份的利息保障倍数始终很低，说明其偿债能力很弱；其他几家公司的利息保障倍数也低于硅宝科技，说明硅宝科技在此方面优势较大。

表 10-67 2015~2019 年硅宝科技与同行业可比公司利息保障倍数

年份	2015	2016	2017	2018	2019
硅宝科技	—	258.39	—	71.77	761.78
回天新材	—	—	132.00	260.98	23.80
新安股份	(3.15)	3.06	7.78	21.56	9.37

年份	2015	2016	2017	2018	2019
高盟新材	—	—	10.48	—	—
康达新材	51.51	23.83	—	—	80.70
天赐材料	29.87	180.44	23.79	13.03	1.00
行业平均值	70.44	43.97	63.76	44.45	33.66

（8）现金债务总额比。经营活动现金流量净额与企业总债务之比，反映企业用经营活动中所获现金偿还全部债务的能力，比率越高，说明偿还全部债务的能力越强。由表 10-68 可知，硅宝科技的现金债务总额比稳步提升，说明其偿债能力在提升，但是仍低于行业平均值，需要加强。在同行业可比公司中，高盟新材的现金债务总额比较高，说明其偿债能力比硅宝科技强，但是稳定性不足。

表 10-68　2015～2019 年硅宝科技与同行业可比公司现金债务总额比

年份	2015	2016	2017	2018	2019
硅宝科技	0.67	0.79	0.99	0.72	1.18
回天新材	（0.42）	2.46	3.26	0.33	0.74
新安股份	0.11	0.41	0.24	0.66	0.50
高盟新材	7.32	11.19	2.00	9.34	32.32
康达新材	（0.62）	0.63	0.73	（0.88）	1.32
天赐材料	3.69	3.15	（0.40）	（0.53）	（0.02）
行业平均值	1.10	5.83	0.13	573.43	7.78

（9）现金流量利息保障倍数。现金流量利息保障倍数是指经营现金流量为利息费用的倍数。它比收益基础的利息保障倍数更可靠，因为实际用以支付利息的是现金，而非收益。由表 10-69 可知，硅宝科技的现金流量利息保障倍数均高于行业平均值，说明公司偿还利息的能力很强，但是波动性较大。

表 10-69　2015～2019 年硅宝科技与同行业可比公司现金流量利息保障倍数

年份	2015	2016	2017	2018	2019
硅宝科技	—	190.89	—	66.73	411.74
回天新材	（9.59）	—	73.62	97.78	27.45
新安股份	2.73	8.64	4.36	15.21	13.31
高盟新材	—	—	8.78	—	—
康达新材	（11.73）	12.67	—	—	95.97
天赐材料	26.18	90.30	（5.07）	（7.19）	（0.27）
行业平均值	30.73	8.06	31.82	45.79	（8.12）

(二) 盈利能力指标分析

1. 营业毛利率

由表 10-70 可知,硅宝科技的营业毛利率在行业平均值水平上下波动,说明其盈利能力还不错。就其同行业可比公司而言,回天新材与硅宝科技的盈利能力十分相似,而新安股份的毛利率始终较低,说明其盈利能力较弱。

表 10-70　2015~2019 年硅宝科技与同行业可比公司营业毛利率

年份	2015	2016	2017	2018	2019
硅宝科技	0.33	0.34	0.24	0.24	0.32
回天新材	0.33	0.34	0.27	0.25	0.32
新安股份	0.10	0.13	0.18	0.24	0.16
高盟新材	0.33	0.33	0.26	0.32	0.43
康达新材	0.34	0.35	0.26	0.29	0.38
天赐材料	0.31	0.40	0.34	0.24	0.26
行业平均值	0.29	0.31	0.31	0.31	0.29

2. 营业净利率

由表 10-71 可知,硅宝科技的营业净利率始终高于行业平均值,尽管 2017~2018 年由于行业低迷,净利率下降,但目前在逐步回升。就同行业可比公司而言,除康达新材外,另几家公司的净利率均低于硅宝科技,但是硅宝科技盈利能力的优势并不明显。

表 10-71　2015~2019 年硅宝科技与同行业可比公司营业净利率

年份	2015	2016	2017	2018	2019
硅宝科技	0.15	0.14	0.07	0.07	0.13
回天新材	0.09	0.09	0.07	0.07	0.08
新安股份	(0.04)	0.01	0.07	0.11	0.04
高盟新材	0.11	0.11	0.05	0.08	0.19
康达新材	0.15	0.14	0.08	0.09	0.13
天赐材料	0.11	0.22	0.15	0.21	(0.01)
行业平均值	0.05	0.04	0.02	(0.05)	(0.47)

3. 利润率

由表 10-72 可知,硅宝科技 2015~2017 年的利润率在下降,说明其盈利能力变弱,之后稳步回升,期间始终高于行业平均值,说明硅宝科技的盈利能力还不错。与同行业可比公司对比,回天新材的利润率低于硅宝科技,高盟新材的利润率在近两年赶超硅宝科技,盈利能力变强。

表 10-72　2015~2019 年硅宝科技与同行业可比公司利润率

年份	2015	2016	2017	2018	2019
硅宝科技	0.15	0.14	0.07	0.08	0.14
回天新材	0.06	0.09	0.09	0.08	0.10
新安股份	(0.03)	0.01	0.07	0.13	0.05
高盟新材	0.13	0.12	0.06	0.11	0.22
康达新材	0.18	0.15	0.07	0.10	0.15
天赐材料	0.10	0.25	0.17	0.26	0.00
行业平均值	0.05	0.06	0.03	(0.03)	(0.47)

4. 管理费用率

由表 10-73 可知，近五年来硅宝科技的管理费用率稳定在 0.08~0.10，且始终低于行业平均水平，说明企业的利润并未被组织管理性的费用消耗得太多，盈利水平较高。在同行业可比公司中，新安股份的管理费用率稳定在 0.07~0.08，表明它的盈利能力更强。

表 10-73　2015~2019 年硅宝科技与同行业可比公司管理费用率

年份	2015	2016	2017	2018	2019
硅宝科技	0.09	0.10	0.08	0.08	0.08
回天新材	0.13	0.12	0.11	0.09	0.11
新安股份	0.07	0.08	0.08	0.07	0.07
高盟新材	0.11	0.10	0.10	0.11	0.14
康达新材	0.07	0.09	0.13	0.12	0.14
天赐材料	0.13	0.10	0.11	0.13	0.12
行业平均值	0.15	0.14	0.13	0.22	0.71

5. 财务费用率

由表 10-74 可知，硅宝科技的利息收入多于利息支出。而同行业可比公司的财务费用率也基本低于行业平均值，说明企业的财务费用均较低，盈利能力较好。

表 10-74　2015~2019 年硅宝科技与同行业可比公司财务费用率

年份	2015	2016	2017	2018	2019
硅宝科技	(0.00)	0.00	(0.00)	0.00	0.00
回天新材	0.00	(0.00)	0.00	0.00	0.00
新安股份	0.01	0.01	0.01	0.01	0.01
高盟新材	(0.02)	(0.01)	0.01	(0.00)	(0.00)
康达新材	0.00	0.01	(0.01)	(0.00)	0.00
天赐材料	0.00	0.00	0.01	0.02	0.03
行业平均值	0.03	0.02	0.03	0.05	0.08

6. 销售期间费用率

销售期间费用率是指期间费用与销售收入净额之间的比率。由表 10-75 可知，硅宝科技的销售费用率维持在 0.15~0.18，始终低于行业平均水平，说明硅宝科技的盈利较为容易。在同行业可比公司中，新安股份的销售期间费用率始终低于硅宝科技，说明它的盈利性更强。

表 10-75 2015~2019 年硅宝科技与同行业可比公司销售期间费用率

年份	2015	2016	2017	2018	2019
硅宝科技	0.17	0.18	0.17	0.15	0.16
回天新材	0.25	0.23	0.19	0.18	0.22
新安股份	0.12	0.12	0.14	0.11	0.11
高盟新材	0.18	0.18	0.18	0.17	0.21
康达新材	0.15	0.18	0.20	0.17	0.22
天赐材料	0.20	0.15	0.17	0.21	0.19
行业平均值	0.28	0.29	0.38	0.38	1.05

7. 成本费用利润率

成本费用利润率是企业一定期间的利润总额与成本、费用总额的比率。成本费用利润率指标表明每付出一元成本费用可获得多少利润，体现了经营耗费所带来的经营成果。由表 10-76 可知，硅宝科技的成本费用利润率在 2015~2018 年缓慢下降，说明硅宝科技的经济效益在下降，2019 年该指标回升。在同行业可比公司中，天赐材料的表现较为瞩目，其成本费用利润率始终高于行业平均值，但 2019 年盈利水平大幅下降。

表 10-76 2015~2019 年硅宝科技与同行业可比公司成本费用利润率

年份	2015	2016	2017	2018	2019
硅宝科技	0.20	0.19	0.09	0.09	0.18
回天新材	0.10	0.11	0.09	0.08	0.11
新安股份	(0.03)	0.02	0.08	0.15	0.05
高盟新材	0.16	0.15	0.07	0.12	0.28
康达新材	0.23	0.19	0.09	0.11	0.17
天赐材料	0.14	0.34	0.21	0.27	0.10
行业平均值	0.13	0.18	0.15	0.11	0.08

8. 息税折旧摊销前营业利润率

由表 10-77 可知，硅宝科技 2015~2018 年的息税折旧摊销前营业利润率在下降，并于 2017 年低于行业平均值，说明硅宝科技的盈利能力在这几年间出现了问题，2019 年又开始上升。在同行业可比公司中，天赐材料的息税折旧摊销前营业利润率始终维持在较高水平，说明它的盈利能力比硅宝科技更强。

表 10-77　2015～2019 年硅宝科技与可比公司息税折旧摊销前营业利润率

年份	2015	2016	2017	2018	2019
硅宝科技	0.20	0.20	0.12	0.12	0.18
回天新材	0.15	0.15	0.13	0.11	0.14
新安股份	0.04	0.09	0.14	0.17	0.09
高盟新材	0.15	0.15	0.10	0.13	0.25
康达新材	0.21	0.20	0.12	0.13	0.19
天赐材料	0.19	0.30	0.23	0.34	0.11
行业平均值	0.20	0.15	0.15	0.03	(0.17)

9. 资产报酬率

由表 10-78 可知，硅宝科技 2015～2019 年的资产报酬率遭受了小程度的下跌，而后又慢慢回升，但总体水平均高于行业平均值，说明公司的资产利用效率更高，企业在增加收入、节约资金使用等方面取得了较好的效果。在同行业可比公司中，回天新材、高盟新材、康达新材的资产利用效率均没有硅宝科技做得好；新安股份的资产报酬率在逐年提升，在资产利用程度方面有超过硅宝科技的趋势。

表 10-78　2015～2019 年硅宝科技与同行业可比公司资产报酬率

年份	2015	2016	2017	2018	2019
硅宝科技	0.11	0.11	0.06	0.07	0.13
回天新材	0.06	0.06	0.06	0.06	0.07
新安股份	(0.02)	0.03	0.07	0.14	0.06
高盟新材	0.07	0.07	0.03	0.06	0.11
康达新材	0.15	0.06	0.02	0.04	0.06
天赐材料	0.07	0.20	0.10	0.12	0.01
行业平均值	0.03	0.03	0.04	0.02	0.02

10. 净资产收益率

由表 10-79 可知，2015～2018 年，硅宝科技的净资产收益率在逐步下降，说明公司投资带来的收益在降低，但始终高于行业平均值，且 2019 年该指标开始回升，说明硅宝科技的资金使用效率水平较高。与同行业可比公司相比，硅宝科技净资产收益率的表现最为稳定。

表 10-79　2015～2019 年硅宝科技与同行业可比公司净资产收益率

年份	2015	2016	2017	2018	2019
硅宝科技	0.13	0.12	0.07	0.09	0.15
回天新材	0.06	0.06	0.06	0.07	0.09
新安股份	(0.06)	0.02	0.11	0.20	0.07

年份	2015	2016	2017	2018	2019
高盟新材	0.07	0.07	0.03	0.06	0.11
康达新材	0.16	0.05	0.03	0.04	0.06
天赐材料	0.08	0.24	0.11	0.15	(0.01)
行业平均值	0.02	0.03	0.04	(0.05)	0.01

11. 投资收益率

由表 10-80 可知，硅宝科技的投资收益率始终较低，甚至有的年份为负值，普遍低于行业平均值，说明硅宝科技的投资收益效果较差。在同行业可比公司中，康达新材和新安股份的投资收益率较为优异，天赐材料波动较大，不够稳定。

表 10-80　2015~2019 年硅宝科技与同行业可比公司投资收益率

年份	2015	2016	2017	2018	2019
硅宝科技	(0.00)	(0.00)	0.01	0.00	(0.00)
回天新材	0.00	0.01	0.00	0.00	0.02
新安股份	0.22	0.06	1.19	0.06	0.05
高盟新材	—	—	—	—	0.02
康达新材	0.20	0.01	0.03	0.17	0.07
天赐材料	0.01	0.11	0.18	1.24	(0.05)
行业平均值	(17.06)	158.20	1.54	761.95	1.13

12. 长期资本收益率

长期资本收益率反映公司运用长期资本创造利润的能力。由表 10-81 可知，硅宝科技的长期资本收益率总体呈上升趋势，且始终高于行业平均值；在同行业可比公司中，回天新材的长期资本收益率始终低于硅宝科技，其他几家公司该指标波动较大，说明硅宝科技的盈利能力较为出色。

表 10-81　2015~2019 年硅宝科技与同行业可比公司长期资本收益率

年份	2015	2016	2017	2018	2019
硅宝科技	0.14	0.14	0.07	0.09	0.18
回天新材	0.07	0.07	0.07	0.07	0.11
新安股份	(0.03)	0.05	0.13	0.24	0.09
高盟新材	0.07	0.08	0.05	0.07	0.13
康达新材	0.20	0.08	0.02	0.05	0.08
天赐材料	0.12	0.33	0.17	0.20	0.02
行业平均值	0.05	0.06	0.06	0.04	0.04

13. 投入资本回报率

由表 10-82 可知，硅宝科技的投入资本回报率始终高于行业平均值，但在2017～2018年短暂下跌，总体而言硅宝科技的投资收益效果较高。在同行业可比公司中，回天新材的投入资本回报率始终维持在 0.05～0.07，略高于行业平均值，但可以看出不如硅宝科技。

表 10-82　2015～2019 年硅宝科技与同行业可比公司投入资本回报率

年份	2015	2016	2017	2018	2019
硅宝科技	0.11	0.11	0.06	0.07	0.14
回天新材	0.05	0.06	0.05	0.05	0.07
新安股份	（0.03）	0.02	0.09	0.16	0.06
高盟新材	0.06	0.06	0.03	0.05	0.11
康达新材	0.15	0.05	0.02	0.04	0.06
天赐材料	0.08	0.21	0.10	0.10	0.01
行业平均值	0.03	0.04	0.04	0.02	0.02

（三）营运能力指标分析

下面综合运用反映企业经营能力的指标，依据 2015～2019 年的财务数据，对硅宝科技的经营能力进行评价。同时，以同行业可比公司回天新材、新安股份、高盟新材、康达新材、天赐材料五家上市公司为参照对象进行横向比较。

1. 应收账款周转率

对应收账款周转率的分析可以得出 2015～2019 年企业应收账款的周转速度。从表 10-83 可以看出，硅宝科技的应收账款周转率逐年上升，表明其应收账款变现能力和管理效率都在逐步提升。在同行业可比公司中，除了新安股份，硅宝科技的周转率均高于其他四家公司，表明硅宝科技收账速度快，企业坏账损失较少，应收账款占有的资金并不多，企业流动资产利用效率更高。

表 10-83　2015～2019 年硅宝科技及同行业可比公司应收账款周转率

年份	2015	2016	2017	2018	2019
硅宝科技	4.66	4.71	5.18	5.26	5.66
回天新材	2.74	2.84	3.55	3.64	3.65
新安股份	15.76	12.73	13.43	17.87	15.69
高盟新材	3.07	3.14	4.08	4.73	5.29
康达新材	3.22	2.40	2.25	2.15	1.86
天赐材料	4.19	5.18	3.66	2.95	3.38
行业均值	4.20	24.35	25.20	26.03	24.0

2. 存货周转率

从表 10-84 可以看出，硅宝科技的存货周转率在 2015～2017 年逐步上升，但在 2018

年、2019 年略有下滑。从行业均值的五年变化可以看出，整个行业的存货周转率均在 2018 年、2019 年有所下降，所以硅宝科技更可能是受了宏观环境的影响，而非企业经营不善。在同行业可比公司中，除新安股份外，硅宝科技仍占据优势地位，表明其资产利用率较同行业可比公司更高一些，企业的资产结构较为合理。

表 10-84 2015~2019 年硅宝科技及同行业可比公司存货周转率

年份	2015	2016	2017	2018	2019
硅宝科技	5.93	6.25	7.20	7.15	5.70
回天新材	3.65	4.21	5.00	5.35	5.07
新安股份	6.78	6.59	5.59	6.09	6.34
高盟新材	4.53	5.11	6.79	7.42	6.59
康达新材	6.13	4.67	4.90	5.47	4.36
天赐材料	5.79	7.10	5.24	3.06	3.15
行业均值	6.76	7.57	7.89	7.46	7.30

3. 营运资本周转率

营运资本周转率是为了全面反映企业经济效益状况而设立的一个重要指标。从表 10-85 可以看到，硅宝科技的营运资本周转率在五年内稳步提升，说明营运资本的使用率逐步提升，企业经营能力不断加强。在同行业可比公司中，新安股份的变动较大，不做考虑；天赐材料的周转率比硅宝科技高，其他公司的周转率均与硅宝科技有差距，说明硅宝科技较可比公司在营运资本利用率方面有优势，企业经营能力较强，经济效益较高；但硅宝科技与天赐材料周转率上有较大差距，企业仍有较大潜力可以挖掘。

表 10-85 2015~2019 年硅宝科技及同行业可比公司营运资本周转率

年份	2015	2016	2017	2018	2019
硅宝科技	2.13	2.13	2.28	2.87	2.89
回大新材	1.69	1.58	1.66	1.76	2.50
新安股份	3.97	-1070.26	107.28	17.07	8.35
高盟新材	0.89	0.96	1.87	1.81	1.39
康达新材	1.83	0.71	0.48	0.89	1.01
天赐材料	2.67	4.48	3.21	2.83	6.65
行业均值	7.51	5.35	6.07	5.08	5.87

4. 流动资产周转率

流动资产周转率反映了流动资产占用资产的周转速度。根据表 10-86 可以看出，硅宝科技的流动资产周转率正在逐年上升，2019 年保持在较稳定的水平，表明企业的流动资产经营能力逐年增强，资金流转能力增强，随之的短期偿债能力也有所提升。与行业均值和其他公司相比，2018 年硅宝科技的周转率超过了行业均值，在整个行业中都处于优势地位；除新安股份外，硅宝科技的周转率高于其他四家公司，也再一次证明了企业的优势地位。

表 10-86　2015～2019 年硅宝科技及同行业可比公司流动资产周转率

年份	2015	2016	2017	2018	2019
硅宝科技	1.43	1.49	1.62	1.77	1.76
回天新材	1.20	1.20	1.27	1.18	1.21
新安股份	2.53	2.19	2.03	2.59	2.29
高盟新材	0.81	0.85	1.26	1.33	1.11
康达新材	1.29	0.58	0.42	0.72	0.74
天赐材料	1.45	1.90	1.38	0.97	1.16
行业均值	1.65	1.60	1.65	1.58	1.54

5. 固定资产周转率

固定资产周转率又称为固定资产利用率，它是反映企业固定资产周转情况，从而衡量固定资产利用效率的一项指标。该比率越高，表明固定资产利用效率高，利用固定资产效果好。从表 10-87 可以看出，硅宝科技在 2016～2017 年周转率有所下滑，但 2017 年后有所回升。但在同行业可比公司中，周转率仍较低，表明硅宝科技对固定资产的利用率较低，管理水平较差，如果不设法提高周转率，可能会影响企业的获利能力。

表 10-87　2015～2019 年硅宝科技及同行业可比公司固定资产周转率

年份	2015	2016	2017	2018	2019
硅宝科技	3.27	2.64	2.15	2.28	2.67
回天新材	1.88	1.85	2.57	3.03	3.17
新安股份	2.13	2.09	2.30	3.08	2.82
高盟新材	2.70	2.54	3.45	3.92	4.17
康达新材	3.41	2.41	2.22	3.52	2.78
天赐材料	2.16	3.64	3.07	2.15	1.88
行业均值	2.78	3.18	3.63	3.81	3.46

6. 总资产周转率

从表 10-88 可以清晰地看出，硅宝科技的总资产周转率逐年增加，说明其对总资产的利用率以及该企业的管理水平较高。按照同行业可比公司的总资产周转率情况来看，硅宝科技的总资产周转率相对来说较高，仅弱于新安股份；而且高于行业平均值，说明资产利用和管理情况比较良好，在整个行业都处于优势地位。

表 10-88　2015～2019 年硅宝科技及同行业可比公司总资产周转率

年份	2015	2016	2017	2018	2019
硅宝科技	0.71	0.72	0.77	0.87	0.94
回天新材	0.63	0.63	0.74	0.75	0.74
新安股份	0.93	0.86	0.85	1.15	1.04

续表

年份	2015	2016	2017	2018	2019
高盟新材	0.59	0.62	0.66	0.58	0.52
康达新材	0.87	0.44	0.31	0.46	0.44
天赐材料	0.71	0.93	0.68	0.48	0.54
行业均值	0.65	0.67	0.74	0.73	0.70

表 10-89　2015～2019 年硅宝科技营业收入　　　　单位：万元

年份	2015	2016	2017	2018	2019
营业收入	60615.64	65247.34	72823.06	87057.30	101803.50

有一点我们在分析中应该加以关注：在企业销售收入变化不大的情况下，如果企业总资产周转率猛然上升，这种情况并非企业资产利用效率得到了提高，而是企业在当期对大量非固定资产进行了报废处理；若企业总资产周转率较低，且长期保持这种低周转率，企业则需要对各项资产采取有力的应对措施，来提高各项资产利用率，如处置闲置资产、提高流动资产运营效率等，以此不断加快企业总资产的周转速度。从表 10-89 我们可以看到硅宝科技五年的营业收入递增，且增幅较为可观。

（四）发展能力指标分析

1. 股东权益增长率

从表 10-90 可以看出，硅宝科技的股东权益 2015～2019 年始终保持着上升趋势，但股东权益的增加额增长幅度变化较大，增长率在 1%～18% 浮动。我们知道如果一个企业的股东权益忽高忽低，则在一定程度上反映了该企业发展的不稳定性，当然，这种企业的发展能力一定是值得怀疑甚至是否定的。一个发展能力很强的企业，它的股东权益应该是持续增长的，在这一点上，硅宝科技公司是符合的。同时，股东权益增长率的高低，直接反映了企业本期股东权益增加的多少，增长率越高，说明本期股东权益增加得越多。硅宝科技的增长率不稳定，且与行业均值相差较多，企业需要进一步加强管理，向更高的目标进发。

表 10-90　2015～2019 年硅宝科技及同行业可比公司股东权益增长率

年份	2015	2016	2017	2018	2019
硅宝科技	0.09	0.10	0.03	0.01	0.18
回天新材	0.43	0.05	0.19	-0.06	-0.05
新安股份	-0.07	0.02	0.11	0.28	0.02
高盟新材	0.01	0.02	0.86	0.04	0.09
康达新材	0.16	1.23	0.02	0.17	0.11
天赐材料	0.41	0.37	0.62	0.12	0.00
行业均值	0.25	0.47	0.21	0.31	0.14

2. 资本保值增值率

资本保值增值率是财政部制定的评价企业经济效益的十大指标之一，资本保值增值率反映了企业资本的运营效益与安全状况。从表 10-91 可以看出，硅宝科技公司近五年的资本保值增值率均大于 100%，实现了资本的增值。除 2019 年外，前四年的资本保值增值率略低于行业平均水平，且与同行业可比公司相比也并没有占据优势，公司应加强管理，追求更高的目标。

表 10-91　2015~2019 年硅宝科技及同行业可比公司资本保值增值率

年份	2015	2016	2017	2018	2019
硅宝科技	1.09	1.1	1.03	1.01	1.18
回天新材	1.43	1.05	1.19	0.94	0.95
新安股份	0.93	1.02	1.11	1.28	1.02
高盟新材	1.01	1.02	1.86	1.04	1.09
康达新材	1.16	2.23	1.02	1.17	1.11
天赐材料	1.41	1.37	1.62	1.12	1.00
行业均值	1.25	1.47	1.21	1.31	1.14

3. 收益增长率

企业的收益增长率主要包括净利润增长率、利润总额增长率和营业利润增长率。

（1）净利润增长率。一个企业净利润的增长，能够反映企业的成长性。从表 10-92 和表 10-93 可以看出，硅宝科技的净利润在 2016 年为增长状态，但是在 2017 年却下降，且降低幅度较大。公司称，报告期内，国内宏观经济增速放缓，公司所处有机硅行业竞争加剧，经营面临较大挑战。上游原材料方面，在供给侧结构性改革以及环保督察的压力下，有机硅上游单体价格大幅上涨，占公司有机硅室温胶原料成本 60% 以上的 107 胶和 201 硅油，采购价格上涨幅度超过 50%，导致公司产品成本大幅增加。下游应用领域方面，公司传统应用领域房地产行业受国家宏观调控等因素影响，行业增速放缓。多方面因素造成了公司净利润在 2017 年同比下降 43% 的情况。硅宝科技在 2018 年净利润有所上涨，但仍没有超过 2016 年的净利润。2019 年接着上涨，一举超过 2016 年的净利润，且增长率高达 102%。公司将业绩增长的原因归结为报告期内国内有机硅密封胶行业发展态势良好，销售订单充足。

表 10-92　2015~2019 年硅宝科技净利润　　　　　　　　　　　单位：万元

年份	2015	2016	2017	2018	2019
净利润	8928.60	9083.72	5158.80	6514.38	13161.18

表 10-93　2015~2019 年硅宝科技及同行业可比公司净利润增长率

年份	2015	2016	2017	2018	2019
硅宝科技	0.12	0.02	-0.43	0.26	1.02

续表

年份	2015	2016	2017	2018	2019
回天新材	-0.24	0.16	0.15	0.07	0.33
新安股份	-5.20	-1.34	5.02	1.38	-0.65
高盟新材	0.09	0.06	-0.24	0.93	1.22
康达新材	0.61	-0.27	-0.47	0.84	0.74
天赐材料	0.56	2.98	-0.24	0.48	-1.06
行业均值	0.92	0.16	0.41	-0.68	-1.05

对同行业可比公司净利润增长率分析可以发现，公司的净利润增长率均不能保持始终为正，即净利润始终增长，体现了该行业变动幅度较大，公司应持续优化产品及客户结构，积极拓展新产品及新应用领域，追求经营业绩稳步增长。

（2）利润总额增长率和营业利润增长率。利用利润总额增长率和营业利润增长率，我们可以很好地研究一个企业的发展性和成长性。对表 10-94 和表 10-95 分析可以发现，公司利润总额增长率、营业利润增长率与净利润增长率几近一致，对公司的发展性和成长性研究得出的结论也相同。硅宝科技 2015 年的净利润增长率高于当年的营业利润增长率，这在某种程度上暗示了公司可能存在小部分的净利润的增长包含了其他一些非正常项目。2016 年、2019 年的净利润增长率略低于当年的营业利润增长率，反映了公司的净利润的增长主要来自营业利润的增长，公司的发展是健康并且有益的。

表 10-94　2015~2019 年硅宝科技及同行业可比公司利润总额增长率

年份	2015	2016	2017	2018	2019
硅宝科技	0.12	0.01	-0.44	0.22	1.09
回天新材	-0.23	0.23	0.11	0.05	0.36
新安股份	-3.82	-1.75	2.97	1.36	-0.60
高盟新材	0.13	0.03	-0.20	1.01	0.99
康达新材	0.59	-0.28	-0.51	0.97	0.70
天赐材料	0.58	3.04	-0.23	0.49	-1.00
行业均值	-0.86	-4.73	0.30	-0.51	-3.10

表 10-95　2015~2019 年硅宝科技及同行业可比公司营业利润增长率

年份	2015	2016	2017	2018	2019
硅宝科技	0.08	0.03	-0.42	0.24	1.18
回天新材	-0.40	0.61	0.34	0.00	0.39
新安股份	-2.62	-1.33	7.57	1.65	-0.61
高盟新材	0.13	0.01	-0.22	1.16	0.99
康达新材	0.57	-0.31	-0.56	1.30	0.70
天赐材料	0.46	3.82	-0.22	0.52	-0.98
行业均值	0.79	3.22	0.45	-0.62	-3.86

4. 营业收入增长率

企业能够持续发展，必须要有不断拓宽的市场范围和不断壮大的客户群体，而这需要通过营业收入增长率来反映。从表 10-96 可以看出，2015~1019 年，硅宝科技虽然每年增加的数额有高有低，但是每年的营业收入始终是上升的，这从一定程度上体现了硅宝科技的市场份额表现良好以及客户数量发展稳健。具体地，我们比较各年份的营业收入增长率发现，2017 年的营业收入较 2016 年增长了 12%，但净利润增长率为 -43%，这再一次证明了净利润降低的原因是成本的大量增加。2018 年的营业收入增长率为 5 年内最高，达到了 20%，公司营业收入增长较快，这可能源于公司在 2017 年后做出的调整。总之，硅宝科技的营业收入在 5 年内保持了较好的增长，发展能力较强。

表 10-96 2015~2019 年硅宝科技及同行业可比公司营业收入增长率

年份	2015	2016	2017	2018	2019
硅宝科技	0.1	0.08	0.12	0.2	0.17
回天新材	0.16	0.16	0.34	0.15	0.08
新安股份	-0.05	-0.07	0.07	0.51	-0.00
高盟新材	-0.06	0.08	0.62	0.19	-0.06
康达新材	0.38	-0.18	-0.07	0.69	0.15
天赐材料	0.34	0.94	0.12	0.01	0.32
行业均值	0.19	1.93	0.18	0.23	0.12

与同行业可比公司比较可以发现，在 2017 年前增长率不如回天新材和天赐材料，但在 2017 年后增长率略高于其他公司，这在一定程度上反映了硅宝科技采取了较好的应对措施，使发展能力进一步提升，2019 年的增长率首次超过了行业平均水平，未来发展可观。

5. 总资产周转率

如果一个企业想要增加它的营业收入，就需要通过增加资产的投入来实现营业收入的增加。怎么反映企业在资产投入上增加了多少，增长情况如何，就需要利用资产增长率指标。从表 10-97 可以发现，硅宝科技在 5 年的时间内，资产规模不断扩大，体现了公司的经营业务具有一定的稳定性，也表明公司具备稳健的发展能力。

表 10-97 2015~2019 年硅宝科技及同行业可比公司总资产增长率

年份	2015	2016	2017	2018	2019
硅宝科技	0.1	0.03	0.06	0.04	0.13
回天新材	0.33	0.03	0.23	0.07	0.11
新安股份	-0.02	0.02	0.13	0.12	0.08
高盟新材	0.01	0.04	0.98	0.02	0.07
康达新材	0.17	0.98	-0.02	0.28	0.13
天赐材料	0.59	0.44	0.58	0.34	0.08
行业均值	0.17	0.37	0.23	0.12	0.15

对总资产周转率具体的分析要结合负债和股东权益，即构成企业资产的两个方面。一个企业的资产来源主要有两个方面，分别是负债和股东权益。保持其他因素不变，增加负债规模和增加股东权益规模，都能够提高公司的资产增长率。从表 10-98 可以发现，2016年、2019 年的股东权益的增加额占总资产增加额的比重均大于 1，说明当年负债为逆增长，即减少状态；2017 年、2018 年股东权益的增加额占资产增加额的比重为 34.06% 和28.09%，表明当年总资产的增加大部分源于负债的增加，这是一个不好的信号。因为一个企业只有增加了股东权益，才能保证有能力继续对外举债，才能进一步扩大资产规模，实现增长；同时，股东权益的增加也给企业偿还负债提供了强有力的保障。

表 10-98 股东权益增加额和总资产增加额及占比

年份	2015	2016	2017	2018	2019
股东权益合计（万元）	66217.53	72979.77	74846.30	75952.64	89269.92
股东权益增加额（万元）	—	6762.24	1866.52	110.634	13317.28
总资产（万元）	89883.97	92298.94	97779.47	101717.95	114674.71
总资产增加额（万元）	—	2414.96	5480.53	3938.48	12956.76
股东权益增加额占总资产增加额比重（%）	—	280.01	34.06	28.09	102.78

（五）杜邦分析

通过杜邦分析图我们可以很明确地知道：净资产收益率受总资产收益率和权益乘数的影响，而总资产收益率反映企业经营业务的获利能力和资产的利用效率，权益乘数反映企业的偿债能力。因此，杜邦分析法指标体系综合反映了硅宝科技公司经营业务的获利能力、资产的营运能力和企业的偿债能力，对核心指标净资产收益率共同产生的影响。通过图 10-64 至图 10-68 说明了硅宝科技公司的盈利能力 2015～2016 年在上升，2017～2018年在下降，2019 年又开始回升，净资产收益率浮动较大，且权益乘数在 1.17～1.34 波动，较为稳定，是因为受到了资产总额和股东权益总额的影响。资产周转率 2015～2019 年呈现稳步提升的趋势，资产周转率是受营业收入和资产平均余额的影响，说明硅宝科技在盈利和资产管理从趋势上有进步，且周转速度较快，有利于硅宝科技公司的发展。通过在资本结构的动态分析中可以发现，负债所占目前比重不高，但从趋势上看资产负债率稍有上升，表明公司的债务负担有所加重，企业存在一定的财务风险。企业要控制负债比率，使资金来源多元化，提高投资报酬率，降低对负债的依赖性。这是提升企业良好的运营管理、产品营销水平的因素之一。要通过加强公司资产的流动性，来减少资产的风险。建议企业开拓新的销售策略，扩大国际市场。同时要加强成本费用的控制，增强企业的盈利能力。

```
                              净资产收益率
                                 10.65%
                                  ↙    ↘
                  总资产收益率      ×      权益乘数
                     9.10%                  1.17
                    ↙      ↘
        主营业务利润率    ×    总资产周转率
           13.38%                 0.68
          ↙      ↘              ↙      ↘
   净利润  ÷  主营业务收入   主营业务收入 ÷ 资产总额
 65554448    490071005      490071005    716982040
   ↙      ↘                          ↙      ↘
```

主营业务收入 −	全部成本 +	其他利润 −	所得税
490071005	423470133	8472502	9518926

流动资产 +	长期资产
312910025	404072015

主营业务成本 +	营业费用 +	管理费用 +	财务费用 +	主营业务税金及附加
336795808	38708804	45464290	(1334409)	3835640

货币资金	长期投资
55108186	260050000
短期投资	固定资产
0	129035206
应收账款	无形资产
136365480	12599803
存货	其他资产
38891500	2387006
其他流动资产	
1089953	
应收票据	
78193586	
应收股利	
0	
应收利息	
144841	
其他应收款	
435291	
预付账款	
2681188	
应收补贴款	
0	
待摊费用	
0	
一年内到期的长期债券投资	
0	

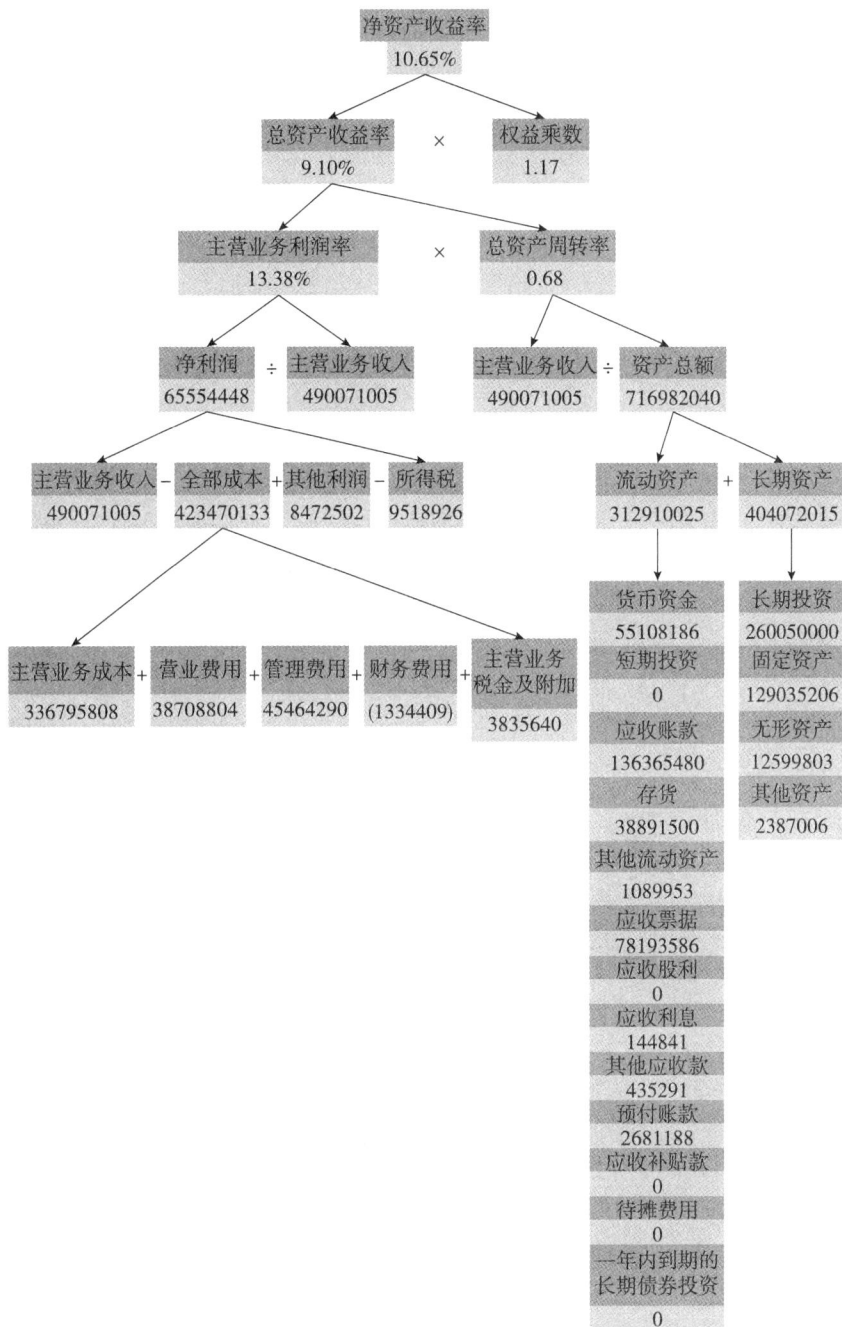

图 10-64　2015 年硅宝科技杜邦分析

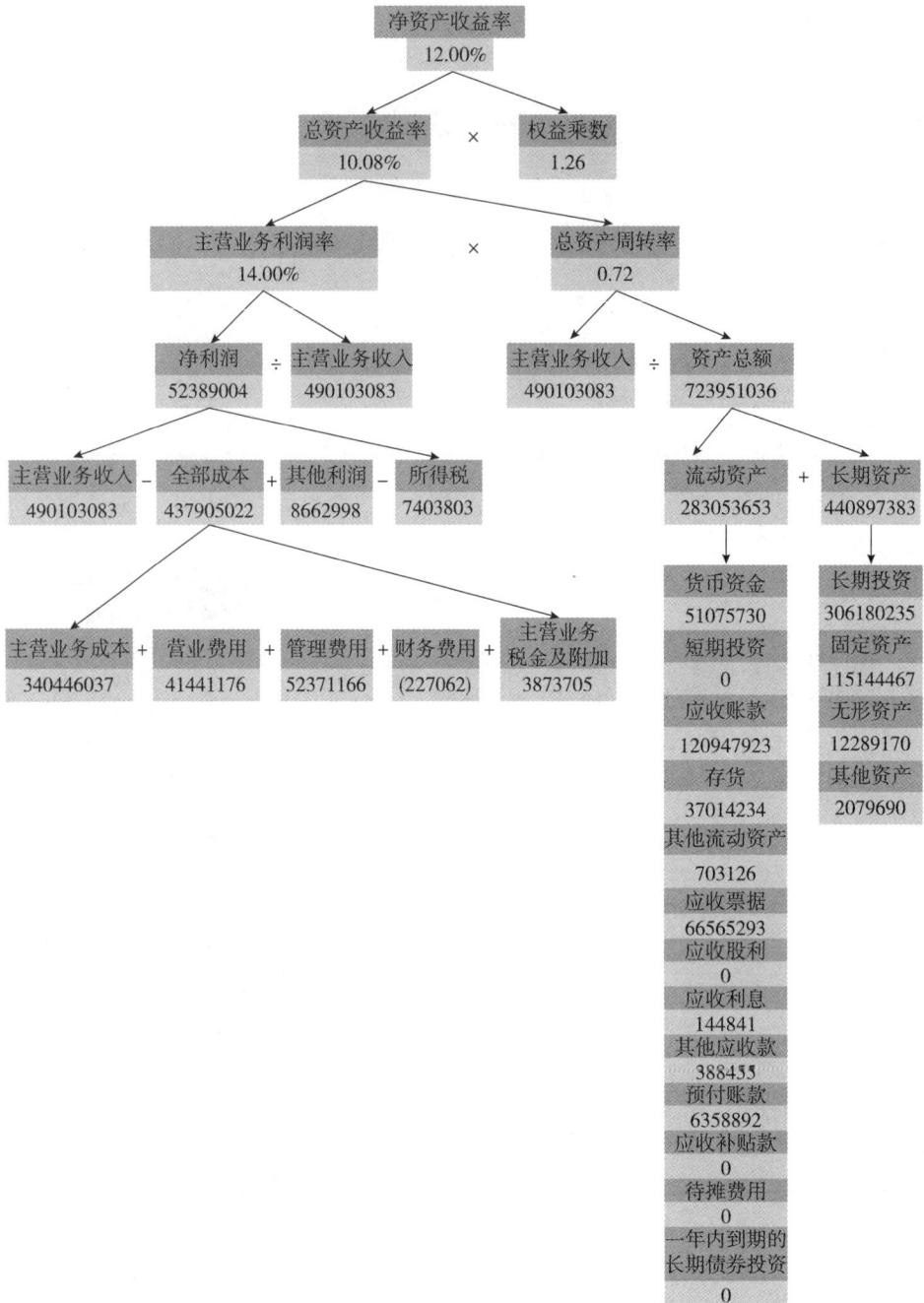

图 10-65　2016 年硅宝科技杜邦分析

净资产收益率
7.00%

总资产收益率
5.39%
×
权益乘数
1.31

主营业务利润率
7.00%
×
总资产周转率
0.77

净利润
26881019
÷
主营业务收入
437867632

主营业务收入
437867632
÷
资产总额
729113249

主营业务收入
437867632
－
全部成本
418069755
＋
其他利润
2906623
－
所得税
2772129

流动资产
285106280
＋
长期资产
444006969

主营业务成本
334457189
＋
营业费用
36734856
＋
管理费用
44645970
＋
财务费用
(890809)
＋
主营业务
税金及附加
3122549

货币资金
78092619
短期投资
0
应收账款
120085851
存货
42582253
其他流动资产
703126
应收票据
32578001
应收股利
0
应收利息
144841
其他应收款
6781020
预付账款
4185516
应收补贴款
0
待摊费用
0
一年内到期的
长期债券投资
0

长期投资
320596994
固定资产
103368730
无形资产
11981286
其他资产
2326514

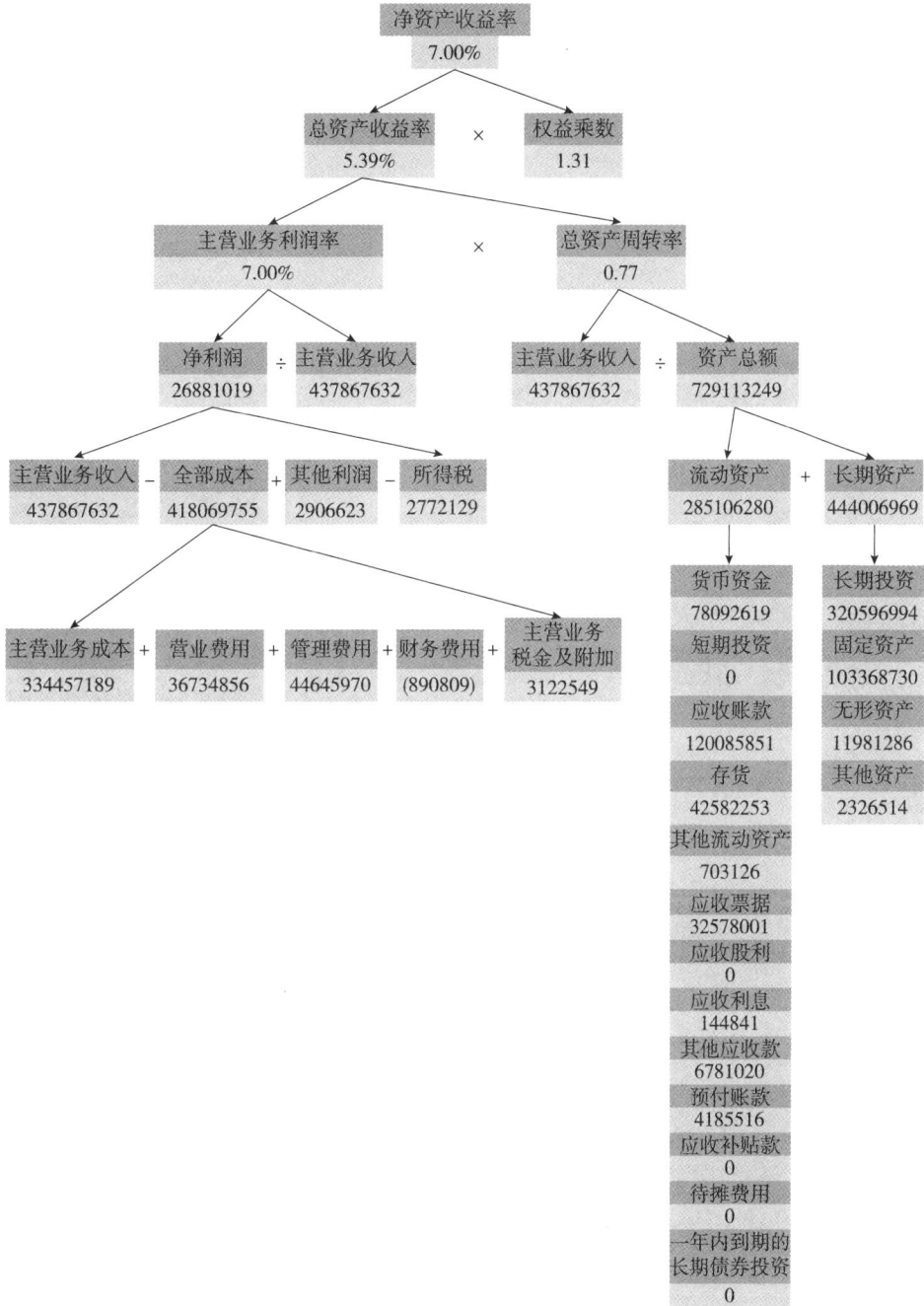

图 10-66　2017 年硅宝科技杜邦分析

净资产收益率
9.00%

总资产收益率
6.96%
×
权益乘数
1.34

主营业务利润率
8.00%
×
总资产周转率
0.87

净利润
33463557
÷
主营业务收入
489991527

主营业务收入
489991527
÷
资产总额
765750421

主营业务收入
489991527
−
全部成本
456212944
+
其他利润
2906623
−
所得税
2772129

流动资产
314357575
+
长期资产
451392846

主营业务成本
373475119
+
营业费用
37283480
+
管理费用
42932183
+
财务费用
（622934）
+
主营业务
税金及附加
3145096

货币资金
63269929

短期投资
0

应收账款
136045436

存货
48766777

其他流动资产
703126

应收票据
51008061

应收股利
0

应收利息
144841

其他应收款
7860733

预付账款
7406639

应收补贴款
0

待摊费用
0

一年内到期的
长期债券投资
0

长期投资
322482824

固定资产
91139303

无形资产
21002596

其他资产
11144039

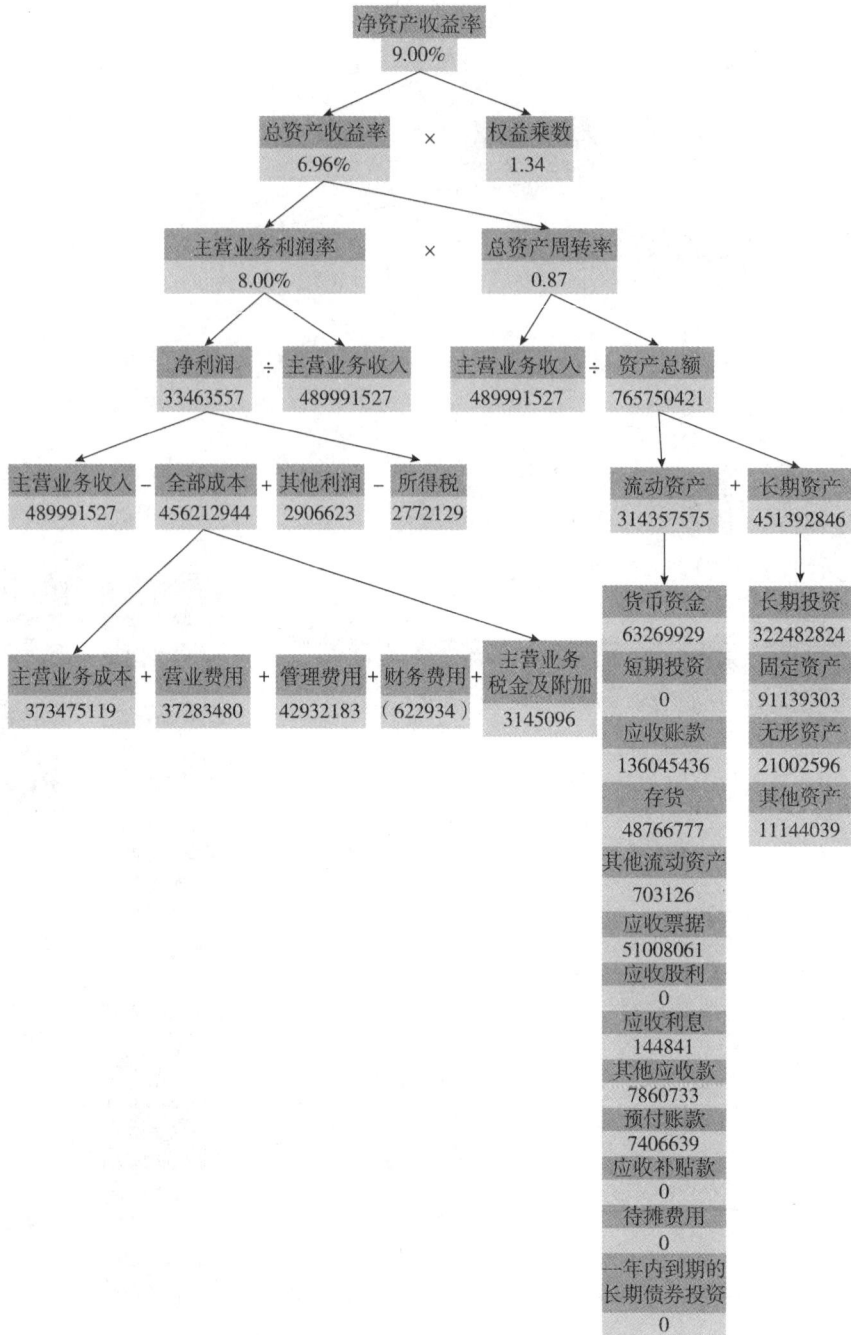

图 10-67 2018 年硅宝科技杜邦分析

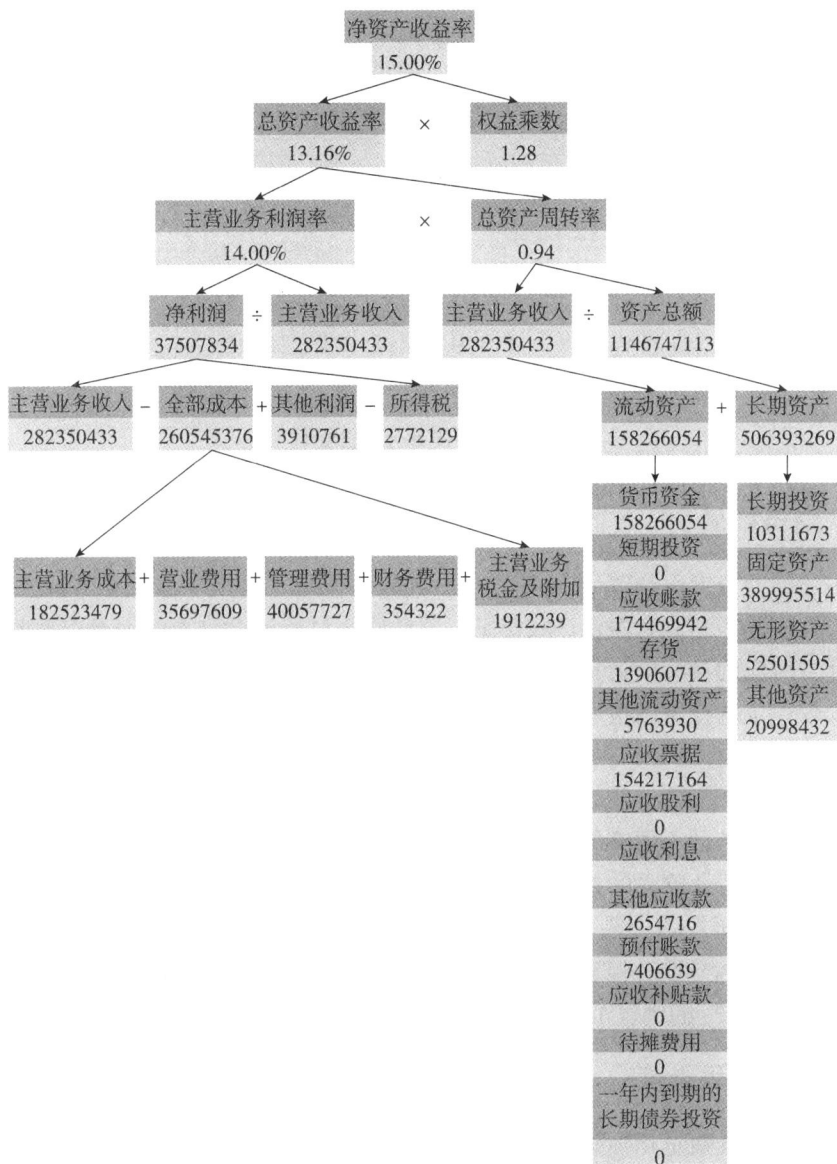

图 10-68　2019 年硅宝科技杜邦分析

第四节　企业绩效评价

一、平衡计分卡

平衡计分卡主要从财务维度、顾客维度、内部流程维度、学习与成长维度来分析，如图 10-69 所示。

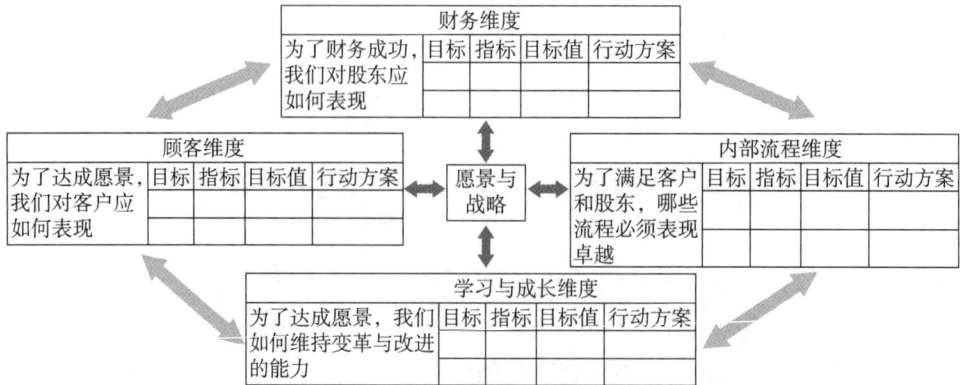

图 10-69 平衡计分卡分析体系

(一) 财务维度

战略主题的财务维度描述了战略的有形成果，体现了硅宝科技对股东财务回报的承诺，其核心目标是净利润和净资产收益率。驱动核心目标持续改善的因素包括收入增长和成本的下降，对应的目标值为复合年增长率。复合年增长率的目的是描述一项投资回报率转化为一个较稳定的投资回报所得到的预想值。

(二) 顾客维度

对于硅宝科技来说，顾客维度的目标可细分为顾客满意度的提高和客户留存率的增长。硅宝科技凭借行业领先的技术创新能力、品牌影响力，深入推进改革创新，全面实施精细化管理，通过研发新产品、优化新工艺、拓展新领域、开拓新渠道、实现进口替代等，坚持以"市场为导向，以客户为中心，以销售为核心，重质量，抓服务"，公司延续"主动、灵活、开放"的销售策略，不断提高顾客满意度和客户留存率。

(三) 内部流程维度

以顾客为基础的衡量指标是非常重要的，但是只有当它们能够指明企业内部必须做什么时，才有执行价值。因为优异的顾客绩效来源于企业内部所发生的决策、生产经营流程和工作质量。硅宝科技具备独立、完整的产供销系统，拥有独立的决策和执行机构，并拥有独立的业务系统；独立地对外签署合同，独立采购、生产并销售其生产的产品；具有面向市场的自主经营能力；公司股东及其控制的其他企业没有从事与公司相同或相近的业务。

(四) 学习与成长维度

硅宝科技作为国家高新技术企业，始终将技术创新作为企业核心竞争力。通过不断创新、改进提高和不断地学习提升企业价值。通过不断地为顾客开发新产品服务，为顾客创造新的价值并不断提高其生产效率，保持其在竞争中的活力，推动发展，增加盈利。

二、关键成功因素法

关键成功因素（Critical Success Factors，CSF），是企业分析生存与发展时最需优先考虑的要项，是对企业成功起决定作用的某些战略要素的描述。关键成功要素法是设计关键绩效指标最常用的方法。关键成功要素法是通过对企业关键成功领域（CSF）进行分析，找到一个企业成功或者阻碍成功的关键领域，并层层分解，从而选择考核的关键绩效指标。

关键成功因素法主要包含以下几个步骤：

（一）确定企业的战略目标

硅宝科技秉承"对客户负责、对员工负责、对社会负责、对投资者负责"的管理理念，坚持"技术不断创新、品质精益求精、服务及时有效"的经营方针，硅宝科技的目标：打造"有机硅材料国际知名品牌"。

（二）识别所有的成功因素

1. 地缘优势

硅宝科技成立于 1998 年，地处中国有机硅工业的发源地四川，主要从事有机硅室温胶、硅烷及专用设备的研究开发、生产销售。

2. 强大的产品研发、技术创新和技术服务能力

硅宝科技是集有机硅室温胶和制胶专用设备研发、生产和销售于一体的企业，聚集了一大批行业权威技术专家、知名顾问团队，组建了以博士、硕士为主的中青年研发团队。公司目前拥有 3 位国家标准化技术委员会专家委员，负责、参与起草制定的国际标准、国家标准和行业标准达 104 项。公司已获得 135 项国际国家专利，其中发明专利 63 项，且均实现市场化、产业化，成果转化率 100%。

3. 设备先进

公司拥有全世界先进的立式自动化生产线和智能化控制系统，同时拥有同行业试验设备先进、检测手段完善、资产规模大的国家企业技术中心。

4. 国家支持

作为国家级高新技术企业、国家火炬计划重点高新技术企业，硅宝科技承担并完成了多项国家和省市重点科技攻关及技术创新计划项目，取得一批产业化成果，拥有强大的技术经济实力，硅宝科技企业技术中心被国家发展和改革委员会、科学技术部、财政部、海关总署、国家税务总局联合认定为"国家企业技术中心"、荣获国家工业和信息化部、财政部认定的"国家技术创新示范企业"，"中国石油和化学工业联合会省部级科学进步一等奖"以及四川省科技进步一等奖、四川省"创新型试点企业"、"四川省优秀民营企业"等称号。2017 年，牵头承担的"十三五"国家重点研发计划项目"新型功能性复合弹性体制备技术"正式立项。

5. 质量保证

公司通过了 ISO 9001：2015、ISO 14001：2015、GB/T 28001-2011 质量环境安全三体

系认证，ISO/TS16949 质量管理体系认证，以及 CNAS、UL、TUV、SGS、CE、CABR、CECC 等国内外众多权威机构的认证。

6. 行业市场广阔

硅宝科技所处的有机硅新材料行业属于国家"十三五"规划重点发展的新材料行业之一，有机硅因无毒、无害、环境友好、耐高低温、生物相容性等优异功能，被广泛应用于生活的方方面面，并且有望实现对其他材料的替代。硅宝产品广泛应用于建筑幕墙、中空玻璃、节能门窗、装配式建筑、电力环保、电子电器、汽车制造、机场道桥、轨道交通、新能源、设备制造及工程服务等众多领域，不仅在国内赢得了良好口碑，而且远销欧美，在国际市场上享有较高的知名度和美誉度。

7. 优秀文化

硅宝科技的多元文化激励创新，硅宝一直吸引并专注于培养多元化的员工队伍；硅宝科技鼓励员工常怀感恩之心；硅宝科技倡导员工孝亲敬老、报国敬业、传承中华民族的传统美德，为实现家庭和睦、企业和谐营造良好的企业文化氛围。作为一个负责的上市公司，硅宝不仅是一家材料供应商，还肩负起对环境、对社会、对员工、对客户、对投资者的强烈责任感，不遗余力地为保护环境和创造高品质生活做出贡献。硅宝鼓励员工大胆创新，独立担当、重视团队精神和合作奉献，同时为员工提供公平的就业机会和职业培训，促进员工个人发展和成长。一名普通基层员工，从"农民工"到"省劳模"，硅宝成了中国民营企业造就新型人才的典范。

8. 确定关键成功因素

硅宝科技的关键成功因素是强大的产品研发、技术创新和技术服务能力、员工文化、质量保证等。

第五节　结论

硅宝科技自 1998 年成立以来，历经二十余年的发展历程。在此过程中，硅宝科技的经营范围稳健扩大，作为一家集有机硅室温胶和制胶专用设备研发、生产和销售于一体的企业，硅宝科技公司在扩张提升的过程中稳健地扩大自己的经营范围，在建筑领域、工业粘胶剂领域和设备制造及工程服务领域都取得了卓越的发展成就。硅宝科技始终以发展理念为抓手，坚持"以质取信，追求卓越"的质量方针，牢记"服务及时有效"的宗旨，朝着"打造有机硅材料国际知名品牌"不断迈进。

在此基础上，硅宝科技制定了符合自己发展方向的发展战略和财务战略。在发展战略层面，公司着力打造了富有特色的品牌战略和竞争战略。在品牌战略上，硅宝科技依靠一体化战略和密集型成长战略，立足于新材料行业，形成以有机硅材料为主、其他新型材料为辅的业务板块，重点发展高端建筑、汽车制造、电子电器、新能源、工业防腐、轨道交通、动力电池等领域，通过自身业务发展和投资并购成为新材料产业集团，力争实现业绩持续增长，保持行业领先地位，形成了自己的品牌文化。在竞争战略上，硅宝公司发挥差异化战略和专一化战略的联合优势，始终将技术创新作为核心竞争力，搭建了国内一流的创新平台，拥有国家企业技术中心、国家实验室认可（CNAS）检验中心等多个高科技技术平台，整合各种资源，为技术创新提供坚实的基础保障。始终专一做有机硅，即使寻求扩张也均为横向一体化战略，即投资同行业企业，并未扩大产品范围，而是在现有产品上不断创新，为现有产品不断寻求应用的新领域，形成了自己的核心竞争力。

在对企业有了大体的了解后，我们对其进行财务分析，包括总体分析、重要项目分析和财务指标分析三个层次。通过对资产负债表、利润表、现金流量表的总体分析，不论是从水平维度上还是从垂直维度上，各项目的变动都具有相应的经营活动、投资活动和筹资活动情况变动的支撑，存在财务上的合理性。总体而言，公司处在稳定扩张的阶段，总体财务状况良好。通过对其财务指标的分析发现，硅宝科技的偿债能力和盈利能力均表现良好，基本上均高于行业平均水平，与同行业公司相比也占有一定优势，但是表现不够稳定突出。要想完成企业的战略目标，就应该要控制负债比率，使资金来源多元化，提高投资报酬率，降低对负债的依赖性。优化债务结构，在公司的资金需求及短期债务比重较大的情况下，应积极拓展新的筹资渠道，稳健应用金融衍生产品，加大中长期贷款的筹资力度，优化债务结构。随着公司规模的进一步扩大，要积极探索新的融资结构，改善资产负债结构。这是提升企业良好的运营管理、产品营销水平的因素之一。要加强公司资产的流动性，来减少资产的风险。建议企业开拓新的销售策略，扩大国际市场。同时要加强成本费用的控制，增强企业的盈利能力。应提高主营业务销售利润率，通过提高主营业务盈利能力，提高现有业务的边际利润从而提高营业利润。要减少资金占用，节约非现金营运资本，减少资金占用。营运资本包括存货、应收账款等。非现金营运资本占用资金成本，而减少则意味着投入资本的减少，从而使现有资产的使用效率得以提高。同时要保持企业高水平的技术优势，稳步做出国际品牌。公司的营运能力和发展能力与同行业可比公司相比也占一定的优势，但是部分指标与行业平均水平有差距，硅宝科技应进一步加强对企业的管理，提高企业营运效率，增强未来发展能力。